지방의회의 이해

한국지방자치학회

문병기 오승은 정일섭
송광태 김영수 최근열
이종원 최진혁

傅 英 社

머 리 말

지방분권은 세계화 흐름에 유연하게 대처할 수 있는 국가구조조정의 한 유형이다. 그러나 지방분권은 단순히 중앙정부에 집중되어 있는 권한을 지방정부에 이양하는 것에 국한하지 않고 개별 구성원의 조직화와 자원배분방식에 영향을 미친다. 따라서 지방분권은 우선 이 시대가 추구해야 하는 바를 설정하고, 그를 실현하기 위해 누가 어떠한 방식으로 행동하여야 하며, 그러한 일들이 구체적으로 누구에게 어떻게 영향을 미치는가를 고려하여 추진되어야 한다. 즉, 지방분권은 외부환경변화에 대한 대응전략일 뿐만 아니라 내부로부터의 변화요인에 대한 혁신전략일 수 있다.

또한 지방분권이 일하는 방식 혹은 권한의 소재를 구분하는 것과 관련하여 접근되어 오고 있다. 그러나 일하는 방식과 권한의 배분은 궁극적으로 그 효과와 관련하여 정의되어야 한다. 지방분권은 국정운영의 새로운 틀을 짜는 것과 연계되어 있어서 기존 조직이나 체제에 영향을 미치게 되고 그러한 변화가 주민들에게 편익을 증대시켜줄 것이라는 믿음으로부터 출발한다. 이러한 맥락에서 지방분권의 추진은 중앙정부와 지방정부, 정부와 시민사회의 관계뿐만 아니라 권력의 창출, 자원의 배분방식에도 큰 영향을 미치게 된다. 지방분권은 중앙-지방정부간 권한배분뿐만 아니라 시민사회의 역할증대와도 밀접한 관련을 가지고 있다. 개인으로서의 주민은 단순한 공공서비스의 수요자이지만, 조직화될 경우 주민은 필요한 공공서비스를 정의하고 생산에 참여하는 공동생산자(co-producer)로서의 역할을 할 수 있다. 따라서 지방분권은 궁극적으로 조직화된 시민사회와 연계되어 있다.

지방분권을 추진하는 것도 쉽지는 않다. 권력을 내놓아야 할 중앙정부 관료입장에서 반 분권논리를 내세우는 것은 이해할 수 있다. 하지만 지방자치단체의 집행부와 의회가 지방분권추진에 대해 상반된 입장에서 서로의 역할을 인정하지 않으려는 점은 이해할 수 없는 부분이다. 중앙정부가 가지고 있는 지방적 사무에 대한 권한을 지방으로 이양할 경우, 집행부와 지방의회는 이러한 권한을 지역발전으로 연계하기 위한 각자의 역할을 분명히 하고 그러한 역할을 수행할 수 있는 역량을 강화해 나가야 할 것이다. 지방분권체제에서 가장 기대되는 지방의회의 역할은 지방마다 다를 수밖에 없는 사회적 할인율(social rate of discount)을 도출하고 이를 지방정책형성에 반영하는 것이다.

이 책은 사단법인 한국지방자치학회가 창립 20주년을 맞아 준비한 국민 필독서이다. 이 책은 모두 8개의 장으로 지방의회에 관한 내용을 구분하고 해당 분야 최고 권위자에게 의뢰하여 1년 동안 연구, 집필된 것을 모은 것이다. 이 책의 연구, 집필에 참여해 주신 모든 분들에게 감사드리고 특히 내용의 일관성을 확보하기 위해 모든 편집 일을 책임지고 이끌어 주신 문병기 편찬위원장님과 편집위원님들께 감사드린다. 아무쪼록 이 책이 널리 읽혀서 지방자치의 발전방향을 정립하는 데 기여하기를 바란다.

2008년 7월 14일

사단법인 한국지방자치학회
명예회장 소진광

일러두기

1. 이 책은 사단법인 한국지방자치학회가 창립 20주년을 맞아 「한국지방자치의 이해」를 새롭게 출간하면서, 지방의회 및 지방선거와 관련된 논의들을 그 중요성에 부응하는 차원에서 별도의 공동 집필서로 새롭게 정리하고 보다 심도 있는 내용으로 상술할 필요성이 제기됨에 따라 저술되었다. 따라서 독자들은 이 책과 함께 「한국지방자치의 이해」를 적극 활용함으로써 한국지방자치제도 전반에 대한 보다 심도 있는 통찰력을 배양하기 바란다.

2. 이 책의 제6장은 한국지방의회제도의 일반적 운영원리와 현황을 설명하기 위한 목적으로 저술되었다. 그러나 현실적으로 많은 지방의회가 각기 해당 지역의 특성과 정서에 부합하도록 그 회의규칙과 위원회조례 등 관련 운영규정에 약간씩의 독자성을 발휘하고 있다. 따라서 순수한 집필상의 편의를 위하여, 이 책의 제6장에서는 지방의회의 운영원리를 구체적으로 설명함에 있어서 특별히 대구광역시의회 회의규칙과 위원회조례를 활용하고 있음을 밝혀 둔다.

3. 이 책은 한국지방의회제도의 기본원리와 현황을 분석하기 위하여 필요한 부분에서 다양한 관계 법령을 인용하거나 설명하고 있다. 한편, 이들 관계 법령은 반복적으로 인용될 경우 일반적 관례에 따라 "동법" 또는 "법"이라는 표현으로 지칭되고 있다. 이하에서는 독자들의 이해를 돕기 위하여 이들을 구체적으로 적시하고자 한다.
제3장 우리나라 지방의회의 연혁 - 전체적으로 "동법"은 「지방자치법」을 의미
제4장 지방의회의 조직 - 해당 항, 세항 또는 세세항의 앞부분에 표시된 법명에 따라 「지방자치법」 또는 「공직선거법」을 의미
제5장 지방의회의 지위, 기능 및 권한 - 전체적으로 "동법"은 「지방자치법」을 의미
제6장 지방의회의 운영 - 전체적으로 "동법"은 「지방자치법」을 의미
제8장 지방의회와 자치단체간의 관계 - 전체적으로 "동법"은 「지방교육자치에 관한 법률」을 의미

2008년 7월 14일

사단법인 한국지방자치학회 교재편찬위원장 문병기

차 례

제1장 지방의회제도의 원리와 의의

제 2 장 지방의회제도의 역사와 현황

제 3 장 우리나라 지방의회의 연혁

제 4 장 지방의회의 조직

제 5 장 지방의회의 지위, 기능 및 권한

제 6 장 지방의회의 운영

제 7 장 지방의회와 선거

제 8 장 지방의회와 자치기관간의 관계

제 1 장 지방의회제도의 원리와 의의

제 1 절 지방의회의 개념 및 본질

제 2 절 지방의회제도의 기본원리와 전제조건

제 3 절 지방의회와 로컬 거버넌스

제 1 장 지방의회제도의 원리와 의의

제 1 절 지방의회의 개념 및 본질

1. 지방의회의 개념

국가를 위시하여 우리가 알고 있는 대부분의 통치구조에 관한 개념들은 소위 근대국가라는 특정한 형태의 통치체 개념에 기초를 둔 것이다. 즉, 의회라고 하는 입법장치는 근대 시민국가가 정립되면서부터 제도적 통치구조로서 일반화되었다고 할 수 있다. 근대초기 절대군주 국가시대는 군주의 개인적 소유물로서의 국가개념에 기초하여 국민적 동의나 법과 같은 보편적 사회체제의 기반을 가지고 있지 못하였다. 그러나 이후, 자유민주주의와 자본주의 경제체제가 정착되고 그에 기초한 시민계급이 성장함에 따라 근대초기 절대군주국가의 개념에서 탈피하여, 사회구성원의 외적 관계를 통제함으로써 사회질서유지를 목적으로 하는 관념적이고 비인격적인 통치기구로서 근대국가의 개념이 정립되었다. 이러한 특수한 제도적 조직체로서의 근대국가 개념을 통해 법의 지배가 일반화되었고, 바로 그러한 법을 제정하는 제도적 장치로서 근대의회의 개념이 정립되기에 이른 것이다. 다시 말해, 근대국가와 근대의회의 정립에는 국가 존립근거에 관한 사회계약의 원리와, 국가 내부의 지배 복종관계에 대한 보편적 원리인 법에 의한 지배의 원리가 일반화되면서부터 주권자인 국민 또는 주민에 의한 지배를 실현하는 제도적 장치로서 의회가 당연시 되었다는 일련의 역사적 발전과정이 그 기저에 자리하고 있다.

그러므로 이러한 근대국가의 역사적 발전과정을 통해서 마침내 근대의회란, 「대표의 개념을 기초 및 원칙으로 하고 국민 또는 주민의 공식적 선거에 의하여 선출된 의원을 구성원으로 하는 회의체이며, 국가 또는 지방정부의 중요한 의사를 결정하는 의결기관」을 의미하게 되는 것이다. 이러한 의회의 개념을 그 핵심 요소별로 하나씩 부연설명하면 다음과 같다. 첫째, 이때의 대표라는 것은 전 국민 또는 전 주민의 대표를 말하는 것으로, 이들의 신탁에 기초하여 피대표자 전체의 이익을 위해 의사결정 기능을 수행하는 소수를 말한다. 둘째, 의회의 구성원은 무엇보다 국민 또는 주민의 일반 선거에 의해 선출되어야 한다. 즉, 민주적 선거과정과 방법을 통함으로써만이 의회와 그 구성원은 전 국민 또는 전 주민에 대한 대표의 자격을 획득하게 되는 것이다. 셋째, 대표의 권한을 가진 의회는 단순한 자문기관이나 심의기관이 아니라 국가 또는 지방자치단체의 최종적인 의사를 결정하는 기관이어야 한다(浜田一成·川村仁弘, 1984: 1-2; 엄태석, 2005: 82). 여기서 의사결정의 구체적 내용은 법안 및 주요 정책 대안의 심의 및 결정을 의미한다. 의회가 국가 또는 지방정부의 최종적인 의사를 결정하는 기관이 되는 이유는 바로 근대국가의 발전과정과 무관하지 않다. 즉, 관념적이고 비인격적인 통치기구로서의 근대국가는 곧 법에 의한 지배가 일반화됨을 의미하며, 바로 이러한 법을 제정 또는 개정하는 제도적 장치로서의 근대의회는 국가 및 지역사회 의사결정의 중심적 주체가 되는 것이기 때문이다.

2. 지방의회의 의의 및 특징

(1) 지방의회의 의의

지방의회는 헌법이 보장하는 자유민주주의체제와 지방자치제도의 핵심기관이다. 우리나라는 자유민주주의에 대한 결단에 기초하여 1948년 7월 17일 제정한 제헌 헌법 이래 「지방자치」에 대하여 하나의 독립된 장을 두었으며 제9차 개헌에 이르기까지 한 번도 폐지한 적이 없다. 이처럼 대한민국 건국 이후 일관되게 지방자치가 규정되어 왔다는 사실은 지방자치제도가 우리 헌법의 국민주권원리와 자유민주주의의 본질적 징표로서, 정치적 이해관계를 반영하는 수차례의 헌법 개정에도 불구하고 함부로 그 내용을 수정할 수 없는 일종의 절대적 성역임을 보여 주는 것이다. 그러나 '의회 없는 자치 없고 자치 없는 민주 없다'는 말과 같이, 지방의회 없는 지방자치란 생각할 수 없다는 점에서 지방의회가 구성되지 않는 한 제대로 된 지방자치를 실시한다고 말할 수 없으며, 지방자치제도를 운영하지 않는 나라는 참다운 민주주의국가라고 말할 수 없다.

이러한 당위성에 따라 1952년에 지방의회가 처음 구성되었지만, 1961년 5월 16일의 소위 5·16 쿠데타에 의한 포고령 제4호에 의하여 해산되고 말았다. 또한 그 후 1962년 12월 26일에는 제5차 개헌(제3공화국 헌법)으로 헌법부칙 제7조 3항에서 지방의회의 구성을 법률에 유보함으로써 우리나라의 지방자치는 유명무실한 헌법상의 제도로서 존재하게 되었다. 그 후 제 4공화국과 5공화국의 헌법에서도 "조국통일이 될 때까지" 또는 "재정자립도를 감안하여 점진적으로"와 같은 제약사항을 부칙에 규정함으로써 지방의회를 구성하지 않았었다. 이처럼 군사정권 수립 이후 사실상 폐지된 지방의회가 거의 30년 만인 1991년에 다시 구성될 때까지의 기간은 우리 사회에 있어서 지방자치와 자유민주주의의 암흑기라고 해도 과언이 아닐 것이다. 근대 시민사회 이후 보편화된 자유민주주의의 핵심은 자유 이성과 주체성을 가진 시민들의 판단과 의지를 국가와 지역사회의 의사결정구조에 충실하게 반영하는 것이라고 할 수 있으며, 이 때 의사결정구조의 핵심은 지방의회라 하겠다. 그러므로 공식적 선거에 의해 선출된 의원으로 구성되는 지방의회 없이 그 권한이 중앙정부와 상급지방자치단체에 위임되고, 자치단체의 장이 중앙정부로부터 임명되었던 당시는 주민의사의 반영이 사실상 완전히 봉쇄되었다는 점에서 암흑기라 할 만하다.

이러한 지방자치와 자유민주주의의 암흑기를 거쳐, 이제 우리 사회에서 지방자치제도와 지방의회는 당당히 민주적 의사결정구조의 중심기구로서 헌법과 관련법에서 그 지위를 보장받고 있다. 1987년 10월 29에 전문 개정된 현행 헌법 제118조는 「① 지방자치단체에 의회를 둔다, ② 지방의회의 조직·권한·의원선거와 지방자치단체의 장의 선임방법 기타 지방자치단테의 조직과 운영에 관한 사항은 법률로 정한다」라고 규정함으로써 지방의회를 헌법상의 기관으로 그 지위와 의의를 보장하고 있다. 이에 따라 1988년 4월에는 지방자치법이, 그리고 1994년 3월에는 공직선거 및 선거부정방지법이 제정되었으며 이를 통해 지방의회의 지위를 보완하고 있다(정재길, 2001: 7-8).

(2) 지방의회의 특징

기본적으로 지방의회와 국가의 의회, 즉 국회는 그 정신과 원리가 동일하다. 지방의회와 국회를 다함께 통칭할 때 의회라고 하는 이유도 이 때문이다. 일반적으로 지방 또는 지역의 통치제도는 국가통치제도의 일환이라고 할 수 있으므로 지방의회는 국회에서 연유된, 국회의 지방적인 축소판으로 보아도 무방할 것이다. 각 국가의 역사와 여건에 따라서 그 조직이나 운영방법이 상이한 경우도 없지 않지만, 제도의 근본 원리라는 측면에서 볼 때 지방의회와 국회는 그 궤를 같이하기 때문이다. 우리나라의 현행 헌법에서는 국가의 의회를 「국회」라고 하고(헌법 제3장), 지방자치단체의 의회를 단순히 「의회」라고 하고 있다(헌법 제118조①). 그러나 통상적으로는 이러한 제도상의 명칭과는 별개로 국회도 단순히 의회라고 하는 경우가 적지 않으며, 굳이 국가의 의회와 구별되는 의미에서 지방자치단체의 의회를 말하는 경우에는 「지방의회」라는 용어를 사용하는 경우가 많다. 다만 우리나라의 지방자치법에서는 지방의회라는 말을 일관되게 사용하고 있다(최인기·이봉섭, 1995: 16; 정재길, 2001: 9).

의회는 수립되고 관할하는 지역적 범주에 따라 크게 국가의 의회인 국회와 지방정부의 의회인 지방의회로 구분된다고 하였다. 국회는 국가에 따라 그 종류와 구성요소를 다소 달리하고 있으나 일반적으로 국민의 대표[1])로 구성되며 지방의회는 주민의 대표로 구성된다. 그러므로 본질적으로 사회구성원의 대표들로 구성된 회의체라는 점에서 국회와 지방의회는 동일하다. 그러나 지방의회의 경우는 '지방'이란 용어가 지역적 특색 또는 다양성을 내포하고 있는 것처럼 지방의회의 구성형태, 그리고 기능 및 역할에 있어 국회보다도 더 큰 다양성을 나타내고 있다. 여기서 더 나아가 특히 지방의회의 경우는 정부의 기관구성의 형태 및 방법에 따라 지방의회가 의사기관인 동시에 집행기관을 겸하는 경우도 있었다(김동훈, 2002: 228).

한편, 몇 가지 좀 더 세부적인 기준에서 볼 때 지방의회와 국회는 약간의 차이점이 있다. 첫째, 지방의회는 지방자치기관인데 반하여 국회는 국가통치기관이다. 지방의회와 국회가 모두 민의를 대변하는 대의기관이라는 점에서 그 정치적 존립목적을 공유하고 있지만, 통치기관 간의 국가 전체와 그 내부의 특정지역이라는 범주적 차이에 의해 지방의회와 국회는 그 관장기능이 상이하다. 즉, 지방의회는 해당 지방자치단체에서 생활하는 주민의 의사를 대변하는 지방적 차원의 대의기관인 반면, 국회는 전 국민의 의사를 대변하는 범국가적 차원의 대의기관이다. 따라서 그 소관업무에 있어서도 지방의회는 지방적이고 지역적인 자치업무 및 행정과 정책을 주된 대상으로 하는데 반하여, 국회는 국정전반에 걸친 행정업무와 정책을 대상으로 한다. 이에 따라 지방의원의 경우 선거권 및 피선거권의 일반적 요건은 국회의원과 동일하나, 지방의원의 경우 「당해 지방자치단체에 주소를 가진 자」 및 「일정기간 거주한 자」 등의 주거요건이 추가되는 이유도 여기에 있다.

둘째, 지방의회와 국회는 공식적 선거에 의해 선출된 대표자인 의원으로 이뤄진다는 점에서 그 구성원리가 같으나, 그 구성원을 선출하는 선거권자의 지위라는 측면에서는 서로 다르다. 즉, 지방의회 의원을 선출하는 선거권자는 그 지역사회 또는 자치단체

1) 상원 또는 연방의회의 경우는 대표 또는 민족의 대표로 구성되기도 한다. 지방의회제도의 역사와 발전과정에 대해서는 후술하는 제2장 지방의회제도의 역사에서 상술한다.

주민의 지위에서 선거권을 행사하는 반면, 국회의 의원을 선출하는 선거권자는 국민의 지위에서 행사한다. 이는 지방의회가 지방자치조직인 데 대하여 국회는 국가통치조직이라는 앞서 언급한 첫 번째 차이점에서 기인하는 사항이다. 물론, 실질적으로는 지역사회 또는 자치단체 주민으로서나 국민으로서나 동일한 한 사람의 자연인을 의미할 수 있겠지만, 최소한 지방의회와 국회의 구성원을 선출하는 선거권자의 법적, 정치적 지위라는 측면에서는 분명한 차이를 보인다는 것이다.

셋째, 지방의회와 국회는 모두 통치기능의 가장 핵심적인 부분이라고 할 수 있는 입법권을 가지지만, 입법권의 범위와 능력에 있어서 분명한 차이점을 발견할 수 있다. 즉, 지방의회의 입법권은 조례제정권에 국한되는 반면, 국회는 법률제정권을 가진다. 따라서 국회에서 제정된 법규는 「법률」이라는 형식으로서 국가 전 지역의 모든 국민에게 적용되지만, 지방의회에서 제정하는 법은 법령의 범위 내에서 「조례」라는 형식으로 당해 지방자치단체의 구역 내의 당해 주민에게만 적용된다. 또한 지방의회는 국회가 제정한 성문법인 법률에 위배되는 사항을 내용으로 하는 조례를 제정 또는 개정할 수 없고, 국회가 법률에 의하여 위임한 사항에 대해서는 지방의회가 이를 조례로 정하여야 한다. 반면, 국회는 헌법에 반하지 않는 한 국가운영의 모든 사항에 대하여 입법권을 행사할 수 있다.

넷째, 앞에서 언급한 바와 같이, 지방의회도 국회와 마찬가지로 헌법에 근거 규정을 두고 있는 헌법적 기관이지만 국회에 관해서는 헌법이 기본적인 사항을 망라하여 비교적 상세히 규정하고 있는 반면, 지방의회는 그 근거만을 규정하고 있을 뿐 그 조직·권한·운영 등 모든 사항을 법률에 위임하고 있다는 점에서 차이가 있다. 따라서 지방의회는 그 구성과 운영에 있어서 국회가 제정하는 법률에 의하여야 하며 결과적으로 국회에 의해 사실상의 감독을 받게 된다. 이러한 국회와 지방의회 간의 위격상의 차이가 국회의원에게는 면책특권 및 불체포특권 등의 특권을 인정하면서도 지방의원에게는 이러한 특권을 인정하지 않는 결과를 낳기도 하였다(최인기·이봉섭, 1995: 16-17; 정재길, 2001: 9-10).[2)]

2) 다만, 체포나 구금된 지방의회의원이 있으면 관계 수사기관의 장은 지체 없이 해당 의장에게 영장의 사본을 첨부하여 그 사실을 알려야 한다(지방자치법 제37조의 ①). 또한 지방의회의원이 형사사건으로 공소(公訴)가 제기되어 그 판결이 확정되면 각급 법원장은 지체 없이 해당 의장에게 이를 알려야 한다(지방자치법 제37조의 ②).

3. 지방의회의 본질

지방의회의 개념에서 살펴본 바와 같이, 지방의회의 본질적 속성 가운데 그 첫째는 대표성이라고 할 수 있다. 의회가 국가 또는 지방정부의 의사를 결정하는 대의기관으로 인정되기 위해서는 기본적으로 그 의회의 구성원인 개별 의원이 민주적 방법과 절차에 따라 국민 또는 주민의 직접 선거를 거쳐 선출된 대표이어야 한다. 그런데 의원의 대표성에 대해서는 그 동안 몇 가지의 논쟁들이 이어져 왔다. 그러한 논쟁의 가장 중심적인 부분은 대표의 범위 및 지위에 관한 것과 대표성의 성격에 관한 법학자들과 정치행정학자들 간의 논쟁이라고 할 수 있다. 따라서 여기서는 의원의 대표성과 관련된 이들 쟁점들을 살펴봄으로써 지방의회의 본질에 대한 논의를 정리하는 것으로 삼고자 한다.

(1) 대표의 범위 및 지위

대표의 범위 및 지위와 관련한 첫 번째 쟁점으로서, 의원이 국민 또는 지방주민의 대표라고 하는 것은 원칙적으로 전 국민 또는 전 주민의 대표임을 의미한다. 즉, 신탁에 근거하여 개별 의원은 국가 또는 주민 전체이익을 위하여 국가 및 지방정부의 의사결정을 할 수 있다는 것이다. 이러한 대표로서의 의원은 대리인(delegate)과는 그 성격에 있어 본질적인 차이가 있다. 다시 말해, 대표로서의 의원은 지시받은 대리인(instructed delegate)이라기보다는 독립적 수탁자(independent trustee)이기 때문에 지역대표(territorial representation)에 의한 의원인 경우에는 투표자 혹은 지역구를, 직능대표(occupational representation)에 의한 의원인 경우에는 사회적 신분 및 직종이나 집단적 이익 등을 반드시 대변해야 하는 것은 아니라는 의미이다. 의회 및 의원의 대표성에 대하여 저명한 영국의 정치가이자 학자인 버크(Edmond Burke: 1729-1797) 경은 1774년 그의 선거구인 브리스톤(Briston)의 유권자들에게 행한 연설 중에 다음과 같이 말한 바가 있다(吉村正, 1967: 175-176; Peter Pulzer, 1967: 20).

> 의회는 상이한, 더욱이 상호 대립하는 이해관계자들이 파견한 사절들의 집회가 아니다. 또한 대리자 및 변호자로서 다른 대리자 및 변호자들에 대하여 그들을 선출한 이해관계자들의 이익을 대변하고 유지하지 않으면 안 되는 것은 물론 아니며, 하나의 이익과 전체의 이익을 함께 포함하고 있으면서 이

> 들을 조화시키는 국민적 집회이다. 따라서 여기에서는 지방적 목적이나 지방적 편견이 아니라, 전체의 일반적 이성으로부터 나오는 일반적 선이 교도해야만 한다. 유권자 여러분이 의원을 선출하였을 때 그는 브리스톤(Briston)의 의원이 아니라 의회의 의원이 되는 것이다.

이와 같이 전통적인 지역대표제도에 의한 선거에서, 의원을 선출하기 위한 수단과 방법상의 현실적인 한계(주로 지리적 거리)를 극복하기 위하여 편의상 불가피하게 몇 개의 선거구로 나누어 각각 의원을 선출하도록 하였던 것이므로, 일단 당선된 의원은 어느 선거구에서 당선되었든 간에 또는 어떤 사회계층으로부터 선출되었든 간에 그 선거구 또는 그 계층의 대표가 아니라 전 영토와 전 국민의 대표인 것이다. 마찬가지의 논리에 의하여, 지방의원의 경우에도 그는 특정 선거구 또는 특정 사회계층의 대표가 아니라 해당 지방정부와 해당 주민전체의 대표인 것이다. 이런 점에서 지방의회는 중세유럽의 등족회의와 본질적으로 차별화될 수 있는 것이다.

그럼에도 불구하고 현실적으로 의원들은 특정 선거구의 대표, 대기업가의 대표, 노동자의 대표, 농민의 대표 등을 공언하고 있으며, 또한 각각 그들이 대표하는 집단이나 선거구의 이익을 위하여 행동하는 경향이 많다. 그러나 이러한 현상은 의원들이 자신의 의원으로서의 직위를 유지하기 위하여, 그리고 지지기반을 다지고 선거구를 관리하기 위해 부득이하게 동원하는 전략적 행동에 지나지 않는 것이며 그 대표성의 본질적 부분에 해당하는 것이라고 말할 수는 없는 것이다. 따라서 일본, 미국 등의 선진국 지방정부에서는 의원이 선거구와 같은 협의적 대표성을 강조함에 따라 발생하는 집단이기주의를 극복하기 위하여 제도적인 장치를 채택하고 있는데, 그 예로서 도시정부 및 읍, 면 등의 지역적 범위가 그다지 넓지 않은 경우에는 선거구를 여러 개로 구획하지 않고 전체를 한 구역으로 하는 대선거구제를 실시하고 있다.

한편, 현대 산업사회의 성립은 동시에 사회 각 분야의 이해를 다원적으로 분화시킴으로써 집단간 대립의 양과 강도를 심화시키고 있다. 이러한 점에서, 현대사회에 있어서 국가 또는 주민의 이익도 복잡다기해졌기 때문에 소위 전 국민 또는 전 주민의 대표로서의 의원이라고 하는 것이 성립될 수 없고, 단지 법률상의 의제(fiction)에 지나지 않는다고 하는 견해도 있을 수 있다. 그러나 역으로, 다원적으로 분화되고 지속적인 갈등관계를 보이고 있는 사회집단들을 통합시키는 과제가 현대정치의 중요한 기능이 되었다. 그리고 바로 이러한 현대정치의 통합기능 때문에 오히려 정치적 중심으로서의 의회에 대한 필요성이 증가되었으며, 전 국민 또는 전 주민의 대표로서의 의원이라는 개념이 정립되지 않을 수 없었다는 측면도 있다. 하나의 국가 및 지방정부가 존재하고 그것이 분열하지 않고 건전하게 기능하기 위해서는 전 국민 또는 전 주민의 대표의 개념은 역시 성립한다고 해야 할 것이다(浜田一成·川村仁弘, 1984: 1).

그럼에도 불구하고, 다른 한편으로 정치·경제·사회·산업·교육 등의 제 문제 및 그 대책에 있어서 계층과 직업, 그리고 지방간에 의견과 이해관계에서 현저한 차이가 있는 현대사회에서는 한 사람의 의원이 전 국민을 대표한다고 하는 것은 현실적으로 불가능한 일이다. 이런 경우에 한 사람의 의원이 대표할 수 있는 것은 대체로 의견과 이해관계를 같이 하는 계층과 직업, 또는 지방인 것이다. 그렇기 때문에 의회는 일면 전체로서의 국민을, 또 한편으로는 국민 중의 계층과 직업 그리고 지방 등을 대표하는 사람들이 집합하여 그들의 의견과 희망 그리고 요구 등을 정치적으로 통합 처리하는 기관이라고 할 수 있다(吉村正, 1967: 177).

결론적으로, 오랜 기간 동안 의원이 전 국민과 전 주민의 대표인가 또는 특정 선거구의 대표인가를 규명하는 것이 하나의 큰 논쟁거리였으나, 정치적인 면으로 보아 의원은 현실적으로 양 직분을 동시에 가지고 있으면서 이들을 하나로 통합하는 기능을 하는 것이라고 이해할 필요가 있다. 로우웰(A. L. Lowell)이 설파한 바와 같이, 대표자는 "그 선거구의 복지에 모순된다고 하여 국민전체의 복지를 무시하거나, 일면 전 국민의 복지에 상반된다고 하여 그 선거구의 복지를 무시하여도 좋다고 주창할 수 없는" 지위에 있음으로써 「이종의 의무」 또는 「이종의 기능」을 행한다고 하겠다. 그러므로 의원 또는 대표자는 이러한 이종의 의무와 기능을 하나로 통합하는 역할을 수행할 수 있어야 한다(김옥평, 1961: 70). 즉, 대표자 또는 의원은 일체적 의사와 분화적 의사를 통합하는 역할을 수행하는 존재인 것이다.

대표의 범위 및 지위와 관련한 두 번째 쟁점은 대표로서의 의원에게 인정될 수 있는 권한의 범위가 어디까지인가라는 점이다. 이와 관련하여 지금까지 학자들에 의해 정리된 결론은 일반적으로 의회를 의결기관이라고 할 때 그것은 의회에서 국가 또는 지방정부의 의사가 결정된다는 의미이지, 의원 각자에게 의사결정권이 직접적으로 부여되어있는 것은 아니라는 점이다. 왜냐하면 의회는 합의체기관이며, 따라서 의원 각자는 주민 또는 국민의 대표자로서 의사를 결정하는 합의과정에 능동적으로 참여하는 권한만을 가지고 있기 때문이다.

대표의 범위 및 지위와 관련한 세 번째 쟁점은 의원에게 대표로서의 동등한 지위와 권리가 인정될 수 있는가라는 점이다. 집행기관과 달리 의회는 그 본질적 속성에 의거하여 의원 각자가 가지고 있는 신분과 자질의 차이에도 불구하고 계급(hierarchy)이나 특권을 부여하지 아니하며, 모든 의원 각자에게 동등한 대표로서의 권리를 인정하고 있다. 물론 국가에 따라서는 정치·문화적 전통에 따라 다선의원에게 우선권을 인정하는 것을 불문율로 하고 있으며 상임위원회에 위원장이 있고 원내총무의 지휘를 받으며, 또한 무엇보다도 소속정당에서의 지위의 높고 낮음에 따라 의원의 의정활동을 완전하게 평균화시킬 수는 없는 것이 사실이다. 그러나 적어도 법률상 그리고 형식상으로는 의원 각자는 동등한 지위를 인정받고 있다. 그리고 이처럼 모든 의원 각자에게 동등한 지위를 인정하려는 생각의 기초에는 전 주민 또는 전 국민을 대표한다는 공통분모가 전제되어 있다고 하겠다(Loewenberg(ed.), 1971: 3).

따라서 이와 같은 세 가지 성격의 대표자로서 구성된 의회에서 결정한 의사는 그것이 바로 법률적으로 국가 또는 지방정부의 의사결정이 되는 것이고, 또한 이러한 의사에 따라 행한 행위는 국민 또는 주민의 행위로서의 효력을 갖는 것이다. 비록 루소(Jean Jacques Rousseau)는 선거가 자유롭고 공정하게 행하여진다고 하더라도 선출된 대표자는 곧 지배자가 되거나 심지어 폭군이 되는 경향이 있으므로 투표가 끝나는 즉시 인민은 다시 노예가 되며, 따라서 몇 사람의 대표에게 주권을 위임하는 것은 곧 주권의 상실을 결과한다고 경고한 바 있지만 의회의 역할 또는 의회정치에 대한 기대는 민주주의에 대한 신념이 살아있는 한 사라지지 않을 것이다. 켈젠(Hans Kelsen)이 말한 바와 같이 현재까지 운영되고 있는 여러 가지 정치제도 가운데 민주주의의 이상과 일치되거나 가장 근사치를 갖고 있는 제도는 의회이기 때문이다(Hans Kelsen, 1926: 5; 김동훈, 2002: 230-234에서 재인용).

(2) 대표성의 성격

의회가 갖는 대표성의 성격에 관해서는 대표로서의 의원 및 그 집합체로서의 의회와 국민 간의 관계를 어떻게 이해하는가에 따라 몇 가지 견해로 나누어진다. 즉, 의회가 갖는 대표성의 성격에 관해서 우선 법적 대표설과 정치적 대표설로 대별되고 있으며, 법적 대표설은 다시 ① 법적 위임관계설, ② 법정대표설, ③ 헌법적 대표설 등으로 자세히 나누어지고 있다(김철수, 2007: 1198-1200; 권영성, 2007: 722-724).

먼저 법적 대표설의 내용을 간단히 소개하면 다음과 같다. 첫째, 법적 위임관계설에 따르면, 주권 및 입법권은 국민에게만 있으며 일반 국민은 선거를 통해 그 권한을 의회에 위임하여 의회로 하여금 입법권을 위시한 각종 권한을 행사하게 함으로써 간접적으로 입법권을 행사한다. 그러므로 의회는 국민의 위임에 의하여 그 권한을 행사하는 국민의 법적 위임대표기관이 된다. 한편, 이때의 위임이란 강제위임이 아니라 대표위임이며, 개별적 위임이 아니라 집단적 위임의 의미를 가지게 된다. 즉, 법적 위임의 성격은 각 의원 개인과 그를 선출한 선거인 각자의 위임관계라기 보다는 의회 그 자체에 대한 위임으로서, 국민의 총의 또는 일반의사에 대한 일반적 위임으로 보아야 한다는 것이다. 둘째, 법정대표설에 의하면, 의회는 제1차 국가기관인 국민의 의사를 대신하여 표시하는 제2차 국가기관으로서 국민과 의회는 법적으로 하나의 통일체를 형성한다. 이 때 국민은 국가작용의 일부분에 대해서는 스스로 행사하고, 나머지 부분에 대해서는 법정대표 또는 법정대리인인 의회로 하여금 행사하게 한다. 따라서 제2차 국가기관인 의회의 의사표시는 제1차 국가기관인 국민의 의사로 간주되는 법적 효과를 낳는다. 이러한 의미에서 법정대표설은 법적 효과설이라고도 한다. 마지막으로 헌법적 대표설은, 의회가 갖는 국민대표기관으로서의 권한은 국민의 위임행위에 의한 것이 아니라 헌법에 직접적인 근거를 두고 있는 것이라고 보는 견해이다. 헌법 제1조1항이 「모든 권력은 국민으로부터 나온다」고 하고 있고, 제46조2항이 「국회의원은 국가이익을 우선하여 양심에 따라 직무를 행한다」고 규정하고 있기 때문에 의회는 국민의 헌법적 대표기관이라고 할 만하다는 견해이다.

한편, 이들 법적 대표설은 의원과 의회의 대표성이 일정한 법적 근거와 효과를 가진다고 해석함으로써, 상대적으로 의원과 의회에 의한 결정 및 행위와 국민간의 관계를 매우 견고하고 구체적인 의미로 보고 있다고 할 수 있다. 그러나 이러한 법적 대표설에 따를 경우, 그 만큼 개별 의원이나 의회의 모든 결정 혹은 행위에 법적 책임성을 요구할 수 있을 것인가라는 의문을 제기할 수 있고 이에 대해서 법적 대표설은 충분한 설명을 해주지 못하고 있다. 즉, 오늘날 국민과 의회의원 등의 대표자들 간에는 명령적 위임관계나 법적 대리관계가 존재하지 않는 것으로 보기 때문에 이들 대표자들이 그들이 가진 권한의 원천인 국민의 의사에 반하는 정책결정을 하더라도 법적 책임을 물을 수 없다는 점을 들어 법적 대표설을 비판하고 있다.

이러한 시각에서 정치적 대표설은 법적 대표설을 부인한다. 정치적 대표설에 따르면 의회는 법적으로 국민을 대표하거나 법적인 위임관계에 있는 기관이 아니며, 다만 정치적 의미의 국민대표기관이라는 것이다. 정치적 대표설은 의회가 국민을 대표한다는 것, 즉, 의회의 의사가 그대로 국민의 의사로 간주되는 것은 정치적·이데올

로기적인 관념으로 이해하여야 할 사항이지, 그 자체로서 어떤 법적 효과를 발생하는 것은 아니라고 본다. 정치적 대표설에 의할 경우 의회의 의원은 적어도 법적으로는 그를 선출한 지역구민과는 독립된 지위에서 행동할 뿐 아니라, 이들 지역구민의 지시나 요구에 구속되거나 책임을 추궁당하지 않게 되는 것이다. 그러므로 정치적 대표설은 국민과 의회 등 대표기관의 관계는 국민 전체의 이익을 위하여 공정하고 성실하게 직무를 수행하여야 하는 사회적·사실적 대표관계라고 할 수 있다는 견해이다.

결론적으로 의원의 대표성의 성격은 정치적인 것으로 해석하여야 한다. 즉, 의원은 오직 헌법과 법률에 규정된 바, 그리고 자신의 양심과 판단에 따라 국민 또는 주민 전체의 이익을 위하여 활동하며 이러한 의원의 행위에 어떤 구체적인 법적 책임을 추궁할 수는 없는 것이다. 다만 여기에는 정치적·도의적인 책임과 의무가 따르기 때문에 의원은 자신의 행위와 그 스스로의 행위와 판단에 대해서 차기 선거에서 그 옳고 그름을 재선과 탈락이라는 형태를 통해 국민 또는 주민으로부터 평가받게 되는 것이다. 우리나라에서는 현재까지 정치적 대표설이 다수설이다.

제 2 절 지방의회제도의 기본원리와 전제조건

1. 지방의회제도의 가치와 기본원리

(1) 지방의회제도의 가치

일반적으로 개인이나 집단 및 기관의 행위와 태도에 영향을 미치는 인간 및 사회에 대한 포괄적 시각을 가치 또는 가치관이라고 한다. 따라서 지방의회제도의 가치란, 지방의회라는 제도적 기관이 바람직한 것으로 상정하고 추구하는, 그리하여 지방의회와 그 소속 구성원인 의원의 행동과 판단 및 평가의 준거가 되며 목표가 되는 기준을 말한다. 이와 관련하여, 리젤바하(Leray N. Rieselbach)는 의회가 가장 중요시해야 할 가치로서 신뢰성, 대응성(반응성), 그리고 책임성을 강조하고 있다(Rieselbach, 1994: 172-73). 즉, 의회는 국민 또는 주민 전체의 대표기관이며 수권기관이기 때문에 오직 국민 또는 주민 전체의 신뢰를 바탕으로 하여야만 그 존립과 행위의 정당성을 확보할 수 있다. 나아가 의회는 국민 또는 주민 전체의 의사와 요구에 민감해야 하며, 이에 적절히 반응하여야만 국민 또는 주민의 대표자라는 본연의 임무를 성실하게 수행하고 있다고 할 수 있게 된다. 그리고 종국적으로는 의회와 그 구성원인 의원은 국민 또는 주민 전체에 대해 언제나 법적, 정치적 책임을 질 자세로 모든 행위와 판단에 임하여야 할 것이다.

한편, 슈미트(Carl Schmitt)는 의회주의의 원리(the principles of parliamentarism)라는 표현을 통해 지방의회가 추구하여야 할 가치들을 정리하고 있는데, 공개성(openness)과 권력의 분립 내지 균형(the division or balance of powers), 법의 개념과 의회주의 안에서의 입법(the concept law and legislation in parliamentarism), 그리고 일반적인 의미에서의 토론에 대한 신념(the general meaning of the belief in discussion)을 들고 있다(Schmitt, 1985: 37-38; 구범모, 1985: 31). 먼저, 공개성이란 처음에는 절대주의시대의 관료적이며 전문-기술적인 밀실 정치와 비밀외교의 부패와 싸우는 효과적인 도구에 불과했지만, 여론이 권력을 효과적으로 통제하게 해준다는 점에서 절대적인 가치를 가지게 되었다. 즉, 여론은 언론과 출판의 자유, 결사의 자유를 통해 의사의 자유를 보호하기 때문에 의회제도가 존립·발전하기 위한 중요한 기초적 가치를 형성한다고 할 수 있다.

둘째, 권력의 분립 내지 균형이란, "절대권력은 절대적으로 부패한다(Absolute power corrupts absolutely)"라는 오랜 경고에 기반하여 권력을 강제적으로 분립시키고 복수의 개인이나 집단에 분임토록 함으로써 권력 상호간에 야심과 야심이 서로 충돌하게 되고 그 결과, 권력의 남용이 억제될 것이라는 논리에 기초하고 있는 것이다. 따라서 권력의 분립 내지 균형은 지방의회제도가 지속적인 행정권의 팽창에도 불구하고 대의민주주의 기관으로서의 위상을 유지하기 위한 중요한 가치라 할 만하다. 셋째, 법의 개념과 의회주의 안에서의 입법이란, 의회에서의 모든 토론과 입법과정은 법질서와 평화적 협의과정을 통해서 이루어져야 한다는 가치이다. 즉, 지방의회가 진정으로 민주주의 정치체계에 있어서 중심적인 위치에 존재하기 위해서는 일단 기존의 법질서를 존중함으로써 지역사회의 모든 이해갈등과 문제들에 대한 논의를 의회 안으로 끌어들여야 한다.

다른 한편으로, 지방의회가 추구하여야 할 가치로서는 주민에 대한 개방성과 대화와 타협에 대한 신념 등을 포함한다. 밀러(David Miller)에 따르면 민주주의 사회에서 구성원들 간의 정치적 선호란 다를 수밖에 없기 때문에 서로 갈등하게 되어 있으며, 민주적 제도의 목적은 이러한 갈등을 해소하는 것이며 이것이 곧 민주주의의 이상적 상태라는 가정에서 출발한다. 이는 다른 말로 국민 또는 주민의 다양성과 개인적 욕구에 대한 개방성을 전제로 하는 것이라고 할 수 있다. 즉, 밀러는 이러한 갈등해소가 진정으로 민주적이기 위해서는 판단내용에 대한 동의에 도달하려는 목표를 가지고 해당 이슈에 대해 개방적이고 비강제적인 협의과정을 거쳐야 한다고 주장한다(Miller, 1997: 55-57; Giddens, 1994: 131).

그런데 개방적이고 비강제적인 협의과정이 이러한 판단내용에 대한 동의를 언제나 직접적으로 보장하는 것은 아니다. 중요한 것은 참여자들 하나하나가 스스로의 이성과 합리성에 기초하여 자신이 듣고 말한 것을 근거로 최적의 판단에 도달하려는 자세와 노력에 있는 것이다. 사실 밀러(D. Miller)와 기든스(A. Giddens)가 주장하는 개방적이고 비강제적인 협의과정이란 개념의 강조점은 올바른 답을 찾는 발견적인 과정으로서의 심의에 있는 것이 아니다. 이들의 강조점은 모든 견해를 자유롭게 이야기할 수 있는 개방된 협의과정이 만들어내는 결과물이 그 내용적 가치에 관계없이 그에 앞서 이루어진 협의과정을 충실하게 반영하는 것이라면, 그 자체로서 결과물의 가치는 충분하다고 할 수 있다는 것이다. 이러한 주장은 결국, 민주주의의 핵심적 기구로서의 지방의회가 의사를 진행함에 있어서 가장 중시하여야 할 가치는 대화와 협의과정 그 자체에 대한 신념이라는 것이 된다. 개방적이고 비강제적인 협의과정이야말로 민주주의제도의 본질적 모습인 것이며, 다른 사람의 본연의 모습을 올바로 이해함으로써 상호 능동적인 신뢰를 창출할 수 있는 기초가 된다는 믿음이 있을 때 지방의회가 여러 가지 현실적 이해관계 속에서 필연적으로 발생할 수밖에 없는 갈등 속에서도 지역사회의 중심적인 의사결정기구로서 그 의의를 굳건히 지킬 수 있는 것이다(Giddens, 1994: 133-134; 엄태석, 2005: 84).

이와 유사하게 지방의회의 가치로서 이극찬(2000)은 대표성, 공개성 및 토의성의 3요소를 지적한 바 있다. 민중의 정치적 의사를 대표하는 의회제도는 대표성, 공개성 및 토의성의 3요소로부터 성립되며, 물론 선악 양성을 가지고 있는 상대적인 인간이 영위하는 현실정치에서는 이러한 요소가 왜곡되어 나타나는 경우도 많으나 그것은 제도 그 자체의 결함이라기보다는 운영상의 결함이라 할 것이다. 따라서 의사의 자율성과 행위의 자기결정성 및 행위결과에 대한 자기책임성이라고 하는 민주주의정치의 기본전제를 바탕으로 꾸준한 노력으로 국민참정을 실천할 때 의회민주주의의 참모습은 실현될 수 있을 것이다(이극찬, 2000: 440-441).

그러므로 지방의회가 주민에 대한 신뢰성, 대응성(반응성), 책임성, 공개성, 권력의 분립 내지 균형, 법의 개념과 의회주의 안에서의 입법, 개방성 그리고 대화와 타협에 대한 신념과 같은 가치들을 추구하면서 그 소임을 다할 때 마침내, 그 지역의 최종적인 의사결정이 지방의회 안에서 합리적이고 민주적 동의에 기초하여 이루어질 수 있게 된다. 또한 이러한 가치들을 달성하고자 지방의회와 소속 의원들이 지속적으로 노력할 때 비로소 지방의회는 민주주의의 가장 핵심적인 기관으로서 굳건히 자리매김할 수 있는 것이다.

(2) 지방의회 의사운영의 기본원리

이상에서 언급한 가치에 기초하여 지방의회는 주민 전체의 대표 및 결정기관으로서 일정한 원리 하에서 그 소정의 역할을 수행하게 된다. 전술한 바와 같이, 의회제도는 사회의 통합을 위해서 가장 중요한 정치적 장치로 인식되고 있다. 이러한 의회제도의 사회통합기능은 특히 현대사회의 성립과 더불어 부각되었다. 현대사회의 성립은 이해의 다원적 분화를 가져왔으며, 이로 말미암은 공동체의 붕괴를 방지하고 통합을 이루어야 한다는 사회 일반의 자각을 통해 근대사회 이후의 보편적인 정치적 과제로서 사회통합문제가 등장하게 된 것이다. 따라서 지역사회통합을 위한 중추적 정치기구로서의 지방의회는 다양한 사적인 요구·이해·견해 등을 가진 수많은 개인들의 주장을 포괄하여 하나의 통합적 결정을 도출해 내기 위한 보편적인 의사운영의 원리를 수립하여야 하였다. 바로 이러한 보편적인 의사운영의 원리에 얼마나 충실하였는가에 따라 지방의회를 통해 결과적으로 나타나게 되는 결정, 즉 각종 법규 및 정책의 정당성이 담보될 수 있는 것이다.

주민 전체를 대표하여 법안 및 조례, 기타 주요정책을 심의하여 그 의사를 결정하는 지방의회는 그 과정에 있어서는 주민의 의사를 최대한 성실하게 반영하고 민주적 원리에 입각하여 이를 결정하여야 한다. 그러므로 이를 위한 지방의회의 의사운영에 있어서 준수되어야 할 가장 기본적인 원리로서는 ① 심의의 원리, ② 공개의 원리, ③ 다수결의 원리를 지적하지 않을 수 없다(정만희, 1991: 19-22; 최인기·이봉섭, 1995: 11-12). 첫째, 심의의 원리란 대화와 타협을 기본으로 하여, 지방의회는 그 의사를 결정함에 있어 반드시 심의의 과정을 거쳐야하고, 의회의 심의는 공개된 장소에서 자유로운 발언과 토론을 통하여 이루어져야만 한다는 것이다. 이러한 심의의 원리에 따라 지방의회의 모든 의사가 운영될 때에만 지역사회의 서로 대립되는 의견이 실질적이고 유효하게 설득되고 조정되며, 또한 한걸음 더 나아가 보다 많은 다수가 동의할 수 있는 상대적 진리를 도출할 수 있는 것이다. 의안심의의 3독회제나 위원회에 의한 사전심사제의 경우도 심의의 원리를 제도적으로 구체화한 것이라고 할 수 있으며, 이러한 과정을 거쳐 결정된 지방의회의 의사가 주민 전체의 선택으로 의제화될 때 주민과 지방의회 사이에 의사소통의 건전성이 확보된다. 따라서 심의의 원리는 후술하는 의사공개의 원리와 자연스럽게 연결되게 된다.

둘째, 공개의 원리란 의회의 모든 의사는 주민에게 온전히 공개되어야 한다는 것이다. 지방의회는 주민의 의사를 대변하여 지역사회의 의사를 결정하게 되므로 그 모든 심의과정과 결과가 주민 전체에게 당연히 공개되어야 한다. 이처럼 지방의회가 의사를 공개할 수 있을 때 지방의회를 통한 모든 의사결정은 그 정당성과 공명성을 확보할 수 있는 것이며, 이러한 투명성을 기반으로 하여 지방정치의 부패방지와 정책의 효율적 집행을 기대할 수 있다. 나아가 이러한 공개의 원리는 전체로서의 지방의회뿐만 아니라 그 구성원인 개별 의원들에게도 적용된다. 즉, 주민에 의하여 선출된 주민의 대표자인 의원은 그 자신의 모든 의정활동이 낱낱이 공개됨으로써 주민으로부터 올바른 비판과 정당한 평가를 받을 수 있게 될 것이며, 이는 궁극적으로 보다 질 높은 지방의정으로 연계될 수 있다. 한편, 이러한 논리에 의해 거의 모든 나라가 의사공개를 헌법 등 최고 상위법에 의하여 보장하고 있으나 이 원칙은 절대적인 원칙은 아니다. 특별한 이유, 즉, 의사를 공개하는 것이 국가나 지역사회의 공익에 심대하게 위배됨이 분명할 때에는 의회가 결정하는 바에 따라 예외적으로 그 의사를 공개하지 아니할 수도 있다.

셋째, 지방의회의 의사운영 원리는 다수결의 원리 또는 다수자지배의 원리이다. 이는 각기 다른 의견의 고유한 가치에 대한 관념을 포기하지는 않으면서도, 최종적으로는 다수의 의사로써 결정된 것에 대해 동의한다는 원리이다. 이는 민주주의가 만인이 평등하며 동등한 가치를 가진다는 것을 전제로 하기 때문에 동등한 가치를 갖는 개인들 간에 의견이 대립될 때 불가피하게 각각의 의견을 지지하는 개인들의 수로서 집단적 결정을 내릴 수밖에 없다는 현실적인 필요성에 기초한 집단적 의사결정의 기법이라고 할 수 있다. 사회적 분절화(fragmentation)와 다원화를 근본적인 특성으로 하는 근대 및 현대사회에 있어서 전원일치에 의한 의사결정이란 현실적으로 기대할 수 없다. 따라서 합의제 기관인 의회에 있어 여러 대립되는 의견들 중에서 보다 보편타당한 새롭고 향상된 의사를 창조하기 위해 필요불가결하게 요구되는 절차적 원리가 바로 다수결의 원리 또는 다수자지배의 원리인 것이다. 이러한 점에서 볼 때 결국 다수결이란, 양과 질의 양면을 합리적으로 결합함으로써 그 속에서 하나의 결정을 찾아내는 방법이다. 따라서 다수결의 원리에는 대화와 타협이라는 전제조건이 수반되는 것이며, 이러한 대화와 타협의 과정이 결여된 다수결에 의한 결정은 결국 다수의 폭정(tyranny of majority)을 의미한다.

이상의 지방의회 의사운영을 위한 세 가지 원리의 연장선상에서 블래어(G. S. Blair)는 민주주의의 정신과 그에 대한 실천적 방법은 다음과 같은 세 가지의 가이드라인을 내포하고 있다고 주장한다. 블래어가 주장하는 민주주의의 실천적 가이드라인의 첫째는 정치적인 결정은 모든 시민이 공유할 수 있는 체계 속에서 이루어져야 한다는 것이며, 둘째는 오로지 대화와 타협의 과정을 거친 투표로서만이 모든 정치적인 결정이 성립될 수 있다는 것이다. 마지막 세 번째 가이드라인은 정치적 결정은 계속적인 공공의 정치교육과정이 수행되도록 만들어져야 한다는 것이다(Blair, 1981: 3). 즉, 모든 성인 남녀 주민들의 참여를 정당화하는 보통 및 평등선거과정을 통해 선출된 의원과 그들이 구성하는 지방의회의 자유투표에 의한 결정은 무릇 모든 시민이 공유할 수 있는 체계 속에서 이루어진 정치적 결정이라고 할 만하다. 나아가 지방의회의 이러한 의사운영과정과 그 결과를 모두 공개함으로써 민주주의 질서와 평화적이고 이성적 협의과정에 대한 주민 일반에 대한 공적 정치교육이 자연스럽게 수행된다고 할 수 있다. 그러므로 현실적으로 직접민주주의가 불가능한 근현대 산업사회 이후에 중앙정부나 지방정부에 있어 민주주의이론이 적용되는 가장 전형적인 장소가 지방의회라는 점에서 블래어의 세 가지 가이드라인은 수용가능하고 또 의미가 있는 것이라고 할만하다.

결론적으로 지방의회 의사운영의 기본원리에 관한 이러한 주장들은, 지역사회의 최종적인 의사결정은 주민 전체에 공개된 지방의회에서 이성에 기초한 설득과 대화, 그리고 타협의 과정과 다수결 투표에 의해서 이루어져야 한다는 대원칙을 확인시켜 주는 것이라고 할 수 있다(엄태석, 2005: 83). 그리고 이러한 의사운영의 기본원리들이 모두 성실히 지켜질 때, 명실 공히 지방의회는 지역사회 최고의 민주정치 핵심기관이며 지역사회 주민 전체의 대표기관으로서의 위상을 확보하게 되는 것이다.

2. 지방의회제도의 전제조건

(1) 민주주의 정치과정의 기본조건

지방의회는 민주주의의 가장 중핵적인 주민대표기관이자 의사결정기관이라고 할 수 있다. 따라서 지방의회제도의 전제조건을 살펴보기 위해서는 먼저 민주주의 정치과정 자체가 성립되고 성숙하기 위한 조건을 살펴볼 필요가 있다. 이와 관련하여 근대 민주정치의 권위자인 바커(Ernest Barker)경은 민주주의 정치체제가 성공적으로 수립·운영되기 위해서는 협의과정이 다소 격화되더라도 의견 상의 대립이 상호간의 적대적 대립으로 악화되지 않게 하기 위한 사회 구성원들 간의 일정한 공통의 기초, 즉 공분모(公分母)가 존재하여야 한다고 주장하였다. 이러한 민주주의 존립을 위한 공통의 기초를 바커경은 외적·물질적 조건과 내적·정신적 조건으로 요약하고 있다(이극찬, 2000: 504-511).

1) 외적·물질적 조건

민주주의 정치체제가 성공적으로 수립·운영되기 위한 외적·물질적 조건으로서 바커경은 사회구성원들 간의 민족적 동질성, 사회적 동질성, 그리고 경제적 동질성 등이 존재하여야 한다고 지적하고 있다. 이러한 외적·물질적 조건이 한 사회의 구성원들 간에 실제로 공유되고 있어야 그 사회는 극단적 분열을 자제하고 대화와 타협이라는 민주주의의 기본적 절차를 통해 갈등을 해결할 수가 있게 되는 것이다. 각각의 외적·물질적 조건의 내용을 보다 구체적으로 살펴보면, 첫째 민족적 동질성(national homogeneity)이란 민족을 중심으로 근대 통일민족국가가 형성되면서 나타나기 시작한 사회구성원들 간의 동질의식을 의미한다. 즉, 협의과정에 임하는 참여자들 간에는 인종 및 언어적 동질성이 있어야 하고, 또한 공통의 역사적 전통을 함께 나누고 있어야 함을 의미한다.

두 번째 외적·물질적 조건은 사회적 동질성(social homogeneity)으로서, 이는 협의과정에 임하는 참여자들 간에 존재하는 근대국가의 국민으로서 갖게 되는 명확한 공동체의식과 봉건적인 계급제도의 폐지에 따른 법률적·신분적 동질성을 의미한다.

세 번째 외적·물질적 조건은 경제적 동질성(economic homogeneity)이다. 이는 근대국가에서 산업의 발전에 따라 시민계급을 중심으로 형성된 어느 정도 평등한 경제적 조건이 실현되고 있음을 의미한다. 즉, 라스키(H. Laski)가 지적하는 바와 같이, 사회 내에 존재하는 무산자와 유산자의 두 개의 이질적인 계급으로 분리되지 않는 정도의 경제적 안정성이 존재하여야 하며, 벡커(Carl Becker)가 강조한 것처럼 기아와 같은 경제적 곤궁으로부터 해방되고자 하는 원시적 본능이 어느 정도 충족된 상태가 존재하여야 함을 말한다.

2) 내적·정신적 조건

바커(E. Barker)경이 제시하는 민주주의 정치체제가 성공적으로 수립·운영되기 위한 내적·정신적 조건이란, 민주주의 정치체제에서 시민들이 일정한 능력과 덕성을 갖추고 자기의 문제를 스스로 처리할 수 있는 진정한 능력을 말한다. 이러한 내적·정신적 조건들로서는 몇 가지 원칙을 들 수 있는데, 서로 의견을 달리해도 좋다는 점에 동의하는 원칙, 다수결의 원칙, 그리고 타협의 원칙 등이 그것이다. 구체적인 내용을 보면, 첫 번째 내적·정신적 조건은 서로 의견을 달리해도 좋다는 점에 동의하는 원칙(the axiom of agreement to differ)이다. 이것은 의견이 다른 것은 어떤 문제나 쟁점을 다루는 태도나 정책에 관한 것일 뿐이며, 따라서 단지 의견의 차이로써 개인관계 자체가 파탄되어서는 안 된다는 인식이 사회구성원들 간에 보편적으로 받아들여져야 한다는 것이다. 또한 어떤 한 가지 큰 쟁점을 둘러싸고 사회구성원들이 몇 개의 집단으로 나누어지는 것은 당연한 이치이며, 이처럼 어떤 중대한 쟁점에 대해서는 으레 구성원들 간에 의견이 다를 수 있다는 사실 그 자체를 인정하고 합의하는 것을 의미한다.

두 번째는 다수결의 원칙(the axiom of majority principle)이다. 이는 각기 다른 의견의 고유한 가치에 대한 관념을 포기하지는 않으면서도, 최종적으로는 다수의 의사로써 결정된 것에 대해 동의한다는 원칙이다. 다시 말해, 민주주의는 만인이 평등하며 동등한 가치를 가진다는 것을 전제로 하기 때문에 동등한 가치를 갖는 개인들 간에 의견이 대립될 때 불가피하게 각각의 의견을 지지하는 개인들의 수로서 집단적 결정을 내릴 수밖에 없다는 현실적인 필요성에 기초한 집단적 의사결정의 기법이라고 할 수 있다. 이러한 점에서 볼 때 결국 다수결이란, 양과 질의 양면을 합리적으로 결합함으로써 그 속에서 하나의 결정을 찾아내는 방법이라고 할 것이다.

세 번째 민주주의 정치체제가 성공적으로 수립·운영되기 위한 내적·정신적 조건은 타협의 원칙(the axiom of compromise)이다. 이는 다수가 소수의 의견에 양보하는 정신이며, 동시에 소수에게는 보다 더 많은 양보를 구하는 정신을 말한다. 이러한 타협의 원칙의 보다 구체적인 내용으로서, 협의과정에서 발휘되고 실천되어야 할 부여하고 주는 정신(spirit of giving)과 받아들이는 정신(spirit of taking), 가르치는 정신(spirit of teaching)과 배우는 정신(spirit of learning)이 지적되고 있다. 이러한 정신들을 발휘함으로써 민주주의체제의 구성원들은 애초의 다수의 의견이나 소수의 의견과는 질적으로 다른 새롭고 보다 향상된 의사를 창조할 수 있는 것이다. 따라서 타협의 원칙이 지켜지지 않을 때 다수파의 의사는 단순히 수학적으로 우월한 지위에 있을 뿐, 정신적인 측면에서 우월하지 못하고 공동체 전체 차원의 정의가 되지 못함으로써 다수자의 횡포가 발생하게 될 수밖에 없다(문병기·신현중, 2005: 167-169).

(2) 대표성의 전제조건

1) 선거의 공정성

지방의회는 주민 전체에 대한 대표기관으로서 주민을 대신하여 지역사회의 의사를 결정한다. 지방의회가 이와 같이 주민 대표기관으로서 그 본연의 기능을 다할 수 있기 위해서는 지방의회와 의원, 그리고 개별 의원과 주민과의 사이에 그 대표기관으로서의 지위가 정당하게 성립하고 유지되어야 함을 전제로 한다. 그리고 이러한 지방의회의 대표성에 대한 법적, 정치적 정당화의 근간을 이루는 것은 바로 선거의 공정성 및 당내 민주주의를 확립하는 것이라고 할 수 있다.

무엇보다도 먼저, 지방의회 의원 한 사람 한 사람이 주민 전체에 대한 정당한 대표자가 되기 위해서는 선거의 공정성이 확보되어야 한다. 선거의 공정성은 곧, 투표라는 민주주의정치의 가장 기본적인 집단의사결정 절차와 과정이 주민의 의사를 올바르게 수렴·대변할 수 있음을 의미한다.[3] 따라서 선거가 제도적으로 선거구민의 권리 일부를 제한·차등하거나 게리맨더링(gerrymandering) 등을 통해 공작정치가 활개를 치거나, 또는 금력·폭력·정치권력 등에 의하여 지배되는 등 불평등요소가 내재됨으로써 그 공정성을 상실하는 일은 매우 불행한 일이다. 공정성이 결여된 선거에

3) 여기서 말하는 선거의 공정성이란 선거가 갖는 민주적 집단의사결정기제로서의 절차적 공평성을 의미할 뿐, 선거가 언제나 최적의 대안을 선택하게 하는 완벽한 의사결정기제가 된다는 것을 당연시 하는 것은 아니다. 집단의사결정기제로서 선거가 갖는 내용적 공평성의 한계, 능률성 및 안정성상의 한계는 공공선택론 분야의 고전적 주제가 되고 있으나, 이는 본 저서의 범위를 넘는 것이므로 여기서는 이 정도로 언급하고자 한다. 한편 이에 대해 보다 자세한 설명을 얻고자 한다면 김동건(2000), 「현대재정학」, pp. 112-121 등 공공선택론 분야 관련 문헌을 참조하기 바란다.

의하여 선출된 의원과, 이들로써 구성된 지방의회는 주민과의 사이에 온당한 대표관계가 성립될 수 없기 때문이다(최인기·이봉섭, 1995: 13).

2) 당내 민주주의

뿐만 아니라 의원의 활동이 특정한 지역이나 사회적 집단, 소속 정당의 당리당략이나 사리사욕에 지나치게 경도되거나 집착될 때, 그러한 의원들로 구성된 지방의회는 주민 전체에 대한 정당한 대표성을 인정받을 수 없게 된다. 대화와 타협을 근간으로 하는 의회주의의 또 다른 가치는 소수파가 다수파의 자리로 옮겨 앉을 수 있고, 기존의 다수파도 언제든지 소수파의 위치로 전락할 수 있다는 점을 인정하는 것에 있다. 현재의 소수파가 다수가 되어 언젠가 정국을 주도하고 정책결정의 주도권을 장악할 수 있는 가능성이 사실상 봉쇄되어 있다면 이는 독재에 불과하며, 주민의 대표자인 의원을 선출하는 선거와 의원으로 구성되는 지방의회도 그 존재의의를 상실하게 된다. 이는 다른 말로 지방의회 내 의원들 간에 소수파와 다수파 및 그들이 속한 정당 내부의 권력교체의 가능성을 자연스럽게 받아들여야 함을 의미한다. 즉, 당내 민주주의의 활성화가 중요하다.

현대 민주주의정치에 있어서 정당은 의원과 같은 정치엘리트를 양성하고, 사회의 다양한 이해관계를 정강정책으로 집약하여 법안으로 전환시킨 다음 의회에 제출한다. 그러므로 정당은 의회를 기반으로 한 대의민주주의 정치의 핵심적 요소라고 할만하다. 그러나 한편으로 의회민주주의는 자유의지와 토론 및 합의에 의한 정치이다. 따라서 정당은 소속 의원들에 대하여 개개 의원의 독립성과 자유로운 의사결정 및 의사변경의 여지를 보장해 주어야 한다. 또한 정당은 의원들이 자유롭게 의견을 나타내고 이를 심의·조정함에 있어서 자유로운 합의에 기초하도록 하여야 한다. 나아가 정당은 여론의 전도관 또는 통로(conduit)로서 보다 충실한 주민 또는 국민여론의 매개기구 역할을 수행하여야 한다. 이를 위해서 정당은 당내 민주화를 철저히 실천함으로써, 시민의 곁에 가까이 다가감으로써 일상생활에서 매일매일 접촉하고 있는 일반당원의 의사가 정당운영에 실제로 반영될 수 있어야 한다. 결국 당내 민주화는 현대 대의민주주의 정치에 있어서 실질적인 민주성을 확보하는 선결조건이 되는 것이다. 이것이 당내 민주화의 근본적 의의라고 할 수 있다.

그렇다면, 왜 현실에서는 의회 및 정당 내부에서의 소수 간부 또는 세력가에 의한 일방적 의사진행이 보편화되어 있는 것일까? 즉, 정당 과두제화가 불가피한 원인은 무엇인가? 이는 현실정치가 정치권력의 획득과 유지를 둘러싸고 여러 정당들의 첨예한 대립이 불가피한 상황이라는 데 있다. 이에 따라 거의 모든 정치조직들은 중앙과 지방을 막론하고 예외 없이 과두제화와 중앙집권화 경향을 보이고 있다. 즉, 정당 간 격렬한 대립과 투쟁에서 이기기 위해 각 정당은 고도의 직업적 전문성과 기술에 의한 능률적 업무수행을 위한 당내 관료제화가 불가피하게 되었다. 또한 투쟁조직으로서 반드시 이기기 위해서는 당 내부의 단결을 강화하여야 하며, 이러한 필요성에 부응하기 위해서는 엄격한 당 규율과 함께 마치 군대와 같이 계급질서에 기초한 피라미드형의 중앙집권적 당 조직의 구축을 가져왔다. 나아가 대중민주주의 정치에 의한 당원의 양적 증대는, 당 조직의 정점에 있는 소수의 당 수뇌부가 당내 권력투쟁과 당 운영에 있어서 독점적 권한을 행사하는 과두적 독점체제를 당연시하게 하였다. 이것이 바로 의원과 그 소속 정당들 간에 소수파와 다수파 및 그들이 속한 정당간의 정권교체의 가능성을 자연스럽게 받아들여야 함을 강조하는 이유이다.

한편, 이러한 당의 과두제화와 중앙집권화는 당 지도부의 선임과 당내 정책의 결정에 있어 형식적으로는 토의와 투표라는 민주적인 방법과 절차를 따르지만, 실제로는 주요정책에 대한 당론의 결정, 공직자선거에 있어서의 공천 등의 거의 모든 중요한 사안에 있어 소수 당 간부 또는 세력가에 의한 막후회의(caucus)[4]에서 일방적으로 결정되는 기형적인 당 또는 의회운영의 관행을 낳고 있다. 이에 따라 일반당원들은 상부의 결정을 맹목적으로 추종하는 거수기의 역할만을 수행함으로써, 결과적으로 일반대중의 정당에 대한 불신감이 고조되는 현상을 초래하고 있는 것이다(문병기·신현중, 2005: 232-233). 그러한 점에서 최근 정당 및 의원의 활동에 대한 주민 일반의 감시와 통제가 강조되고 있으며, 특히 선거 공약에 대한 주민감시활동을 의미하는 매니페스토(manifesto)운동 등의 시민참여 활성화가 많은 관심을 받고 있다.

---

4) 막후회의를 뜻하는 '코커스(caucus)'란 말은 18세기 초까지 사용되던 미국 동부지역 인디언들의 은어로서, '밀담'의 의미를 가지고 있었다고 한다. 특히 미국에서 코커스는 정당의 기초단위로서 위원회나 유지회의(有志會議)라는 의미로 쓰이고 있으며, 극소수의 성원들로 구성된 패쇄적인 조직이면서도 선거 때마다 정당의 후보자를 뽑고 그들을 지원하는 등 강력한 영향력을 발휘한다. 미국의 코커스 중심정당과 유사한 예로서는 유럽의 간부정당(cadre party)이 있다(서울대학교, 2004: 274).

제 3 절 지방의회와 로컬 거버넌스

1. 의회민주주의의 위기와 한계

후술하는 바와 같이, 의회민주주의는 17세기 후반에 그 제도적인 정립을 보게 되고, 18세기와 19세기에 걸쳐 근대 시민사회의 통치원리의 하나로서 정착하게 되었다.[5] 그러나 의회민주주의는 20세기 현대사회에 접어들면서부터 심각한 한계를 경험하게 되고 특히 20세기 후반을 기점으로 쇠퇴의 길을 걷고 있다고 할 수 있다. 그 중요한 요인으로서 첫째, 사회적 분화에 따른 국민적·사회적 동질성의 상실과 둘째, 행정국가화 현상 등을 일반적으로 지적하고 있다. 한 마디로 대의민주주의체제가 성립·발전하기 위한 내적·외적 전제조건들이 현대사회에서 더 이상 강력한 힘을 발휘하지 못하게 되었다고 할 수 있는데, 이를 간단히 정리하면 다음과 같다(문병기·신현중, 2005: 170-173).

(1) 의회민주주의의 내적 저해요인

현실적으로 의회민주주의가 실현·유지되는데 장애를 주는 정치체계 내부적 요인과 관련하여 바커(E. Barker)경은 첫 번째로 선거민의 양적 증가문제를 지적한 바 있다. 19세기 말부터 보통선거권이 일반적으로 부여되면서 선거민의 숫자가 증가함에 따라 합리적이고 이성적 소양을 쌓은 선거권자와 함께, 매스컴과 대중소비문화에 의해 조종되고 감정적이며 비이성적인 선거권자들이 대폭 증가하게 되었다. 이러한 대중사회에서의 선거권자들이 의회민주주의체제의 정신적 필수조건이라고 할 수 있는 서로 다름을 인정하는 원리나 다수결의 원리, 그리고 타협의 원리들을 제대로 지키지 않는다면 결국 의회민주주의제도는 자멸하게 될 것이다.

두 번째는 정당 조직화의 문제이다. 현대사회로 나아가면서 점차 정당에 정치권력이 집중되게 되고 이에 따라 임의단체인 정당이 국가적 기관이 되기 시작하였다. 이러한 정당의 국가기관화 경향은 정당의 조직화와 정당관계자들에게 직업주의(professionalism)의 보편화를 가져왔다. 문제는 이러한 정당조직화와 직업주의는

5) 의회제도의 발전역사와 국가별 현황에 관해서는 후술하는 제2장 지방의회제도의 역사에서 상술한다.

집중된 권력을 차지하기 위해 정당간의 대립을 더욱 격화시키게 되고 소속 정당의 우상화를 가져오게 됨으로써 앞에서 말한 의회민주주의체제의 성립 및 발전조건들이 제대로 지켜지지 않게 되었다는 것이다.

세 번째 의회민주주의체제의 내적 저해요인은 행정권의 우월화 문제이다. 20세기 초반 이후 보편화된 행정부의 우월적 지위는 결과적으로 개인적 자유의 옹호기관으로서의 입법부와 사법부의 권한을 위축시켰다. 또한 우월해진 행정권을 가지고서 모든 사회문제와 갈등을 능률성의 시각에서 접근하게 되면 마침내 행정부독재(executive dictatorship)라는 극단적인 형태를 초래할 수 있는 소지가 있다는 것이다.

의회민주주의체제의 내적 저해요인 중에서 네 번째로 지적할 것은 정책결정의 신속성 문제이다. 19세기 말 이후부터 증대하는 정부의 질적·양적 확대는 대부분 신속한 결정을 요하는 경제정책의 결정과 관련된 것이라고 할 수 있다. 이러한 시대상황의 변화는 본질적으로 많은 시간과 인내력을 요구하는 협의과정을 통해 정책을 만들어내는 것을 기본적인 절차 및 방법으로 하는 의회민주주의와는 쉽게 부합되지 않는 환경을 연출하게 되었다.

(2) 의회민주주의의 외적 저해요인

한편 민주주의 정치체제의 성장과 안정적 운영을 저해하는 여러 가지 정치체계 외부의 요인들이 또한 존재하는 것이 사실이다. 그 첫째로 지적할 수 있는 것은 초인적 지도자(superman)의 출현과 그를 쉽게 따르는 대중들의 취약성문제이다. 1930년대 이탈리아 및 독일의 경우에서와 같이, 초인적·독재적 지도자가 출현함으로써 이들이 일반 시민들과는 별개의 특권적 존재로서 인식되어 일반적인 민주적 엘리트들과 달리 행동하는 것을 쉽게 용인하면서 의회민주주의체제의 위기를 가져왔던 것이다. 즉, 공개적으로 행동하고 서로 비판을 기꺼이 수용하는 의회민주주의체제 운영의 기본조건과는 정반대의 행위를 카리스마적 지도자가 감행하더라도 정신적 아노미상태에 빠진 현대사회의 대중들이 이를 쉽게 승인하고 받아들이는 상황이 계속적으로 발생한다면 결국 의회민주주의라는 꽃은 말라죽을 수밖에 없을 것이다.

둘째는 집단의 분출(eruption of the group)현상을 지적할 수 있다. 즉, 독재적 지도자는 민주주의 체제를 구성하는 기존의 기본단위인 개개인 대신에 자신의 지위를 공고히 하고 영구보존해 줄 기반으로서 종족과 민족 및 계급과 같은 집단적 요소를 부각시킬 필요성을 느낀다. 집단화의 과정 속에서 개인들은 그 본연의 자주성과 이성적 판단 능력을 상실하거나 포기하고, 대신 절대화된 이러한 집단의 단순한 수단으로서 스스로를 전락시킴으로써 안주하려는 속성이 있기 때문이다. 결국, 의회민주주의체제의 기초를 형성하는 개인에 대한 존중과 자유주의적 요소는 자연스럽게 억눌리게 되면서 보다 손쉬운 통치가 가능하게 되는 것이며, 그에 대한 민주적 견제와 균형은 점점 어렵게 된다는 것이다.

의회민주주의체제의 정치 외적 저해요인 중에서 세 번째로 지적할 것은 경제적 계급의 문제이다. 자본주의의 진전에 따라 점차적으로 한 국가 사회 내 구성원들 간의 경제적 격차는 심화될 수밖에 없다. 문제는 경제적 격차가 심화되어 마침내 그것이 경제적 계급으로 악화·변질되며, 나아가 이러한 경제적 계급간의 첨예한 대립을 대표하는 정당이 출현하고 계급 간 투쟁이 일상화되면 의회민주주의 존립의 외적 조건인 사회적·경제적 동질성에 치명적인 위해가 온다는 데 있다. 이는 결국 이성적인 협의에 기초하는 의회민주주의의 기능을 마비시키게 되고, 마침내 의회민주주의는 통치 및 의사결정기제로서의 역할을 전혀 수행하지 못하게 되는 절대적 위기에 봉착하게 될 것이다.

(3) 세계화와 탈산업화

특히 최근, 즉 20세기에서 21세기로 넘어 온 세기적 전환기에 이르러서는 이상에서 살펴본 의회민주주의에 대한 정치체계 내·외부적 저해요인에 더하여 세계화와 탈산업화로 인한 사회환경의 변화가 초래됨으로써 국가 및 지역사회 의사결정구조의 중심부에서 의회를 점점 더 밖으로 밀어내는 결과를 낳았다. 인터넷으로 대변되는 의사전달기술의 발달과 정보화는 의회민주주의가 기반하고 있는 기존의 전제조건들을 모두 바꾸어 놓고 있다. 기본적으로 의회민주주의는 자유주의와 그 맥이 맞닿아 있다. 대화와 협의과정을 통한 타협과 합의의 도출이라는 의사결정구조의 기저에는 참여자들의 주체적 자기인식과 이성에 기초한 판단, 그리고 타인의 인격과 주의·주장에 대한 존중이라는 덕목들이 자리 잡고 있기 때문이다. 의회민주주의가 미국과 영국 등의 자유주의의 사상적 전통이 왕성한 나라들에서 발전해 온 역사적 경험도 이러한 이유에 연원하고 있다.

그러나 세계화와 탈산업화로 대변되는 최근의 세기전환기적 환경은 개인적 자율과 판단을 중심에 두지 못하게 하는 상황을 계속적으로 확대 재생산함으로써 총체적으로 자유주의적 의회민주주의가 제대로 작동하지 못하게 하고 있다. 정치체계의 사회갈등에 대한 조정능력의 저하, 정책결정과정에서의 교착상황을 목도하게 되는 데서 오는 좌절감의 증가, 그리고 이에 따라 결과적으로 나타나고 있는 투표율의 하락, 정치권 및 의회제도 전반에 대한 불신감의 팽배 등은 단순히 특정 정치인 개인이나 정당 차원의 도덕적 해이나 무능에 의한 것이 아니라, 근본적으로 현 시대에서 자유민주주의적 의회제도가 제대로 작동할 수 있는 운영의 기본전제와 환경여건이 훼손 또는 약화되었기 때문인 것이다.

먼저, 세계화는 근대 의회민주주의가 기반으로 하고 있는 대표성의 지리적·개념적 범위를 모호하게 하였다. 의회의 구성원인 의원들은 공식적 선거를 통해 선출된 대표자들이며, 이들은 정책과 기타 행정적 결과에 대해 법적·정치적 책임을 진다. 그러나 이러한 민의와 정책 간의 상호부합성과 책임성의 확보를 위해서는 사회적 경계(social boundary)가 분명해야 한다. 누가 선거에서 투표권을 행사하며 자신들에 대해 자발적이고 명시적인 동의를 해주는 국민 또는 주민인지, 누구의 의사를 존중·반영하여 사회규칙으로서의 정책이나 법규의 내용을 결정할 것인지, 공간적으로나 개념적으로 어디까지가 자신들이 만들어내는 법규나 정책의 효력이 미치는 경계인지, 그리고 의회가 만들어낸 정책의 결과에 대해 책임을 져야 하는 대상은 구체적으로 누구인지 등에 대한 판단을 명백하게 내릴 수 있어야만 주권재민의 원리에 입각한 자유민주주의 의회제도가 안정적으로 순환할 수 있다. 그러나 세계화는 이러한 일련의 사항들에 대해 총체적이고도 심각한 혼돈을 주고 있다. 즉, 세계화의 확산에 따라 국가 간의 경계가 낮아지고 주권개념이 애매해진 오늘날에는 사회구성원의 범위와 사회규칙의 적용범위가 모두 불분명하게 되었기 때문에 그만큼 근대 의회민주주의의 성립에 있어서 가장 본질적인 요소인 대표성의 지리적 개념적 범위를 모호하게 함으로써 의회제도를 약화시키고 있는 것이다(임성호, 2002b: 99-100). 이처럼 대표해야 할 대상이나 내용이 분명하게 드러나지 않거나 혼란스러울 경우, 그만큼 협의과정을 통한 이익과 의지의 전달 및 타협적 의사결정이라는 의회 본연의 활동은 위축될 수밖에 없다.

한편, 탈산업화는 사회적 유동성과 다양성의 극심한 증가로서 그 특징을 요약할 수 있다. 이러한 탈산업사회의 시대적 상황은 대부분의 일반대중으로 하여금 급변하는 환경에 적절하고 신속하게 적응하지 못하고 미래의 불확실성 때문에 막연한 정신적 불안감에 시달리게 한다. 따라서 이러한 불안감으로 인해 사람들은 더욱 자기 자신에 집착하게 되고 원자화됨으로써 사회 전체와 같은 거시적 시각에서 상황을 판단하지 못하고 각자의 외부 환경조건에 의해 규정된 좁은 자기이익만을 고집하게 된다. 이러한 원자화된 개인이 필연적으로 가질 수밖에 없는 소외감과 아노미적 상태는 공동체적 문제에 대한 진정한 고민으로 나아가는 것을 방해하기 때문이다. 결국 타인과의 열린 대화를 통한 설득과 타협, 그리고 여기서 한 걸음 더 나아가 애초에 자신이 가지고 있던 입장에서 진일보한 새로운 명제(synthesis)에 접근하여야 하는 의회민주주의는 그만큼 적용될 여지를 상실하게 되는 것이다.

또한 이러한 점에서, 기존의 대의제 의회민주주의의 한계를 지적하면서 직접민주주의를 대안으로서 강조하는 입장은 큰 설득력을 갖기 어렵다. 시민단체나 NGO를 통한 반직접적인 참여뿐만 아니라 국민투표(referendum), 국민발의(initiative), 국민소환(recall), 그리고 인터넷을 통한 직접적인 국정참여 등 각종 참여기제들을 통한 직접민주주의의 실현을 주장하는 시각의 이면에는 참여의 확대가 체제에 대한 신뢰감과 시민적 덕성도 계발시켜줄 것이라는 암묵적 가정이 자리 잡고 있지만, 현실은 그리 간단하지 않다. 현대사회에 일반화된 정치적 무관심은 차치하고라도, 여론의 유동성과 심각한 불안정성은 그것에 기초한 정책대안의 선택과 폐기가 상당히 위험할 수 있음을 의미한다. 특히, 겉으로 표현되지 않는 잠재적 여론의 비중이 증가하는 현상은 사회 성원 일반에 만연되어 있는 불신감과 냉소주의가 시간이 흐를수록 더욱 강화되고 있음을 의미한다. 나아가 각종 정치적 선전매체와 매스미디어를 통해 획일화를 지향하며 독점적 지위에서 사회 구성원의 동의를 요구·강제하는 정치권의 대중동원과 상징조작이 만연한 상황에서는, 직접민주주의가 개인적 의견의 단순취합이나 강력한 영향력을 가진 소수에 의해 전체 의사결정과정이 압도되는 것을 막을 수 없다. 따라서 자유이성에 기초한 개인의견의 승화가 담보되지 않는 직접민주주의에서의 정책결정이 확보할 수 있는 정당성의 여지는 현실적으로 그리 크지 않은 것으로 보인다.

더욱이 현대 대중민주주의정치체제(mass democracy) 하에서 자주 목격하게 되는 대중운동은 전통적인 개인적 정치참여의 수단인 투표나 이익집단 및 정당에 대한 참여를 통해서는 채워지지 못하는 대중의 정치적 욕구를 해소하는 중요한 통로라는 이점에도 불구하고, 대중의 비합리성과 감성적인 성향으로 말미암아 쉽게 격화 또는 난동화될 가능성이 매우 크다는 치명적인 단점이 있다는 점에서 의회민주주의의 대안이라고 보기 어렵다. 즉, 탈산업사회적 환경에서 단기적으로는 소수 정치인의 선동적 수사에 일반대중이 이끌릴 수 있겠지만, 근본적으로 정부와 정치에 불신감을 가지고 있는 원자화된 대중이 그러한 감성적 지지를 장기적으로 지속시켜 주지 않을 것이며, 결국 이는 새로운 정치사회적 혼란과 갈등을 양산할 것이기 때문이다. 바로 이러한 개인의 의지적 한계 때문에 루소(J. J. Rousseau)는 '순수투표'(pure voting)의 개념을 통해, 유창한 웅변과 수사를 동원한 선동에 현혹되는 것을 막고자 하였던 것이다.

(4) 의회민주주의의 변질

이상에서 설명한 의회민주주의에 대한 정치체계 내·외부에서의 저해요인과 세계화 및 탈산업화에 따른 사회 환경의 변화는 역으로 의회민주주의의 변질을 가져왔다. 한마디로, 상업자본주의와 직업주의가 일반화됨에 따라 자유민주주의의 핵심적 기관인 의회가 공동선에 대한 공감대의 형성(consensus building) 없이 현실적 이해의 중간적 타협점을 찾아가는 '기술자적 의회(technocratic congress)'로 전락함으로써, 과거 바커(Ernest Barker) 경에 의해 주창되었던 시민민주주의의 원형적 모습들이 많은 부분 훼손되고 제 기능을 수행하지 못하게 되었다는 것이다(Connor and Oppenheimer, 1993). 결과적으로 각국의 민주주의는 20세기에 이르러 세기전의 순수한 원형들에서 상당한 괴리가 있는 사실상의 대중민주주의체제(mass democracy)로 타락하였다.

대중민주주의체제는 첫째, 자발성과 이성에 기초한 '합의에 의한 지배'가 아니라 허구적이고 조작된 자발성에 기초한 '동조성에 의한 지배'라고 할 수 있으며, 둘째, 대중민주주의는 주권을 가진 국민에 의하여 선출된 대표자들로 구성된 의회가 행정부의 들러리가 되고 정부 여당 내의 소수 지도자에 맹종하는 권력의 시녀가 되는 의회제적 과두정으로 타락하게 한다. 셋째, 대중민주주의는 관객민주주의라는 점에서 그 사이비성이 있다. 즉, 대량소비, 상업주의에 물든 매스미디어, 경제적 풍요, 그리고 정보의 홍수 속에서 무감각해질 때로 무감각해진 대중들에게 있어 정치는 주체적인 관여의 문제가 아니라 관객적인 흥미의 대상으로 전락해 버렸다. 넷째, 현대사회에서 비정치화되고 모래알처럼 소외된 대중들은 논리성과 합리성 보다는 정서적인 면에서 상황을 판단하게 되었다. 나아가 대중민주주의는 급변하는 현대사회의 위기적 상황을 극복하기 위해서 소외된 대중들에 의존함으로써 형식적으로는 민주주의의 모습을 취하지만 실질적으로는 특정 정치지도자에 의한 민중적 독재(popular dictatorship)를 무비판적으로 수용하는 사이비 민주정치체제이다(Neumann, 1965: 3-4; 문병기·신현중, 2005: 174).

그런데 이러한 의회민주주의의 변질은 현대사회의 산업화 및 탈산업화에 따른 불가피한 부작용이기도 하다. 극심한 사회이익의 파편화와 다양화와 그 결과 나타나는 사회적 분절화(fragmentation), 그리고 그에 따른 대중의 원자화와 소외화가 가속됨에 따라 전통적 자유민주주의에 기초한 대의정치과정을 통해 나오는 어떠한 의사결정이나 합의사항도 국민 또는 주민의 광범한 지지를 얻기 어렵게 되었다. 사실은, 그 사회의 보편적 민의가 무엇인지조차 파악하기 힘들어졌기 때문인 것이고, 따라서 최대한 다양한 사회이익집단들로부터 광범한 지지를 얻어내기 위해 나름대로 넓은 공통분모를 갖는 정책대안을 선택한다 하더라도 워낙 다양하고 각자 고유한 이익을 있는 그대로 표출하는 대다수 사람들의 욕구를 충족하기에는 처음부터 무리가 있는 것이다. 더욱이 20세기 중반 케인지언(Keynesian)적인 행정국가화 경향 이후에, 좀 더 많은 문제를 국가와 정부에서 해결하고 서비스를 제공해 주기를 바라는 사회구성원들의 일반적 기대에 부응하기 위해서 의회를 위시한 국가 및 지역사회 의사결정구조들은 보다 큰 시간적 제약에 시달리게 되었다. 그 결과 마음을 열어 타인의 입장을 이해하고 보다 개선된 제3의 대안을 찾으려고 하는 대화와 타협보다는 기존의 사회이익들 사이에서 가장 무난한 중간적인 균형점을 찾아내어 그것을 결과로서 제시함으로써 의원들의 대중적 기반을 확보하고 정치적 삶을 연명하려는 정답모색적(epistemic)이고 결과지향적(result-oriented)인 의회민주주의모델로 전락할 수밖에 없었다.

결과적으로 문제해결 및 효율성 중심의 사회 분위기 속에서 대화와 타협의 절차와 과정을 중시하는 자유민주주의적 의회제도는 지극히 형식적인 존재로서 형해화(形骸化)되고, 상호 토의와 설득의 과정에 몰두하면서 공동선을 향해 자신들의 이익을 통합시켜 나가는 민주적이고 공정한 게임규칙은 쉽게 찾아볼 수 없게 되었다. 언제부터인가 의회에서는 대화와 타협보다는 숫자에 의존한 다수의 폭정(tyranny of majority)이 난무하게 되었고, 상호 간의 불신과 살벌한 경쟁 속에서 만들어진 정책과 법규에 대해 국민과 주민들이 저항함으로써 총체적으로 국정운영 또는 지역사회운영의 효율성이 떨어지는 악순환이 반복되게 되었다.

그러므로 이제부터는 지금까지의 결과지향적이고 기술자적인 사이비 의회주의를 그만두고 열린 대화를 통한 상호 이해와 신뢰를 강조하는 자유민주주의 의회제도 본연의 모습으로 회귀하여야 할 것이다. 버크(E. Burke)경이 브리스톤(Briston)의 유권자들에게, 의회의 의원은 지시받은 대리인(instructed delegate)이라기보다는 독립적 수탁자(independent trustee)로서 전체 국민과 지역주민을 대표하여야 함을 역설한 것도 열린 자세로 임하는 대화와 타협 속에서 피어나는 공동선에 대한 충성심을 강조하기 위한 것이다. 바로 이러한 시각을 바탕으로 한 것이 로컬 거버넌스(local governance) 개념에 기초한 지방의회이며, 따라서 이를 민주주의의 재창조(recreating democracy)라고 지칭하는 이유이다(Wells & Lemmel, 1998).

2. 로컬 거버넌스와 숙의중심적 지방의회

(1) 로컬 거버넌스의 의미 및 중요성

로컬 거버넌스란 국가하위 차원에서 이루어지는 거버넌스의 한 유형[6]으로서, 주로 지역공동체(community)[7] 수준의 시민참여와 지역발전을 위한 공사협력체제와 네트워킹구조를 의미하며 이는 그 협력과 네트워킹의 내용과 맥락, 즉 역사·문화적 특성 및 기존 제도와의 관계에 따라 다양한 형태로 표현된다. 로컬 거버넌스의 구체적인 모습은 지역공동체의 역사적 전통과 시민문화의 수준과 양태와 같은 거시구조적인

6) 일반적으로, 공·사부문의 경계가 무너지면서 계서제 중심의 권위적 통치를 대신하여 나타나는 정부, 시민사회 및 시장 간의 상호 신뢰에 기초한 새로운 협력적 국가사회 운영 형태를 의미하는 거버넌스는 참여하는 행위주체들의 활동영역의 범위 및 수준에 따라 그 유형을 달리한다. 일반적으로, 초국가적 차원에서의 거버넌스는 세계화의 물결과 함께 국가간 협력과 문제해결을 지향하는 글로벌 거버넌스(global governance)와 인접국가간 지역공동체를 중심으로, 또는 그러한 지정학적 한계를 초월하여 통상 등의 현안문제들을 해결하고자 하는 리저널 거버넌스(regional governance)가 있다. 개별국가차원에서는 국가주권(state sovereign)에 기초한 전통적 통치(governing)를 대신하는 전국적 수준의 새로운 국정운영 방안을 찾기 위한 내셔널 거버넌스(national governance)가 있다. 그리고 국가하위 차원에서는 지역공동체를 중심으로 시민참여와 지역발전을 모색하기 위한 공사협력체제와 네트워킹구조에 초점을 두는 로컬 거버넌스(local governance)가 대표적이다. 나아가 이상의 실제 공간의 밖에서 소위 사이버공간(cyberspace)라는 가상적 영역을 통해 형성되고 운영되는 거버넌스를 사이버 거버넌스(cyber governance)라고 하여 따로 규정하고 있다(김석준 외, 2000: 135-146).

7) 우리가 통상적으로 지역공동체라고 번역하는 커뮤니티(community)라는 개념에는 지역적 한계성에 기초하여 자원동원과 서비스교환이 이루어지는 지리적 공간으로서의 의미뿐만 아니라, 그 곳에서 거주하는 사람들이 공동체의식을 형성하고 상호 의사소통하며 살아가는 하나의 인간관계망(human relationship network), 즉 생활공동체라는 함의가 근본적으로 내재해 있다(Brager, Specht & Torczyner, 1973). 이러한 지역공동체의 가장 대표적인 예는 우리가 소위 '이웃사촌'이라고 지칭하는 도시근린지역사회(urban neighborhood)라고 할 수 있으나, 상호의존적인 관계망이 소규모 도시근린에 국한되지 않고 확장될 경우도 빈번하므로 지역공동체가 반드시 이와 같이 협의적인 의미만을 가진다고 보기는 어렵다. 결국 지역공동체란 법적, 행정적 단일체로서의 특정 지방정부나 지방자치단체에 국한되지 않는, 자연적·사회적·경제적으로 발생하는 자기완결적인 일체성을 가진 공동생활권 하의 소규모 또는 비교적 대규모의 지역사회를 모두 포함한다고 할 것이다(이도형, 2000).

요소, 개별 지역주민들의 행동양식과 기존제도 및 규칙과의 상관관계라는 합리제도주의적 요소, 그리고 정책영역별로 존재하는 정치·경제적 요소 및 행위주체들 간의 역학관계 등 다양한 변수들이 서로 복합적으로 상호 연계되면서 나타난다고 할 수 있다. 다시 말해, 로컬 거버넌스는 단순히 거버넌스이론의 국지적 적용이라는 의미를 넘어 시민민주주의체제로의 회귀와 전환을 위한 실천적 연습과 훈련이라는 점에 그 의미를 좀더 부여하고 있다. 로컬 거버넌스를 강화한다는 것은 기존의 형식화된 대의민주주의에서 일반화되었던 힘과 이익의 균형의 기제에서 벗어나 대화와 타협을 통한 공동선의 실현을 추구한다는 점에서 특별한 중요성을 갖는다(문병기, 2003: 32).

개별시민과 시민단체, 그리고 조직의 연결망(network)에 의한 광범한 지지를 기반으로 하는 민주적 지방정부는 다원주의 민주정치의 여러 단점들을 극복할 수 있으며 과거 행정국가시대의 계서적 통치체제보다 더욱 큰 대표성을 확보함으로써 지역사회운영의 총체적 생산성을 제고할 수 있다. 바로 이점이 로컬 거버넌스를 지역사회 운영의 새로운 대안으로 제기하게 된 근본적 논거이다. 후기 산업사회에서 시민들은 통치체제에 대한 자신들의 참여능력이 커지는 것을 방해하고 있는 정치인이나 고위공직자들을 점점 더 불신하고 있다. 그러나 대의민주주의체계를 일시에 그리고 완전히 포기할 수는 없기 때문에, 공유된 사회적 연결망이나 사회자본(social capital) 및 시민협력을 고양하는 새로운 개념의 지역사회 건설을 하나의 대안으로 생각하게 되었다. 즉, 지역사회건설에 있어서 제반 활동을 조정하는 권력 또는 권위의 하나의 중심으로서의 지방정부에 모든 행위자와 가치가 집결되는 체제 대신에 시민 개개인 및 공사조직의 연결과 참여 및 협의를 촉진하는 절차중심적 과정을 실현함으로써, 결과적으로 보다 효율적인 자원관리를 통한 지속적인 지역사회 발전이 가능하다고 보는 것이다.

민주성의 제고라는 점에서 볼 때, 로컬 거버넌스의 개념은 현재 자신들의 지역사회에서의 삶에 관한 중요한 결정이 이루어지는 정치적 과정에 대해 거의 아무런 영향력을 갖지 못하는 일반 주민에 대한 최근의 계속적으로 증가하고 있는 사회적 관심이 만들어낸 산물이라고도 할 수 있다. 로컬 거버넌스는 대결적 이원론을 부인하는 대신 간주관적 현실을 조성할 뿐만 아니라 대화와 숙의(熟議: deliberation)를 촉진하는 민주적 정치과정을 강조한다. 이를 통해 '우리 대 그들(us versus them)'이라는 이원론적 현상을 감소시키고 '모두가 우리라는 관계(we-relation)'를 만들어 내는 숙의민주주의가 실현될 수 있다는 점을 강조하는 것이다. 따라서 지역사회가 온정적이면서도 식견 있는 진정한 자치체정신(communal spirit)을 형성하지 않고는 로컬 거버넌스의 과정은 효과적이거나 지속적이라고 말할 수 없다. 그러한 자치체정신은 정의와 공평성을 중시하고 경험을 서로 나누기를 권장하며 공익에 대한 공유된 개념을 갖고 있다. 이는 결국 전통적 자유주의에 더하여 공동체주의(communitarianism)적 요소를 결합한 것이라고 할 수 있다(Habermas, 1984; Rawls, 1996).

그리고 로컬 거버넌스 과정을 통해 현시되는 타인에 대한 관심, 자율성, 자비심, 자기반성, 정의와 공평성의 추구, 공존공생과 같은 시민사회적 미덕(civic virtue)은 지역사회를 세련되고 발전가능성 있는 것으로 만들 수 있다는 믿음에 기초하고 있다. 로컬 거버넌스는 지역사회 내에서 시민·단체·결사 및 기관의 참여를 촉진하며 연결망과정(networking process)에 함께 들어오도록 권장한다. 즉, 지역사회 주민들이 함께 모여 정책과정 전반, 의제설정, 의사소통, 그리고 프로젝트의 사회적 설계를 개선하기 위한 대화와 타협을 하는 일련의 참여와 계속적인 상호작용과정을 통해 지역사회 전반의 상호작용을 활성화할 수 있다는 가능성을 강조한다. 로컬 거버넌스를 위한 시민민주주의의 회복전략은 모든 정책이슈의 정치적, 사회적, 제도적, 심리적 및 문화적 차원에서 나타나는 참여자들 간의 분권화와 권력공유, 그리고 사회자본 및 신뢰를 통해 민주적 지역사회 형성이 가능하다는 기대를 반영한다(전종섭, 2000).

(2) 숙의중심적 지방의회의 정립

지방의회제도에 로컬 거버넌스 개념을 적용하려는 것은 기본적으로 개방적인 대화와 타협의 과정 속에서 발현되는 상호신뢰[8]의 분위기에 초점을 두기 때문이다. 로컬 거버넌스는 지역사회에서 대의민주주의를 대치할 수 있다거나 행정의 공공서비스 기능을 간단하게 시민사회운동 쪽으로 완전히 전이될 수 있다고 보지는 않는다. 그러나 최소한 로컬 거버넌스는 지역사회에서의 논쟁과 의제설정, 그리고 대안의 탐색 등을 포함하는 개방적인 대화와 타협의 여건을 조성함으로써 사회적 상호작용을 고양하고 사람들을 고립으로부터 해방시키며 지역사회 발전을 향해 나아가게 할 수 있다. 로컬 거버넌스는 계서적이고 관료적인 기존의 통치와는 반대로, 개방적인 협의과정을 통해 견해와 이익의 불일치를 드러나게 하며 그 해결을 위한 지역사회 구성원들 간의

8) 여기서 말하는 신뢰는 일반적·사회적 신뢰(generalized·social trust)로서 혈연적·도구적 신뢰와 구별된다. 일반적·사회적 신뢰는 사회적 정체성(social identity)과 시민적 덕성(civic morality)이 발휘됨으로써 사회 또는 정치체제 전반의 일반적 타인(general others)에 대해 갖게 되는 보편적 신뢰감이다(임성호, 2002b: 108).

협동과 상호학습의 가능성을 탐색한다.

일련의 로컬 거버넌스 과정을 통해 사회적 신뢰가 조성된다면, 일반 주민들은 지방정부의 모든 정책영역에 대하여 보다 광범한 지지를 보내게 되고 제도가 만들어내는 의사결정의 내용과 그 내부 행위자들의 정통성을 존중하게 된다. 이러한 정통성의 인정은 개인적·집단적 이익의 단순한 조정을 넘어서는 공동선에 대한 일반적 합의와 그 실천을 통해 지속가능한 발전을 실현하게 한다. 사회적 신뢰가 형성되면 사회 구성원들은 정부와 의회 등 전통적인 통치구조와 그 구성원들에게 보다 관용적인 태도를 갖게 되고, 그에서 나오는 결정을 수용하거나 실천하는 데 보다 적극적일 수 있기 때문이다.

이러한 사회 구성원들 간의 상호신뢰 구축에 필수적인 것이 바로 개방적인 대화와 타협이다. 여기서 말하는 개방적인 대화와 타협은 과거의 토론(debate)이나 논쟁(argumentation)보다는 협의 또는 숙의(熟議: deliberation)에 해당한다. 오직 진정한 대화와 타협을 의미하는 숙의를 통해서만이 각 개인과 집단은 애초에 그들이 가지고 있었던 이해관계와 입장에서 한 발 더 앞으로 나아가 스스로의 선호체계를 바꿀 수 있게 되고, 그리하여 대승적 차원에서 공동선에 기초한 새로운 대안을 모색할 수 있게 된다. 숙의를 통한 타협은 개인 및 집단별 이익이나 생각의 단순한 집약(interest aggregation)이 아니다. 각자의 입장과 이해관계에 대한 정확한 파악과 상호적 이해, 그리고 충분한 설득과정을 거쳐 이익과 생각의 근본적인 이익통합(interest integration)이 수반되거나 적어도 그것을 목표로 하는 의사소통인 것이다(Harbermas, 1984).

전술한 바와 같이, 행정국가화 경향 이후에 형해화된 자유민주주의적 의회제도를 대신하기에 직접민주주의는 많은 한계를 가진다. 숙의를 거쳐 만들어지는 공동선에 대한 합의 없이 개인과 집단의 직접적 참여에 의해 이루어지는 집합적 의사결정은 특정 독재자나 그 일파에 의해 감행된 인기영합적 상징조작을 인민투표를 통해 그대로 추인해주는 인민투표적 민주주의(plebiscitary democracy)에 지나지 않기 때문이다. 결국, 가장 바람직하고 현실적인 대안은 거버넌스에 기초한 의회민주주의의 부활, 즉 '숙의중심적 지방의회'의 정립이라고 할 것이다. 이는 다시 말해, 그동안 상업적 자본주의와 전문화 및 직업화를 통해 일반화되어 버린 '기술자적 의회(technocratic congress)'의 모습을 벗어 던지고 지방의회라고 하는 개방적인 대화와 타협의 장에서 충분한 의사소통과 상호이해 및 설득의 과정을 거침으로써 지역사회 전체적인 시각에서 보다 바람직한 대안을 찾아내는 일련의 승화 발전적 집단의사결정기제를 지역사회의 중심에 둔다는 의미이다.

이러한 숙의중심적 지방의회제도의 정립은 단순히 지역사회 의사결정구조에 대한 전반적인 정통성과 신뢰의 향상에 기여할 뿐만 아니라, 정책집행과 그 결과에 대한 평가에서도 훨씬 긍정적인 효과를 보이는 것으로 나타나고 있다(Hibbing & Theiss-Morse, 2001). 일반시민들은 자신들이 속한 정치체계를 평가함에 있어 정책결정의 구체적 내용이나 집행된 이후의 성과보다는 그러한 정책결정이 어떠한 과정을 거쳐 이루어졌는지에 대한 판단을 중심적인 기준으로 삼는다. 따라서 의사결정구조 안에서 충분한 토의가 있었는지 혹은 자발적 합의가 이루어졌는지, 최소한 소수의견도 존중되고 경청하였는지 등에 대해 지역사회 구성원들은 보다 많은 관심을 보이며, 만약 이러한 기준들이 만족스러울 만큼 충족되었다는 인상을 받는다면 정책결과와는 무관하게 의사결정구조 전체에 대한 보편적 지지를 보낼 수 있다고 한다. 지방의회라고 하는 대의민주주의제도의 중심적 기관에서 충실한 숙의가 이루어진다면 이는 지역사회 구성원들의 일반적 신뢰와 시민적 덕성을 일깨우는 교육의 기능을 수행할 수 있으며, 이렇게 고양된 정통성과 일체감은 더 나아가 정책집행과 평가의 효율성까지 제고할 수 있다는 의미이다.

기본적으로 숙의를 중시하는 지방의회제도는 결과 중심적이라기보다는 과정 중심적이고, 절차적 민주주의를 강조하는 것이다. 그러나 앞에서 설명한 바와 같이, 숙의가 신뢰와 정통성의 향상으로 연결되면서 최종적으로 숙의중심적 지방의회제도는 지역사회 의사결정구조 전체의 효율성을 향상하게 된다. 그렇다면 현실적으로 지방의회 내에서 숙의를 보다 활성화할 수 있게 하기 위해서는 어떠한 제도적 장치가 마련되어야 할 것인가? 생각할 수 있는 몇 가지 지방의회 운영제도와 관련된 개선방향을 예시하면 다음과 같다(임성호, 2002b: 118-120).

첫째, 의사과정 전반에 관련된 운영제도로서, 의회 상시개원을 위한 회기제도는 대의과정상 공론의 장이 항상 열려 있게 함으로써 의원들의 토의를 활성화할 수 있다는 측면에서 생각해 볼만한 대안이다. 이와 관련하여, 현행 우리나라의 지방자치법은 제44조 내지 제47조에서 지방의회의 소집 및 회기를 규정하면서 연간 회의 총일수와 정례회 및 임시회의 회기를 해당 지방자치단체의 조례에 위임함으로써 일견 상시개원제를 지향하는 것처럼 보인다. 그러나 막상 각 지방자치단체의 조례에서는 연간 회의 총일수를 국회의 180일보다도 훨씬 많이 제한함으로써 전혀 상시개원제라고 할 수 없는 것이 현실이다.[9] 그러므로 미국의 의회처럼 여름 휴가와 연말 휴가 기간을 제외하고는 거의 항상 개회된 상태로 있는 것이 조금이라도 더 의회 내의 숙의가 활성화될 여지를 넓힌다는 의미에서 상시개원제나 연간 총 개회일수의 대폭적 확대를 제안한다.

둘째, 본회의 운영제도와 관련하여, 지나친 상임위원회 중심주의를 지양할 것을 제안한다. 의회가 과도하게 상임위원회 중심으로 운영되면 그만큼 다양한 입장을 대변하는 지역사회 대표자들 간의 개방적인 대화와 타협이 힘들어진다. 각 세부 정책영역별로 의회기능이 분산되는 상임위원회 중심주의는 구조적 분화와 기능적 전문화를 추구하는 다원주의적 민주주의의 시각에서는 이익표출과 이익집약에 효율적이라고 할 수 있겠으나, 사회적 약자를 포함하는 보다 다양한 지역사회의 이해관계를 표면화시키고 이들과의 의사소통을 통해 공동선에 충실한 통합적 대안을 모색하는 로컬 거버넌스적 시각에서는 그다지 바람직하다고 볼 수 없다. 그러므로 지금까지 통관의례의 상징적 역할만 수행하고 있는 본회의에서 모든 의원 간의 숙의를 활성화시키는 제도적 방안을 모색할 필요가 있다.

본회의 운영제도 개선과 관련해, 첫째, 전원(全員)위원회제도의 적극적 도입이 필요하다. 전원위원회제도는 특정 법안의 소관 상임위에 속하지 않은 의원도 본회의에서 법안에 대한 심의와 내용수정에 적극적으로 참여할 수 있다는 장점이 있기 때문이다.

둘째, 본회의 최종 결정 시 기록표결제(표결실명제)도 의회 내의 숙의 활성화에 순기능을 할 수 있다는 점에서 고려해 볼 만하다. 기록표결제가 활성화되면 의원들은 자기 발언에 책임을 져야 하기 때문에 법안 및 정책 심의에 있어 보다 진지하고 적극적으로 임하게 될 것이라고 기대할 수 있다. 그 밖에도 본회의 법안심의나 대정부 질의를 할 때 미리 준비된 자기주장을 일방적으로 나열하는 방식이 아니라, 자유롭고 융통성 있는 쌍방향적 토의를 촉진시킬 수 있도록 본회의에서의 의사진행방식을 개선하는 것도 고려해 볼 필요가 있다.

셋째, 지방의회에서 상임위원회 중심주의를 지양한다 하더라도, 현실적으로 보다 세부적이고 구체적인 법안심의가 이루어지는 곳은 역시 상임위원회이므로 위원회에서의 숙의 활성화를 위한 방안도 고려하여야 한다. 이를 위해서는 먼저 각종 공청회

9) 2007년 현재, 서울특별시를 위시한 대부분의 광역시와 도 의회에서는 연간 회의 총일수를 120일 내지 140일 이내로 제한하고 있으며, 기초 시·군·구 의회에서는 80일 내지 110일 이내로 제한하고 있다.

및 간담회를 보다 활성화하여야 한다. 다만, 기존의 소수 이해관계자 및 전문가만이 참여하는 밀실형 또는 일방적인 사업설명회식의 공청회 및 간담회 진행방식을 지양하여야 하고, 지역사회 구성원들의 폭넓은 참여와 자유로운 의견개진을 촉진함으로써 실질적인 사회갈등의 흡수기제 역할을 수행할 수 있어야 한다. 이처럼 열린 대화와 의사소통의 창구역할을 하는 공청회 및 간담회는 지역사회 의사결정구조에 대한 일반적 신뢰를 제고할 뿐만 아니라 지역주민에 대한 시민교육장의 역할을 수행함으로써 숙의의 활성화에 필수적으로 요구되는 선결조건인 시민적 덕성을 함양하는 데 기여할 수 있다. 공청회 및 간담회제도의 개선과 함께, 지방의회 본회의 및 위원회에서의 회의에 대한 공개를 예외 없이 의무화할 필요도 있다. 현행 지방자치법에는 위원회의 방청을 위원회의 허가 사항으로 하거나(지방자치법 제60조 제1항), 의원 3명 이상이 발의하고 출석의원 3분의 2이상이 찬성한 경우에 회의를 공개하지 않을 수도 있다(지방자치법 제65조 단서조항)고 함으로서 상당한 정도 회의의 공개에 대한 예외를 폭넓게 인정하고 있다. 그러나 지방의원들 간의 숙의를 보다 활성화하고 지역사회 구성원들의 정치사회화, 사회갈등의 흡수, 그리고 일반적 신뢰의 고양을 위해서 지역사회의 안녕질서 유지 등 공익과 관련된 특별한 경우를 제외하고는 회의의 공개를 의무화할 필요가 있다.

넷째, 지방자치단체 행정부에 대비하여 지방의회의 상대적 위상을 제고하기 위한 제도적 방안들이 강구되어야 할 것이다. 20세기 중반 이후 행정국가화 현상이 보편화되면서 행정부가 국가지배구조에서 사실상 우월적 위치에 있게 되면서부터 자유민주주의에 기초한 의회제도가 형해화의 길을 걷게 되었다는 것을 생각할 때, 지방의회의 상대적 위상을 끌어올리기 위한 방안들은 간접적으로나마 지역사회에서의 개방적 대화와 타협의 전통을 다시 회복시키는 데 일조할 것으로 보인다. 이를 위해 예를 들어, 의회 예산 심의 및 결정 과정의 전반적 재조정과 예산 담당위원회의 상설화 및 상임위 승격, 예·결산 담당 독립적 의회전문기구의 신설, 의회 내 입법지원기능의 강화, 수시 국정조사 발동요건의 완화, 인사청문회의 강화 등을 시도해 볼 필요가 있다.

마지막으로, 숙의중심적 지방의회 운영모델은 결과보다는 과정을 중시하는 것인 만큼 특정 의회운영제도의 도입 여부 그 자체보다는 그 운용의 묘를 살리는 것이 더욱 중요하다. 이와 관련하여 보다 근본적으로 강조되어야 할 것은 지방의회 소속 의원들이 진정으로 열린 마음으로 대화와 숙의를 계속해 나가려고 하는 의지와 소양을 갖추었는가의 여부이다. 이러한 점에서, 1998년에 미국 California주 San Rafael시의

시의회 비상대책위원회에서 보여준 시의원들의 태도는 매우 본받을 만하다. 노숙자에 대한 무료식사 제공시설을 이전하는 과정에서 무수히 많은 어려움이 있었음에도 불구하고, 관련 시의원들은 지역사회에 대한 깊은 애정과 공동선을 추구하는 지속적인 인내와 의지로써 마침내 모든 지역사회 구성원들이 모두 만족하는 대안을 찾아낼 수 있었다(전종섭, 2000: 369-372). 그러나 이러한 공동선에 대한 강력한 의지와 소양을 갖추는 문제는 단기간에 이루어지기를 기대할 수 없는 것이다. 개별 의원들도 결국은 그 지역사회의 일원으로서 가지는 존재피구속성(存在彼拘束性)이라는 근원적 한계를 가진 인간임을 생각할 때, 지방정부를 위시한 지역사회 전반에 대해 시민사회적 미덕(civic virtue)을 함양하기 위한 협력적 노력과 계몽활동이 지속적으로 이루어져야 한다. 이를 위해서는 개별 의원들과 정치인 및 지방시민단체와 지식인들이 함께 참여하여 지역사회 연결망조직 및 정책공동체를 적극적으로 구성·운영하는 방안도 함께 생각해보아야 할 것이다(문병기, 2003: 46-47).[10]

10) 하나의 예로서, 1994년에 미국 California주 Napa카운티는 카운티 보건복지과가 주체가 되고 50개의 비영리 사회복지조직이 협력하는 연합체를 이끌어 냈다. 1996년도 후반기에 이 연합체는 "미래의 탐색(Future Search)"이라는 제목 하에 총 2부로 구성된 협의회를 개최하여 새로운 연방복지정책 개혁방안을 논의하고 활동계획을 짜는 데 지혜를 모았다. 이 연합체는 또한 공·사 및 비영리 조직간의 공조적이고 공개적인 거버넌스 과정을 강화하고 현재의 문제점 및 예상되는 이슈의 검토뿐만 아니라 지역사회중심의 사회서비스 개발, 자원의 공동 활용, 신규 지원금 신청 등을 허심탄회하게 논의하고 적극적인 전략기획을 수립하기도 한다(전종섭, 2000: 367-369). 결과적으로 이러한 정책공동체의 형성과 활동을 통해 Napa카운티는 전통적인 지방통치구조의 한계를 극복할 수 있는 새로운 민주적 의사결정구조를 만들어 낸 것이다.

참고문헌

구범모.(1985). "정치발전과 의회주의." 「한국정치와 의회주의」, 성남: 한국정신문화연구원.

권영성.(2007). 「헌법학원론」, 서울: 법문사.

김동건.(2000). 「현대재정학」, 서울: 박영사.

김동훈.(2002). 「지방의회론」, 서울: 박영사.

김석준 외.(2000). 「뉴 거버넌스 연구」, 서울: 대영문화사.

김옥평.(1961). 「의회제도론」, 서울: 청운출판사.

김철수.(2007). 「헌법학개론」, 서울: 박영사.

문병기.(2003). "로컬 거버넌스 관련 제 이론적 접근." 이은구 외. 「로컬 거버넌스」, 서울: 법문사.

문병기·신현중.(2005). 「정치학개론」, 서울: 한국방송통신대학교출판부.

서울대학교 정치학과 교수.(2004). 「정치학의 이해」, 서울: 박영사.

엄태석.(2005). 「기초지방의회의 이해」, 경기도: 한국학술정보.

이극찬.(2000). 「정치학」, 서울: 법문사.

이도형.(2000). 「지방자치의 하부구조: 연방제형 자치, 서비스행정, 지역사회개발」, 서울: 한울아카데미.

임성호.(2002a). "한국국회의 토의 활성화와 제도개혁: 2000년 개정국회법의 효과에 대한 평가." 「세계정치연구」: 1권 2호.

_____.(2002b). "의회와 거버넌스: 거버넌스의 저해 및 촉진기제로서의 의회." 김석준 외 13인 공저. 「거버넌스의 정치학」, 서울: 법문사.

전종섭.(2000). "시민사회의 뉴 거버넌스: 행정책임성의 변화." 김영섭 외. 「위대한 사회를 향하여」, 서울: 법문사.

정만희.(1991). 「헌법과 의회정치」, 서울: 법문사.

정재길.(2001). 「지방의회론」, 서울: 박영사.

최인기·이봉섭.(1995). 「지방의회론」, 서울: 법문사.

浜田一成·川村仁弘.(1984). 「今日の地方議會」, 東京: 第一法規出版株式會社.

吉村正.(1967). 「現代政治の機能と構造」, 東京: 前野書店.

Blair, George S.(1981). *Government at the Grass-Roots*, CA: Palisades Publishers.

Brager, G., Specht, H., & Torczyner, J.(1973). *Community Organizing*, New York, NY: Columbia University Press.

Connor, G. E. and B. I. Oppenheimer.(1993). "Deliberation: An Untimed Value in a Timed Game," in Lawrence C. Dodd and Bruce I. Oppenheimer.(eds.). *Congress Reconsidered*, 5th edition, Washington, D.C.: Congressional Quarterly Press.

Giddens, Anthony.(1994). *Beyond Left and Righ*, Oxford: Blackwell Publishers.

Habermas, J.(1984). *The Theory of Communicative Action: Reason and the Rationalization of Society*(1), Boston: Beacon Press.

Hibbing, John R. and Elizabeth Theiss-Morse.(eds.)(2001). *What Is It about Government That Americans Dislike?*, Cambridge, UK: Cambridge University Press.

Kelsen, Hans.(1926). *Das Problem des Parliamentarismus*, Leipzig: Braummller.

Loewenberg, Gerhard.(ed.)(1971). *Modern Parliaments: Change or Decline?*, Chicago, IL: Atherton.

Miller, David.(1993). "Deliberative Democracy and Public Choice", in D. Held. *Prospects for Democracy*, Cambridge: Polity Press.

Neumann, Sigmund.(1965). *Permanent Revolution*, New York: Frederick A. Praeger, Inc.

Pulzer, Peter.(1967). *Political Representation and Elections*, New York: Praeger.

Rawls, J.(1996). *Political Liberalism*, New York: Columbia University Press.

Rieselbach, L. N.(1994). *Congressional Reform: The Changing Modern Congress*, New York: Congressional Quarterly Inc.

Schmitt, Carl.(1985). *The Crisis of Parliamentary Democracy*(translated by. Ellen Kennedy), Massachusetts: MIT Press.

Wells, Lloyd P. & Lemmel, Larry.(1998). *Recreating Democracy: Breathing New Life Into American Communities*, Woolwich, Maine: Center for Consensual Democracy.

제 2 장 지방의회제도의 역사와 현황

제 1 절 근대 지방의회제도의 확립

지방의회는 지방자치를 실현하기 위한 가장 핵심적인 기관의 하나이므로 지방의회의 발전사는 곧 지방자치의 발전사라고 할 수 있을 것이다. 민주주의 국가에서 국민의 정치참여는 직접민주제와 간접민주제(대의제)로 대별된다. 민주주의의 본래적 의미인 주민자치라는 시각에서 볼 때에는 직접민주제가 가장 이상적인 형태이겠지만 현실적으로 실행상의 어려움이 있으므로 많은 국가에서 간접민주제를 채택하게 되었으며, 이는 근대적 의미의 의회제도를 중심으로 발전되어 왔다.

인류가 사회생활을 시작한 이래로 어느 사회, 어느 시대를 불문하고 공동의 문제를 집회를 통하여 결정한 관행이 존재하였으며, 점차 조직규모가 확대되면서 대표자에 의한 의사결정으로 바뀌었을 것이다. 의회제도의 기원은 고대의 집회에까지 거슬러 올라간다. 고대 그리스, 로마, 고대 게르만 민족은 인민의 집합으로 구성되는 평의회제도가 있었다. 그리스 도시국가에는 시민의 총회인 집회 또는 민회가 있었는데 만 20세 이상의 남자시민은 모두 총회의 구성원이 되었으며 행정, 입법 및 부분적으로는 사법상 절대적인 최고결정기관으로서의 기능을 하였다.[1)]

로마에서는 부족적 구별에 의한 위원회(Kuriat Komitien), 신분과 납세액에 의한 각 계층의 위원회(Zenturiat Komitien), 지역적 구별에 의한 각 인민의 집회(Triabut Konitien)와 귀족을 제외한 평민만으로 이루어진 총집회(Pleveherver Sammlungen) 등 아테네와는 형태가 다른 여러 종류의 민회가 병존하면서 정치권력을 분담하였다(김동훈, 2004: 6). 이러한 집회는 공동체의 문제 해결을 논의하고 회의의 의결을 통해 결정하였다는 점에서 의회의 기원이 되지만 근대적인 의회제도와는

---

1) 기원전 4세기 아테네에서는 에크레시아(ecclesia)라고 하는 민회가 있어 1년에 약 40회에 걸쳐 중요한 관직의 선출, 외교문제 처리, 합의에 의한 입법, 국사범의 처형 등 최고결정기관으로서의 기능을 하였다. 스파르타에서는 30세 이상의 남자가 모여 아펠라(apella)라고 하는 민회를 매월 1회 개최하였다.

본질적인 차이가 있으며, 오늘날의 의회제도가 간접민주주의방식인데 비해 직접민주주의방식을 택하고 있었다.

일반적으로 근대적 의회제도의 기원은 중세 서구의 等族會義(Parliament)에서 유래한 것으로 본다(최인기 외, 1995: 5; 김동훈, 2004: 7). 등족회의는 13세기에서 17세기에 서유럽에 있었던 특유의 회의체이며 중세 궁정자문회의(Hoftag)의 후신이다. 귀족·승려·시민 계급의 대표로 구성되어 군주의 宣戰·課稅[2]와 같은 주요 국정에 대한 자문 또는 동의권을 가지고 있었으나, 이들은 제한된 출신계급의 대표자이며 전통적으로 신분이 세습되었기 때문에 신분적 차별을 전제로 하지 않은 평등한 개인, 즉 전 국민의 대표로 구성되는 근대 의회와는 구분된다. 영국에서는 이러한 등족회의가 계속 존치되면서 점차 전국민의 대표자회의인 근대적 의회로 발전하였으나 다른 국가에서는 절대왕권의 확립과 함께 소멸되었다.[3]

대의제도에 의한 근대적 의회제도는 영국의 의회제도에서 시작된 것으로 생각된다. 민주주의의 모국이라 불릴 정도로 영국 의회제도의 발전은 많은 국가들의 모범이 되어 왔다. 영국에서는 1215년 대헌장(Magna Carta)의 공포로 고위직 사제과 귀족이 참여하는 귀족원이 설립되었으며 1295년에는 고위직 사제 외에도 일반 사제, 주(州) 기사, 시민대표가 참여하는 모범의회(Model Parliament)가 생겼다. 비록 이것이 전국민의 대표로 구성되는 근대적 의회는 아니었지만 당시로서는 국민의 모든 계급을 소집하였다는 점에서 의의를 지닌다 할 수 있다.

---

2) 등족회의는 국왕이 왕령지수입(王領地收入), 개별적인 특권수입(regalia) 및 봉건법상의 역무청구권수입(役務請求權收入) 등 이상의 재정수입을 요구하려고 했을 때 제 신분계급이 단결하여 대항한데서 성립하였다. 그 시기는 영국, 프랑스, 독일 제국에서는 13세기, 독일연방에서는 15세기 경이었다. 따라서 등족회의의 권능의 중심은 과세승낙권이었으며 그밖에 국왕의 중요한 통치작용, 예컨대 국토의 분할, 양도 선전, 강화 등에 대해 참여하였고 최고재판소로서의 권능을 가졌다(김동훈, 2004: 8)

3) 영국에서 등족회의가 존치되었던 이유에 대해 Ramsay Muir는 그의 저서에서 ① 여타국의 등족회의가 지방적 이익을 주장하여 통일적 국가형성에 지장을 초래한데 비하여 영국은 지방적 이해대립이 심하지 않았으며 애초부터 전국적 의회와 다름이 없었고 ② 여타국에서는 봉건적 신분계급의 차가 심하여 등족회의가 특권계급의 의회였으나 영국은 신분의 차가 심하지 않아 처음부터 국민적 의회로 발전할 수 있었으며 ③ 여타국이 강력한 중앙집권체제에서 지방정치도 관료지배하에 있었던 데 비해 영국은 일찍부터 지방자치제가 발달하였고 ④ 여타국은 대륙국가로 외적의 침입을 방어하기 위한 상비군이 필요했던 데 비해 영국은 섬나라로 상비군이 필요치 않았고 ⑤ 여타 국이 절대주의가 확립된 데 비해 영국은 절대주의가 확립되지 않아 자유시민에 의한 의회정치를 발전시킬 수 있었기 때문이라고 설명하고 있다(최요환, 1990: 26; 김동훈, 2004: 10 재인용).

1330년경에는 모범의회에서 일반사제단이 이탈하여 고위직 사제과 귀족은 귀족원에, 주 기사와 시민대표는 서민원에 모여 회의를 하였는데 이것이 영국 의회의 양원제의 시초였다.[4] 초창기의 의회는 주로 군주에 대한 자문기관으로서의 성격을 지니고 있었으나 점차 과세권의 동의 등 입법권을 가지게 되고 의결기관으로 발전되었다. 1642년의 청교도 혁명을 계기로 1649년 국민협약과 1653년 정부조직법이 제정되면서 영국의 의회는 비로소 국민 대표기관이 되었고, 1688년의 명예혁명의 발발로 근대적 의미의 의회제도가 확립되었으며, 18세기에 이르러 의회의 지배 및 지지에 기반을 둔 의원내각책임제가 성립되고 발전되었다. 19세기에는 벤담 등의 비판에 따라 1832년 선거법이 개정되어 선거권이 확대되었으며 양당제가 확립되었다.

근대적 의회제도의 발달은 참여의회시기, 입헌의회시기, 의회제 민주정 확립기의 3단계로 구분할 수 있다(최인기 외, 1995: 7). 참여의회의 시기는 중세 말부터 근세 초까지로 귀족과 시민이 정치적 자유와 권리가 신장되어 과세와 입법에 관한 주요문제의 심의를 위해 의회에 참여할 수 있게 된 시기이다. 그러나 이 당시의 의회는 형식적 기관으로 실제로는 군주정부의 부속기관 내지 군주의 자문기관에 불과하였다.

입헌의회시기는 17세기 영국의 청교도혁명과 명예혁명, 18세기 말 프랑스 대혁명과 같은 시민혁명을 통해 입헌정치가 실현된 단계다. 이 시기의 의회는 헌법상 독립된 입법기관이며 국민의 대표기관으로서의 지위와 권한을 확보하게 되었다.

의회제 민주정 확립기는 의회의 기반이 교양과 재산 등을 요건으로 하는 제한된 소수층 유권자로부터 전국민으로 확대된 시기이다. 입헌군주제로부터 의회제 민주정치로의 확립은 1832년 영국의 선거법 개정으로부터 1918년, 1927년의 선거법 개정을 통하여 등족회의, 산업혁명 이후 유산계급적 성격으로부터 20세기 보통선거제도의 일반화를 통한 전체 국민의 대표성으로, 의회중심의 민주적 제도가 점진적으로 확대·강화되어 왔다.

4) 당시 국왕이 의회를 소집하는 주목적은 과세에 대한 동의를 구하고자 한 것이었는데 당시 사제들은 사제회의(Convocation)의 결정에 의해 로마교황의 과세와 국왕의 헌금을 의결하였으므로, 일반 하급 사제단은 Parliament에서 이탈하여 각 주의 기사와 도시 대표자들과 연합하여 고위직 사제와 귀족에 대항하는 서민원을 구성하였다. 15세기에는 서민원이 과세에 대해 절대적인 권한을 가지게 되었으며 1911년의 의회법에 의해 귀족원에 대한 서민원 우위의 원칙이 성문화되기에 이르렀다.

제 2 절 영국의 지방의회제도

영국은 형식상으로는 단일 국가체제이나 그 내용을 보면 연방제에 가까우며 지방정부의 법적 근거, 구조·기능면에서 잉글랜드, 웨일즈, 스코틀랜드, 북아일랜드 지역이 각기 다르다.

1. 지방의회의 개요

영국의 지방자치제는 17세기 시민혁명 등에 의한 왕권의 쇠퇴로 지방 귀족들이 지방자치권을 확립한 것이 역사적 배경이라 할 수 있다(임경호, 1991: 47). 18세기에 들어 의원내각제도가 점차 형성되면서 의회주권이 확립되었으며, 유럽의 지방제도가 중앙정부의 관료적 감독관계로 발전된 데 비해 영국의 중앙과 지방관계는 의회에 의한 입법적 통제 관계로 발전하게 된 원인이 되었다(김동훈. 2004: 77). 영국의 의회제도는 몇 차례의 개혁을 통해 변화되었지만 영국 국민들의 전통적 가치관이 지방분권 및 주민자치에 있었던 만큼 그 본질에 있어서는 크게 변화하지 않았다.

영국에서는 1832년 선거법 개정으로 선거권이 확대되면서 중산계급이 정치권을 획득하였고 1834년 구빈법이 ① 단일기능을 할 수 있는 특별기관(adhoc authority or special body)을 선거에 의해 설치하여 행정을 수행(Board of Guardian) ② 특정 기능에 적응하는 행정구역을 설정(구빈을 위한 Poor Law Union) ③ 세부에 걸친 중앙통제 원칙(Central board of Poor Law Commissioners 창설과 감독규정 제정)의 세 가지 원칙을 규정하면서 영국 지방행정의 근대적 발전에 기여하였다(Richards. 1970: 16).

1835년에는 시정개혁을 위한 도시단체법(Municipal Corporation Act)[5]이 제정되면서 선거에 의해 지방의회를 구성함으로써 근대적이고 민주적이며 통일된 지방자치제도의 초석을 마련하였다. 1888년에는 지방행정제도의 간소화와 통일화를 위해 제정된 지방자치법(The Local Government Act)[6]에 의거하여 민주적으로 선출한 공무원

5) 이 법에서는 도시단체를 그 지역 주민에 의해 선출되고 주민을 위해 행위하며 주민에게 책임을 지는 시의회에 의하여 대표되는 지방 공동체의 법인이라고 규정하였다(後藤一郎. 1973: 22).

6) 이 법의 특징은 첫째, 지방세를 납부하는 유권자에 의해 선출된 의원으로 구성되는 광역의회

들로 구성된 지방의회를 구성하여 지방행정을 담당하도록 하였으며 카운티(County)와 보로우(Borough)에 지방의회를 창설하였다. 1894년의 지방자치법(Local Government Act)에서는 단순화와 통일화가 더 진전되었으며 광역자치단체인 카운티에 기초자치단체인 디스트릭트(District) 의회를 창설하여 행정을 집행하도록 규정하였는데, 이는 농촌지역과 도시지역으로 구분되어 있었고 농촌지역에 민주적 지방자치를 확대하려는 시도였다(Stevens, 1982: 194).

1899년에는 런던 구의회를 창설, 1963년 런던정부법(Lodon Goverment Act)에 의해 런던광역시(Greater London Council)를 창설하였으며 다시 1985년에는 지방자치법에 의해 런던광역시 의회를 해산하였다. 1999년에는 광역런던법(Greater London Authority Act)의 제정으로 주민투표에 의한 선택에 따라 2000년 4월부터 광역런던시(Greater London Authority)가 재현되었는데, 런던시장이 시민의 직접 선거를 통해 선출되며 집행부를 견제하기 위하여 런던광역시 의회가 설치되어 있다.

2000년의 지방자치법으로 주민의 선택에 따라 기관대립형과 기관통합형의 다양한 형태의 지방정부 설립이 가능하게 되었다. 1935년부터 2000년 지방정부법 제정 전까지는 기관통합형 구조를 택하고 있으므로 지방의회제도는 곧 지방정부제도와 동일한 의미였다.

광역런던시는 영국의 지방자치 역사상 최초로 기관대립형 제도를 택한 지방정부로 강력한 리더십을 바탕으로 광역적 사무를 효율적으로 처리하고 책임성을 확보하고자 하였다(Wilson, 2001: 289-306). 시 의회는 선거에 의해 임명된 시장을 견제하기 위한 기구로, 종래 100여 명 수준이었던 것을 25명으로 대폭 축소한 소의회다. 이 중 14명은 지역구에서 선출되며 11명은 비례대표제로 임명된다.

런던 이외의 지역에는 다양한 형태의 지방정부가 설립되었는데 기존의 지방의회 위원회 제도가 혼란을 야기하고 비효율적이라는 문제점을 극복하고자 지방의원의 의견이 효과적으로 정책결정에 반영되도록 세 가지 지방정부 구조모형[7]을 제시하였으며,

(county coucil) 체제를 만들었다. 이 법에 의해 광역의회와 특별시의회(county borough council)가 설치되면서 치안판사가 담당하던 행정권의 많은 부분이 이전되었다. 둘째, 광역의회와 시(borough) 간의 관계를 분명히 규정하였다. 셋째, 중앙정부와 지방정부간 재정관계를 재조정하였다(Richards, 1970: 20).

7) 세 가지 모형이란 선출직 시장과 내각제(A Directly Elected Mayor with a Cabinet), 간선직 리더와 내각제(A Cabinet with a Leader), 선출직 시장과 관리자(A Directly Elected mayor and Council Manager)를 말한다. 이중 간선직 리더와 내각제는 기관통합형, 선출직 시장과 내각제, 선출직 시장과 관리자 모형은 기관대립형이다.

◈ 그림 2-1 ◈ 영국의 지방자치제도

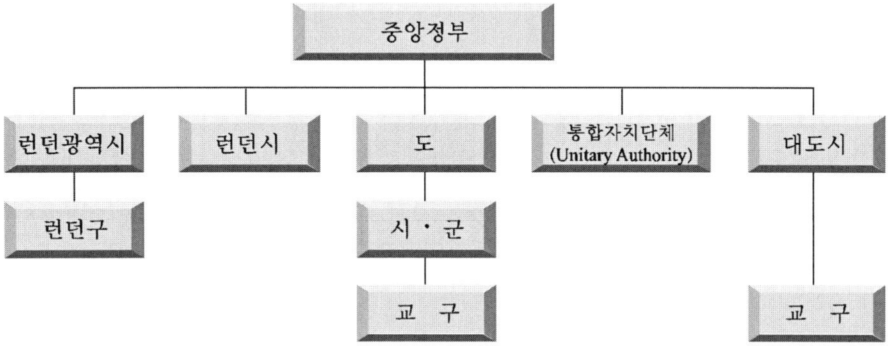

주: 잉글랜드 기준. 통합자치단체는 기존의 도와 시·군의 통합형태임.
자료: 지방의회발전연구원 홈페이지 http://www.rilc.re.kr

이 중 어느 것을 선택할 것인가는 지역주민들이 선택하도록 하고 있다(〈표 2-1〉 참조).

전술한 바와 같이 영국의 지방정부제도는 잉글랜드, 웨일즈, 스코틀랜드, 북아일랜드 지역이 서로 상이하여 지방정부를 규정하는 근거 법령[8]이나 구조·기능면에서 큰 차이가 있다. 1972년 지방자치법에 의해 잉글랜드와 웨일즈는 대도시를 제외한 지역에서 2계층제(two tier)에서 단층제(single tier)로의 개혁을 시도하여 웨일즈는 단층제로, 잉글랜드는 지역 주민의 선택에 따라 단층제와 2계층제가 병존하고 있으며, 스코틀랜드는 1973년 지방자치법에 의한 2계층제에서 1994년 지방자치법 개정으로 단층제로 전환되었다. 북아일랜드 또한 1973년 지방자치법에 의해 단층제를 채택하였지만 정부기능이 타 지역과 비교할 때 매우 제한적이다.

전통적인 영국의 지방의회는 입법기관인 동시에 집행기관인 기관통합형으로 지방의회가 최고의 정책기관으로 의결권과 집행권을 동시에 지니고, 자주입법권과 자주인사권, 자주조직권, 자주행정권, 과세권을 포함한 자주재정권을 행사하였다(Derbyshire, 1987: 150). 새로운 형태의 지방정부에서는 지방의회와 직선단체장, 행정전문가인 관리자간에 권한 배분이 이루어지고 있다.

간선직 리더와 내각제(cabinet with a leader)는 종래의 기관통합형과 유사한 구조로 지방의회가 지역주민의 직접선거에 의해 구성되면 의회에서 내각의 리더를

8) 실리섬 정부는 1933년 지방자치법, 잉글랜드와 웨일즈는 1972년 지방자치법, 스코틀랜드와 북아일랜드는 1973년 지방자치법에 각각 규정되어 있다.

◈ 표 2-1 ◈ 영국의 지방정부 구조 모형

구분	선출직 시장과 내각제	간선직 리더와 내각제	선출직 시장과 관리자
의결기관	▷ 의회 – 예산안 심의·의결 – 정책안 심의·의결 ▷ 일반 지방의원 – 예산 수정안 제출 – 정책안 제출 – 집행부 견제	▷ 의회 – 예산안 심의 의결 – 정책안 심의 의결 – 내각리더와 내각임명 – 수석행정관 및 수석관리 임명 ▷ 일반 지방의원 – 예산 수정안 제출 – 정책안 제출 – 집행부 견제	▷ 의회 – 예산안 심의·의결 – 정책 결정 – 시관리자와 수석관리 임명 ▷ 일반 지방의원 – 예산 수정안 제출 – 정책안 제출 – 집행부 견제
집행기관	▷ 선출직 시장 – 정치적 리더십 발휘 – 정책안 제안 – 예산안 제안 – 집행에 관한 주요결정 ▷ 내각 – 지방의원 중 시장임명 – 정책 집행 – 집행에 관한 의사결정 ▷ 수석행정관, 수석관리 – 지방의회에서 선출 – 시장, 지방의원 보좌 – 정책 집행 및 의회에 대한 책임	▷ 내각 리더 – 정치적 리더십 발휘 – 정책안 제안 – 예산안 제안 – 정책집행에 관한 결정 ▷ 내각 – 리더·지방의회서 선출 – 리더 감독하 정책집행 – 정책집행 의사결정 ▷ 수석행정관, 수석관리 – 지방의회서 선출 – 지방의원, 리더, 내각 보좌 – 일상적 정책 집행 – 의회에 대한 책임	▷ 선출직 시장 – 정치적 리더십 발휘 – 거시적 정책 제안 ▷ 시 관리자 – 지방의회에서 임명 – 예산안 제안 – 정책 개발 – 정책 집행 ▷ 수석관리 – 지방의회에서 임명 – 시장, 지방의원, 시관리자 보좌 – 의회에 대한 책임

선출하는 방식이다. 내각은 지방의원으로 구성되는데 리더가 지명하거나 의회에서 선출하며, 단일정당이나 정당간 연합에 의해 구성될 수 있다. 간선직 리더는 정치적 리더십의 제공, 정책안과 예산안 제안, 정책집행에 관한 결정을 담당하되, 주민이 직접 선출한 직선단체장에 비해서 주민의 직접선거에 의하지 않는 간선직 리더는 제한된 권한을 지닌다. 지방의회는 정책안과 예산안 심의 의결, 내각 리더와 내각 임명, 수석행정관 및 수석관리의 임명권을 가진다.

선출직 시장과 내각제(A directly elected mayor with a cabinet)는 단체장과

지방의원을 주민이 직접 선거에 의해 선출하는 방식이다. 내각은 지방의원들 중 시장이 선발하여 구성하며 정책에 관한 의사결정과 집행을 담당하고, 집행을 위해 지방의회에서 수석행정관과 수석관리 등을 임명한다. 직선단체장은 정치적 리더십의 제공, 정책안과 예산안 제안, 집행에 관한 주요결정을 담당하고 지방의회는 정책안과 예산안의 심의 의결, 수석행정관 및 수석관리의 임명, 집행부의 감시권한을 지닌다.

선출직 시장과 관리자(A directly elected mayor and council manager)형은 정치·행정 분리형으로 단체장이 정치적 기능을 수행하고 행정은 지방의회가 선출한 행정전문가인 관리자에게 위임하여 집행하는 형태이다. 즉, 직선단체장은 정치적 지도력을 발휘하고 거시적 정책제안을 담당하며 관리자는 단체장의 감독아래 예산안 제출, 정책개발, 정책 집행을 담당한다. 지방의회는 예산안 심의 의결, 정책 결정, 관리자와 수석관리 임명, 집행부 감시 등의 기능을 담당한다.

2. 지방의원 선거제도와 현황

영국의 지방선거는 양당체제의 뿌리 깊은 전통하에 이어져 왔기 때문에 정당이 커다란 영향력을 행사하고 무소속 의원이 거의 없으며 주민들은 정당을 중심으로 투표를 행사한다. 지방차원의 정당정치는 지방정책 주제 선정의 기본방향 결정에 영향을 주고 주민생활에 영향을 미치는 극단적 정당 대결은 없으며, 정당 배경을 떠나 협력적으로 정책을 추진하고 있는 점이 특이하다(문재우, 2007: 468).

영국은 선거관리위원회(Electoral Commission)에서 지방의회 의원의 선거를 담당하며 선거구의 경계와 지방의회 의원 수를 결정하고 선거 및 투표결과 보고, 선거법 리뷰, 선거 비용 감시 등의 업무를 담당한다.

피선거인 자격요건은 21세 이상으로 입후보하고자 하는 지역 선거 명부에 등록되어 있거나 당해 선거 지역에서 1년간 계속 근무중이어야 하며, 지방정부의 직원, 파산 후 그 상태를 못 벗어난 자, 부정·불법 선거로 기소된 자, 최근 5년 내 3개월 이상 복역한자는 입후보가 금지된다.

선거인의 자격요건은 당해 선거 지역에 거주하는 18세 이상인 자로 영국 국민 또는 EU 국민이어야 하며(귀화시 가능) 선거인 명부에 등재되어 있어야 한다. 금치산자, 범죄로 기소된 자 등 일정한 경우에는 선거권이 제한된다.

지방의회 의원의 임기는 1835년 당시의 도시단체법에서는 3년으로 규정하였으나

1972년 지방자치법이 제정되면서 4년 임기로 변경되었다. 선거구 제도의 경우 1선거구 1명을 선출하는 소선거구제 방식과 복수의 의원을 선출하는 중대선거구제가 지역마다 혼재하고 있다. 카운티 의회는 소선거구제, 도시지역은 중대선거구제가 일반적이며 소선거구제의 경우에는 최다득표를 획득한 자가, 중대선거구제의 경우 득표수가 많은 순서대로 당선된다. 선거주기는 의원 전체를 한꺼번에 선출하는 방식과 매년 일부를 교체하는 방식이 있는데[9] 한꺼번에 전원을 선출하는 지역의 비중이 점차 커지는 추세이다(김순은, 2003: 42).

의원의 정수는 지역의 인구에 따라 다르며 일반적으로는 대의회제를 택하고 있다. 도시형 기초단체(District)의 경우 50~80명이며 농촌형 기초단체의 경우는 30~60명 정도이다. 광역단체(County)의 경우 의원정수는 60~100명이며 중복(복수) 의원직이 허용된다[10](임경호 외, 2006: 59). 그러나 소의회제도를 택하고 있는 런던광역시 의회의 경우 총 25명으로 구성되며 이중 14명은 지역구에서 선출되고 11명은 비례대표제로 충원된다.

전통적으로 영국의 지방의회는 명예 무급직으로 운영되어 왔으나 1997년 '유럽지방자치헌장(European Charter of Local Self-government)'에 사인하면서 상근 유급직으로 전환되고 있다.

3. 지방의회의 조직

영국의 지방의회에는 선출직 의회가 있으며 의회에는 의사결정을 하는 의회내각(Cabinet)이 있는데 전체 의회의 15% 가량을 점하며, 의사결정을 검토하기 위한 몇 개의 정사위원회(scrutiny board)가 있다. 수석행정관(Chief Executives)과 수석관리(Director)는 의회에서 임명한다. 집행부의 직원은 보수를 받는 직원들로 각 자치단체에서 임명한다.

지방자치법에는 지방의회의 위원회 구성에 관한 규정으로 의원회의 수, 구성,

---

9) 정부는 지방의원 선거에의 지역주민의 투표율이 낮은 문제를 해결하기 위해 지방의회 의원선거의 실시 회수를 증가시키는 등의 지방선거 제도를 개정할 수 있도록 하였는데, 이에 따라 카운티는 4년에 한번 전체 의원이 새로 선출되며, 대도시 디스트릭트 전부와 지방 디스트릭트의 약 1/3에서는 4년 임기 중 카운티 선거가 없는 3년간 매년 선거를 실시해 1/3씩 새로 선출하도록 하는 선거제도가 실시되고 있다(진종석, 2002: 64).

10) 예를 들면 기초단체의 의원을 맡으면서 동시에 광역단체의 의원을 겸직할 수 있다.

위원회의 권한 등을 본회의에서 규칙으로 명시하도록 되어있다. 위원회의 종류는 여러 가지가 있는데 단순행정위원회, 다목적위원회, 특별위원회, 합동위원회, 법정위원회가 있다. 단순행정위원회는 교육, 주택 등 단일행정서비스에 관련된 사항을 처리하고, 다목적위원회는 인사·재정 등과 같이 몇 개의 위원회에 관련된 사항을 처리한다. 특별위원회는 특별한 문제나 행사를 수행할 목적으로 한시적으로 구성되며, 합동위원회는 2개 이상의 위원회가 공동목적을 수행하기 위하여 설치된다. 법정위원회는 지방자치법에서 지방의회에 반드시 설치하여야 하는 위원회, 예컨대 교육위원회라든가 사회복지위원회 등이라 하겠다.

전통적으로 영국의 지방의회는 기관통합형으로 본의회, 상임위원회, 집행기관으로 구성되어 있는데 본의회는 최고 의결기관이자 집행기관이며 구체적 사안은 상임위원회에서 논의되는 과정을 거친다. 상임위원회의 활동은 본의회보다 비공식적인 성격이 강하며 상위직 공무원의 보고와 질의 응답 형식으로 진행되고 일반적으로 공개하는 것이 원칙이다.

〈그림 2-2〉에서 보는 바와 같이 지방의회에는 여러 위원회로 구성되는데 이 중 가장 중요한 것은 정책 및 자원위원회로 지방의회가 결정한 정책을 발전시키는 기능을 담당하였다.

그러나 이러한 위원회 방식은 정책결정자의 애매함 등의 문제점이 지적되면서

◈ 그림 2-2 ◈ 전통적 영국 지방의회의 구조

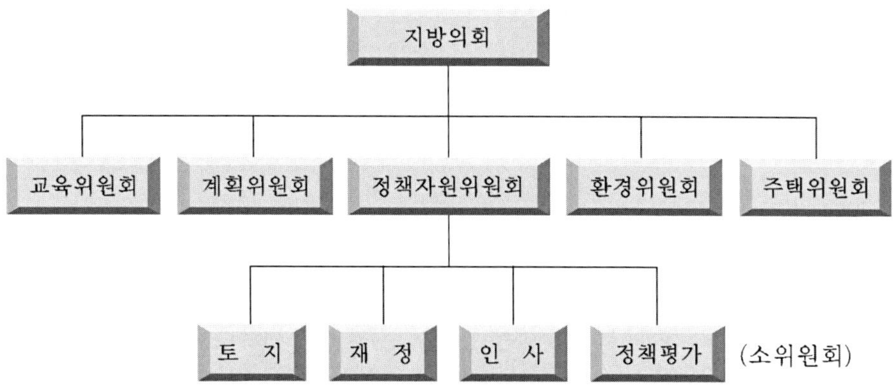

자료: 김순은(2003), p. 43.

◈ 표 2-2 ◈ 영국 지방정부 집행기관의 형태

형 태	특 징	자치단체 수[1)]
간선직 리더와 내각제	의원 가운데 선임된 리더가 내각을 조직, 각료는 의원 중에서 리더 또는 의회에 의해 선출	317
선출직 시장과 내각제	행정권을 가진 단체장을 주민이 직접선거로 선출, 단체장은 의원 중에서 각료를 임명하고 내각을 조직, 단체장 직선제를 희망하는 자치단체는 사전에 주민투표에서 주민의 찬반을 물어야 함	11
선출직 시장과 관리자	단체장이 주민의 직선으로 선출되고 정치적 리더십을 발휘, 정책결정이나 일상 업무는 의회가 선임하는 관리자(council maanager)에게 위탁	1
기타(수정 위원회)[2)]	일부 소규모 자치단체에만 인정	59

주 1) 2002년 12월 현재.
2) 예외적으로 인구 85,000 미만(1999년 6월 30일 기준)인 자치단체와 주민투표에서 단체장 직선제가 부결된 자치단체에는 종래의 위원회 제도를 개선하여 존속가능토록 함.

1997년 노동당이 위원회방식을 폐지하기로 방침을 세웠고, 2000년에 지방자치법(Local Government Act 2000)의 개정으로 모든 자치단체에 대해 2002년 5월까지 위원회 방식대신에 새로운 집행기관의 선택을 의무화하였다(〈표 2-2〉 참조).

또한 지방의회의 활동을 독립된 지위에서 감사하는 기관으로 주민 옴부즈만과 감사위원회가 있는데, 주민 옴부즈만은 1972년 지방정부의 서비스에 대한 주민의 고충을 처리하고자 도입된 제도이다. 감사위원회는 산업계, 지방정부 및 노동계에서 추천된 인사 가운데 중앙정부에서 임명되는 위원으로 구성되며 독립된 지위에서 지방정부의 업무를 평가한다(김순은, 2003: 44).

제 3 절 미국의 지방의회제도

미국의 지방정부는 크게 주헌법이나 주법에 의하여 자치헌장(charter)이 부여되어 독립적인 법인격이 있는 지방정부(incorporated units, municipal corporation)와 자치헌장을 가지고 있지 않아 법인격이 없는 지방정부(unincorporated unit, quasi-municipal corporation)로 나눌 수 있다. 자치헌장이 있는 지방정부는 일반적으로 많은 자치권을 가지고 주민이 원하는 행정서비스를 자율적으로 제공한다. 자치권이 없는 지방정부의 경우 주법에 의해 지방정부가 구성되고 주의 서비스를 제공하므로 보다 많은 제한을 받는다.

1. 지방의회의 개요

(1) 지방의회의 설립과 특징

미국의 지방의회 제도는 원래 영국의 지방의회제도에 근거하여 성립되었으나[11] 오랜 기간 운영해오면서 새로운 환경의 변화에 따라 미국 특유의 제도로 발전해 왔다. 미국 건국의 아버지들이 건국의 이념으로 삼았던 메이플라워 협약에서 볼 수 있는 것처럼, 모든 제도를 투표로 결정함으로써 주민이 지방정부를 자율적으로 선택하게 하였기 때문에 미국의 지방정부와 지방의회제도는 지역간에는 물론이고 동일 주정부 내에서도 광역지방정부와 기초지방정부간에 서로 다른 체제를 택하고 있어 매우 다양한 운영형태를 보이고 있다. 미국은 단체자치가 아닌 주민자치를 택하고 있는 국가이므로 자치에 관한 모든 권한은 지방정부에 있으며 주정부나 카운티는 지방정부의 지원기능에 국한하고 있다(한국지방자치단체국제화재단, 2000: 64).

전통적으로 미국은 작은 정부에 대한 의회우월주의를 택하고 있었으나 시간이 흐름에 따라 점차 주지사를 중심으로 한 행정부의 권한이 강화되었다.[12] 일반적으로 미국의 주의회는 주민이 선출한 대표자들로 구성되는 최고의사결정기관으로 정책과 입법, 주민 부담, 기타 자치단체의 운영에 관한 중요사항에 대한 결정권을 지니며 연방 헌법과 주 헌법에 의해 제약되지 않는 한 절대적인 권한을 지닌다.

미국의 주 정부는 독립주권국가로서의 고유기능인 외교, 국방 등이 없을 뿐, 주별로 헌법을 보유하고 상·하 의원의 입법기관과 사법기관을 보유하고 있다. 따라서

11) 초기 식민지 시대인 17세기 초 영국의 제임스 1세(King James I)가 미국 동부지역 이주민들에게 자국과 같은 자치권을 부여하고 버지니아주에 최초로 의회를 설치(The Virginia House of Burgesses, 1619년)하자 다른 주에서도 의회를 설치하기 시작했다. 초기의 의회는 대부분 양원제로 상원은 영국 국왕이 임명하였다(지방자치단체국제화재단. 2007: 1).

12) 영국 식민지 시절에는 주지사를 영국 국왕이 임명하였으며, 주지사는 주민이 선출한 의회 의원의 결정사항에 대한 포괄적 거부권을 갖는 등 막강한 권한을 가지고 있었으나 1775년 독립전쟁 이후부터는 대부분의 주에서 주지사를 의회가 선출하고 통제하게 되었다(김웅기, 2001: 277). 19세기 초에 들어 주지사의 권한이 강화되고 선출권도 주민에게 주어졌다. 그러나 주지사와 의회의 관계는 주 헌법이나 주 법률에 의회의 위상을 어떻게 규정하였는냐에 따라 다양한 형태를 지닌다(김원석, 2002: 41).

◈ 그림 2-3 ◈ 미국의 지방정부 구조

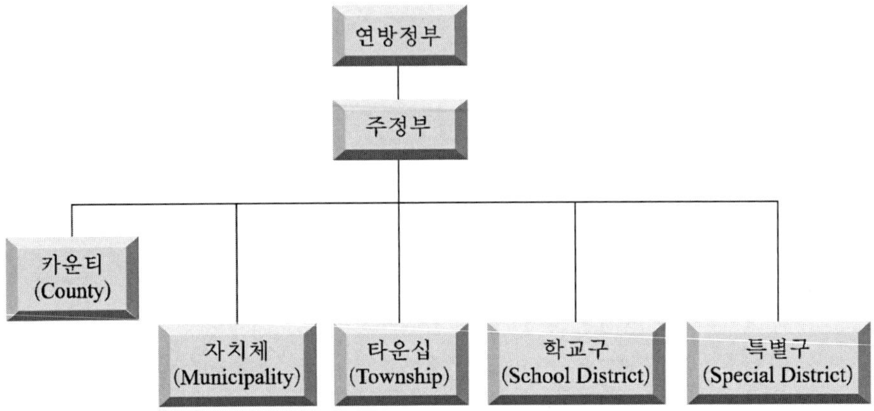

자료: 지방의회발전연구원 홈페이지 http://www.rilc.re.kr.

비교론적 관점에서 주정부나 주의회를 지방정부나 지방의회의 수준으로 다루기는 곤란하므로 이 장에서는 〈그림 2-3〉에서의 주정부의 하위 수준인 지방정부만을 논의하도록 하겠다.

일반적으로 미국의 지방의회가 갖는 공통적 권한은 지방정부의 주요 정책에 대한 기본 계획의 수립 및 업무의 시행기준을 설정하고, 주민의 권리·의무와 관련 있고 주민의 실제 생활에 영향을 주는 각종 조례 및 지방법규의 제정, 지방정부의 연간예산의 승인, 주요 공무원에 대하여 의회가 직접 임명하거나 집행부의 장이 임명권 행사시 임명에 대한 동의권 등이다.

시의회는 19세기까지는 이원제를 택하여 시정을 심의·의결하도록 하고 입법권을 이원에 분산하여 시정을 민주화하고자 하였으나 20세기에 들어서는 시정의 기능이 확대·강화됨에 따라 몇 개 시를 제외하고는 일원제로 개편되었다.[13] 시의회는 정책결정기능을 담당할 뿐만 아니라 행정전문가인 시지배인의 선임을 통해 행정을 책임지고 수행토록 하고 있으며, 대개 5~9명의 의원으로 구성된 소규모 의회로서 의원들은 보통선거구제와 비정당표방식에 의해 선출되고 있다. 의원의 임기는 보통 2년 내지 4년이며 의원선거는 일부분을 바꾸는 방식을 채택하는 경우가 많다.

13) 매사추세츠주의 에베레트(Everett)시, 메인주의 워터빌(Waterville)시 등은 이원제 형태를 취하고 있다.

(2) 지방정부의 형태

일반적으로 미국의 지방정부는 광역자치단체인 카운티와 기초자치단체인 카운티 산하 정부의 2계층 구조로 이루어져 있다.

1) 카운티 정부[14)]

카운티 정부의 유형은 위원회형, 의회-임명행정관형, 의회-민선행정관형 등 다양한 형태가 있으며, 산하지방정부 또한 의회-매니저형, 시장-의회형, 위원회형, 기타 형태로 그 유형이 다양하다.

카운티는 일반적이고 포괄적인 업무의 집행을 위해 설치된 주의 기관으로 법인격을 지니지 않으며 크기, 기능, 행정조직 등에서 매우 다양한 형태로 존재한다. 광역행정기관으로서 카운티를 설치하는 이유는 각 주 정부에 평균 700여 개의 크고 작은 지방정부가 존재하므로 주정부가 개별적으로 대응하기 어렵고, 또한 이들의 90%가 인구 1만명 미만 지역이므로 광역행정을 지원할 기구가 필요하기 때문이다.

(가) 위원회형

위원회형은 1724년 펜실베이니아주에서 처음 시작되어 미국 전역으로 확산된 전통적인 카운티 정부 형태로 중·서부 지역의 비교적 인구가 적은 카운티에서 주로 채택하고 있는 형태이다. 2000년 현재 통계로는 카운티의 60%가 위원회형을 택하고 있어 매우 지배적인 유형이나 거주 인구는 과반수도 안 되는 49%에 불과하다. 이 유형의 특징은 의회가 입법 기능과 함께 집행기관의 고유 업무인 공무원 임명, 민원 업무 감독과 같은 권한도 가지는 것이다. 의회의원의 수도 여타 정부의 형태보다 비교적 적은 3-5명 수준이다.

(나) 의회-임명 행정관형

1927년 노스캐롤라이나주의 Iredell 카운티에서 카운티 정부의 한계를 보완하기 위한 방법으로 처음 자치체의 의회-임명 행정관형 정부 형태를 채택한 이래 급속히 파급된 유형이다. 즉, 위원회형이 '권한의 분산'이라는 민주주의 원칙에는 부합하나 현대사회에서 효율적으로 집행기능을 수행하는 데는 한계가 있으므로 결정은 의회가 하고 집행은 행정 전문가가 담당하도록 하는 것이다. 이 형태의 카운티는 대부분 인구가 많고 행정 업무가 복잡한 지역이 대부분이어서 2000년 현재 채택하고 있는

14) 한국지방자치단체국제화재단(2003). 「외국의 지방의회운영」에 실린 내용을 인용함.

비율은 28%이나 인구비율은 31%를 차지하고 있다.

이 형태의 특징은 소의회이며 전문 행정관은 의회에서 임명하는 것이다. 그러나 의회가 임명한다 하더라도 카운티 헌장에 해임 사유가 구체적으로 규정되어 있어 일정 정도 신분이 보장되며 집행기관에서 강력한 권한을 행사하고 있다. 전문 행정관에게 어느 정도의 권한을 부여하는가에 따라 의회 매니저형, 최고 행정관형, 최고 행정 보좌관형으로 구분된다.

(다) 의회-민선 행정관형

이는 산하 지방정부의 시장-의회형과 비슷한 형태로 1893년 일리노이주 쿡(Cook) 카운티에서 처음 채택되었고 1970년대에 들어 급속히 증가한 유형이다. 전체 카운티에서 차지하는 비율은 12%에 불과하나 대부분 대도시 주변지역이 많아 인구비율은 20% 정도를 차지하고 있으며 특히 뉴욕, 뉴저지, 메릴랜드주 등에서 많이 채택하고 있다. 주민이 선출하는 행정기관의 장은 공무원 임명(부서장 임명에는 의회동의 필요) 및 해임권을 가지며 예산안 작성, 정책 개발 등 행정부에 대한 모든 책임을 지니는 동시에 의회 결정에 대한 거부권도 행사할 수 있다.

2) 카운티 산하 지방정부

카운티보다 하위 수준의 정부 형태로는 후술하는 바와 같이 시장-의회형, 의회-지배인형, 위원회형, 타운회의형 등이 있다.

(가) 시장-의회형(Mayor-Council Form)

시장-의회제도는 미국이 영국식민지였던 시절 도입된 것으로 자치체 정부 유형 중 가장 오래되고 보편적인 형태로 잭슨주의(Jacksonian) 민주주의 정신을 반영하고 있으며, 강한 정부에 대한 방어를 위해 고안된 형태이다. 식민지 시대에는 지방정부가 한정된 서비스를 제공하는데 그쳤으며, 대부분의 권한이 의회의원들에게 주어진 의회 정부였으나 19세기 이후 의회 정부의 권한이 줄어들고 시장직이 생기면서 자치단체장에게 권한이 집중되는 것을 방지하기 위한 제도로 정착되었다.

시민에 의해 선출된 집행기관인 시장과 입법기관인 시의회 의원들이 기능을 분담하여 각각 집행기관과 의결기관을 나누어 맡아 견제와 균형의 원리에 의해 시정을 운영하고, 양 기관이 시민에게 각각 책임을 지는 전형적인 기관대립형 구성으로, 대다수의 시자치단체가 시장-의회형 또는 여기서 약간 변형된 기관구성을 지니고 있다.

주로 인구 50만 이상의 대도시나 2만 5천명 이하의 소도시의 지방자치단체에서 많이 채택하고 있으며[15] 권한의 정도에 따라 다음과 같이 세 가지 형태로 구분할 수 있다.

① 약시장-의회형(Weak Mayor-Council Form)

약시장-의회형은 시장과 지방의회 의원을 주민이 직접 선출하나 시장이 의회의장을 겸하는 기관협조형 구성형태이다. 시장은 시민에게 의해 선출되고(대선거구) 명목상 시를 대표하며(Plano & Greeberg. 1989: 460) 의회의 의장 기능을 하면서 회의를 주재한다. 하지만 인사권, 거부권, 행정권의 행사 등에 많은 제약을 받으며, 시장 외에 많은 공직자들(재정관, 검사, 전문위원회 위원)이 시민에 의해 직접 선출되기 때문에 시장의 권한의 범위는 매우 제한적이다. 지방의회는 입법기능과 집행기능을 동시에 가지며 고위직 행정 공무원에 대한 인사권과 행정업무운영에 대한 지도·감독권 등을 지닌다.

이 유형은 Jacksonian 민주주의 전통에 뿌리를 두고 있으며 권력의 집중을 방지하고 견제와 균형을 위한 제도로 자리잡고 있다. 인구 1만명 이하의 소도시에서 많이 발견(예외: 시카고)되며, 규모가 큰 도시의 경우 많은 수의 의원(50명 이상)으로 의회가 구성되는 것을 볼 수 있다.

② 강시장-의회형(Strong Mayor-Council Form)

강시장-의회형은 시장과 의원들만이 주민에 의해 직접 선출되는 기관대립형 형태로, 지방자치단체의 조직구조를 단순화시키고 조직규모를 축소시키면서 약시장-의회형에 비하여 시장의 권한을 대폭 강화시킨 기관구성형태이다. 이는 신도시의 성장과 인구의 증가로 인해 약시장형으로는 주민의 수요에 대응하기 힘들어지면서 시장에게 많은 권한을 부여하는 방향으로 변화된 것이다.

이 유형은 시장에게 지방행정에 대한 모든 책임과 통제권을 부여하여 시장이 각 부서의 책임자를 임명·해임하고 소속 직원에 대한 인사권을 가지며 예산안 제출권, 의회의결 거부권을 행사하는 등 지방자치단체의 내·외부에 강력한 정치적 리더십을 행사한다. 지방의회는 법안의 제정, 예산안 의결 등 정책결정에 대한 책임을 진다. 이처럼 의회가 정책을 결정하지만 시장도 실질적으로 정책을 결정하여 정책에 대한 결정을 공유하므로 의회와 시장이 대립할 가능성도 존재한다.

③ 행정관이 있는 강시장-의회형(Strong Mayor-Council Form with Cheif

15) 시장-의회형은 인구 구성면에서 이질적 성격을 지니는 대도시에서 주로 많이 발견되며 소선거구제와 정당참여의 선거를 허용하고 있는 곳이 많다(임경호 외, 2006: 64)

Administrative Officer)

이 형태는 강시장-의회형의 기관대립형 구성을 취하면서도 전문 행정관을 별도로 두는 기관구성형태이다. 행정관을 둠으로써 시장이 행정업무에 대한 부담을 덜고 정책결정상 리더십을 발휘할 수 있도록 하기 위한 방안으로 1931년 샌프란시스코에서 처음 도입되었다. 도입 당시에는 크게 호평을 받지 못하였으나 최근 다른 많은 도시에서 강시장-의회형의 취약점인 시장의 행정지도력 보강을 꾀할 수 있는 이상적 정부형태로 받아들여지고 있다.

전문 행정관이 지니는 권한은 지역마다 차이가 있으나 보통 시장의 승인을 받아 각 부서의 책임자를 임명·해임할 수 있는 인사권과 행정관이 임명하는 부서의 업무에 대한 지휘·감독권, 시장이 만드는 보고서를 준비하고 자문하는 기능 등을 수행한다.

(나) 의회-시지배인형(Council-Manager Form)

의회-시지배인형은 행정에 대한 정책결정권과 통제권을 의회가 가지고 있으며 시의 운영을 위해 의회에서 임명한 행정전문가인 시지배인에게 모든 행정권한을 위임하는 형태이다. 지배인제는 1908년 버지니아주의 스턴톤(Staunton)시에서 행정부의 감독과 통합기능을 보강하기 위해 총지배인직(General Manager)을 신설하는 지방조례를 제정하면서 시작되었고 사우스 캐롤라이나주의 섬터(Sumter)시에서 하나의 정부형태로 정착되면서 많은 중소도시에서 채택되었으며 점차 증가하는 추세에 있다(정진숙, 2002: 42).

시지배인은 의회가 결정한 정책을 책임지고 능률적으로 집행하는 일을 담당하며, 예산편성권, 의회에 대한 권고권, 의회의 동의를 받아 행정부서장에 대한 임명·파면 등의 인사권을 지니는 실제적인 행정 총책임자가 된다. 의회는 대부분 5~9명의 소규모 의회로 보통선거구제와 비정당표방식(Non-Partisan)에 의해 선출되며, 정책결정기능과 행정운영을 총괄하고 시지배인을 임명, 해고하며 시지배인의 권한의 범위를 지정하는 등 자치행정의 주체가 된다.

의회-시지배인형 기관구성에서 시장은 주민에 의해 직선되는 경우도 있으나 일반적으로 의원들 가운데 선출(윤번제로 운영되거나 의원 중 최다 득표를 얻은 의원)되며, 의례적이고 명목적인 기능만을 수행한다. 따라서 시장은 누구를 임명하거나 파면하는 인사권을 지니고 있지 못하며, 의원을 겸직하지 않는 한 시지배인에 대해 영향력을 행사할 수 없다.

의회-시지배인형 기관구성 형태는 효율적인 경영방식을 표방한 가운데 기관운영과 정치·행정의 분리를 목적으로 도입되었으며, 주로 인구 25만명 이하의 중소도시와 중산층을 중심으로 지역구성원의 동질성이 높은 교외지역(백인 및 종족이 같은 사람들로 이루어진 지역)에서 주로 채택되어 왔다(임경호 외, 2006: 64-66).

(다) 위원회형(Commission)

위원회형은 1901년 텍사스주의 갤버스턴(Galveston) 시에서 처음 도입된 정부 형태이다. 당시 태풍으로 인한 재난복구사업을 약시장-의회형 정부 형태로 수행하기에 한계를 느낀 주정부가 주민 중 전문적 식견이 있는 5명을 위원회 위원에 임명하고 이들이 시의 행정업무를 집행하도록 하여 성공을 거두자 다른 지역에서도 위원회형 정부 형태가 등장하게 되었다. 그러나 카운티와는 달리 자치체 정부에서는 그다지 인기를 얻지 못하여 실제 도입한 지방정부는 극소수에 그치고 있다(한국지방자치단체국제화재단, 2003: 20).

주민직선의 3~9명 사이의 위원으로 구성된 합의체 위원회가 의회와 집행부서를 겸하는 형태이며 각 위원이 행정부서의 국장으로 행정책임을 지는데, 기관통합형과 상당히 유사한 형태이다. 시장은 위원 중에서 선출되는 경우가 많으며 의장으로서 위원회를 주재하고 명목상 시를 대표하며 보통 시장도 위원으로서 한 부서의 국장을 겸직한다. 다른 위원들보다 더 많은 권한을 가지고 있지는 않다.

(라) 타운 전체회의형(Town Meeting Form)

타운 전체회의형은 지방정부가 매년 정기적으로 1회 최고의결기구인 회의(Town Meeting)를 개최하여 Town의 주요정책을 주민이 직접 결정하도록 하는 형태이다. 이는 1660년대 뉴잉글랜드 주민이 주민의 의견을 직접 듣기 위해 'Community Meeting' 제도를 채택한 것이 발전된 유형이다. 타운 전체회의는 지역 내 유권자들이 모두 모여 의결하는 직접민주주의 방식으로, 1년에 1회 정기적으로 타운에 거주하는 모든 유권자가 Selectman이라는 행정위원을 선출하고 조례의 제정, 지방세율의 결정, 예산의결 등 주요정책에 대해 직접 의결하는 직접민주주의 방식이다. Selectman은 타운별로 보통 3~5인(많은 지역은 7~9인)이 선출되는데 임기는 보통 1년이며 타운의 재산을 관리하고 면허의 발급, 공무원의 지휘감독, 사무국장·재무관·재산평가관·치안관·교육위원 등을 임명하는 역할을 담당한다.

최근에는 인구의 증가와 복잡한 지역문제 해결에 한계를 느끼면서 다른 정부형태로 전환하는 자치체가 늘고 있으며, 다음과 같은 세 가지의 변형된 형태로 운영되기도 한다.

① 타운-지배인형

행정위원들이 전문 행정가를 고용하여 행정부를 지휘, 감독하도록 하는 제도이다. 이 전문 행정관의 권한은 의회-시지배인형의 시지배인과 유사하나 주요 정책결정과 예산안 의결 등을 타운 전체 회의에서 결정한다는 점이 다르다.

② 대표제 타운 전체회의형

타운을 인구, 면적에 따라 4~9개 구역으로 나누어 각 구역에서 동수의 대표(보통 50-300명)를 3년 임기로 매년 1/3씩을 주민투표로 선출하여 이들 대표들이 타운 전체회의를 운영하는 제도이다.

③ 재정위원회형

3~5명의 재정위원회 위원을 타운 전체 회의에서 선출하고 이들이 예산안을 검토하고 수립할 수 있도록 하는 제도이다. 이는 예산과 같은 전문적이고 복잡한 사안을 모든 주민이 모여 토의하는 것이 비효율적이라는 판단에 따른 것이다. 형식상으로는 재정위원회가 타운 전체회의의 예산안에 관한 자문역할을 담당하는 것이나 실제로는 재정위원회에서 만든 예산안이 타운 전체회의에서 별다른 수정 없이 통과되는 것이 보통이다.

(3) 지방의회 현황

미국의 지방정부는 그 형태를 지역주민들이 선택하는 주민자치에 의하므로 각 주마다 큰 편차를 보인다. 연방 통계청(U.S. Census Bureau)에 의하면 미국의 지방정부는 카운티(County), 자치체(Municipality),[16] 타운십(Township), 학교구(School District), 특별구(Special District)의 다섯 가지 카테고리로 구분된다(〈표 2-3〉 참조). 광역행정기관으로서의 카운티는 48개 주정부에 존재하며[17] 주정부의 사무를 위임받아 수행하는 동시에 지역의 자치업무를 처리하는 기관이다.

〈표 2-3〉에서 보는 바와 같이 전체 미국 지방정부의 수는 1960년대까지는 매년 감소추세를 보이다가 1970년대에 들어 다시 증가하는 모습을 보이는데, 이는 특별구의 증가에 기인하고 있다.

---

16) 미국 지방정부에서 사용하는 Municipality의 명칭은 City, Town, Village, Borough, Corporation 등 매우 다양하다.

17) 코네티컷과 로드아일랜드의 경우 예외이며 루이지애나주와 알래스카주에서는 각각 Parish, Borough로 명칭함.

◈ 표 2-3 ◈ 미국 지방정부 추이

구분	1957	1962	1967	1972	1977	1982	1987	1992	1997	2002
카운티	3050	3043	3049	3044	3042	3041	3042	3043	3043	3034
자치체	17215	18000	18048	18517	18862	19076	19200	19279	19372	19429
타운십	17198	17142	17105	16991	16822	16734	16691	16656	16629	16504
학교구	50454	34678	21782	15781	15174	14851	14721	14422	13726	13506
특별구	14424	18323	21264	23885	25962	27078	29532	31555	34683	35502
계	102341	91186	81248	78218	79862	81780	83186	84955	87453	87975

자료: 김웅기(2003), p. 8 및 미국 연방 통계청 홈페이지 http://www.census.gov/

1) 카 운 티

카운티 의회는 그 명칭이나 의원의 수, 선거방식, 임기 등에 대해 자치헌장에 의해 결정되며, 자치헌장이 없는 지역의 경우 주정부에서 정한 헌법 및 자치법령에 따라 결정되므로 매우 다양한 형태로 존재한다. 카운티 의회의 명칭만 보아도 Board of County Commissioner, Board of Superior, County Court, Fiscal Court, County Council(델라웨어주), Borough Assembly(알래스카주), Police Jury(루이지애나주), Commissioners Court(텍사스주), County Legislature(뉴욕주), Board of Chosen Freeholders(뉴저지주) 등 다양한 이름으로 불리는 것을 볼 수 있다.

의회의 의원 수는 대부분 10명 미만의 소수로 구성되며[18] 예외적으로 100명 이상인 의회도 있다(〈표 2-4〉 참조). 의원의 임기는 2~4년이며 예외적으로 1~8년인 의회도 있다(임경호 외, 2006: 59). 2003년 현재 전체 지방정부의 80% 가량은 기관통합형으로 의회 의장이 지방자치단체장을 겸하고 있고 나머지 20% 정도의 대도시 지역에서만 단체장을 선거로 선출한다. 기본적으로 의회 우위주의를 채택하고 있기 때문에 지방정부의 중요한 정책과 예산은 의회의 의결을 통해 성립되며 단체장은 이를 집행하는 기능을 담당한다.

의회를 10인 이하 소규모 의회와 10인 이상 대규모 의회로 형태별로 나누어

18) 의원 10명 미만인 곳이 90% 가까이 차지하고 있으며 의원수 10-19명인 곳이 10%, 의원수 20-49명인 곳이 0.6%, 50명 이상인 지역은 뉴욕시와 시카고시 2개이다(한국지방자치단체 국제화재단, 2003: 27).

◈ 표 2-4 ◈ 미국 주정부별 카운티 의회 의원수 현황

의회 형태	주정부 수	주정부 명칭
2인 의회	1	Vermont
3인 의회	20	Arizona, Colorado, Idaho, Kansas, Maine, Nevada, Massachusetts, Missouri, Montana, new Mexico, New Hampshire, Ohio, Oklahoma, Oregon, Utah, Pennsylvania, Washington, West Virginia, Wyoming
5인 의회	5	California, Florida, Minnesota, Mississippi, Texas
10인 이하 의회	15	Alabama, Alaska, Delaware, Georgia, Hawaii. Iowa, Kentucky, Maryland, Nebraska, New Jersey North Carolina, North Dakota, South Carolina, South Dakota, Virginia
10인 이상 의회	7	Arkansas, Illinois, Louisiana, Michigan, New Your, Tennessee, Wisconsi

자료: 한국지방자치단체국제화재단(2003), p. 25.

그 운영을 살펴보면 다음과 같다.

(가) 소수의원 의회형태(Small Governing Board)

① County Commissioner Board형 의회

이 유형은 1720년 펜실베이니아주에서 처음 시작되었으며 카운티 위원회형 정부 중 가장 흔한 형태로 3~5명의 의원이 2~4년 임기로 선출되고 의원이 입법권은 물론 공무원 근무 감독 및 행정집행에 관한 권한도 가지는 형태이다. 의장은 의원들이 상호 선출하나 일반 의원에 비해 특별한 권한은 없으며 모든 의원이 조례제정, 예산안 채택 등을 담당한다.

② Judge and Commissioner Board형 의회

이 유형은 앨라배마주, 텍사스주, 오리건주의 일부 카운티에서 발견되며 소규모 의회로 의원은 소선거구제로 선출하나 의장은 유언 검인 판사(Judge of Probate)가 겸하며 모든 카운티 주민이 선출하는 대선거구제 방식으로 선출한다.

(나) 다수의원 의회형태(Large Governing Board)

이 유형은 다수의 의회의원으로 운영하는 형태로 지방정부인 타운십의 책임자들로 구성된 Township Supervisor Board를 이용하며 뉴욕, 미시간, 일리노이, 위스콘신주의 카운티에서 채택하고 있다. 선거로 선출되는 타운십 의장인 Supervisor는 카운티 의회 의원도 겸하고 있어 카운티와 타운십의 연결기능도 하고 있다(한국지방자치단체

국제화재단, 2003: 26).

2) 자치체(Municipality)

자치체의 형태는 앞에서 설명한 바와 같이 권력분립을 지향하는 시장-의회(Mayor-Council)형과 권력통합적인 위원회(Commission)형, 의회-지배인형(Council-Manager)으로 구분할 수 있다. 시장-의회형은 전체의 56%로서 지방의원의 정수가 3~50명이고, 의회-지배인형는 전체의 34%로서 5~10명의 규모이다(임경호 외, 2006: 59). 자치체의 평균인구는 약 7천명이며, 소의회제를 채택하고 있다. 미국의 지방정부들이 대부분 소수 의원들로 구성되어 있는 이유는 의회를 효율적으로 운영하기 위해서는 다수 의원보다는 소수 의원이 모두 원탁에 둘러앉아 토의하는 것이 바람직하다고 하는 실용적 사고방식에서 나온 결과이다(한국지방자치단체국제화재단, 2003: 27). 따라서 지방의회 의원의 정수는 일반적으로 3~9명으로 10명 이하이나 예외적으로 50명 이상인 경우도 있다. 임기는 2~4년이다.

2. 지방의원 선거제도

미국의 선거구 제도는 ① 지방정부 전체를 하나의 단위로 선발하는 대선거구(At Large)방식과 ② 선거구를 2~8개로 구분하고 각 선거구에서 1명씩 선출하는 소선거구(District, Ward)방식 ③ 대선거구 방식과 소선거구방식을 혼용하는 혼합선거구 방식 ④ 선거는 대선거구 방식으로 선출하되 후보자는 구역별로 선출하는 방식 ⑤ 시, 타운, 타운십, 보로우 등 각 지방정부별로 카운티에 파견할 의회 의원을 선출하는 방식이 있다.

대선거구 방식은 의원이 지역이기주의를 극복하고 지역전체의 균형발전을 꾀할 수 있는 장점이 있는 반면, 선거구가 넓음으로 인해 유권자가 후보자에 대한 정보부족으로 부적절한 사람을 선출할 수 있으며 의원이 지역에 대해 책임지지 않으므로 적당주의에 빠질 염려가 있다. 또한 흑인이나 유색인종과 같은 일정지역에 거주하는 소수집단의 대표가 선출되기 어렵고 지역의 다수를 구성하는 이익집단의 대표자만 선출된다는 단점이 있다.

소선거구의 경우 지역주민인 유권자가 후보자에 대해 잘 알고 있어 능력 있는 인재를 선출할 수 있고 지역의 문제를 해결하는데 실질적인 도움이 되며, 일정지역에

밀집하여 거주하는 소수민족을 대표하는 의원을 선출할 수 있다는 장점이 있는 반면, 의원이 출신구의 이익반영만을 위해 전념하므로 지역 이기주의가 우려되고 전체적 관점에서의 조화로운 균형발전을 저해할 수 있는 단점이 있다.[19)]

혼합선거구 방식은 구역을 중심으로 하는 Ward 방식으로 의원을 선발하는 경우 지역이기주의의 성향을 나타내게 되는 것을 방지하기 위한 절충안이라 할 수 있다.

의원의 임기는 대선거구 방식을 택하는 지역의 경우 보통 1~4년, 소선거구 방식을 택하고 있는 지역의 경우 보통 2~4년으로 다양한데, 4년 임기의 지역이 과반수를 차지하여 보편적이다. 미국에서는 지방의회의 의장이 자치단체장을 겸하는 경우가 많은데 이는 대선거구 방식으로 선출하는 경우가 많기 때문이다.

정당정치가 발달한 미국에서는 주정부와 카운티의 의원과 단체장 선거시 정당공천을 의무화하고 있으나, 산하 지방정부에서는 대부분 지역이 정당공천을 의무화하고 있지 않다.[20)] 정당공천이 의무화된 지역의 경우는 입후보시 반드시 정당의 공천을 받아야 출마할 수 있는데, 이 경우도 중앙당의 공천이 아니라 주민들이 정당 추천을 위한 예비선거를 실시하여 각 정당별로 후보자를 1명씩 선출하여, 이들을 총선거에서 다시 선출하는 방식이다. 정당공천이 의무화되어 있지 않은 지역은 자유로이 입후보한 후보자 중 자유경선을 통해 50% 이상 득표한 후보자가 당선된다.

의회의장의 선거는 주민이 직접 뽑는 방식, 의회 의원들이 상호 선출하는 방식, 선출된 의원 중 최다득표 의원이 의장이 되는 방식, 기타 방법이 있는데 이 중 의원들이 선출하는 지역이 가장 많다.

선거주기는 모든 의원을 동시에 선출하는 Concurrent 방식과 매년 연차적으로 1/2 또는 1/3씩을 선출하는 Staggered Term 방식이 있다. 연차적 방식으로 선출하는 경우 부적격자가 선출될 우려가 적고 한꺼번에 많은 의원이 교체됨으로 해서 빚어지는 의회 운영상의 혼란을 막을 수 있어서 전국 대부분의 지역이 연차적 방식을 채택하고

---

19) 소선거구 방식을 채택하고 있는 지역은 대부분 강시장 형태의 지방정부이고 대선거구 방식을 채택하고 있는 지역은 주로 의회-지배인형을 택하고 있다. 그 이유는 소선거구 방식의 단점인 지역이기주의를 방지하기 위해서는 집권력이 강한 강시장형 정부형태가 완충역할을 할 수 있으며, 의원의 적당주의가 우려되는 대선거구 방식의 경우 의원에게 강력한 권한을 부여하는 의회-지배인형을 택함으로써 적당주의를 배제하려는 정치이념에서 나온 것으로 생각된다(한국지방자치단체국제화재단. 2003: 71).

20) 미국의 지방선거에서 정당 참여가 허용되는 주는 뉴욕주를 비롯하여 약 30%정도에 불과하며 캘리포니아주를 포함하여 약 70%의 지방도시에서는 정당의 참여가 금지되고 있다(문재우, 2007: 469).

있다.

3. 지방의회의 조직

(1) 지방의회 의장

지방의회 의장은 회의를 주관하며 의회 의사진행절차와 의제설명, 표결에 관한 결과 발표, 각 위원회에 출석하여 발언할 수 있으며 의회사무를 총괄하는 권한을 가진다. 이러한 의장의 권한은 의회에서 선출된 경우보다는 주민의 직접선거에 의하여 선출된 시장의 경우 더 많이 주어지는 경향을 띤다.

지방의회의 의장을 선출하는 방법으로는 유권자인 주민이 선거를 통해 직접 선출하는 방법과 지방자치단체 의원들이 선거를 통해 선출하는 방법, 주민이 직접 선출한 지방자치단체의 장이 의회의원을 겸하는 방법, 윤번제로 의장을 맡는 방법이 있다(천덕호, 1991: 58).

자치체(Municipality)의 민선 시장에 의해 운영되는 지역은 의장을 중심으로 한 의회가 행정부를 견제하는 중추 역할을 담당하고 있으나 약시장형, 위원회형 및 의회 매니저형과 같이 지방의회에서 직접 부서장을 임명하거나 행정전문가를 고용하는 지역에서는 의장이 의회를 대표하는 동시에 행정부의 장 기능도 동시에 수행하고 있다. 지방의회의 의장이 시장을 겸하는 경우 대부분 대선거구(At Large) 방식으로 선출된다.

◈ 그림 2-4 ◈ 미국 지방의회의 일반적 조직형태

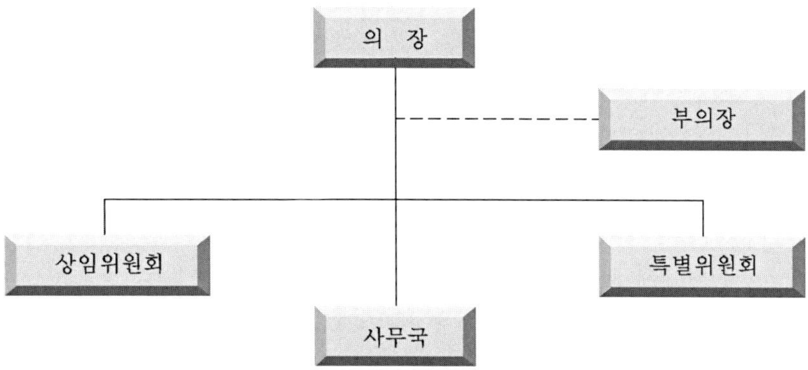

자료: 지방의회발전연구원 홈페이지 http://www.rilc.re.kr에서 재구성.

(2) 지방의회 부의장

지방의회 부의장은 의장이 장기간 부재, 불능(질병, 요양으로 사무 불이행) 등 공석(사망, 사직)의 경우 의장의 직무를 담당한다. 부의장 선출은 시장의회형 자치단체에서는 시장이 유권자에 의해 직접 선출되면 부시장 또는 부의장, 임시의장은 의회에서 위원 중에서 선출하는 것이 일반적이다. 의회에서 의장을 선출하는 경우에도 부의장, 임시의장은 의회에서 선출하고 있다(천덕호, 1991: 60).

자치체의 강시장 형태를 제외하고는 의회 의장이 시장을 겸직하고 있으므로, 유고시 임무를 대리할 부의장을 두고 있으며[21] 카운티의 경우 직접적인 대민행정의 사무가 적으므로 대부분 부의장의 직책을 두지 않고 있다.

(3) 위 원 회

지방의회는 교육, 경제발전, 국민건강 등에 있어 특별한 문제를 처리하고 주민생활과 관련이 있는 행정기능을 다루기 위해 상임위원회, 중앙위원회, 특별위원회 등 각종 위원회를 설치하고 있다. 위원회의 기능은 자치단체마다 다소 차이가 있는데, 정책개발을 주목적으로 하는 경우가 있는가 하면 전적으로 의회의 자문을 위해 위원회를 설치하기도 한다.

자치단체 위원회의 구성은 자치헌장으로 규정하는 형식과 지방의회가 임의로 그 수를 정하는 방식, 위원 수에 비례하여 위원회를 설치하는 방식이 있다.

(4) 의회 보조기관

1) 의회사무국(Clerk/Manager/Administrator Office)

사무관장, 처리, 보관, 회의록, 의사일정의 전담기구로 대부분의 지방정부가 Clerk Office를 두고 있으며 별도의 조직을 두지 않는 경우 Administrator Office가 이 기능을 담당하고 있다. 광역지방의회는 지방법원 서기가 사무를 겸직하는 경우와 회계감사관이 의회사무를 담당하는 경우, 주민에 의해 사무담당자를 선출하는 경우가 있다. 기초지방의회에서는 의회에서 직접 임명하는 경우가 많고 시장이 추천하여 의회에 승인을 얻어 서기를 임명하는 경우와 법원서기가 업무를 담당하는 경우, 주민에

---

21) 부의장의 명칭은 President, Deputy Mayor, Chairman, Mayor Pro temp 등으로 다양하게 불린다(김웅기, 2003: 19).

의해 선출되는 경우가 있다.

2) 의회 의원 보좌관

자치체에는 지방의회의 사무 처리를 위해 의회전담 공무원이 배치되어 있으며, 인구 10만 미만의 작은 도시에서는 별도의 의회전담직원이 배치되거나 기구가 설치되지 않고 시지배인 또는 사무처장실 직원들이 필요시 지원하는 경우가 대부분이다.

제 4 절 일본의 지방의회제도

일본의 근대적 지방자치제도는 메이지유신 이후 확립되었으며 독일의 많은 영향을 받았고, 세계 2차대전 이후에는 미국의 제도적 영향을 받았다. 明治 11년 郡區町村編制法, 府縣會規則, 地方稅規則의 소위 삼신법이 제정되면서 선거에 의한 통일적 지방의회제도가 실시되었고 明治 23년 府縣制 및 郡制의 법안이 시행되었다. 그러나 이 당시의 지방단체는 국가기관이면서 자치단체로서 국가의 기관위임사무를 담당하고 국가의 감독을 받았다.

大正시대에 들어 도시중산계급이 성장하면서 町村制에서의 집행권 강화와 지방자치의 확대를 가져왔다. 大正 11년 부현제 개정으로 부현회 의원의 선거권 및 피선거권이 확장되었고 大正 15년에는 군이 폐지되면서 자치권이 강화되었다. 그러나 昭和시대에 들어 군국주의체제로 말미암아 지방제도가 개정되고 완전한 중앙통제가 실시된다. 종전 후 미국식 지방자치제도가 도입되면서 비로소 지방자치단체의 자치권이 강화되었다.

2006년 말 地方分權改革推進法의 제정으로 제2기 지방분권개혁이 시작되었으며 平成의 시정촌합병과 지방세 재정개혁 등에 따라 지방자치의 형태가 크게 변화하고 있다.

1. 지방의회의 개요

일본의 지방자치제도는 우리나라와 여러 가지 면에서 상당히 유사한 체제를 지니고 있다. 일본 지방자치단체의 주요 특징을 살펴보면 첫째, 중앙정부의 기관구성이

기관통합형(내각제)를 채택하고 있는 반면에 지방자치단체는 기관대립형으로 단체장과 지방의원을 주민이 각각 선출하고 있으며, 양 기관간의 견제와 균형을 위하여 의회는 단체장 불신임 의결을 할 수 있고 단체장은 의회를 해산할 수 있는 등의 제도적 장치를 갖추고 있다.

둘째, 지방자치단체는 광역과 기초의 중층제이며, 법적으로는 자치단체간에 상하관계의 지위가 없으나 현실적으로는 계서적 관계가 존재한다.

셋째, 중앙·지방간 관계에서 중앙정부는 지방자치단체에 행정 수행에 대한 허가·지휘명령·취소 등 권력적 간여와 재정적 통제를 중심으로 한 지도·감독을 행사하고 있다.

일본의 지방의회는 지방정부에 있어 주민의 대표기관이며 동시에 의결기관이다. 일본의 지방정부는 지방공공단체(地方公共団体)라 하여 도도부현(都道府縣), 시정촌(市町村)의 보통지방공공단체(普通地方公共団体)와 동경도 특별구(東京都特別區), 지방공공단체조합(地方公共団体の組合)의 특별지방공공단체(特別地方公共団体)가 있다.

지방자치법에는 헌법에 정한 수장제(지방공공단체의 장을 주민의 공선에 의해 의회의 의원과 별도로 선출하는 제도)를 기초로, 의회의 지위를 강화시키고자 하고 있다(第96條~第100條). 의회의 권한을 살펴보면 지방자치법 제96조의 의회의 의결사건으로 제출된 의안에 대한 의결권, 조례의 제정·개폐[22], 예산의 결정, 결산의 인정, 권한에 속하는 선거권(第97條 第1項), 세입세출 예산의 증액수정권(第97條 第2項),[23] 집행기관의 사무에 관한 검열·검사권(第98條 第1項), 감사위원에 대한 감사요구권(第98條 第2項), 국회 또는 관계행정청에 의견서 제출(第99條), 보통지방공공단체의 사무에 관한 조사권(第100條), 백조위원회(百條委員會)[24]가 있다.

---

22) 조례의 제안권은 자치단체장과 의원 쌍방에게 있으나 그 성질과 내용에 따라 장에게만 속하는 경우와 의원에게만 속하는 경우가 있다. 장에게만 제안권이 전속하는 주요한 조례로는 ① 시정촌의 부과(部課)설치조례 ② 시정촌의 지소 또는 출장소의 설치조례 ③ 기금설치조례 등이 있으며, 의원에게만 제안권이 전속하는 주요한 조례로는 ① 위원회조례 ② 의회사무국 설치조례 등이 있다(全國市議會議長會. 2007: 17).

23) 이에는 일정 제한이 있는데, 감액수정에 대해서는 권한이 없다고 해석된다.

24) 지방자치법 제100조에 의해 지방의회의 의결에 근거한 위임을 받은 의회의 특별위원회(특별위원회의의 설치자체는 지방자치법 110조 근거). 보통지방공공단체의 의회는 당해 보통지방공공단체의 사무에 관한 조사를 행하여 선거인 기타 관계인의 출두 및 증언과 기록의 제출을 청구할 수 있다(地方自治法 第100條 第1項). 이 권한을 의회의 백조조사권(百條調査權)이라 한다. 백조조사권은 국회의 국정조사권(일본국 헌법 제62조)에 상당하는 것으로 의회의

보통지방공공단체의 의회는 당해 보통지방공공단체의 공익에 관한 사건에 대해 의견서를 국회 또는 관계행정청에 제출할 수 있다(의견표명권; 第99條). 여기서 말하는 관계행정청에는 국가의 행정기관 외에 지방공공단체의 행정기관도 포함된다. 즉, 당해 의견서는 지방공공단체의 기관인 의회의 의견을 결정·표명하는 것으로 지방공공단체의 단체의사를 결정·표명하는 것은 아니다. 따라서 당해 의견서의 발안권은 의원만이 가지며 지방공공단체의 장 등은 가지지 않는다.

보통지방공공단체의 의회에 청원하고자 하는 자는 의원의 소개에 의한 청원서를 제출하지 않으면 안 된다(第124條). 즉, 의원의 소개가 없는 것은 진정이라고 한다. 보통지방공공단체의 의회는 채택한 청원에서 당해 보통지방공공단체의 집행기관에 있어 조치하는 것이 적당하다고 인정되는 것은 이러한 자에게 이를 송부하는 한편 그 청원의 처리경과 및 결과의 보고를 청구할 수 있다(第125條). 집행기관은 청원을 성실히 처리하지 않으면 안 된다(請願法 第5條).

일본은 지방의원의 겸직을 광범위하게 허용하고 있는데, 참의원·중의원, 타 자치단체의 의원 및 상근직원, 해당 지방자치단체로부터 도급 계약자, 도급받은 회사의 경영인·이사·감사 및 청산인의 경우는 겸직이 금지된다(地方自治法 제92조 및 92조의 2).

소속 선거구 유권자의 1/3 이상의 연서로 의회의 해산 청구, 의원의 해직 청구가 가능하며 선거인 투표 결과 과반수 이상 동의시 자동 해산, 해직된다. 해산 후 40일 이내 선거를 실시한다.

2. 지방의원 선거제도

일본국 헌법 제93조에는 보통지방공공단체에는 주민들에 의해 직접 선출된 의원으로 조직된 의회를 두도록 하고 있다. 다만 정촌(町村)의 경우에는 조례로 의회를 두지 않고 이것을 대신하여 선거권자의 총회인 정촌총회(町村總會)를 둘 수 있다(地方自治法 第94條 및 第95條).

지방의원 선거와 관련된 기본법은 공직선거법이며, 의원의 피선거권은 도도부현 의원, 시정촌 의원 모두 선거권을 갖는 자로서 만 25세 이상이어야 하며 임기는 4년이고 연임제한은 없다.

의결에 대한 보조적 권한, 집행기관에 대한 감시기능, 여론을 환기하는 작용 등을 가지고 있다.

의원은 조합을 제외하면 국정선거(國政選擧)와 같이 일본국적을 가진 20세 이상으로 선거구에 주민등록을 이전한 지 3개월 이상 경과한 주민을 유권자로 하는 직접선거에 의해 선출된다.[25] 의원의 수는 인구에 비례하여 정해지는데, 도도부현에서는 인구비례방식을 택하되 일정한도 이상이 되면 증가율이 낮아지도록 하고 있으며 시정촌에서는 인구에 따른 상한을 정해 놓았다.[26] 〈표 2-6〉에서 보는 바와 같이 지방자치법에 정해져 있는 상한 범위 내에서 각 자치단체에 적당하다고 생각되는 정수를 조례로 정하도록 되어 있는 것이다. 또한 많은 자치단체에서 경비 절감 등의 이유로 의원정수를 감원하는 조례를 제정하여 운영하고 있다.[27]

의원의 권리는 회의에 있어서의 권리와 회의 외의 권리로 나눌 수 있다. 회의에 있어서의 권리는 ① 동의 제출권 ② 질의, 질문, 토론 등의 발언권 ③ 표결권 ④

◈ 표 2-5 ◈ 지방의회 의원수 현황 (2003년 7월 현재)

	법률에 의한 의원정수(상한수)	조례에 의한 의원정수	현 원
도도부현	3106	2874	2868
시*	22708	19627	18916**
특별구**	1002	933	933
정 촌	47162	38141	37636

* 2002년 12월 31일 현재

** 2003년 5월 현재

자료: 전국도도부현의회의장회 홈페이지 http://www.gichokai.gr.jp/

전국시의회의장회 홈페이지 http://www.si-gichokai.gr.jp

전국정촌의회의장회 홈페이지 http://www.nactva.gr.jp

25) ① 성년 피후견인, ② 금고 이상의 형을 받고 집행이 끝나지 않은 자, ③ 금고 이상의 형을 받고 그 집행을 받는 것이 없어질 때까지의 자(형의 집행유예중인 자 제외), ④ 공직에 재직 중 범한 죄에 대해 형을 받고 그 집행을 끝낸 자로 집행이 끝날 날로부터 5년을 경과하지 않은 자 또는 그 집행면제를 받은 자로 면제를 받은 날로부터 5년을 광과하지 않은 자 또는 그 형의 집행유예중인 자. ⑤ 법률에 정해진 바에 의해 행한 선거, 투표 및 국민심사에 관한 범죄에 의해 금고이상의 형을 받고 그 형의 집행유예중인 자 ⑥ 공직선거법에 정해진 선거에 관한 범죄에 의해 선거권을 정지당한 자는 선거권 및 피선거권이 없다(공직선거법 제11조).

26) 이를 법정정수제도(法定定數制度)라고 하는데 이를 기준으로 지방자치체별로 조례를 통해 정수를 정하도록 하고 있으며, 이를 조례정수제도라 한다. 〈표 2-6〉에서 보는 바와 같이 도도부현의 경우보다 시정촌 의회가 인구구분을 세분화하고 있는 것을 알 수 있다.

27) 조례에 의해 정해진 의회의 구성원수를 의원정수라고 하는데 다음 일반선거(임기만료, 의회해산, 의원의 총사직에 수반되어 행해지는 선거)까지는 변경할 수 없다. 그러나 의원 임기중에도 시정촌의 폐치분합에 의해 현저히 인구 증감이 생긴 경우, 시정촌의 경계변경이 행해져 헌저히 인구 증감이 생긴 경우에는 의원 정수를 변경할 수 있다.

의장선거 등을 행하는 때의 선거권 ⑤ 표결시 투표방법 등의 요구권 ⑥ 이의신립권(異意申立權) ⑦ 사건 등의 철회권이다. 회의 외의 주요 권리는 ① 임시회의 소집청구권 ② 본회의 개의청구권 ③ 의안의 제출권 ④ 의원으로서 자격을 가지고 있는지 등의 요구권, 심사신립권(審査申立權), 출소권(出訴權) ⑤ 모욕자에 대한 처분청구권 ⑥ 청원의 소개권(紹介權) ⑦ 조례의 의한 보수, 비용변상 및 기말수당의 수급권이다.

의원은 이러한 다양한 권리와 함께 ① 소집에 응해 회의에 출석할 의무 ② 위원취임의 의무 ③ 규율에 따를 의무 ④ 징계에 따를 의무 ⑤ 제척(除斥)[28]의 의무도 가지고 있다.

◈ 표 2-6 ◈ 자치단체별 의원수의 상한 (단위: 명)

단 체	인구 구분	상 한 수
도도부현	75만 미만	40
	75만-100만 미만	인구 5만당 1명 추가
	100만 이상	인구 7만당 1명 추가(120명 상한, 동경도의 경우는 130명 상한)
시 · 구	5만 미만	26
	5만 이상-11만 미만	30
	10만 이상-20만 미만	34
	20만 이상-30만 미만	38
	30만 이상-50만 미만	46
	50만 이상-90만 미만	56
	90만 이상-130만 미만	64
	130만 이상-170만 미만	72
	170만 이상-210만 미만	80
	210만 이상-250만 미만	88
	250만 이상	96
정 · 촌	2천 미만	12
	2천-5천	14
	5천-1만	18
	1만-2만	22
	2만 이상	26

* '지방분권추진을위한관계법률의정비등에관한법률(1999)'에 의한 지방자치법 개정(2003)에 따라 인구구분과 상한이 변경됨.

28) 의장 또는 의원과 그 친족(부모, 조부모, 배우자, 자식, 손자, 형제자매)에게 직접 이해관계가 있는 사건의 경우 그 위원은 심의에 참가할 수 없다는 것으로 지방자치법에 규정되어 있다.

원칙적으로 단기 비위양식의 대선거구제(복수의 정수의 선거구에서 투표자가 1인의 후보에 대해 투표하여 단순히 득표가 많은 후보순으로 당선됨)이지만, 정수 1의 선거구도 존재한다. 도도부현의회의 경우는 시군을 기본단위로 하는 복수의 선거구에서 선출한다. 시정촌 및 동경도 특별구는 단순선거구로 하는 경우와 복수의 선거구를 나누는 경우의 두 가지가 있다. 지방의회 및 수장의 임기는 일본 전국 동일 주기인 경우가 많기 때문에, 이러한 선거를 전국에서 동일시기에 실시하는 통일지방선거가 국정에 있어, 정국에도 많은 영향을 끼치고 있다.

일부 사무조합과 광역연합 등의 지방공공단체의 조합으로서 특별지방공공단체의 의회 의원은 구성 지방공공단체의 의원으로부터 호선으로 선출되거나 그대로 조합단체의 의회의원을 겸한다.

3. 지방의회의 조직

지방의회의 조직은 〈그림 2-5〉에서와 같이 의원 중에 선출한 의장과 부의장을 필두로 한 위원회로 구성되어 있다. 의장과 부의장의 임기는 의원의 임기와 같은 4년으로 하고 있으나 실제로는 1년제, 2년제, 3년제 등 합의에 의해 사직하도록 하는 단기교대제를 관습으로 채택하고 있다(임경호, 2003: 65). 보궐선거의 경우는 전임자의 잔여기간으로 하고 있다.

◈ 그림 2-5 ◈ 일본 지방의회 조직

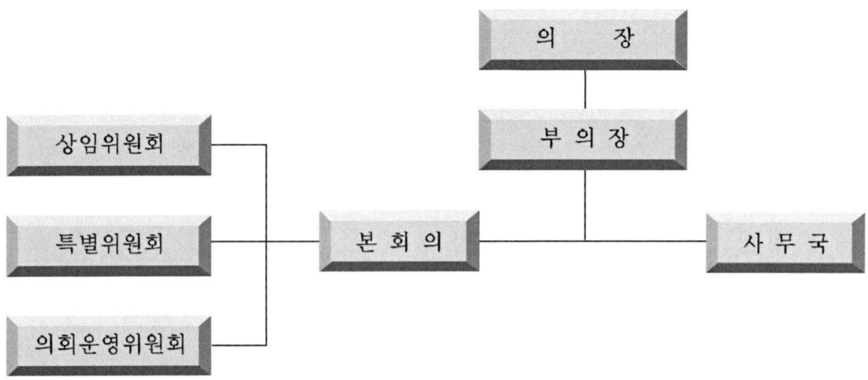

의장은 의회를 대표하며 회의장의 질서유지·의사정리권을 가지며 위원회에 출석하여 발언할 수 있다. 부의장은 의장의 유고시 직무대리권을 가진다. 의장과 부의장은 상임위원회와 특별위원회의 위원으로 활동하며, 의회의 허가를 얻어 사직할 수 있다.

본회의에서 전 의원에 의해 심의를 하는 것보다 의회의 내부에 복수의 조직을 두어 각각의 조직이 분담하여 심사를 하는 것이 더 효율적인 심사가 가능하다는 이유로 하위위원회를 두고 있다. 통상적으로는 의회에 속한 의원의 일부로 구성되며 독립성이 보장되어 있다. 지방자치법상 의회에 조례로서 설치하도록 허락된 위원회는 상임위원회, 의회운영위원회, 특별위원회의 3종류가 있다(〈표 2-7〉 참조).

◈ 표 2-7 ◈ 각 위원회의 차이

	상임위원회	의회운영위원회	특별위원회
목 적	구분한 자치체의 사무를 대상으로 조사·심사를 행함	원활한 의회운영을 위해 의회운영전반을 협의하여 의견조정을 꾀함	의회가 특히 필요하다고 인정한 사건을 심사
주요심의 사항	- 담당사무에 대한 자주적 조사 - 조례등의 의안의 심사 - 소청의 심사	- 회기일수의 조정 - 질문자의 순서 조정	- 2개 이상의 상임위원회의 소관에 속하는 안건 - 1개의 상임위원회가 부담할 수 없는 것 - 백조 조사권을 행사하기 위한 것
설치방법	상설	상설	비상설
설치근거	필요에 따라 조례로 설치	필요에 따라 조례로 설치	필요에 따라 조례로 설치
위원회수	제한없음	1개	제한없음
소속의원	- 복수의 상임위원회에 소속가능 - 최저 한 개의 상임위원회에 소속하지 않으면 안된다		
위원의 임기	통상 임기중(4년간) 재임	상설, 임기중(4년간) 재임	통상은 부탁사건을 심의, 심사하고 있는 기간
위원의 선출 방법	통상 회기초에 의장이 지명으로 선출	통상 회기시작시 의장이 지명하여 선출 사임하는 것이 가능	특별위원회 설치시에 의장의 지명에 의해 선출

자료: 全國市議會議長會(2007). p. 112.

(1) 상임위원회

상임위원회는 지방자치단체의 사무전체를 건설부문과 후생부문 등으로 구분하여 그 구분한 부문의 사무에 대해 자주적으로 심사를 하고 의회에서 심사를 맡긴 조례 등의 의안과 주민들이 제출한 청원 등을 심사하기 위해 상설한 위원회를 말한다. 지방의회의 운영은 상임위원회를 중심으로 이루어진다. 상임위원회의 설치는 지방자치단체의 조례로 정하며,[29] 상임위원회 회기 초에 의회에서 소속 의원들 중 선임한다. 상임위원회에서는 예산 기타 중요한 의안, 진정 등에 관한 공청회를 개최할 수 있으며 필요한 경우 참고인 출두를 요구할 수 있다. 또한 의회의 의결에 의해 특정안건에 관하여 폐회 중에도 심사할 수 있다.

상임위원회의 장점은 첫째, 위원이 상임위원으로 재임하기 때문에 소속한 위원회의 소관사항에 대해 상세히 파악하여 그 분야의 전문가가 된다. 둘째, 소속한 위원이 소관사항의 전문가가 되기 때문에 당해 상임위원회의 심사능률이 향상되고 의사능률이 높아진다. 반면 단점은 첫째, 위원이 소속 상임위원회의 이해관계에만 집중하는 이기주의에 빠질 수 있어 위원회로서의 기능이 저하되며, 둘째, 자기가 소속된 상임위원회만 관심을 가지고 다른 상임위원회에의 관심이 저하되어 당해 자치단체라는 대국적 시각에서 보는 것이 곤란해지고, 셋째, 위원회에서의 심사를 상세하게 할수록 본회의에서의 심의가 형해화(形骸化)될 우려가 있다.

(2) 특별위원회

특별위원회는 의회가 특별히 필요하다고 인정한 사건을 심사하기 위해 설치된 위원회를 말하며 상임위원회와는 달리 상설적 기관이 아니다. 때문에 사건이 소멸하면 특별위원회도 필요성이 없어져 소멸한다. 상임위원회와는 별도로 특정 안건을 심사하기 위해 조례로 설치할 수 있으나 각각의 특별위원회에 설치조례를 제정하는 것이 사무적으로 번잡하므로 위원회조례로 의회의 의결에 의해 특별위원회를 설치할 수 있도록 규정하여, 그에 근거하여 필요한 경우 의회의 의결로 설치하고 있다.

특별위원회를 설치하는 일반적인 기준은 ① 2개 이상의 상임위원회의 소관에 속하는 안건 ② 안건이 정치적으로 중요한 것으로 1개의 상임위원회가 부담할 수

29) 상임위원회의 설치 수는 지방자치법상 특별한 제한이 없으므로 필요에 의해 몇 개라도 설치할 수 있다. 상임위원회가 설치되면 의원은 필히 1개의 상임위원회에 소속되어야 한다.

없는 것 ③ 백조 조사권을 행사하기 위한 것 또는 어떤 사항에 대해 종합적인 정책을 수립하기 위한 것 등이다. 특별위원회의 권한에 해당하는 상임위원회의 권한은 일시적으로 정지하게 된다.

특별위원회가 소멸하게 되는 사유는 ① 부의사건(付議事件)의 심사, 조사종료 ② 부의사건의 소멸 ③ 부의사건의 부탁(付託)변경 ④ 회기종료 ⑤ 의원의 임기만료 ⑥ 의회의 해산 ⑦ 폐지의결이다.

특별위원은 의회에서 선임하고 위원회에 부의된 안건이 의회에서 심의되고 있는 동안 재임한다. 특별위원회는 회기 중에 한해 의회의 의결로 부의된 안건을 심사하는 것을 원칙으로 하나, 의회 의결에 따라 부의된 특정 안건에 대해서는 폐회 중에도 심사할 수 있다. 모든 지방의회 의원은 1개 상임위원회와 1개 특별위원회에 소속하여 활동하도록 되어 있다.

(3) 의회운영위원회

의회운영위원회는 정례회·임시회에 있어 회기의 조정과 일정(日程)사항, 질문자의 순서 조정 등 회의의 운영을 원활하게 하는 것을 목적으로 의회운영의 전반에 대해 협의, 의견조정을 꾀하기 위해 설치된 상설기관으로 필요에 따라 조례로 설치할 수 있다. 의회운영위원회의 소관은 지방자치법상에 정해져 있어 상임위원회와 같이 위원회조례로 소관을 정하는 것은 불가능하다.

지방자치법상 정해진 의회운영위원회의 소관은 ① 의회의 운영에 관한 사항 ② 의회의 회의규칙, 위원회에 관한 조례 등에 관한 사항 ③ 의장의 자문에 관한 사항 등에 관하여 조사하고 이와 관련된 의안과 진정 등을 심사한다. 운영위원회에서도 공청회 및 참고인 출두를 실시할 수 있고 의회 의결을 거쳐 폐회 중에도 특정 안건을 심의할 수 있다.

(4) 전원협의회 및 위원회협의회

지방자치법에 의해 의회는 본회의와 위원회로 운영되나, 실제로는 법률상에는 존재하지 않는 '사실상의 조직'인 전원협의회와 위원회협의회를 통해서 운영된다. 협의회에서는 의회의 부의안건에 관한 사항을 사전협의하고 부의안건 이외의 사항에 대해 의향을 듣거나 의견을 진술하며, 공식적 장소에서 심의하기 부적당한 사항이나 정치적 판단이 요구되는 사항에 대해 비공식적으로 논의한다(임경호, 2003: 67).

(5) 사 무 국

의회사무국은 지방의회의 사무를 처리하고 자주적 활동을 확보하기 위한 독자적 기구이다. 도도부현의 경우는 지방자치법상 사무국이 필요기구로 정해져 있으며, 시정촌 의회의 경우는 조례로 정한다. 사무국에는 사무국장, 서기 및 기타 직원을 두며 정수는 조례로 정하고 의장이 임명한다. 사무국장, 서기장, 서기 및 기타 직원의 신분취급은 지방공무원법에 따른다.

이상과 같이 살펴 본 각국 지방의회의 특징을 요약하면 〈표 2-8〉 및 〈표 2-9〉와 같다.

◈ 표 2-8 ◈ 각국 지방의회의 특징

구 분	미 국	일 본	영 국
법적 지위근거	주헌법	헌법	중앙의회
자치계층	복합	2계층	복합
분권화경향	복합	강화	약화
지방행정기관	복합	시장	의회
대표체제	다수대표제	다수대표제	다수대표제
정당체제	약한 양당체제	약한 다당체제	강한 양당체제
투표참여	낮음	높음	낮음

자료: 한국지방정치연구원홈페이지 http://blog.naver.com/ilopol?Redirect=Log&logNo=10002946784 에서 재구성.

◈ 표 2-9 ◈ 각국 지방정부 사례

구 분	구성방법	기관대립형			기관통합형
		미네아폴리스(미국)	피닉스(미국)	카나자와(일본)	요크(영국)
의회조직	위원회수	7개	8개	6개	9개
	위원회 규모	3-6명	3명	8-13명	9-18명
	의원총회	월2회	주2회	연4회	연6회
	의회사무국	설치	집행부의 총무국이 병행	설치	설치
의원선출	의원정수	13명	9명(의장겸직 시장포함)	44명	53명
	선거구	소선거구	소선거구	대선거구	중선거구

	선출방식	예비선거 후 결선투표	과반수 득표	다수득표	다수득표
	임기	4년	4년	4년	4년
	연임제한	없음	1회	없음	없음
	의장선출	의회내 간선	시장 겸직	의회내 간선	의회내 간선
	의장임기	1년	4년	2년	1년
시장선출	시장선출	예비선거 후 결선투표	과반수 득표	다수득표(1/4 이상 득표)	의장겸직
	임기	4년	4년	4년	1년
	연임제한	없음	1회	없음	(윤번제)

자료: 한국지방정치연구원홈페이지 http://blog.naver.com/ilopol?Redirect=Log&logNo=10002946784 에서 재구성.

참고문헌

김동훈.(2004). 「지방의회론」, 서울: 박영사.
김순은.(2003). “영국의 지방의회제도.” 「자치의정」 제6권 제4호.
김웅기.(2001). 「미국의 지방자치」, 서울: 대영문화사.
______.(2003). “미국의 지방의회제도.” 「자치의정」 제6권 제4호.
김원석.(2002). “지방의회제도에 관한 비교법적 연구: 한국의 광역의회와 미국의 주 의회제도의 비교·분석을 중심으로.” 성균관대 대학원 박사학위논문.
문재우.(2007). 「지방의회행정론」, 서울: 대영문화사.
이기우.(2003). “독일의 지방의회제도.” 「자치의정」 제6권 제4호.
임경호.(1991). 「지방의회론」, 서울: 대영문화사.
______.(2003). “일본의 지방의회제도.” 「자치의정」 제6권 제4호.
임경호·이용우.(2006). 「신 지방의회운영론」, 서울: 지방의회발전연구원.
정진숙.(2002). “지방자치시대의 지방의회 활성화방안에 관한 연구.” 배재대 국제통상대학원 석사학위논문.
진종석.(2002). “지방의회의 권한강화에 관한 연구.” 경상대 대학원 박사학위논문.
유인석.(2005). “지방의회의 발전방안에 관한 연구: 의회사무기구를 중심으로.” 인제대 경영대학원 석사학위논문.
천덕호.(1991). “미국 지방의회의 조직과 운영.” 「지방과 행정연구」 제3권 제2호.
최요환.(1990). 「의회정치의 이론과 실제」, 서울: 박영사.
최인기 외.(1995). 「지방의회론」, 서울: 법문사.
최진혁.(2003). “프랑스의 지방의회제도.” 「자치의정」 제6권 제4호.
한국지방자치단체국제화재단. 2003. 「외국의 지방의회 운영」. 해외사무소 현장리포트 제9호.
한국지방자치단체국제화재단 뉴욕사무소.(2003). 「2003년 미국지방정부의 의회 운영사례」, 서울: 한국지방자치단체국제화재단.
______________________________.(2007). 「미국의 의회 운영」, 서울: 한국지방자치단체국제화재단.

後藤 一郞(編).(1973). 「各國の地方自治制度」, 東京: 敬文堂.
全國市議會議長會.(2007). 「地方議會議員ハンドブック」, 東京: ぎょうせい.

Derbyshire, Danis.(1987). *The Business of Government*, Edinburgh: W & R Chambers Ltd.

Plano, Jack and Milton Greeberg.(1989). *The American Political Dictionary*, New York : Holt, Rinehart, and Winston.

Reynolds, Osbourne.(1982). *Handbook of Local Government Law*, St. Paul, Minn.: West Pub. Co.

Richards, Peter.(1970). *The New Local Government System*, London: Allen and Unwin.

Stevens, I. N.(1982). *Constitutional and Administrative Law*, London: Pitman.

Webb, Paul.(2000). *The Modern British Party System*, London: SAGE.

Wilson, David.(2001). "Local Government; Balancing Diversity and Uniformity". *Parliament Affairs*, 54(2): pp. 289-306.

미국 연방 통계청 홈페이지 http://www.census.gov/

전국도도부현의회의장회 홈페이지 http://www.gichokai.gr.jp

전국시의회의장회 홈페이지 http://www.si-gichokai.gr.jp

전국정촌의회의장회 홈페이지 http://www.nactva.gr.jp

한국지방정치연구원 홈페이지 http://blog.naver.com/ilopol

제 3 장 우리나라 지방의회의 연혁

제 1 절 한국지방의회 제도의 기원

1. 조선시대

우리나라에서 지방의회제도의 기원을 찾는다면 1895년(고종 32년) 11월 3일 발표된 향회조규(鄕會條規)에 규정된 향회라고 할 수 있다. 향회제도는 근대적 의미의 지방대의제 기관으로 보기는 어렵지만 지방주민의 의사를 반영하기 위한 기관을 법제화하였다는 점에서 지방의회제도의 기원으로 볼 수 있을 것이다. 향회조규에 의하면 향회는 대회(大會), 중회(中會), 소회(小會)로 구분하였다. 대회는 군회(郡會)이며 군회의 구성원인 군회원은 군수 및 각 면의 집강과 각 면에서 공선된 각 2인으로 한다. 중회는 면회(面會)이며 면회의 구성원인 면회원은 집강 및 면 내의 각 리 존위와 각 리에서 공선된 2인으로 한다. 소회는 리회(里會)이며 리회의 구성원인 리회원은 매호당 1인으로 하였다.

존위, 집강, 군수는 각급 향회의 회의를 주재하고 회의 일자와 장소를 정하였다. 이들은 회의시 표결에는 참여하지 않았으나 가부동수인 경우 결정권을 갖고 다수결로 결정된 사항을 번복할 수 있었다. 향회에 부의되는 사항은 1) 교육, 2) 호적 및 지적, 3) 위생, 4) 사창(社倉), 5) 도로 및 교량, 6) 식산흥업(殖産興業), 7) 공공산림, 제언(堤堰), 보(洑), 항(港), 8) 제반세목 및 납세, 9) 겸황(歉荒) 및 환란의 규휼, 10) 공공복무, 11) 제반계약, 12) 신식영식(新式令飾) 등 12개 항목이다(김동훈, 2002: 188).

그러나 이러한 제도는 새로운 것이 아니라 당시 향촌사회에서 시행되고 있던 주민자치의 전통을 법제화한 것이다. 즉, 개화파 정권은 농민들의 분노를 잠재우고 이들의 참정욕구를 수용하는 방안으로써 전래의 향회제도와 면리자치제도를 모태로 삼아 향회를 법제화했던 것이다(윤정애, 1985: 85-86). 향회제도를 비롯한 일련의 지방제도 개혁은 나름대로 근대적 지방자치제를 지향하는 획기적인 것이었으나 국제 침략세력의 도전과 국내정치의 불안정으로 끝내 실시를 보지 못했다. 이는 중앙의 민선대의기관으로 개혁된 중추원조차 실시되지 못한 채 무산된 데 비추어 당연한 귀결이라 하겠다(김운태, 1992: 137).

2. 일제시대

일제는 1910년 우리나라를 강제로 합병하고 나서 그해 9월 30일 조선총독부관제와 지방관제를 공포하여 고유의 지방행정제도를 말살하고 식민지체제로의 근본적이고 대대적인 개편을 강제적으로 단행하였다. 1919년 3·1운동 후 부임한 사이토(齋藤) 총독이 부임 다음 날인 1919년 9월 3일 발표한 시정방침의 훈시 중에는 "… 장래 시기를 보아 지방자치제도를 시행할 목적으로서 조속히 이의 조사연구에 착수할 것이다"라는 내용이 있고, 같은 달 10일에 발표한 시정방침의 논고 중에도 "장래 시기를 보아 지방자치제도를 실시함으로써 국민의 생활을 안정케 하고 일반의 복리를 증진할 것을 기한다"라고 선언하였다(손정목a, 1992: 184). 이는 종래의 무단정치를 포기하고 새로운 통치의 방식으로 표방한 문화정치의 맥락에서 나타난 지방정책의 변화라고 할 수 있다. 그러나 그 후 나타난 지방제도와 관련된 변화의 내용을 보면 식민지 통치의 편의를 위한 기만책이지 주민자치를 이념으로 하는 지방자치의 본질과는 근본적으로 거리가 먼 것이었다.

(1) 부회(府會)

1913년에는 정령 제111호로 도의 관할 구역과 부제(府制)를 도입하고 부윤의 자문기관으로 임명제인 부협의회를 설치하였다. 1920년에는 제2차 지방제도 개정을 통해 임명제이던 부협의회 의원의 선임방법을 선거제로 변경하였다. 부협의회 의원은 주민의 직접선거로 선출하되 선거권 및 피선거권을 가진 자의 요건은 ① 25세 이상의 독립생계를 영위하는 남자로서 1년 이상 그 부의 주민일 것, ② 총독이 지정하는 부세 연액 5원 이상을 납부한 자일 것 등으로 규정하였다(개정 시행규칙 제2조의 2). 부협의회 의원은 명예직으로 임기는 3년으로 하였으며, 보궐선거 시에는 전임자의 잔여임기 기간으로 정하였다(개정 부제 제13조)(손정목a, 1992: 185). 1930년 제2차 지방제도 개정에서는 부협의회를 부회로 개정하여 의결권을 부여하였다. 부회 의원은

4년 임기의 명예직이며 의장은 부윤이 겸하고 부의장은 의원 중에서 선출하도록 하였다(손정목a, 1992: 247).

부회의 권한은 의결권, 선거권, 의견서제출권, 행정감사권, 회의규칙제정권 등이며 주요 의결사항은 ① 조례의 제정 및 개폐, ② 세입세출예산의 결정, ③ 결산보고, ④ 법령에 규정된 것을 제외한 부세, 부역, 현품, 사용료 및 수수료의 부과 징수, ⑤ 일시 차입금을 제외한 부채의 기채 및 기채의 방법, 이식의 정률, 상환방법의 결정 및 변경, ⑥ 기본재산과 적립금 등의 설치 관리, ⑦ 부동산의 관리와 처분, ⑧ 계속비의 결정 및 변경, ⑨ 특별회계의 설치, ⑩ 세입세출예산으로 정하는 것 외에 새로운 의무의 부담 및 권리의 포기 등이었다.

부회는 주민이 직접 선출한 의원으로 구성되었지만 실제로는 명목상의 의결기관으로 부회의 결정이 권한을 넘거나 회의 규칙을 위반한다고 인정될 때에는 의장인 부윤에게 재의 회부권, 재선거권이 부여되었고, 도지사의 재가를 얻어 의결을 취소할 수 있는 권한이 있었다(부제 25조). 부회를 긴급히 소집하지 못하거나 의결할 안건이 긴급을 요할 때에는 부윤이 이를 전결할 수 있었고, 이에 대해 부회는 보고받기만 하는 등 사후 동의권이 없어 부회의 권한은 극히 미미한 것이었다. 총독은 부회에 대한 해산권을 갖고 있으며 도지사는 부회의 정회권을 갖고 있었다. 부회의 의결사항 중 대부분이 총독이나 도지사의 인가를 받게 되어 있어 철저한 후견적 감독을 받도록 되어 있었다. 따라서 부회는 지방자치적 의결기관이라기보다는 관치적 의결기관에 불과 하였다(김동훈, 2002: 193-194).

(2) 읍회와 면협의회

1910년의 지방관제와 면에 관한 규정(총독부령 제16호)으로 그 동안 잡다했던 명칭(社, 坊, 面)이 면으로 통일되어 국가의 지방행정구획으로 되었고 1913년의 면경비 부담방법(총독부령 제16호)과 1917년의 면제(面制)로 재정주체와 사업능력을 부여받았다. 면 중에서 조선총독이 지정하는 면을 지정면이라 하여 이를 보통면과 구별하여 기채능력을 인정하였는데 1920년의 면제 개정으로 면협의회를 신설함에 있어서 양자는 구성방법을 달리하였다. 일인 거주자가 비교적 많은 소도읍인 면이 지정면이 되었는데 이것이 1930년의 읍면제에서 말하는 읍의 전신이었다(내무부, 1968: 10),

1920년의 지방제도 개혁에 의해 지정면은 선거로 그 외의 면에서는 군수 또는 도사(島司)의 임명에 의하여 회원으로 구성되는 면협의회를 설치하여 면장의 자문에 응하였으며, 그 후 1930년에는 읍회와 면협의회로 구분되었다. 읍회와 면협의회의 의장은 읍장과 면장이었으며 읍회는 의결기관으로 의결권, 선거권, 의견서제출권, 행정감사권 등의 권한을 가졌으나 면협의회는 자문기관으로서 선거권, 의결권, 감사권은 없고 단지 의견서 제출권과 자문권 만이 부여되었다(읍면제 18조 ③). 면협의회뿐 아니라 읍회의 권한도 의결권이 법령에 한정되 있을 뿐만 아니라 총독에게는 해산권이, 군수와 도사(島司)에게는 정회권(읍면제 50조, 60조)이 부여되어 있었으나 읍회와 면협의회의 읍장과 면장에 대한 불신임권은 없었다(김동훈, 2002: 195-196).

(3) 도 회

1) 도 평의회

1920년 7월 29일자 제령(制令) 제15호 조선지방비령(朝鮮地方費令)과 동일자 조선총독부령 제105호 동령 시행규칙에 규정된 도 평의회의 내용을 요약하면 다음과 같다(손정목a, 1992: 187).

첫째, 각 도의 지방비 운영에 관한 도지사의 자문기관으로 도 평의회를 두고 지사가 당연직 의장이 되었다. 둘째, 도 평의회원은 임기 3년의 명예직으로 정원의 3분의 2는 도내 각 부·면 협의회원의 선거로 후보자를 추천하면 이 들 중 도지사가 임명하고 나머지 3분의 1은 직접 도지사가 임명하였다(도 지방비령 제13조 및 동 시행규칙 제2, 3조).

각급 지방행정기관장은 각급 평협의회의 당연직 의장이 되어 회의 소집의 가부를 결정할 권한과 의원의 발언 금지, 발언 취소 및 퇴거 명령권, 의원 자격요건 유무 결정권은 물론 의원의 직무태만과 체면 오손행위 등을 이유로 해임, 상신권 등을 갖고 관련 의회를 마음대로 할 수 있는 특별 권한을 누렸다. 더구나 도평의회 의원이 소집이나 자문에 응하지 않을 때 혹은 회의를 열 수 없을 때에는 조선총독의 지휘를 받아 도지사(부윤, 면장 등 수장)는 자문할 사건을 처리할 수 있는 전결권을 갖고 필요시에는 도평의회를 대신할 수 있는 막강한 권한을 장악하였다(문재우, 2007: 55).

2) 도 회

1930년 12월에 도제, 부제, 읍·면제가 개정, 공포되었으나 도제만은 부, 읍, 면제의 확립을 본 뒤에 실시하되 그 시행시기는 총독이 정하도록 하였다. 도제가 공포된 후 2년 4개월 만인 1933년 4월 1일에 우선 도제가 실시되고, 도의원선거는 20~50인 이내의 인원 정수로 총독이 정한다는 규정에 의해 도제시행규칙으로 정수를 정하였다. 도회 의장은 도지사가 되고 도회의원의 3분의 2는 선거하고 나머지는 도지사가 임명하였다. 도회의원의 선거권은 부회, 읍회, 면협의회원이 가졌으며 피선거권은 25세 이상의 남자로서 1년 이상 도내에 거주해야 했다.

도회는 의결기관으로 의결권, 의견서제출권, 회의규칙제정권 등의 권한을 가졌는데 의결권에는 ① 세입세출예산의 결정, ② 결산보고, ③ 법령에 규정된 것을 제외한 도세, 부역현품, 사용료 또는 수수료의 부과 징수, ④ 일시 차입금을 제외한 도채의 기채, 이식의 정률 및 상환방법의 결정과 변경, ⑤ 기본재산과 적립금 등의 설치, 관리 및 처분, ⑥ 계속비의 결정, 변경, ⑦ 특별회계의 설치, ⑧ 세입세출예산을 정하는 것 외에 도지사가 필요하다고 인정하는 사건을 의결하였다. 도회의 권한은 법령에 열거된 것에 한정하였고, 관선의원으로 구성되어 있어서 그 조직과 기능은 형식상의 의결기관을 구비한 것이었다(김동훈, 2002: 197-198).

3. 미군정시대

미군정은 시작과 더불어 종래의 지방의회를 대치할 수 있는 기구로서 고문회를 설치하라는 지시를 내린다. 지시를 내린 정확한 일자는 확인하기 어렵지만 45년 10월 하순인 것 같고, 도와 부는 12월 중순경에 거의 선임이 된 것 같으며 군에 따라서는 46년 1월 중순이 되어서야 선임이 완료된 듯하다. 현재 남아 있는 기록 중 고문회원이 가장 빨리 선임된 곳은 인천부로서 1945년 10월 31일 이고, 경성부가 30명의 고문을 선출하여 제1회 간담회를 개최한 것이 11월 9일이었다. 이 고문회가 남한 전역에 걸쳐 조직이 완료된 것을 확인한 미군정은 1946년 3월 14일자 법령 제60호로 도회, 부회, 읍회 및 면협의회와 군·도(島)의 학교평의회를 해산해 버린다. 해방과 더불어 지방의회의 기능은 사실상 상실되어 있었으나 이 조치에 의해 제도적으로도 소멸되었다. 미군정 당국의 입장에서 이 고문회는 지방의회의 기능을 담당하기 바랐던 기구였던 것이다(손정목b, 1992: 96-97). 따라서 도지사, 부윤, 읍, 면장은 국가의 하급행정기관으로서 지방단체인 도, 부, 읍, 면의 의사기관인 동시에 집행기관으로서 미군정의 명에 따라 사무를 처리하였다.

미군정 당국은 일제 시부터 내려온 지방의회의 폐지에 대한 대안으로 1946년

11월 군정법령 제126호에 의하여 도 및 기타 지방의 중요 관공리와 각 회 의원을 조선인 대다수의 자유로운 선거에 의하여 선출한다고 하였으며 "민주주의적 지방자치의 원칙 하에서 국가발전을 촉진" 시키려는 목적으로 도지사, 부윤, 군수, 도사, 읍장, 면장, 도회의원, 부회의원, 읍회의원, 면회의원 등을 선거제 직원으로 하고, 남녀를 불문하고 보통선거로서 선임한다고 하여 지방자치제도에 대한 미군정의 의지를 보였으나 이것은 실시되지 못한 채 사문화되었다(김동훈, 2002: 201).

4. 대한민국시대

제헌헌법은 지방자치에 관한 내용을 규정하기 위하여 제8장에서 제96조와 97조를 두고 있었다. 제96조에서는 "지방자치단체는 법령의 범위 내에서 그 자치에 관한 행정사무와 국가가 위임한 행정사무를 처리하고 재산을 관리하며, 법령의 범위 내에서 자치에 관한 규정을 제정할 수 있다"고 규정하고 있다. 제97조에서는 "지방자치단체의 조직과 운영에 관한 사항은 법률로 정하며, 지방자치단체는 각각 의회를 두고 지방의회의 권한과 의원의 선거는 법률로써 정한다"고 규정하고 있다.

이에 의해 지방자치법안은 1948년 8월 20일 제1회 국회 제45차 본회의의 결의에 의하여 1949년 1월 31일 법사·내무 양위원회에 제출되었고 같은 해 2월 2일 제20차 본회의에 상정되었다. 이 법안은 2주일의 심의를 거쳐 3월 9일 제49차 본회의에서 수정·통과되어 정부에 이송되었다. 이에 대해 정부는 이법의 시행시기가 "공포 후 10일을 경과한 후"로 규정된 것에 대해 국내외 정세와 치안상태가 전면 선거의 실시를 어렵게 하므로 "동법 시행기일을 대통령령에 위임하여 줄 것을 이유로" 국회의 재의를 요구하였다. 국회는 헌법에 의한 재의 요구는 법안 전체의 재의를 지칭하는 것이므로 부분적인 수정은 할 수 없다는 주장과 부분적으로 수정할 수 있다는 주장으로 논란이 있어 법제사법위원회에 회부한 바 동위원회로부터(75차 본회의 보고) 헌법 제40조에 의하여 정부에서 제출한 재의안에 일부 수정안이 첨부되었을 때에는 이것을 정부 수정안으로 인정하는 동시에 국회의원도 이에 대한 수정안을 제출할 수 있고, 이 때 수정안의 표결은 과반수로써 함이 타당하다고 해석하였다.

이에 따라 국회는 "동법의 시행기일을 대통령령으로 정하자"는 정부의 수정안과 "공포 후 90일을 경과한 후 시행하자"는 김수선(金壽善)의원의 수정안을 놓고 표결에 부친 결과 재석 169명 중 가 86, 부 83으로 김수선 의원의 수정안이 가결되어 4월

15일 정부로 다시 이송하였다. 그러나 정부는 4월 26일자로 국토가 양단되고 치안상태와 제반정세를 고찰 하건대 금후 1년 내에 본법을 시행할 수 없다는 요지의 이의서를 첨부하고, 국회 의결 후 90일 경과 후 시행한다는 부칙을 "공포 후 1년 이내에 시행하되 시행기일은 대통령령으로 정한다"로 수정을 원하는 재의요청이 있었다. 이에 대해 국회는 "정부에서 본 법안의 재차 심의를 요청한 것은 헌법위반일 뿐 아니라 일사부재리의 의사원칙에 비추어 부당한 것이므로 본 이의서를 대통령에게 반환"하기로 의결한 후 동 일자로 대통령에게 이송하였다. 그러나 폐회중인 5월 12일, 정부는 정부의 재의요청에 관하여 4월 30일 제38차 본회의에서 정부에 반환하기로 결의한 것은 헌법에 정부의 법률안 재의요구안에 대한 표결은 3분의 2 찬성의 특별다수를 요구함에도 불구하고 국회가 특별다수가 아닌 출석과반수로 본 재의안을 수정 가결하여 위헌이므로 국회의 반송결의는 무효이고 이에 따라 본 법안은 국회의 폐회로 폐기된 것이라고 통고하였다.

이에 따라 1949년 5월 26일 제3회 국회 제4차 본회의에서 "지방자치법안 폐기통고에 관한 건"을 상정하여 정부의 폐기통고를 이유 있다고 받아들인 다음, 법사·내무위로 하여금 재차 본 법안을 입안 제출할 것을 결의하였다. 양위원회는 본 법안 기초 작업에 착수하였는데 가장 문제되었던 2개 조항 즉, 지방자치단체장 선출방법에 대하여 도지사·시·읍·면장은 각기 그 의회가 선출하도록 수정하고 본 법 시행기일에 대해서는 원안(공포 후 90일에 효력을 발생한다)대로 하였다. 그 외 기타사항에 대해서는 자구 등에 약간의 수정을 가한 외에는 거의 원안대로 채택하였다.

1949년 6월 16일 제18차 본회의에서 내무치안위원장으로부터 제안 설명이 있은 다음 19일까지 2일간에 걸쳐 축조심의에 들어갔는데 이 과정에서 특히 문제가 된 것은 역시 지방자치단체장 선출방법과 본법 시행시기에 관한 것이었다. 즉 "지방자치단체장은 각기 그 의회에서 선출한다"는 원안에 대하여 남궁 현(南宮 炫) 의원 외 24인의 "도지사와 서울특별시장은 각기 그 지방의회에서, 그리고 시·읍·면장은 각기 그 지방주민이 직접 선거한다"는 수정안과 조한백(趙漢栢) 의원 외 20인의 "도지사 서울특별시장은 대통령이 임명하고 시·읍·면장은 각기 그 지방의회에서 선거한다"는 내용의 수정안이 제출되어 논란을 거쳐 표결한 결과 재석 149인 중 가 79, 부 55로 조한백의원의 수정안이 가결되었다. 본법 시행기일에 대해서는 "공포 후 90일부터 시행한다"를 "1949년 8월 15일"로 수정하자는 김병회(金秉會) 의원 외 22인의 수정안이 제출되어 가결되었다(국회사무처, 1971: 137-140). 이에 의해 지방자치법은 1949년

7월 4일 법률 제32호로 제정·공포되어 동년 8월 15일부터 시행되었다.

지방자치법은 부칙의 규정에 의하여 1949년 8월 15일부터 실시하도록 되어있으며, 제75조에는 "지방의회의 의원선거는 대통령령으로 늦어도 선거일전 70일 전에 공포하여야 한다"고 규정하고 있었다. 그러나 정부수립 후 여러 가지 행정체제의 미비와 아울러 국내 치안상태가 불안정하다는 이유로 지방의회 의원선거는 무기한 연기되었다. 정부에서 지방자치법을 검토한 결과 시행 상 문제점이 있다는 이유로 개정안을 제출하여 공포 된지 5개월 만인 1949년 12월 15일 1차 개정되었다. 주요내용은 다음과 같다. 첫째, 도 또는 서울특별시의 조례나 그 장의 규칙에 법률의 특별한 위임이 있는 경우에 한하여 벌칙 규정을 제정할 수 있던 것을, 법률에 특별한 규정이 없는 한 벌칙을 제정할 수 있도록 하였고(제9조), 시의원을 제외한 의원정수의 산출방법을 수정하였다(제12, 13조). 둘째, 지방의회 의원의 제명은 3분의 2이상의 찬성이 있어야 한다(제50조 2항)는 규정을 신설하였고, 지방의원의 선거구 책정방법을 변경하였다(제56, 57조). 셋째, 대통령은 천재지변, 기타 비상사태로 인하여 선거를 실시하기 곤란하다고 인정할 때에는 지방자치단체의 전부 또는 그 일부의 선거를 연기 또는 정지할 수 있다는 규정을 신설하였다(제75조 2항). 넷째, 도지사는 시·읍·면장이 법령에 위반되는 행위를 하였을 때에는 법이 정하는 바에 의하여 탄핵재판소에 소추할 수 있다는 규정을 신설하였다(제109조 3항).

제 2 절 제1기 지방의회(1952~1961)

지방자치법이 1949년 7월 4일 공포된 직후에 당시의 장경근 내무부차관은 그해 10월에 각급 지방의회 의원선거를 실시하겠으며, 이를 위한 경비 20억 원은 추가예산을 편성할 때 반드시 계상하겠다고 장담하였다. 그러나 이승만 대통령을 비롯한 당시의 행정부는 지방자치를 실시할 생각은 처음부터 하지 않고 있었고, 따라서 추가예산 편성 때에도 선거비용은 계상하지 않았다. 1950년 5월 30일에는 제2대 국회의원선거를 무사히 잘 끝마쳤음에도 불구하고 정부는 지방자치를 하기에는 치안사정 등으로 이르다 또는, 아직 우리의 민도가 지방자치를 할 정도로 성숙되지 않았다는 등의 이유로 지방의회를 구성할 생각을 하지 않았다(손정목b, 1992: 144). 그러다 개정 지방자치법 제75조 2항에 규정된 천재지변 기타 비상사태에 해당되는 한국전쟁이 발발하여 지방자치는 실시되기 어려운 상황이 되었다.

1. 제1대 지방의회(1952~1956)

정부는 1952년 2월 6일자로 대통령령 제605호를 발하여 최초의 시읍면 의원선거를 4월 25일에 실시한다는 것을 발표하였다. 그리고 2주일이 지난 2월 20일자 대통령령 제608호로 같은 해 5월 10일에 전선에 인접한 서울특별시와 경기·강원 양도를 제외한 각도의 도의원 선거도 실시할 것을 발표하였다. 1952년 2월에서 4·5월에 걸친 국내정세는 적어도 건전한 상식의 소유자라면 도저히 지방의원 선거 같은 것을 실시할 상황이 아니라고 판단하고 있었을 것이다. 비록 휴전회담은 열리고 있었지만 전투행위는 계속되고 있었고 서울특별시와 경기·강원 양도는 행정기관의 수복도 다 하지 못한 상태에서 비상계엄령이 선포되고 있었다.

이승만 대통령은 1948년 7월 20일에 임기 4년의 대통령으로 제헌국회에서 간접선거로 선출되었다. 따라서 대통령의 임기는 1952년 7월에 끝나게 되어 있었다. 그런데 1952년 초의 국회의원 중 과반 수 이상은 이승만 대통령의 맹신자 또는 추종자가 아니었다. 따라서 국회의 간접선거에 의한다면 대통령에 재임될 가능성이 극히 희박한 상황이었다. 이러한 사정으로 정부는 대통령의 직선제와 양원제를 골자로 하는 개정안을 1951년 11월 30일 국회에 제출하였으나 1952년 1월 18일 재적 175명, 총투표자 163명 중 찬성 19, 반대 143, 기권 1이라는 절대 다수로 부결되었다(손정목b, 1992: 145). 이러한 상황아래 이승만은 대통령 직선제 개헌을 지지해 줄 전국적인 지지기반을 확보하기 위해 지방의회를 구성하게 된 것이다.

(1) 제1대 시·읍·면의회

1952년 4월 25일 실시된 제1대 시·읍·면의회 의원선거에는 총 7,536,304명의 선거인 중 91%에 해당하는 6,836,734명이 투표에 참가하여 〈표 3-1〉과 같이 17개 시의 시의원 378명, 72개 읍의 읍의원 1,114명 그리고 1,308개 면의 면의회 의원 16,052명을 선출하였다. 1952년 시·읍·면의회 의원선거에서 여당의석 점유율은 약 25%였으며, 무투표 당선율은 19%를 차지하였다. 선거결과와 당선자의 특징은 첫째, 선거인수(명부 등재자 수)가 전체인구의 42%에 불과한데 그 이유는 전쟁으로 인한 인구의 유동과 군복무자 수로 인한 것으로 볼 수 있다. 둘째, 투표율은 매우 높게 나타났는데 시(80%)보다 읍(88%)이, 읍보다 면(93%)이 높게 나타났다. 셋째, 당선자의 연령별 분포를 보면 시의원의 경우는 가장 많은 연령층이 41세에서 45세까지로 당선자 총수의 26.5%(100명)를 차지하고, 다음은 36세에서 40세까지가 24.3%(92명)이다. 읍의원은 가장 많은 연령층이 36세에서 40세로 당선자 총수의 26.4%(294명)를 차지하고, 다음은 41세에서 45세까지로 20.8%(232명)이다. 면의원은 36세부터 40세까지와 41세에서 45세까지의 당선자가 각각 22.8%로 같게 나타났으나, 다음은 31세에서 35세까지와 46세와 50세까지의 순이다. 넷째, 당선자의 직업별 분포는 시의원은 농업이 27.8%(105명)이고 상업이 19.8%(75명)이다. 읍의원은 농업이 54.5%(608명)이고 상업이 20%(189명)이며, 면의원의 경우는 농업이 절대 다수인 91.2%에 달하였다. 다섯째, 당선자의 정당별 분포를 보면 시의원의 경우는 45.5%(172명)가 무소속이고 자유당이 30.1%(114명)이다. 읍의원의 경우는 무소속이 38.5%(430명)이고 다음은 자유당이 24.5%(274명), 대한청년단이 20.5%(229명), 국민회가 13.9%(155명)이다. 면의원은 무소속이 42.8%(6,867명)이고, 다음은 자유당이 25.3%(4,065명), 대한청년단이 16%(2,574명), 국민회가 15.2%(2,437명)로 나타났다. 그리고 1953년 5월 5일에는 치안사정으로 연기되었던 지리산 주변지역의 전라북도 8개면에서도 면의원선거가 실시되어 87명의 의원을 선출하였다(한국지방행정연구원, 1999: 216-219).

(2) 제1대 도의회

1952년 5월 10일 실시된 도의원선거는 〈표 3-1〉과 같이 서울특별시와 경기도, 강원도, 전라북도 일부지역(남원, 완주, 순창, 정읍)을 제외한 7개 도에서 총 6,358,383명의 유권자 중 81%인 5,165,226명이 투표하여 306명의 도의원을 선출하였다. 선거결과와 당선자의 특징은 첫째, 투표율은 같은 해 4월 25일 실시된 읍·면의원 선거보다는 낮고, 시의원선거와는 유사한 수준이었다. 둘째, 당선자의 연령분포는 30대가 가장 많은 40%(121명)이고, 40대가 33%(101명), 50대가 19%(57명)를 차지하였다. 셋째, 당선자의 직업별 분포는 농업이 51%(156명)이고 다음은 공업이 15.7%(48명)의 순이었다. 넷째, 정당별 분포는 시·읍·면의원의 경우와는 달리 자유당이 48%(147명)로 가장 많고, 다음이 무소속 27.8%(85명), 한청 11.1%(34명), 국민회 10.5% (32명)의 순으로 나타났다. 그리고 1953년 5월 30일에는 치안사정으로 연기되었던 지리산 주변 남원군외 3개 군에서 도의원선거가 실시되어 14명이 선출되었다(한국지방행정연구원, 1999: 218-219).

◈ 표 3-1 ◈ **지방의회 의원선거 (1952년)** (단위: 명, %)

도 명	시·읍·면								도		
	시		읍		면		당 선 의원계	투표율 (%)			
	선거구	당선 의원	선거구	당선 의원	선거구	당선 의원			의원 정수	입후보 자 수	투표율 (%)
경기	17	48	20	105	306	1,376	1,529	88	–	–	–
충북	5	20	22	78	368	1,227	1,325	93	28	63	86
충남	6	22	33	165	482	2,001	2,188	89	46	128	78
전북	14	61	18	91	477	1,976	2,128	91	32	86	83
전남	19	83	40	166	692	2,823	3,072	94	59	129	86
경북	16	69	36	189	680	2,938	3,196	91	61	166	80
경남	18	75	39	206	660	2,736	3,017	90	60	195	78
강원	–	–	27	92	247	812	904	91	–	–	–
제주	–	–	3	22	18	163	185	89	20	54	85
계	95	378	238	1,114	3,930	16,052	17,544	91	306	824	81

자료: 대한지방행정협회(1966), 「한국지방행정사」, 내무부. pp. 455, 464.

(3) 지방자치법의 개정(지방의회 관련)

1) 1956.2.13의 개정

지방자치법의 개정의 동기는 지방의회의 구성과 더불어 지방행정상의 비능률과 모순이 제기되어 지방의회의 권한을 제한하자는 논의가 집중되었기 때문이다.

(가) 시·읍·면장의 직선제

지방자치의 실시 초기에는 지방의회의 무기명 투표로 단체장을 선출하였으나 개정법에서는 시·읍·면장을 당해 시·읍·면의 선거권자가 하도록 개정하였다.

(나) 자치단체장에 대한 불신임의결제도 폐지

지방의회에 자치단체장에 대한 불신임의결권을 부여하고, 자치단체장에게 의회 해산권을 부여하는 것은 양자간의 분쟁을 조장하여 지방행정의 안정을 저해하고 시·읍·면장에 대한 직선제와 불합리하여 이를 폐지하였다.

(다) 지방의원과 시·읍·면장의 임기단축

지방의원과 시·읍·면장의 임기를 4년에서 3년으로 단축하였다. 그러나 부칙에서는 재임 중인 지방의원 또는 시·읍·면장으로서 1956년 8월 15일 시행하는 선거일 전에 임기가 만료되는 자는 당해 선거일까지 재임한다고 규정하였다. 이에 대해서는 대통령 선거를 3개월 앞둔 시기에 취해진 정치적 계략이라는 비판도 제기되었다.

(라) 지방의회 의원정수의 감축

지방의원 정수가 과다하여 의원의 질적 저하, 의사진행의 부진, 의회비 증가 등의 폐단이 있었으므로 각급 의회 의원 수를 10%정도 감축하였다.

(마) 회의소집제도와 개선

종래 회의 소집권은 의장만이 가지고 있었고, 이에 대한 제한이 없어서 빈번한 회의 소집으로 집행기관의 부자유가 많았다. 따라서 회의를 정기회와 임시회로 구분하여 매년 6월 1일과 12월 1일 연 2회 소집하되, 도와 서울특별시는 개회 7일전 시·읍·면은 개회 5일전에 공고하도록 하였다. 지방의회 의장은 자치단체장이나 의원정수 3분의 1이상의 요구가 있을 때에는 임시회를 소집하도록 하였다.

(바) 회의일수의 제한

정기회의 경우 도·서울특별시와 시는 30일, 읍·면에 있어서는 15일 이내로 하고, 임시회는 10일 이내로 규정하였으며, 회의 총일수는 1년을 통하여 도와 서울특별시 및 시는 60일로, 읍·면은 50일 이내로 제한하였다.

(사) 선거구제의 개정

선거구는 민의원 선거구를 분할하되 인구와 현지관계를 참작하여 내무부령으로 정하게 하였다. 이에 대해서는 국회의원들이 자신의 선거기반을 방어하기 위한 방편이란 비난도 제기되었다(대한지방행정협회, 1966: 467)

2) 1956.7.8의 개정

1956년 실시된 대통령선거에서 이승만은 강력한 야당 후보였던 신익희가 선거 10일 전 사망한 상황에서도 55.6%의 지지를 받았는데, 이는 1952년 72%의 지지율에 비해 20%나 낮아진 것이다. 부통령 후보였던 이기붕은 야당 후보인 장면에게 근소한 차이로 패하였다(중앙선거관리위원회, 1973: 477-480).

선거결과에 영향을 받은 이승만 정부는 또 다시 지방자치법 개정을 추진하였다. 개정의 주요 쟁점은 1956년 2월 13일 개정의 부칙에 관한 것이다. 부칙의 내용은 늦어도 1956년 8월 15일까지 선거를 실시하되 그때까지 임기가 이미 만료된 자는 선거일까지 임기를 유지하고 만료되지 않은 경우는 선거일전까지 만료된 것으로 보고 총선거를 일괄적으로 시행한다는 것이다. 그런데 이를 다시 고쳐 선거일 전 임기 만료자는 임기가 종료된 것으로 보되, 임기가 남아 있는 사람들은 법정 임기까지 임기를 인정해 주고 차기선거에서 제외하자는 것이었다. 개정법률 안은 야당측이 총퇴장한 가운데 통과되었다.

(가) 도의원 정원 설정기준의 수정

지방자치법의 개정(1956.2.13) 에서 정부안은 도의원 정수의 3분의 1을 감축시키려 했으나 민의원에서는 도의원수를 당해 도에서 선출되는 민의원 수의 배수로 하여 통과시켰다. 1956년 7월의 개정에서는 인구 50만 명까지는 20인으로 하되, 50만 명을 넘을 때는 이를 넘는 매 7만 명까지는 1인을 증원하도록 하고, 예외적으로 제주도에서는 15인으로 한정하였다.

(나) 도와 서울특별시 의원 선거구 책정기준 변경

시·군·구의 구역을 분할하되 인구와 지리관계를 참작하여 내무부령으로 정하도록 하였다.

(다) 지방의원과 시·읍·면장의 기득권 인정

1956년 2월의 지방자치법 개정에서 지방의원과 시·읍·면장의 임기를 4년에서 3년으로 단축하여 재임 중인 시·읍·면장은 임기가 만료되지 않았음에도 지위를 상실하게 되어 1956년 7월 개정에서는 1956년 2월 개정 전에 당선된 시·읍·면장은 종래의 임기인 4년을 그대로 유지하도록 했다.

2. 제2대 지방의회(1956~1960)

1956년 8월 8일 제2대 시·읍·면 의원 선거 및 제1대 시·읍·면장 선거가 실시되었다. 이 선거에서 의원선거는 전국 26개 시, 76개 읍, 1,379개 면 중 기득권이 인정된 곳을 제외한 25개시, 75개 읍, 1,358개 면에서 실시되었다. 같은 해 8월 13일에는 9개 도에서 390명을 선출하는 제2대 도의원선거와 47명을 선출하는 제1대 서울특별시 의원 선거가 실시되었다. 시·읍·면장이 주민의 직접선거로 선출됨에 따라 지방의원의 무리한 청탁에 응하지 않아도 불신임결의가 발의될 수 없어서 임기동안 소신껏 지방행정을 수행할 수 있게 되었다(정세욱, 2001: 97).

(1) 제2대 시·읍·면의회

제2대 시·읍·면 의원 선거는 전국의 26시·76읍·1,379면 중에서 1952년 제1대 시·읍·면 의원 선거에서 제외되었던 전북의 8개면과, 임기 중 의회 해산으로 다시 선거를 실시한 1시와 1읍 및 13개 면은 기득권 인정으로 제외되었기 때문에 25시·

75읍·1,385면에서 실시되었다. 〈표 3-2〉와 같이 전국 4,451개 선거구에서 27,524명의 후보자가 출마하여 평균 1.6:1의 경쟁률을 보인 가운데 시의원 416명, 읍의원 990명, 면의원 15,548명이 선출되었다. 선거결과와 당선자의 특징은 첫째, 읍의원 중 7.5%(74명)와 면의원 중 30.9%(4,819명)가 무투표 당선되었다. 둘째, 연령분포는 시의원은 30대가 46%, 40대가 39%, 50대가 8%이고 읍의원은 30대가 44%, 40대가 39%, 50대가 8%이며 면의원은 30대가 42%, 40대가 37%, 50대가 12%이었다. 셋째, 직업분포는 시의원은 농업 34%, 상업 28%, 공업 14% 이고, 읍의원은 농업 56%, 상업 25%, 공업 8%인데 비하여 면의원은 농업이 압도적인 91%를 차지하였다. 넷째, 학력분포는 시의원은 중졸 42%, 국졸 31%, 전문대졸 이상 13%이고, 읍의원은 국졸 58%, 중졸 29%, 전문대졸 5%이며, 면의원은 국졸 67%, 중졸 14%, 전문대졸이 2%를 차지하였다. 다섯째, 정당별 분포는 시의원은 자유당 35%, 무소속 43%이고, 읍의원은 자유당 52%, 무소속 40%이며 면의원은 자유당 70%, 무소속 28%로 농촌지역일수록 자유당의 비중이 높았다(한국지방행정연구원, 1999: 220-221).

◈ 표 3-2 ◈ 지방의회의원 선거결과(1956) (단위: 명, %)

도 명	시·읍·면					도와 서울특별시		
	시·읍·면 수	선거구수	당선자수	후보자수	시의 투표율(%)	선거구수 (당선자수)	후보자수	투표율 (%)
서 울	−	−	−	−	−	47	280	75.0
경 기	195	517	2,245	3,276	77.0	45	169	84.0
충 북	107	380	1,231	1,813	87.0	30	86	89.0
충 남	171	506	2,001	3,187	76.7	45	114	87.0
전 북	166	498	1,926	3,465	86.0	44	141	90.0
전 남	235	716	2,747	4,651	86.0	58	197	89.0
경 북	248	727	2,891	4,833	77.0	61	180	81.0
경 남	237	715	2,746	4,482	76.0	67	229	84.0
강 원	86	342	1,003	1,546	87.0	25	72	90.0
제 주	13	50	164	271	88.9	15	32	90.0
계	1,481	4,451	16,954	27,524	79.5	437	1,490	86.0

자료: 중앙선거관리위원회(1973), 「대한민국선거사 제1집(1948.5.10~1972.10.16)」, pp. 792~800. 에서 재작성.

(2) 제1대 서울특별시의회 및 제2대 도의회

1956년 8월 13일 실시된 도와 서울특별시 의원 선거결과와 당선자의 특징은 첫째, 〈표 3-2〉와 같이 전국적으로 투표율은 평균 86%였다. 처음 실시된 서울특별시는 경쟁률이 약 6:1로 전국평균인 3.4:1보다 높았으나 투표율은 전국에서 가장 낮은 75%였고, 전북, 강원, 제주는 90%로 가장 높았다. 둘째, 연령분포는 41~45세가 27.7%로 가장 높았고, 학력분포는 중졸이 50.3%로 가장 높았다(한국지방행정연구원, 1999: 222). 셋째, 정당은 자유당이 249명(57%), 민주당은 98명(22.4%)이고 무소속은 83명(19%)이었다(현대사회연구소, 1992: 24).

(3) 지방자치법의 개정(지방의회 관련)

1) 1958.12.26의 개정

여당인 자유당은 1958년 12월 24일 장기집권을 의한 정치적 의도로 시·읍·면장 직선제를 임명제로 바꾸는 내용을 주요 골자로 하는 지방자치법 개정안을 소위 2·4 파동을 겪으면서 가결하여 직선제는 채택된 지 2년 반 만에 폐지되고 말았다. 시·읍·면장을 여당인물로 임명하여 대통령선거(1960.3.15)에 대비하여 관권선거로 정권을 연장하려 했던 것이다. 그러나 이 개정법에 의한 지방선거는 선거를 5개월 앞두고 일어난 4·19에 의해 실시되지 못하였다.

(가) 시·읍·면장 임명제와 불신임제 채택

자치단체장에 대한 불신임 의결은 재적의원 3분의 2 이상의 출석과 출석 의원 3분의 2 이상의 찬성이 있어야 하며, 불신임의결이 있을 때 도지사 또는 서울특별시장은 내무부 장관의, 시·읍·면장은 도지사의 허가를 받아 15일 이내에 의회를 해산할 수 있도록 하였다. 불신임의결 후 의회를 해산하지 않거나 해산 후 처음 소집된 의회에서 다시 불신임받았을 때에는 자치단체장이 당연히 해직되도록 하였다.

(나) 법정회의 일수 초과 시의 감독

지방의회가 법정회의 일수를 초과할 때에는 도와 서울특별시는 내무부장관이, 시는 도지사가, 읍·면은 군수가 폐회를 명할 수 있도록 하였다.

(다) 폐회 중 위원회 개최제도 폐지

위원회제도는 폐회 중 의회의 권한 일부를 위임하여 심의 또는 의결케 함으로써 의회운영을 원만히 하고자 한 것이었다. 그런데 위원회가 상설화 되어 시간낭비와 경비증가의 원인이 되어 폐회 중에는 위원회를 개최할 수 없도록 하였다.

(라) 지방의원의 임기연장

의회운영의 능률을 향상하고 선거경비를 절감한다는 명분으로 지방의원의 임기를 3년에서 다시 4년으로 연장하였다.

(마) 의장단의 불신임제도 폐지

의장 또는 부의장이 법령에 위배되거나 정당한 이유 없이 직무를 집행하지 않을 때에는 의원정수 4분의 1 이상의 동의를 얻어 불신임의결을 제안하도록 한 것을 폐지하였다.

2) 1960.11.1의 개정

이승만 정권 하에서 4차례 개정된 지방자치법은 제2공화국의 출범에 따라 1960년 11월 1일 다시 개정 공포되었다. 개정된 법은 민주화에 부응하여 너무 이상에 치우쳐 현실을 무시하였다는 평가도 있으나 1961년 5·16 군사쿠데타에 의해 단명에 그치고 말았다.

(가) 지방의원 정수의 조정

인구비례로부터 도의원의 경우 민의원 선거구마다 2인(단, 제주도는 6인), 서울특별시의원은 민의원 선거구마다 3인으로 재조정하였다.

(나) 선거권자 및 피선거권자 연령 조정

선거권자 연령은 만 21세부터 20세로, 피선거권자의 연령은 지방의원 및 시·읍·면장은 만 25세, 도지사·서울특별시장은 만 30세 이상으로 조정하였다.

(다) 단체장 직선제 도입

자치단체장의 선출방법을 임명제에서 직선제로 개정하고 임기를 4년으로 규정하였다.

(라) 지방의원선거에 연기명제 도입

지방의원선거에서 의원정수 내 연기명제를 채택하였다.

3. 제3대 지방의회(1960~1961)

제2공화국의 지방자치법 개정과 지방자치법이 준용하고 있는 국회의원선거제도가 대폭 개정됨에 따라 1960년 12월 12일에는 서울특별시와 도의원 선거가, 일주일 뒤인 12월 19일에는 시·읍·면의원 선거가 실시되었다.

(1) 제3대 시·읍·면의회

시·읍·면의회 의원 선거에서는 〈표 3-3〉와 같이 수복지구 임시행정조치법의 적용을 받는 3개 읍, 45개 면과 선거 연기 지구 2개 면, 임기가 달라 선거를 실시하지 않는 1개 시, 2개 읍, 17개 면을 제외한 25개 시, 80개 읍, 1,343개 면에서 실시되었다. 선거결과와 당선자의 특징은 첫째, 선거권 연령을 21세에서 20세로 조정하였지만 투표율은 78.9%로 저조한 편이었다. 제주도가 가장 높은 85.9%이고 경기도가 가장 낮은 70.2%였다. 둘째, 연령분포는30대가 42%, 40대가 35%를 차지했다. 셋째, 직업분포는 농업이 85.7%로 가장 높았고, 학력분포는 국졸이 60.5%로 가장 높았다. 넷째, 정당분포는 무소속이 80%, 민주당이 17%로 무소속이 압도적이었다(한국지방행정연구원, 1999: 226).

(2) 제2대 서울특별시의회 및 제3대 도의회

도의회의원선거는 〈표 3-3〉과 같이 수복지구 임시행정조치법의 적용을 받는 지구가 제외되고 경기도 옹진군의 선거가 연기되었으며, 서울특별시 성북구와 마포구, 충남의 아산군과 예산군, 전남의 보성군과 강원도 삼척군의 민의원 선거구는 각각

◈ 표 3-3 ◈ 지방의회의원 선거결과(1960) (단위: 명, %)

구분 / 시·도별	시		읍		면		시·읍·면	도·서울특별시	
	당선자수	투표율 (%)	당선자수	투표율 (%)	당선자수	투표율 (%)	투표율 (%)	당선자수	투표율 (%)
서 울	-	-	-	-	-	-	-	54	46.2
경 기	35	58.1	117	63.4	2,091	74.2	70.2	46	62.9
충 북	30	70.1	66	76.3	1,130	83.0	81.0	26	72.8
충 남	18	56.4	157	73.5	1,841	81.1	77.9	48	68.8
전 북	48	67.3	92	80.1	1,762	86.5	83.0	48	71.8
전 남	52	70.0	170	85.6	2,511	88.5	85.5	66	74.1
경 북	69	62.8	174	80.0	2,581	84.4	80.0	73	67.3
경 남	106	58.1	159	82.6	2,473	87.6	76.5	80	68.3
강 원	45	73.7	78	71.6	880	79.9	77.6	28	75.9
제 주	15	82.5	42	84.6	107	88.2	85.9	18	84.3
계	420	62.6	1,055	77.5	15,376	83.7	78.9	487	67.4

자료: 대한지방행정협회, 전게서, pp. 498~514; 중앙선거관리위원회, 전게서, pp. 804, 805, 807, 810, 813에서 재작성.

2개 선거구로 하여 전국 487개 선거구에서 선거가 실시되었다. 선거결과와 당선자의 특징은 첫째, 투표율이 67.4%로 제2대 도의원 선거 때보다 18.6%나 낮았고 서울특별시는 46.2%로 전국에서 가장 낮았다. 둘째, 연령분포는 36세에서 40세가 24.4%로, 직업별로는 농업이 46.8%로 가장 높았다. 셋째, 학력분포는 대졸 이상이 20%로 높게 나타났고, 정당분포는 당시 집권당인 민주당이 195명으로 당선자 총수의 40%를 차지하였다(한국지방행정연구원, 1999: 226).

제 3 절 지방의회의 정지기(1961~1991)

1952년 처음 구성된 지방의회는 5·16에 의해 해산된 후 1991년 다시 구성될 때 까지 30년간 구성되지 못한 정지기에 놓여 있었다.

1. 5·16 군사쿠데타의 지방자치

(1) 지방의회의 해산

1961년 5·16 군사쿠데타가 발발한 당일 군사혁명위원회는 포고 제4호로 전국의 지방의회를 해산시켰다.

(2) 상급기관장의 승인에 의한 집행

1961년 5월 22일 국가재건최고회의는 포고 제8호로 읍·면은 군수의, 시는 도지사의, 서울특별시와 도는 내무부장관의 승인을 얻어 집행토록 하였다.

(3) 지방자치에 관한 임시조치법(1961.9.1)

1961년 지방자치에 관한 임시조치법의 주요 내용은 첫째, 기초자치단체를 종래의 읍·면 자치제에서 군자치제로 전환하였고, 읍·면은 군의 하급행정기관으로 하였으며, 셋째, 지방자치단체장은 국가공무원으로 임명하였다. 넷째, 시·군의회의 권한은 시장·군수가 도지사의 승인을 받아서, 직할시 및 도의회의 권한은 시·도지사가 내무부장관의 승인을 받아서 수행하며 서울특별시의회의 권한은 서울특별시장이 국무총리의 승인을 받아 행하도록 하였다.

2. 제3공화국과 지방자치

제3공화국 헌법에서는 헌법 부칙 제7조 ③에 "이 헌법에 의한 최초의 지방의회의 구성시기에 관하여는 법률로 정한다"고 규정하였으나 지방의회의 구성시기에 관한 법이 제정되지 않아 지방의회는 구성되지 못했다.

3. 제4공화국과 지방자치

1972년 12월 27일 개정된 제4공화국 헌법은 부칙 제10조에 "이 헌법에 의한 지방의회는 조국통일이 이루어질 때까지 구성하지 아니한다"고 규정하여 지방자치의 시행은 제3공화국 헌법 부칙의 규정보다 더욱 불확실하게 되었다.

4. 제5공화국 헌법과 지방자치

제5공화국 헌법은 지방자치의 시행시기에 대하여 헌법 부칙 10조에 "이 헌법에 의한 지방의회는 지방자치단체의 재정자립도를 감안하여 순차적으로 구성하되, 그 구성 시기는 법률로 정한다"고 규정하였다. 이 헌법규정이 함축하는 의미는 두 가지로 다음과 같다. 첫째는 지방자치의 실시여부를 결정하는 헌법적 기준을 지방자치단체의 재정력으로 정한 것이고, 둘째는 지방자치의 실시시기를 재정자립도에 따라 순차적으로 하도록 정했다는 점이다. 그러나 제5공화국에서도 지방의회의 구성시기에 대한 법률을 정하지 못했다.

5. 제6공화국과 지방자치

(1) 1988.4.6의 지방자치법 개정

1988년 2월 출범한 제6공화국에서 1988년 4월 6일 전문 개정된 지방자치법이 공포되었고 주요 내용은 다음과 같다. 첫째, 지방자치단체를 광역자치단체(특별시, 광역시, 도)와 기초자치단체(시·군 및 자치구)의 2종으로 대별하였다. 특히 특별시와 직할시의 구를 자치단체의 종류에 포함시켰다.

둘째, 지방의원 및 단체장의 임기는 4년으로 하였다. 셋째, 지방자치단체장에게 지방의회 의결사항에 대한 재의요구권과 선결처분권을 부여하였다. 다섯째, 지방의회의 행정사무감사권을 삭제하고 행정사무조사권을 신설하였다.

(2) 1989.12.30의 지방자치법 개정

1988년 4월의 개정 법률에 의하면 시·군·자치구의회의원선거는 법 시행일부터 1년 이내인 1989년 5월 30일까지 실시하고, 의회가 구성된 날로부터 2년 이내에 시·도의회를 구성하게 되어 있었다(부칙 제2조). 그러나 1988년 4월 26일 실시된 제13대 국회의원선거결과 정치구도가 여소야대로 바뀌자 야3당은 중앙집권적인 지방자치법으로는 지방자치를 실시할 수 없다고 하였다. 이에 따라 1988년 12월에 야3당은 각각 독자적인 지방자치법 개정법률안을 국회에 제출하여 1989년 3월 9일 야3당 합의로 지방자치법 개정법률안이 국회를 통과하였다. 그러나 노태우 대통령의 거부권행사로 지방자치법 개정은 무산되었다.

이어 1989년 12월 19일에는 4당의 합의로 개정 법률안이 국회를 통과하였고 12월 30일 공포되었으며 주요내용은 다음과 같다.

첫째, 지방의원의 겸직 금지 범위에 농·수·축협 외에 농지개량조합, 산림조합, 엽연초생산협동조합, 인삼협동조합 등 4개 조합의 임직원도 포함시켰다. 둘째, 지방의회에 행정사무감사권을 부여하였다. 셋째, 지방의회 의원선거는 1990년 6월 30일 이내, 지방자치단체장 선거는 1991년 6월 30일 이내 실시하도록 규정하였다. 넷째, 지방의원의 의안발의는 그 정족수를 재적의원 5분의 1이상 또는 10인 이상의 연서로 규정하여 복수로 가능하도록 하였다.

(3) 1990.12.31의 지방자치법 개정

지방자치법이 개정된 후에는 지방의회의원선거법의 제정이 지연되면서 법정시한인 1990년 6월 30일 이전의 의원선거가 불가능해졌다. 특히 쟁점이 된 것은 정당추천제의 허용여부에 대한 것이었다. 여당인 민자당은 정당추천제를 도입하면 지역대결구도를 심화시킨다는 것이 표면적 이유였으나 실제이유는 거대여당에 대한 반발심리로 호남지역은 물론 서울 등 대도시 지역에서도 야당이 득세하여 차기 대통령선거에 불리할 것이라는 정략적 판단에 의한 것이었다. 이에 반해 야당인 평민당은 정당추천이 배제되면 대부분 지역에서 친여당인사가 당선되어 야당의 지지기반을 확보하기 어렵다는 정치적 이유에서 정당추천제의 채택을 강력히 주장하였다. 결국에는 여·야가 지방의원선거법을 1990년 3월에 개최된 임시국회에서 처리하지 않기로 합의하여 6월 30일 이내의 지방의원선거는 무산되고 말았다. 그 후 1990년 12월 정기국회에서 여·야간의 극적인 타협에 의해 지방자치법 개정법률안이 국회에서 통과되었다. 주요 내용은 다음과 같다.

첫째, 지방의회 의원선거는 1991년 6월 30일 이내, 지방자치단체장 선거는 1992년 6월 30일 이내 실시하도록 규정하였다. 둘째, 지방의원의 겸직금지 범위를 농업협동조합 등 7개 조합의 조합장과 그 상근·임직원으로 겸직금지 범위를 축소하였다.

(4) 1991.5.23의 지방자치법 개정

1991년 5월 23일 법률 제4367호로 공포된 개정 지방자치법의 주요 내용은 첫째, 헌법재판소의 위헌결정(1991.3.11)에 따라 지방의원의 겸직이 금지되는 범위에서 농업협동조합, 수산업협동조합, 축산업협동조합, 산림조합, 엽연초생산협동조합, 인삼협동조합의 조합장을 삭제하여 겸직금지대상에서 제외하였다. 둘째, 여·야간의 타협으로 기초자치단체는 정당공천을 배제하고 광역자치단체에는 정당공천을 허용하는 것으로 결론을 보게 되었다.

제 4 절 제2기 지방의회(1991년 이후)

1991년 5월 23일 법률 제4367호로 공포된 개정 지방자치법에 따라 기초의회의원선거가 1991년 3월 26일에 광역의회 의원선거가 같은 해 6월 20일 실시되어, 지방의회는 해산된 지 30여년 만에 재구성되었다.

1. 제4대 지방의회(1991~1995)

1991년의 지방선거는 30여 년간의 지방자치 공백기를 보낸 후 제9차 개정 지방자치법과 지방의회의원선거법에 근거하여 실시된 선거로서 1991년 3월 26일에 260개 시·군·자치구에서 기초의회의원선거를 실시하였고, 같은 해 6월 20일에는 5개 직할시와 9개 도에서 광역의회 의원선거가 실시되었다(한국지방행정연구원, 1999: 228-230).

(1) 제4대 시·군·구의회

등록 후보자 10,159명 중 당선자는 〈표 3-4〉와 같이 총 4,303명으로 무투표 당선인이 614명, 투표실시 당선인이 3,689명이었다. 의원정수가 4,304명에서 한명이 부족한 것은 경북 구미시 선주동에서 후보자 2명이 모두 사퇴하여 당선자가 없었기 때문이다. 선거결과와 당선자의 특징은 첫째, 투표율이 전국 평균 55.0%로 1960년 시·읍·면의원 선거의 투표율 78.9%보다 매우 낮게 나타났다. 둘째, 연령분포는 40~50대가 전체의 78%이고, 셋째, 직업분포는 농업, 상공업, 등 자영업이 대부분이나 도시지역은 상업이 농촌지역은 농업과 자영업의 비중이 높았다. 넷째, 학력분포는 고졸 30.9%(1,330명), 대졸 24.5%(1,056명), 대학원졸 15.0%(644명)이었다. 다섯째, 성별분포는 여성은

◈ 표 3-4 ◈ 지방의회의원 선거결과(1991) (단위: 명, %)

	자치구·시·군				특별시·광역시·도			
	선거구수	의원정수(당선자수)	선거인수	투표율(%)	선거구수	의원정수(당선자수)	선거인수	투표율(%)
서 울	494	778	7,202,903	42.3	132	132	7,212,887	52.4
부 산	222	303	2,513,245	49.7	51	51	2,519,619	57.7
대 구	141	182	1,431,789	44.4	28	28	1,439,609	53.0
인 천	106	153	1,217,001	42.6	27	27	1,243,072	53.9
광 주	92	110	704,790	50.8	23	23	712,477	55.5
대 전	76	91	661,953	49.1	23	23	671,919	59.4
경 기	409	526	3,984,615	52.2	114	117	3,958,349	55.4
강 원	223	240	1,020,833	68.7	54	54	1,016,647	68.5
충 북	158	173	890,907	64.9	38	38	892,420	65.7
충 남	206	223	1,227,338	67.3	53	55	1,180,314	68.9
전 북	367	280	1,306,100	65.2	52	52	1,304,059	63.5
전 남	325	337	1,531,081	69.4	73	73	1,522,590	65.5
경 북	380	404(403)[1)	1,909,081	70.2	82	87	1,804,859	68.7
경 남	420	453	2,387,727	64.5	85	89	2,319,521	64.8
제 주	43	51	312,217	70.1	15	17	284,682	74.7
계	3,562	4,304(4,303)	28,301,580	55.0	850	866	28,083,024	58.9

주: 1) 경상북도 구미시 선주동 선거구(1인 선출구)는 등록된 후보자(2명)가 모두 사퇴하여 당선자가 없었음.

자료: 중앙선거관리위원회(1991), 구·시·군의회의원당선자명부. 중앙선거관리위원회, 1991, 시·도의회의원당선자명부.

후보자 120명 중 40명이 당선되어 전체의석의 0.9%를 차지하는 데 그쳤으며, 이 중 22명이 서울에서 당선되었다(한국지방행정연구원, 1999: 229).

(2) 제3대 서울특별시의회 및 제4대 광역시·도의회

광역의원선거는 〈표 3-4〉와 같이 총 866명의 의원정수에 2,885명의 후보자가 등록하여 평균 3.3:1의 경쟁률을 보였고 무투표선거구는 14개선거구로 의원정수의 1.8%(16명)를 차지하였다. 선거결과와 당선자의 특징은 첫째, 투표율은 같은 해 3월 실시된 기초의원선거의 투표율 55.0%보다 3.9% 높은 58.9%를 나타냈다. 둘째, 연령분포는 40~50대가 전체 당선자의 79%로 앞의 기초의원선거와 비슷하였다. 셋째, 직업분포는 농업, 상업, 상공업 등 자영업이 57%로 같은 해 3월의 기초의원선거와 비슷하였고 전문직 종사자도 상당수 진출하였다. 넷째, 학력분포는 대졸이 가장 많은 41.1%(356명)이고, 대학원 졸 28.1%(243명), 고졸 17.3%(150명)의 순으로 앞의 기초의원 선거보다 학력이 높게 나타났다. 다섯째, 정당분포는 민주자유당이 65.1%(564명), 신민당 19.1%(165명), 무소속 13.3%(115명)로 나타났다. 여섯째, 성별분포를 보면 여성은 총 63명의 후보가 출마하여 8명이 당선되어 전체 의원정수의 0.9%를 차지하는데 그쳤다(한국지방행정연구원, 1999: 230).

(3) 지방자치법의 개정(지방의회 관련)

1) 1991.12.31의 개정

(가) 지방의원의 체포·구금과 여비

지방의원을 체포·구금할 때에는 영장의 사본을 첨부하여 의장에게 통지해야 하며, 회기 중 회의에 출석할 때에는 여비를 지급한다.

(나) 서류제출 요구권과 절차

지방의회의 안건과 관련한 서류제출 요구권 및 절차를 규정하고 있다.

(다) 회기일수의 조정과 예산안 제출 및 의결기한

정기회 집회일을 조정하고 시·도 정기회 회기일 수를 30일에서 35일로 연장하였고, 예산안 제출 및 의결기한을 시·도는 회계연도 개시 15일(종전 10일)까지, 시·군·자치구는 회계연도 개시 10일(종전 5일)까지 의결하는 것으로 조정하였다.

(라) 기초의회의 상임위원회 설치

대통령령으로 의원정수 15인 이상의 시·군·자치구의회에 상임위원회 설치를 허용하였다.

(마) 위원회 개회 요구 범위

지방의회 폐회 중 위원회 개회요구 범위는 본회의의 의결이 있거나 의장이 필요하다고 인정한 경우, 재적의원 3분의 1이상의 요구 또는 지방자치단체장이 요구한 때로 확대하였다.

(바) 지방의회 사무기구의 명칭

시·도는 사무처로 시·군·자치구는 사무국 또는 사무과로 조정하였다.

2) 1994.3.16의 개정

(가) 주민투표 제도의 도입

지방자치단체의 폐치·분합, 주민에게 과도한 부담을 주거나 중요한 영향을 미치는 사안에 대한 주민투표제도를 도입하였다.

(나) 과태료 부과 권한 인정

조례위반행위에 대한 벌칙 위임사항을 삭제하고 과태료 부과 권한을 인정하였다.

(다) 의정활동비 지급 근거

지방의원의 명예직 원칙은 유지하되 의정자료수집·연구 및 그 보조 활동을 위한 의정활동비를 매월 지급할 수 있는 근거를 마련하였다.

(라) 국회와 시·도의회의 국정감사권 대행

지방자치단체 및 그 장이 위임받아 처리하는 국가사무와 시·도의 사무에 대하여 국회와 시·도의회가 직접 감사하기로 한 사무를 제외하고는 각각 당해 지방의회가 그 감사를 행할 수 있도록 하고, 이 경우 국회와 시·도의회는 필요한 경우 당해 지방의회의 감사결과를 요구할 수 있도록 하였다(지방자치법 제36조 ③).

2. 제5대 지방의회(1995~1998)

1995년 6월 27일 실시된 지방선거는 지방의원과 지방자치단체장 선거를 동시에 실시하여 제1회 동시선거라고도 한다. 이 선거의 투표율은 68.4%로 대체로 낮게 나타났고, 광역단체장 15명, 광역의원 970명, 기초단체장 230명(시장 67명, 군수 94명, 구청장 69명), 기초의원 4,541명 등 총 5,756명이 선출되었다.

(1) 제5대 시·군·구의회

정당추천이 배제된 기초의원은 〈표 3-5〉와 같이 총 4,541명 선출에 11,970명이 등록하여 2.6:1의 경쟁률을 나타내서 1991년 선거의 2.4:1보다 약간 높게 나타났다. 선거결과와 당선자의 특징은 첫째, 연령분포는 40~50대가 전체의 77.3%이며 둘째, 직업분포는 농업, 상공업 등 자영업이 대부분으로 특히 건설업이 7.4%(336명)를 차지하였으며 정치인은 7.1%(322명)를 차지하였다. 셋째, 학력분포는 고졸 37.5%, 대졸 23.3%, 대학원졸이 7.4%였다. 넷째, 성별분포는 여성은 전체의 1.6%로 낮은 비율을 나타냈다(한국지방행정연구원, 1999: 231-233).

◈ 표 3-5 ◈ **기초자치단체의 장 및 의회의원 선거결과(1995)** (단위: 명, %)

	기초자치단체장					자치구·시·군의원	
	민 자	민 주	자 민 련	무 소 속	당선자 수	선거구 수	당선자 수
서 울	2	23			25	526	806
부 산	14			2	16	239	320
대 구	2		1	5	8	159	203
인 천	5	5			10	146	206
광 주		5			5	101	125
대 전		1	4		5	84	107
경 기	13	11		7	31	464	599
강 원	9	1	1	7	18	227	245
충 북	4	2	2	3	11	163	180
충 남			15		15	209	223
전 북		13		1	14	270	283
전 남		22		2	24	326	343
경 북	8	1		14	23	374	399
경 남	10			11	21	419	451
제 주	3			1	4	43	51
합 계	70(30.4)	84(36.5)	23(10.0)	53(23.1)	230(100.0)	3,750	4,541

자료: 중앙선거관리위원회(1995), 「제1회 전국동시지방선거당선자 명부」.

(2) 제4대 서울특별시의회 및 제5대 광역시·도의회

광역의원 후보자 등록 결과 정당 추천이 허용된 지역구 의원의 경우 2.8:1의 경쟁률을 보여, 1991년의 3.1:1보다 약간 낮게 나타났다. 비례대표 의원은 97명을 선출하게 되었으나 민주당 후보추천자가 2명 부족하여 95명이 당선되었다. 선거결과와 당선자의 특징은 첫째, 연령분포는 지역구의 경우 40~50대가 전체의 75.1%로 대부분을 차지하였다. 둘째, 직업분포는 지역구는 정치인 25.8%, 농업 12.9%, 상업 13.9%, 건설업 7.1%이나, 비례대표는 전체 95명 중 41.1%(39명)가 정치인 출신이다. 셋째, 정당분포는 〈표 3-6〉과 같이 지역구의 경우 민주자유당 32.7%(286명), 민주당 40.2%(352명), 자민련 9.8%(86명), 무소속 17.3%(151명)이고, 비례대표는 민주자유당 51.6%(49명), 민주당 40%(38명), 자민련 8.4%(8명)로 나타났다. 넷째, 성별분포를 보면 지역구는 98.5%가 남성이나 비례대표는 총 95명 중 44.2%(42명)가 여성으로 나타났다(한국지방행정연구원, 1999: 232).

◈ 표 3-6 ◈ 광역의회의원 선거결과(1995) (단위: 명, %)

시·도	민 자	민 주	자민련	무소속	정 원	시·도	민 자	민 주	자민련	무소속	정 원
서 울	11	122			133	충 북	12	10	4	10	36
부 산	50			5	55	충 남	3	2	49	1	55
대 구	8		7	22	37	전 북		49		3	52
인 천	13	18		1	32	전 남	1	62		5	68
광 주		23			23	경 북	50	1	2	31	84
대 전			23		23	경 남	52			33	85
경 기	52	57		14	123	제 주	7	2		8	17
강 원	27	6	1	18	52	합 계	286 (32.7)	352 (40.2)	86 (9.8)	151 (17.3)	875[1] (100.0)

주 : 1) 비례대표 95명 제외.
자료 : 중앙선거관리위원회(1995), 「제1회 전국동시지방선거당선자 명부」.

3. 제6대 지방의회(1998~2002)

1998년 지방선거의 투표율은 역대 선거사상 두 번째로 낮은 52.6%로 기록되었다. 울산을 제외한 모든 광역시가 40%대의 저조한 투표율을 나타냈다. 선거결과의 특징 중 하나는 전국 16개 시·도 전부가 특정 정당에 의해 광역단체장, 기초단체장, 광역의회의 과반수 이상을 차지하였다는 점이다.

(1) 제6대 시·군·구의회

기초의원선거는 〈표 3-7〉과 같이 총 7,723명의 후보자가 출마하여 평균 2.2:1의 경쟁률로 3,489명이 당선되었다. 선거결과와 당선자의 특징은 첫째, 부산 금정구 부곡제1동과 같이 출마 후보자가 없어서 의원이 선출되지 못한 곳도 있었으며, 무투표로 당선이 확정된 선거구도 총 684개로 전체의 20%나 되었다. 둘째, 현직 의원 중 2,805명(61.8%)이 재출마하여 전체 후보의 36.3%를 차지하였고, 이들 중 1,570명(56%)이 당선되었다. 셋째, 연령분포는 평균 연령이 49.9세였다. 넷째, 직업분포는 농·축산업 21%, 상업 18%, 공무원 22%로 공무원의 비중이 높게 나타났다. 다섯째, 학력분포는

◈ 표 3-7 ◈ 기초단체장(정당별) 및 의회의원 선거결과(1998) (단위 :명, %)

시·도명	당선인수		장의 정당별 당선인수										의원당선인수	
	인 원	%	한나라당		새정치국민회의		자 민 련		국민신당		무 소 속		선거구수	당선인수
계	232(23)	100.0	74(7)	31.9	84(13)	36.2	29(2)	12.5	1	0.4	44(1)	19.0	3,467	3,489[2]
서 울	25(2)	100.0	5	20.0	19(2)	76.0	1	4.0					520	520
부 산	16	100.0	11	68.8							5	31.2	222	224[2]
대 구	8	100.0	7	87.5							1	12.5	146	146
인 천	10(2)	100.0			9(2)	90.0	1	10.0					135	135
광 주	5(3)	100.0			5(3)	100.0							81	81
대 전	5	100.0			1		4	80.0					75	75
울 산	5	100.0	3	60.0							2	40.0	59	59
경 기	31(1)	100.0	6	19.4	20(1)	64.5	2	6.4			3	9.7	462	466
강 원	18	100.0	13	72.2	1	5.6	2	11.1			2	11.1	187	195
충 북	11(1)	100.0			2	18.2	6(1)	54.5			3	27.3	146	146
충 남	15(1)	100.0					11	73.3	1	6.7	3(1)	20.0	206	206
전 북	14(1)	100.0			9(1)	64.3					5	35.7	248	249
전 남	22(4)	100.0			15(4)	68.2					7	31.8	295	295
경 북	23(5)	100.0	14(4)	60.9	1	4.3	2(1)	8.7			6	26.1	337	342
경 남	20(3)	100.0	14(3)	70.0							6	30.0	309	309
제 주	4	100.0	1	25.0	2	50.0					1	25.0	39	41

주: 1) ( )는 후보자가 1인인 지방자치단체수이며 전체에 포함됨.
2) 후보자 없는 선거구(부산 금정구 부곡 제1동 선거구)는 당선인수에서 제외.
자료: 중앙선거관리위원회(1998), 「제2회 전국동시지방선거당선인 명부」.

대졸이 21%로 광역의원선거의 당선자보다 학력이 낮게 나타났다. 여섯째, 여성은 전체의 1.6%(56명)로 여전히 낮은 비율을 나타냈다(한국지방행정연구원, 1999: 239- 240).

(2) 제5대 서울특별시의회 및 제6대 광역시·도의회

광역의회 의원 선거결과와 당선자의 특징은 첫째, 경쟁률이 낮아졌다는 점이다. 지역구 광역의원의 평균 경쟁률은 1995년 보다 0.3 감소한 2.5:1이었으며, 비례대표의 경우는 0.7증가한 2.5:1이었다. 그러나 지방의원의 정수가 축소된 것을 감안하면 경쟁률이 낮아졌다는 것을 알 수 있다. 단독 후보 출마로 무투표 당선된 광역의원이 전체의 8%(49개 선거구)에 달했다. 둘째, 연령분포는 평균 49.8세이며 학력분포는 대졸 이상이

◈ 표 3-8 ◈ 광역단체장 및 지역구 의회의원 선거결과: 정당별(1998)

시·도명	당선인수			정당별 당선인수											
	지사	의원	%	한나라당			새정치국민회의			자 민 련			무 소 속		
계	16	616 (49)	100.0	6	224 (12)	36.4	6(2)	271 (25)	44.0	4	82(6)	13.3		39(6)	6.3
서 울	1	94	100.0		15	15.9	1	78	83.0		1	1.1			
부 산	1	44(2)	100.0	1	43(2)	97.7					1	2.3			
대 구	1	26	100.0	1	26	100.0									
인 천	1	26(1)	100.0		4	15.4		20(1)	76.9	1	1	3.9		1	3.9
광 주	1	14	100.0				1	14	100.0						
대 전	1	14	100.0							1	14	100.0			
울 산	1	14	100.0	1	9	64.3								5	35.7
경 기	1	88(4)	100.0		18	20.5	1	61(4)	69.3		9	10.2			
강 원	1	42(2)	100.0	1	21(1)	50.0		12	28.6		3	7.1		6(1)	14.3
충 북	1	24(1)	100.0					3	12.5	1	17(1)	70.8		4	16.7
충 남	1	32(4)	100.0					1	3.1	1	30(4)	93.8		1	3.1
전 북	1(1)	34(10)	100.0				1(1)	32(10)	94.1			2.0		2	5.9
전 남	1(1)	50(9)	100.0				1(1)	42(9)	84.0		1	9.3		7	14.0
경 북	1	54(7)	100.0	1	44(3)	81.5					5(1)			5(3)	9.3
경 남	1	46(7)	100.0	1	41(5)	89.1								5(2)	10.9
제 주	1	14(2)	100.0		3(1)	21.4	1	8(1)	57.2					3	21.4

※ ( )는 무투표선거구의 당선인수 또는 단독입후보수.
자료 : 중앙선거관리위원회(1998), 「제2회 전국동시지방선거당선인 명부」.

47.2%로 나타났다. 셋째, 직업분포는 공무원 26%, 정치인 17%, 상업 14%로 나타났다. 넷째, 정당분포는 단체장 선거와 같이 정당별 지역분할 구도를 나타내서 〈표 3-8〉과 같이 국민회의는 수도권과 호남 및 제주 등 7개 시·도의회에서, 한나라당은 부산을 비롯한 영남지역과 강원에서, 자민련은 충청지역에서 압도적인 의석을 점유하였다. 다섯째, 광역의원의 현직 재선율은 63.3%로서 기초단체장의 현직 재선율(76.3%)보다 낮게 나타났다. 여섯째, 성별분포는 비례대표를 제외하고 여성이 2.3%(14명)로 나타났다(한국지방행정연구원, 1999: 238- 239).

(3) 1999.8.31의 지방자치법 개정(지방의회 관련)

1) 조례제정 및 개폐청구

20세 이상의 지방자치단체의 주민은 주민 총수의 20분의 1의 범위 안에서 대통령령이 정하는 주민 수 이상의 연서로 당해 지방자치단체장에게 조례제정 및 개폐를 청구할 수 있도록 하였다.

2) 주민감사청구

20세 이상 지방자치단체의 주민은 주민총수의 50분의 1의 범위 안에서 조례가 정하는 주민 수 이상의 연서로 당해 지방자치단체와 그 장의 권한에 속하는 사무의 처리가 법령에 위반되거나 공익을 현저히 해한다고 인정되는 경우에는 감사를 청구할 수 있도록 하였다.

3) 지방자치단체장 등의 협의체

지방자치단체장 또는 지방의회의 의장은 상호간의 교류와 협력을 증진하고, 공동의 문제를 협의하기 위하여 전국적 협의체를 설립할 수 있도록 하고, 협의체를 설립한 때에는 행정자치부장관에게 신고하도록 하며, 이들 협의체는 지방자치에 직접 영향을 미치는 법령 등에 관하여 정부에 의견을 제출할 수 있도록 하였다.

4. 제7대 지방의회(2002~2006)

제7대 지방의원을 선출하는 제3회 전국동시지방선거는 2002년 6월 13일 실시되었다. 후보자는 광역의원 1,531명으로 남자가 1,483명으로 여자는 48명에 불과하였다. 기초의원 후보자는 8,373명으로 남자가 8,151명이고 여자는 222명이다. 투표율은

48.8%로 제2회 선거(1998.6.4)의 52.7%에 비하여 3.9% 낮아졌다.

(1) 제7대 시·군·구의회

기초의원의 선거결과와 당선자의 특징을 보면 첫째, 경쟁률은 〈표 3-9〉와 같이 평균 3.2:1로 1998년(2.2:1)이나 1995년(2.6:1)에 비해 높게 나타났다. 경기도가 3.9:1로 가장 높고, 제주도는 1.5:1로 전국에서 가장 낮은 경쟁률을 나타냈다. 둘째, 연령분포는 50세 이상 59세 이하 39.8%(1,386명), 40세 이상 49세 이하 38.7%(1,348명), 60세 이상 69세 이하 14.7%(512명)이었다. 셋째, 직업분포는 정당·정치인 25.1%(875명), 농축산업 20.6%(718명), 상업 15.0%(524명), 건설업 3.8%(132명)이었다. 넷째, 학력

◈ 표 3-9 ◈ 자치구·시·군의 장 및 의회의원 선거결과

구분 / 시·도명	선거구수 (지방자치단체 수)	정당별 등록 후보자수·당선인수						경쟁률	지차구·시·군 의회의원 선거	
		계	한나라당	민주당	자민련	민주노동당	기타정당 무소속		등록 후보자수	당선인수
계	232	750(232)	190(140)	155(44)	51(16)	12(2)	342(30)	3.2:1	8,373	3,485
서울	25	74(25)	25(22)	25(3)	4	1	19	3.0:1	1,305	513
부산	16	36(16)	16(3)	1	1	1	17(3)	2.3:1	420	215
대구	8	23(8)	8(8)	2			13	2.9:1	310	140
인천	10	27(10)	10(8)	10(2)		1	6	2.7:1	312	131
광주	5	13(5)	1	5(4)			7(1)	2.6:1	187	84
대전	5	15(5)	5	3	5(5)		2	3.0:1	177	75
울산	5	16(5)	5(3)	2		4(2)	5	3.2:1	125	59
경기	31	121(31)	31(24)	30(4)	12(1)	3	45(2)	3.9:1	1,228	500
강원	18	63(18)	16(15)	17(2)	4		26	3.5:1	491	190
충북	11	42(11)	10(5)	8(1)	7(3)		17(2)	3.8:1	377	150
충남	15	55(15)	14(4)	8(2)	15(7)		18(2)	3.7:1	513	209
전북	14	52(14)		14(9)	2		36(5)	3.7:1	638	237
전남	22	72(22)	5	22(16)	1		44(6)	3.3:1	739	291
경북	23	73(23)	23(21)	2		1	47(2)	3.2:1	787	339
경남	20	62(20)	20(16)	3		1	38(4)	3.1:1	679	314
제주	4	6(4)	1(1)	3(1)			2(2)	1.5:1	85	38

주: 1) 기타정당의 등록후보자수는 민주국민당 4명, 한국미래연합 10명, 노년권익보호당 1명, 녹색평화당 1명이며, 무소속후보자는 326명임.
2) 기타정당은 당선인이 없으며, 무소속당선인은 30명임.

자료: 중앙선거관리위원회(2002), 「제3회 전국동시지방선거총람」.

분포는 고졸이 29.4%(1,024명), 대학재학 이상 28.9%(1,007명)이었다. 다섯째, 성별분포는 전체 당선자 3,485명 중 3,408명으로 남자가 97.8%를 차지하였다(중앙선거관리위원회, 2002: 440-442).

(2) 제6대 서울특별시의회 및 제7대 광역시·도의회

광역의원의 선거결과와 당선자(지역구: 609명, 비례대표: 73명)의 특징을 보면 첫째, 경쟁률은 〈표 3-10〉과 같이 전국평균 2.5:1로 광주(3.8:1)를 제외하고는 지역별로 큰 차이가 없게 나타났다. 둘째, 연령분포는 40세 이상 49세 이하 40.9%(279명), 50세 이상 59세 이하 36.7%(250명), 60세 이상 69세 이하는 14.2%(97명)로 나타났다.

◈ 표 3-10 ◈ 지역구·시·도의회 의원 선거결과

구분 시·도명	선거구수 (의원정수)	정당별 등록 후보자수·당선인수						경쟁률
		계	한나라당	민주당	자민련	민주노동당	기타정당 무소속	
계	609	1,531(609)	540(431)	409(121)	64(29)	67(2)	451(26)	2.5:1
서 울	92	230(92)	92(82)	92(10)		20	26	2.5:1
부 산	40	90(40)	40(40)	8	2	4	36	2.3:1
대 구	24	58(24)	24(24)	4	1	1	28	2.4:1
인 천	26	68(26)	25(23)	26(2)	1	3	13(1)	2.6:1
광 주	16	60(16)	16	16(16)	4	5	19	3.8:1
대 전	16	44(16)	16(8)	9	16(8)	1	2	2.8:1
울 산	16	34(16)	15(13)	2		11(2)	6(1)	2.1:1
경 기	94	230(94)	90(84)	91(7)	3	10	36(3)	2.4:1
강 원	39	103(39)	37(31)	32(6)	1	2	31(2)	2.6:1
충 북	24	62(24)	21(19)	11(1)	10(2)	1	19(2)	2.6:1
충 남	32	77(32)	29(7)	10(3)	24(19)		14(3)	2.4:1
전 북	32	99(32)	5	32(27)	1	2	59(5)	3.1:1
전 남	46	122(46)	21	45(44)		1	55(2)	2.7:1
경 북	51	115(51)	50(47)	10	1	3	51(4)	2.3:1
경 남	45	100(45)	45(44)	5		2	48(1)	2.2:1
제 주	16	39(16)	14(9)	16(5)		1	8(2)	2.4:1

주: 1) 기타정당의 등록후보자수는 민주국민당 3명, 한국미래연합 8명, 노년권익보호당 1명, 녹색평화당 1명, 민주공화당 1명, 사회당 6명이며, 무소속후보자는 431명임.
2) 기타정당은 당선인이 없으며, 무소속 당선인은 26명임.

자료: 중앙선거관리위원회(2002), 「제3회 전국동시지방선거총람」.

셋째, 직업분포는 정당·정치인 40.5%(276명), 상업 10.0%(68명), 농축산업 7.%(48명), 건설업 5.3%(36명)으로 나타났다. 넷째, 학력분포는 대학재학이상 61.7%(421명), 고졸 16.1%(110명)로 나타났다. 다섯째, 정당분포는 한나라당 68.5%(467명), 새천년민주당 21.0%(143명), 자유민주연합 4.8%(33명), 무소속 3.8%(26명), 민주노동당 1.6%(11명)으로 나타났다. 여섯째, 성별분포는 전체 당선자 682명중 남자가 619명으로 90.8%로 나타났으나, 비례대표의 경우는 전체 73명 중 여자가 67.1%(49명)로 나타났다(중앙선거관리위원회, 2002: 439-442).

(3) 지방자치법의 개정(지방의회 관련)

1) 2003.7.18의 개정

지방의회 의원을 명예직으로 한 규정을 삭제하고, 시·도의회 의원에 한해 의정자료의 수집·연구를 위한 보조활동 비용을 지급하도록 한 규정을 삭제하였다(지방자치법 제32조의 ①).

2) 2005.1.27의 개정

(가) 지방의회 회기 운영의 자율성 확대

지방의회 운영의 자율성을 확대하기 위해 지방의회 정기회 및 임시회 회기 제한 규정을 삭제하여 지방의회가 연간 총회의 일수 범위 안에서 정기회 및 임시회의 회기를 자율적으로 조정할 수 있도록 하였다(지방자치법 제41조 ② 삭제).

(나) 위법한 지방의회의 의결에 대한 통제의 강화

주무부 장관 또는 시·도지사가 지방의회의 의결이 법령에 위반되었음을 이유로 지방자치단체장에게 재의 요구를 지시했음에도 불구하고 이에 불응한 경우와 재의요구 지시를 받기 전에 법령에 위반된 조례안을 공포한 경우에는 주무부장관 또는 시·도지사가 대법원에 직접 제소 및 집행정지 결정을 신청할 수 있도록 했다(지방자치법 제159조 ⑦ 신설).

3) 2005.8.4의 개정

(가) 회기수당의 전환

지방의원에게 매월 일정액의 수당을 지급하여 전문성을 가지고 의정활동에 전념할 수 있는 기틀을 마련하기 위해 회기수당을 월정수당으로 전환했다(지방자치법 제32조 ①의 제3호).

(나) 의정비 심의위원회의 신설

의정비 지급기준을 대통령령이 정하는 범위 안에서 당해 자치단체의 조례로 정하도록 했었으나 대통령령이 정하는 바에 따라 의정비심의위원회의 결정 범위 안에서 자치단체의 조례로 정하도록 했다(지방자치법 제32조 ②).

(다) 채무부담의 원인이 되는 행위에 대한 의회 의결의 제외

지방자치단체장이 세입·세출외의 부담이 될 채무부담의 원인이 되는 행위를 하고자 할 때는 미리 지방의회의 의결을 얻어야 했다. 그러나 이를 지방자치단체장은 따로 법률이 정하는 바에 따라 지방자치단체의 채무 부담의 원인이 될 계약의 체결, 그 밖의 행위를 할 수 있다고 개정했다(지방자치법 제115조 ②).

4) 2006.1.11의 개정

지방에 관한 정책 결정 과정에 지방대표의 참여기회를 확대하기 위해 시·도지사, 시·도의회 의장, 시장·군수·자치구청장 및 시·군·자치구의회의 장으로 구성되는 4종의 전국적 협의체가 모두 참가하는 지방자치단체 연합체를 설립할 수 있는 근거를 마련했다(지방자치법 제 154조의 2의 ② 신설).

5) 2006.4.28의 개정

지방의정활동의 활성화를 위해 지방의회의 권한과 기능을 강화하고 지방의회의 임시회 소집 및 지방의원의 징계 등에 관한 사항을 개선·보완하기 위하여 개정되었으며 주요 내용은 다음과 같다.

(가) 지방의회의원의 윤리강령 및 윤리실천규범의 제정

지방의회는 지방의회의원이 준수해야 할 지방의회의원의 윤리강령 및 윤리실천규범을 조례로 정해야 하고, 소속 의원들이 의정활동에 필요한 전문성을 확보하도록 노력하여야 한다는 의무를 규정했다(지방자치법 제34조의3의 제1호 및 제2호 신설).

(나) 지방의회 임시회의 소집

총선거 후 처음으로 실시되는 임시회의 소집을 "지방자치단체의 장"에서 "지방의회 사무처장·사무국장·사무과장"으로 변경(지방자치법 제39조 제1항)하고 제2항에 "다만, 의장 및 부의장이 사고로 임시회를 소집할 수 없을 때에는 의원 중 연장자의 순으로 소집할 수 있다"는 단서 조항을 신설했다.

(다) 회의 일수의 조례 제정

연간회의 총일수와 정례회 및 임시회의 회기는 당해 지방자치단체의 조례로

정하도록 하여 의회 운영의 자율성을 부여했다(지방자치법 제41조 제3항).

(라) 윤리특별위원회의 설치

의원의 윤리심사 및 징계에 관한 사항을 심사하기 위하여 윤리특별위원회를 설치할 수 있는 규정을 신설했다(지방자치법 제50조의2).

(마) 위원회의 전문위원 도입

위원회에 위원장과 위원의 자치입법 활동을 지원하기 위하여 의원 아닌 위원을 두고, 전문위원은 위원회에서 의안과 청원 등의 심사, 행정사무감사 및 조사 그 밖에 소관사항과 관련하여 검토보고 및 관련 자료의 수집·조사·연구를 행하도록 규정을 신설했다(지방자치법 제51조의2).

(바) 의회사무직원에 대한 인사권

지방자치단체장은 사무직원 중 별정직·기능직·계약직 공무원에 대한 인사권을 지방의회의 사무처장, 사무국장, 사무과장에게 위임하도록 하는 단서규정을 신설하였다(지방자치법 제83조 제2항 단서).

6) 2006.5.24의 개정

지방자치에 대한 주민의 직접참여를 통해 지방자치단체의 장 및 지방의회 의원(비례대표 지방의회의원은 제외)을 소환할 수 있는 권리로 주민소환제도에 대한 규정을 신설했다(지방자치법 제13조의 8).

5. 제8대 지방의회(2006~2010)

2006년 5월 31일 시행된 제8대 지방의원선거(제4회 전국동시지방선거)는 종전의 선거와는 많은 변화가 있었다. 첫째, 공직선거법의 개정에 따라 기초의원에 대한 정당공천제, 비례대표제, 중선거구제가 도입되었다. 둘째, 제주특별자치도의 신설에 따라 제주도의 기초자치단체가 폐지되어 기초단체장과 기초의원을 선출하지 않게 되었다. 셋째, 지방의원이 무보수 명예직에서 유보수 전문직으로 전환되었다.

(1) 제8대 시·군·구의회

기초의원의 선거결과와 당선자의 특징은 〈표 3-11〉과 같이 첫째, 경쟁률은 지역구의 경우 평균 3.2:1이며 충남이 3.6:1로 가장 높고 전남은 2.8:1로 가장 낮았다. 비례대표의 경우 <표 3-12>와 같이 평균 2.7:1이며 충남이 3.4:1로 가장 높고 대구가 1.9:1로 가장 낮았다. 둘째, 연령분포는 50세에서 59세 38.4%(1,108명), 60세에서 69세 11.6%(335명), 40세에서 49세 8.3%(241명), 30세에서 39세 6.9%(198명)로 나타났다. 셋째, 직업분포는 지방의원 출신 21.7%(626명), 정치인 13.3%(383명), 농축산업 10.5%(304명), 상업 10.5%(303명), 건설업 5.2%(149명)이었다. 넷째, 학력분포는 대학재학 이상이 59.8%(1,727명)이고 다음은 고졸이 17.6%(508명)로 나타났다. 다섯째, 정당분포는 한나라당 56.2%(1,622명), 열린우리당 21.8%(629명), 민주당 9.6%(276명), 국민중심당 2.3%(67명), 민주노동당 2.3%(66명)으로 나타났다. 여섯째, 성별분포는 지역구는 여자가 4.45%(110명)이나 비례대표는 87.2%인 327명이었다(중앙선거관리위원회, 2006: 316-346).

◈ 표 3-11 ◈ 구·시·군의원 당선자 분포(지역구)

구 분	계	열린우리당	한나라당	민주당	민주노동당	국민중심당	기타정당, 무소속	경쟁률
합 계	2,513 (7,995)	543 (1,303)	1,401 (1,944)	233 (749)	52 (467)	56 (266)	228 (3,226)	3.2:1
서 울	366	119	233	10	2		2	3.0:1
부 산	158	19	137				2	3.1:1
대 구	102	2	99				1	2.9:1
인 천	97	31	61	1	2		2	3.0:1
광 주	59	16		34	8		1	3.2:1
대 전	55	21	30			4		3.3:1
울 산	43	2	25		11		5	2.3:1
경 기	364	103	245	1	7		8	3.1:1
강 원	146	32	92				22	3.6:1
충 북	114	39	61		1		13	3.3:1
충 남	152	22	66		1	52	11	3.6:1
전 북	173	85		52	6		30	3.3:1
전 남	211	34		135	3		39	2.8:1
경 북	247	5	183		2		57	3.5:1
경 남	226	13	169		9		35	3.2:1

자료:중앙선거관리위원회(2006), 「제4회 전국동시지방선거총람」, p. 316.

* ( )는 후보자

◈ 표 3-12 ◈ 구·시·군의원 당선자 분포(비례대표)

구 분	계	열 린 우리당	한나라당	민주당	민 주 노동당	국 민 중심당	기타정당, 무소속	경쟁률
합 계	375 (1,025)	86 (308)	221 (430)	43 (124)	14 (127)	11 (36)		2.7:1
서 울	53	22	29	2				3.1:1
부 산	24	7	17					2.6:1
대 구	14	1	13					1.9:1
인 천	15	5	10					2.5:1
광 주	9	4		5				3.2:1
대 전	8	3	5					3.1:1
울 산	7		5		2			2.6:1
경 기	53	13	38		2			2.8:1
강 원	23	2	21					2.2:1
충 북	17	4	13					2.1:1
충 남	26	2	13			11		3.4:1
전 북	24	11		10	3			3.0:1
전 남	32	6		26				2.9:1
경 북	37	2	34		1			2.5:1
경 남	33	4	23		6			2.5:1

자료: 중앙선거관리위원회(2006), 「제4회 전국동시지방선거총람」, p. 317.
* ( )는 후보자

(2) 제7대 서울특별시의회 및 제8대 광역시·도의회

광역의원의 선거결과와 당선자의 특징은 첫째, 경쟁률은 지역구의 경우 〈표 3-13〉과 같이 평균 3.2:1이며 충남이 3.8:1로 가장 높고 대구가 2.3:1로 가장 낮았다. 비례대표의 경우 〈표 3-14〉와 같이 평균 2.7:1이며 서울이 3.5:1로 가장 높고 부산과 강원이 1.8:1로 가장 낮았다. 둘째, 연령분포는 40세에서 49세 41.6%(305명), 50세에서 59세 38.6%(283명), 60세에서 69세 12.3%(90명), 30세에서 39세 7.1%(52명)로 나타났다. 셋째, 직업분포는 정치인 26.5%(194명), 지방의원 출신 20.5%(150명), 상업 6.1%(45명), 농축산업 6.0%(44명), 건설업 3.7%(27명)이었다. 넷째, 학력분포는 대학재학 이상이 81.6%(598명)이고 다음은 고졸이 9.3%(68명)로 나타났다. 다섯째, 정당분포는 〈표 3-13〉 〈표 3-14〉와 같이 한나라당 72.1%(357명), 열린우리당 7.1%(52명), 민주당 10.9%(80명), 국민중심당 2.0%(15명), 민주노동당 2.0%(15명)으로 나타났다. 여섯째, 성별분포는 지역구는 여자가 4.9%(32명)이나 비례대표는 73.1%인 57명이었다(중앙선거관리위원회, 2006: 314-344).

◈ 표 3-13 ◈ 시·도의원 당선자 분포(지역구)

구 분	계	열 린 우리당	한나라당	민주당	민 주 노동당	국 민 중심당	기타정당 무소속	선거구수	경쟁률
합 계	655 (2,068)	33 (521)	319 (563)	71 (235)	5 (97)	13 (69)	1 (581)	655	3.2:1
서 울	96		96					96	3.3:1
부 산	42							42	2.6:1
대 구	26		26					26	2.3:1
인 천	30		30					30	3.6:1
광 주	16		16					16	3.3:1
대 전	16		16					16	3.5:1
울 산	16		13		3			16	2.7:1
경 기	108		108					108	3.3:1
강 원	36	1	34				1	36	3.1:1
충 북	28	1	25				2	28	3.1:1
충 남	34	2	19			13		34	3.8:1
전 북	34	20		12			2	34	3.4:1
전 남	46	2		43			1	46	2.7:1
경 북	50		47				3	50	2.9:1
경 남	48		44		1		3	48	2.9:1
제 주	29	7	19		1		2	29	3.7:1

자료:중앙선거관리위원회(2006), 「제4회 전국동시지방선거총람」, p. 314.
* ( )는 후보자

◈ 표 3-14 ◈ 시·도의원 당선자 분포(비례대표)

구 분	계	열 린 우리당	한나라당	민주당	민 주 노동당	국 민 중심당	기타정당 무소속	선거구수	경쟁률
합 계	78(211)	19(58)	38(65)	9(28)	10(42)	2(11)	(7)	78	2.7:1
서 울	10	2	6	1	1			10	3.5:1
부 산	5	1	3		1			5	1.8:1
대 구	3	1	2					3	2.3:1
인 천	3	1	2					3	3.3:1
광 주	3	1		2				3	3.3:1

대 전	3	1	1			1		3	3.0:1
울 산	3		2		1			3	2.3:1
경 기	11	2	7	1	1			11	2.9:1
강 원	4	1	2		1			4	1.8:1
충 북	3	1	2					3	2.7:1
충 남	4	1	2			1		4	3.3:1
전 북	4	2		1	1			4	3.0:1
전 남	5	1		3	1			5	2.4:1
경 북	5	1	3		1			5	2.2:1
경 남	5	1	3		1			5	2.2:1
제 주	7	2	3	1	1			7	2.6:1

자료: 중앙선거관리위원회(2006), 「제4회 전국동시지방선거총람」, p. 315.

* ( )는 후보자

참고문헌

김동훈.(2002). 「지방의회론」, 서울: 박영사.
김운태.(1992). "우리나라 지방자치의 회고와 과제." 「지방자치연구」 6호, 한국지방자치학회.
내무부.(1968). 「지방자치백서」, 지방자치제도심의위원회.
대한지방행정협회.(1966). 「한국지방행정사」.
대한민국국회사무처.(1971). 「국회사-제헌국회, 제2대국회, 제3대 국회」.
문정애.(1985). "한말 지방제도개혁의 연구." 「역사학보」 105집('85.3), 역사학회.
문재우.(2007). 「지방의회행정론」, 서울: 대영문화사.
손봉숙.(1985). 「한국지방자치연구」, 서울: 삼영사.
손정목.(1992a). 「한국지방제도·자치사연구, 상: 갑오경장~일제강점기」, 서울: 일지사.
______.(1992b). 「한국지방제도·자치사연구, 하: 미군정기~1961.5.16」, 서울: 일지사.
정세욱.(2001). 「지방자치학」, 서울: 법문사.
중앙선거관리위원회.(1973). 「대한민국선거사」.
__________________.(1991). 「구·시·군의회의원당선자 명부」.
__________________.(1991). 「시·도의회의원당선자명부」.
__________________.(1995). 「제1회 전국동시지방선거당선자 명부」.
__________________.(1995). 「제1회 전국동시지방선거총람」.
__________________.(1998). 「제2회 전국동시지방선거당선인 명부」.
__________________.(1998). 「제2회 전국동시지방선거총람」.
__________________.(2002). 「제3회 전국동시지방선거총람」.
__________________.(2006). 「제4회 전국동시지방선거총람」.
한국지방행정연구원.(1999). 「한국자치·행정 50년사」.
현대사회연구소.(1992). 「1993 한국지방자치연감」.

제 4 장 지방의회의 조직

제 1 절 지방의회의 구성형태

지방의회의 구성형태는 크게 세 가지 점에서 논의된다. 첫째, 지방의회를 주민들의 직접선거에 의해서만 구성할 것인지, 혹은 비례대표제 또는 직능대표제를 가미할 것인지에 관한 것이다. 둘째, 선거구를 어떻게 획정하고 그 규모는 어떻게 할 것인가에 관한 것이다. 즉 선거구를 소선거구제, 중선거구제, 대선거구제 및 이들을 혼합한 혼합선거구제 중에서 어떤 것을 선택할 것인가 하는 점이다. 셋째, 지방의원을 개선할 때 일시에 전원을 개선할 것인가, 또는 일부씩 차례로 개선할 것인가에 관한 것이다.

1. 주민직선제와 비례대표제

(1) 개념과 의의

지방의회는 해당 지역주민의 대표기관이므로 대표제 민주정치의 당연한 요청으로 그 지역주민이 직접 선출하는 것이 원칙이고 일반적이다. 이에 따라 대부분의 구미제국은 이 원칙을 따르고 있다(김동훈, 2004: 389; 이달곤, 2004: 247; Nelson, 2002: 1). 다만 이러한 주민직선제에 비례대표제 또는 직능대표제를 가미하는 경우가 있다.

비례대표제는 정당의 존재를 기초로 하여 정당의 득표율에 따라 일정한 방식으로 정당이 정한 비례대표 후보자를 선출하는 제도이다.[1] 이러한 비례대표제는 사표를

1) 비례대표제는 다수대표제인 소선거구제와 소수대표제인 대선거구제의 단점을 보완하기 위하여 고안된 제도로서 투표가치의 등가성을 최대한 보장하기 위한 제도이다. 즉 비례대표제는 다수대표제의 사표문제, 투표가치의 등가성문제와 소수파를 존중하기 위하여 인위적, 작위적 방법에 의존하는 소수대표제의 결함을 보정할 목적으로 고안된 제도이다. 이러한 비례대표제는 선거에 있어 각 선거구에서 다수의 정당이 분립하고 있는 경우 각 정당의 득표율에 비례하는 수의 대표자를 공평하게 선출할 수 있도록 해준다.

줄이고 정당을 발전시키는 등의 장점이 있다. 또한 이 제도는 각계의 전문가나 여성과 같은 특수한 사람이 의회에 진출하는 기회를 제공하고, 동시에 소수 정당의 의회진출을 보장할 수 있다.

지방의회의원의 일부를 직능대표로 선출하는 경우도 있는데, 이 제도 또한 몇 가지의 장점과 단점을 가진다. 무엇보다도 지방의회가 인기위주로 운영되지 않도록 할 수 있고, 지방의회와 지방자치단체장간의 대립과 반목을 줄일 수 있다. 또한 직능대표제는 지방의회의 안건심의를 전문화·내실화 할 수 있고, 의회의 운영과정에 사상 및 계급, 사회적 약자 등의 문제에 균형을 취할 수 있다. 뿐만 아니라 의회 내에서의 지연·혈연 등에 의한 파벌을 완화시킬 수 있다는 장점이 있다.

그러나 직능대표제를 가미하는 경우 단점도 있다. 우선 농업·공업·상업·서비스업 등의 직업단위로 다양해지고 있는 현대사회에서 직능들을 합리적으로 구분하여 의원직을 배분하기가 어렵다는 점이다. 이에 따라 대부분의 경우 의사회, 약사회, 변호사회, 농민단체, 노동단체, 환경단체, 경영자단체, 교육자단체 등이 선거의 모체가 된다. 다음으로 의안심의나 조례제정 과정에서 공익이나 주민의 일반의사보다는 직능이라는 특수이익이나 부분적 의사를 옹호하게 될 가능성이 크다는 점이 지적 된다.

한편 지방의회의원의 일부 또는 전원을 기초자치단체나 광역자치단체 의회의원 중에서 선임하거나 겸직시키는 방법을 채택하는 경우도 있다. 대도시권에서 기초자치단체의회의원으로 하여금 광역자치단체의회의원을 겸하게 하거나, 또는 시의회의원으로 하여금 그 관할구역내의 구의회의원을 겸하게 하는 것이다. 이렇게 할 경우 이들 자치단체간의 정책조정과 협조를 원활하게 하고 경비를 절약하는 효과를 가져올 수 있다(이달곤, 2004: 247-248; 정세욱, 2000: 513).

(2) 우리나라의 실태

우리나라 지방의원 선거는 현재 광역의회와 기초의회 모두 주민직선제에 비례대표제를 가미하고 있다. 그러나 이러한 비례대표제는 30년만에 지방의회를 새로 구성한 1991년부터 채택되었던 제도는 아니었다. 〈표 4-1〉에서 보는 바와 같이, 우리나라 지방선거에 비례대표제를 도입한 것은 1995년 광역자치단체 지방의회의원선거부터였다. 이 때에는 1인 1표제의 비례대표제로, 지역구 의원정수의 100분의 10에 해당하는 수의 비례대표의원을 정당이 추천하는 방식이었다. 이러한 방식의 비례대표제는 1998년 지방선거에서도 변함없이 유지되었다. 그러나 2002년 지방선거에서는 비례대표를

◈ 표 4-1 ◈ 우리나라 지방선거제도와 비례대표제의 변천

	비례대표제 도입여부와 방법	법적 근거 및 비고
1991년 선거	광역의회 기초의회 모두 지역구 의원만 선출. 비례대표제 도입하지 않음	지방자치법 및 정당법에 근거. 기초의원선거는 3월 26일, 광역의원선거는 6월 20일
1995년 6·27동시 지방선거	광역의회 정당추천에 의한 1인 1표제의 비례대표제(100분의 10) 도입	공직선거및선거부정방지법 및 정당법에 근거
1998년 6·4동시 지방선거	위와 동일	위와 동일
2002년 6·13동시 지방선거	광역의회 1인 2표제의 비례대표제 도입. 유효투표의 5%이상을 얻은 정당을 대상으로 배분	공직선거및선거부정방지법 및 정당법에 근거
2006년 5·31동시 지방선거	기초의회도 정당공천제 도입. 광역의회와 같이 1인 2표제의 비례대표제 도입	공직선거법 및 정당법에 근거

선출하는 방식이 1인 2표의 정당명부식 비례대표제로 바뀌게 되었다. 즉, 유권자는 2장의 투표용지를 받아서 한 장은 해당 선거구에서 나온 후보 중 한 사람에게 투표하고, 또 한 장은 지지하는 정당에 투표하는 방식이다. 두 번째 용지가 비례대표 의원의 선출을 위한 것이다. 한편 2005년에 지방자치법과 공직선거법 및 정당법이 개정되었고, 이들 법에 근거하여 2006년 5.31지방선거부터는 기초의회의원선거도 광역의회의원선거와 같이 정당공천제와 더불어 1인 2표제의 정당명부식 비례대표제를 새로 도입하였다. 비례대표 시·도의원정수는 법에 의해 산정된 지역구시·도의원정수의 100분의 10을 유지하고 있다. 그리고 산정된 비례대표시·도의원정수가 3인 미만인 때에는 3인으로 한다(공직선거법 제22조). 한편 비례대표자치구·시·군의원정수는 자치구·시·군의원 정수의 100분의 10으로 한다(공직선거법 제23조).

2. 선거구제

(1) 개념과 의의

지방의원 선거구란 지방의원을 선출하는 단위인 지역구를 말한다. 즉, 선거구란 전체의 선거인을 선거인단체로 구분하는 표준이 되는 지역으로서 보통 의원의 선출단위인 지역구를 의미한다. 선거는 선거인단의 합동행위에 의하여 특정인을 의원 또는

그 밖의 기관으로 임명함을 말한다. 따라서 선거에는 반드시 선거권이 있는 다수인을 예상하며, 이 다수인이 합동행위를 하는데 필요한 어떠한 집단을 구성함을 전제로 한다. 이와 같이 선거인으로 조직된 집단을 선거인단이라고 한다면 선거인단 구성의 기초가 되는 지역을 선거구라 한다. 선거는 일정한 구역, 즉 선거구를 단위로 하여 실시되며 각 선거구마다 입후보자등록에서부터 당선인의 결정까지 모든 선거의 단속과 관리가 이루어진다.

선거구는 전체 주민을 대표하는 의원을 선출하는 선거절차상의 편의적·기술적·지역적 단위이고, 일단 선거구에서 선출된 의원은 그 선거구의 대표가 아니라 전체 주민의 대표로서의 신분을 가진다. 이와 같은 대표의 개념으로 본다면 지방의원 선거는 지방자치단체의 전 구역을 하나의 단위로 하여 모든 의원을 한꺼번에 선출하는 것이 이상적이라 할 수 있다. 그러나 이 경우 지역적 범위가 너무 넓어 경우에 따라서는 대표를 뽑는 것이 기술적으로 불가능할 수도 있다. 이에 따라 일정한 지역별로 선거구를 획정하여 의원을 선출하는 방법을 택하는 경우도 있다(김동훈, 2004: 428-429).

(2) 선거구제의 종류

지방의회의원 선거구제에는 소선거구제, 중선거구제, 대선거구제 혹은 이들을 혼합한 혼합선거구제 등이 있다. 소선거구제는 한 선거구에서 1명의 의원을 선출하는 제도를 말하며, 중선거구제는 하나의 선거구에서 2명 이상씩을 선출하는 제도를 말한다. 대체로 중선거구제에서는 하나의 선거구에서 2~5명 정도의 의원을 선출하는 것이 일반적이다. 대선거구제(at-large election system)란 지방자치단체를 하나의 선거구로 하여 전체 지역구 의원을 모두 선출하는 제도를 말한다. 혼합선거구제(mixed election system)란 말 그대로 하나의 지방자치단체 선거에서 위에서 설명한 소선거구제와 중선거구제가 동시에 존재하는 것을 말한다.

하나의 선거구에서 1명의 의원씩을 선출하는 소선거구제는 장점과 단점을 동시에 가지고 있다. 소선거구제의 장점은, 첫째, 지방선거에 정당이 참여하는 경우 군소정당의 진출을 억제하여 지방정부의 안정을 도모할 수 있고, 둘째, 당파적 이해나 사회·경제적 이해관계를 반영할 수 있으며, 셋째, 지방의원과 주민과의 유대를 긴밀히 할 수 있으며, 넷째, 유권자의 후보자 선택에 대한 부담을 경감시켜 주며, 다섯째, 선거비용이 적게 들고, 여섯째, 보궐선거와 재선거가 용이하다는 점이다. 이에 반해 소선거구제의 단점은, 첫째, 후보의 선택범위가 좁아지고, 둘째, 직능이나 전문성이 있는 후보보다는 지역연고를 중시하는 경향이 생길 가능성이 높아지며, 셋째, 당선 이후 의회의 활동과정에서 지역적 이해에 치중할 가능성이 높고, 넷째, 대정당에 지나치게 유리하며, 다섯째, 정실·지연·혈연·매수의 가능성이 높다는 점을 들 수 있다. 한편 대선거구제의 장점은 소선거구제의 단점의 역이고, 그 단점은 소선거구제의 장점의 역이 된다(정세욱, 2000: 302; 이달곤, 2004: 248-249).

이러한 여러 가지 선거구제 중에서 어떤 제도를 선택하고 있는가는 국가에 따라, 그리고 미국에서는 지방자치단체에 따라 다르다. 우리나라의 경우 공직선거법에서 일률적으로 선거구제를 규정하고 있어서 지방자치단체가 선거구제를 선택할 수 있는 자율성을 가지고 있지 않다. 그러나 미국의 경우 자치헌장제(home rule charter)를 채택하고 있는 다수의 지방정부는 스스로가 여러 가지 선거구제 중에서 적합한 것을 선택할 수 있고 또한 변경도 지방정부 스스로가 결정할 수 있다.[2)]

(3) 우리나라 지방의회의원의 선거구제

우리나라 지방의회의원 선거구제는 지방자치법을 제정(1949년 7월 4일)하면서 광역자치단체의회인 시·도의회와 기초자치단체의회인 시·읍·면의회를 모두 중선거구제로 출발하였으나 그 이후 소선거구제와 중선거구제 및 혼합선거구제를 두루 경험하였다. 가장 최근인 2006년 5·31지방선거에서는 시·도의회 의원은 그 전과 같이 소선거구제에 의해, 그리고 시·군·자치구의회 의원은 2005년 8월 4일 공직선거법의 개정에 의해 소선거구제에서 중선거구제로 바뀌었다.

1) 시·도의회의원의 선거구

시·도의회의원의 선거는 소선거구제를 채택하고 있다. 이러한 소선거구제는 1990년 12월 31일 법률 제4311호로 개정된 지방의회의원선거법에 근거하였으며, 그 이후 1994년 3월 16일에 제정된 공직선거 및 선거부정방지법에서도 똑같이 소선거구제를 택하여 오늘에 이르고 있다. 즉, 시·도의회의원 지역선거구는 인구·행정구역·지세·교통 기타 조건을 고려하여 자치구·시·군(하나의 자치구·시·군이 2 이상의 국회의원지역구로 된 경우에는 국회의원지역구를 말하며, 행정구역의 변경으로 국회의원지역구와 행정구역이 합치되지 아니하게 된 때에는 행정구역을 말한다)을 분할하여 이를 선거구로 획정하고 있으며, 하나의 시·도의원지역구에서 선출할 지역구 시·

2) 미국의 경우 50개 주 가운데 알래스카, 하와이, 네바다, 뉴햄프샤이어를 포함한 4개 주를 제외한 46개 주에서 자치헌장제를 허용하고 있다(Krane et al., 2001: 471; Gordon, 2006: 33).

도의원정수는 1인으로 하고 있다(공직선거법 제26조 ①). 또한 시·도의원지역구를 획정하는 경우 하나의 읍·면·동의 일부를 분할하여 다른 시·도의원지역구 또는 자치구·시·군의원지역구에 속하게 하지 못한다(동법 제26조 ③).

시·도의회의원의 선거구는 지방자치법 제정당시(1949년 7월 4일)에는 중선거구제였으나, 2차 개정(1956년 2월 13일)과 5차 개정(1960년 11월 1일)에서 1구 1인 선출제인 소선거구제를, 그리고 제7차 개정(1988년 4월 6일)에서는 중선거구제를 규정하기도 하였다.

2) 자치구·시·군의회의원의 선거구

현재 자치구·시·군의원 선거는 중선거구제를 채택하고 있다. 이러한 중선거구제는 2005년 8월 4일 공직선거법 개정에 따른 것으로 그 전까지는 소선거구제를 기본으로 하고, 특별한 경우에 한하여 중선거구제를 채택하였다. 개정법에 따르면, 자치구·시·군의원지역구는 인구·행정구역·지세·교통 그 밖의 조건을 고려하여 획정하되, 하나의 자치구·시·군의원지역구에서 선출할 지역구 자치구·시·군의원정수는 2인 이상 4인 이하로 하며, 그 자치구·시·군의원지역구의 명칭·구역 및 의원정수는 시·도조례로 정한다(공직선거법 제26조 ②). 또한 자치구·시·군의원지역구를 획정하는 경우 하나의 읍·면·동의 일부를 분할하여 다른 자치구·시·군의원지역구에 속하게 하지 못한다(동법 제26조 ③). 또한 자치구·시·군의원지역구는 하나의 시·도의원지역구 내에서 획정하여야 하며, 하나의 시·도의원지역구에서 지역구 자치구·시·군의원을 4인 이상 선출하는 때에는 2개 이상의 지역선거구로 분할할 수 있다(동법 제26조 ④).

자치구·시·군의원의 선거구는 지방자치법 제정 당시에는 중선거구제를 채택하였고 그 이후 개정에서도 중선거구제를 유지하였다. 그러다가 1988년에 지방의회의원선거법이 제정되면서 소선거구제, 중선거구제 또는 혼합선거구제가 채택되기도 하였다(홍정선, 1991: 124).

3. 전원개선제와 일부개선제

지방의회의원 선거는 전원을 대상으로 일시에 실시할 수도 있고(concurrent terms), 의원정수를 일정비율(전체 의원의 1/3 혹은 1/2)로 나누어 일부 의원씩 차례로 실시할 수도 있다(staggered terms). 전자를 전원개선제라고 하고 후자를 일부개선제라고 한다.

전원개선제의 장점은, 첫째, 일정 임기동안의 업적에 대한 주민들의 심판을 받기 쉽고, 둘째, 민의의 소재와 향배를 파악하기 용이하고, 셋째, 선거비용을 절약할 수 있고, 넷째, 지방의원 선거일을 다른 선거직의 선거일정과 조정하는 것이 용이하다. 반면에 의원의 일부씩을 개선하는 일부개선제의 장점은, 첫째 지방정책결정기관으로서 의회의 지속성과 안정성을 확보할 수 있고, 둘째 지방선거의 과열을 줄일 수 있으며, 셋째 지방선거에 정당참여를 허용하는 경우 양당제의 정립에 도움이 된다.

일부개선제는 영국, 프랑스, 미국 등의 국가에서 채택하고 있다. 미국의 경우 시장-의회형 지방정부(mayor-council form)의 72.6%, 그리고 의회-관리관형 지방정부(council-manager form)의 90%가 채택하고 있을 정도로 일부개선제가 보편화되어 있다(Nelson, 2002: 2). 그러나 우리나라의 경우 1949년 지방자치법이 제정된 이후 줄곧 총선거를 통한 전원개선제를 채택하고 있다.

제 2 절 지방의회 의원

1. 지방의원의 정수

지방의원은 각 의회마다 일정한 수가 되도록 정해져 있는데, 이를 지방의원의 정수라 한다. 지방의원의 정수는 국가에 따라, 때로는 한 국가 안에서도 지방자치단체에 따라 차이가 있다. 아래에서는 지방의원의 정수와 관련하여 지방의원 정수결정의 변수, 정수 결정의 방법, 대의회제와 소의회제의 장단점, 우리나라 지방의회의원의 정수, 임기중 의원 정수의 조정에 대해 검토하고자 한다.

(1) 지방의원 정수결정의 변수

지방의원의 정수를 어느 정도의 규모로 할 것인가 하는 데는 여러 가지 고려해야 할 점이 있다. 주로 거론되는 변수로는 지방정부의 인구규모, 회의체로서의 규모, 주민대표성의 반영, 지방자치단체의 종류, 본회의중심주의인가 위원회중심주의인가, 유급직인가 명예직인가 그리고 전통과 정치문화 등이다.

1) 지방정부의 인구규모

지방의회는 주민의 대표기관이다. 대표자인 지방의회 의원은 주민의 의사를 충분히 수렴하여 정책결정과정에 반영할 수 있어야 하는 것이 무엇보다 중요하다. 그러므로 지방의원의 정수는 지역주민의 인구규모를 고려하여 어느 정도 비례해서 정하는 것이 필요하다(김동훈, 2002: 406).

그러나 지방정부의 산업적 특색이 다양하고 또한 인구규모의 격차가 워낙 커서 인구규모만 고려하여 의원정수를 정하기는 쉽지 않다. 인구규모에 비례해서 의원정수를 결정하는 경우 대도시는 의원정수가 너무 많아질 수 있는 반면에, 인구가 적은 농촌지역의 경우 회의체로서 구성할 수 없을 만큼 의원정수가 적어질 수 있기 때문이다. 따라서 이러한 점을 고려하여 정수의 상한과 하한을 정하는 보정장치가 필요하기도 하다. 또한 일본의 경우처럼 법정 정수의 범위 안에서 개별 자치단체가 조례로써 의원수를 줄일 수 있는 경우도 있다.

2) 회의체로서의 규모 고려

지방의회는 다수의 지방의원이 모여 지방정책을 심의하고 결정하는 기관이다. 이 과정에서 지방의회는 하나의 회의체로서 기능을 수행하는 데, 이 때 적정한 수의 규모를 갖추어야 할 필요가 있다. 그러나 어느 정도의 의회 규모가 회의체로서 적정한지에 대해서는 견해가 일치되어 있지 않다. 또한 의회의 운영이 위원회중심주의인가 본회의중심주의인가에 따라서도 회의체로서의 의회의 규모는 달라질 수 있다. 그럼에도 불구하고 세계 각국의 지방의회는 회의체로서의 규모를 고려하여 적정수준을 유지하는 경우가 많다. 요컨대 지방의회는 그 구성원인 의원수가 너무 적은 경우 회의체로서의 구성상의 문제가 제기되고, 반대로 의원수가 너무 많으면 회의체로서의 기능을 발휘하기 어려운 문제가 발생할 수 있다.

3) 주민대표성의 반영

지방의회는 주민의 대표기관이다. 따라서 지방의회는 그 회의를 통하여 전체 주민의 의사를 반영하는 대표기능을 발휘할 수 있어야 한다. 주민의 대표기능을 극대화하기 위해서는 의원수를 증가시킬 필요가 있다. 이러한 지방의회의 주민대표성 확보는 지방자치단체 및 주민의 특성에 따라 영향을 받게 된다. 즉, 지방자치단체가 농촌인가 도시인가, 혹은 이 두 가지가 혼재된 지역인가에 따라, 그리고 당해 자치단체의 산업이 이질적인가 동질적인가에 따라 차이가 있을 수 있다. 일반적으로 볼 때 산업과 주민의

속성이 동질적인 경우가 이질적인 경우보다 적은 수의 지방의원으로 대표성을 확보할 수 있다고 말할 수 있다.

4) 지방자치단체의 종류

지방의원의 정수는 지방정부가 수행하는 업무의 양과 질에 따라서도 영향을 받는다. 업무의 양이 많고 질이 고도화되어 있는 경우 이를 수행할 공무원의 수가 많아지는 것과 같은 이치이다. 업무의 양과 질은 행정수요와 밀접한 관련이 있다. 이러한 행정업무의 양과 질은 지방자치단체의 종류, 즉 기초자치단체인가 광역자치단체인가, 농촌자치단체인가 도시자치단체인가 등에 따라 다르게 나타날 수 있다.

일반적으로 행정수요는 기초자치단체보다 광역자치단체에, 농촌자치단체보다 도시자치단체에, 그리고 소도시보다는 대도시에 더 많이 발생할 것으로 예상된다. 행정수요가 많이 발생하는 자치단체일수록 의회가 능동적으로 대응하려면 의원의 정수도 많아져야 할 것이다.

5) 본회의중심주의인가 또는 위원회중심주의인가

의회의 회의체로서의 전체 규모가 의원정수를 결정하는데 영향을 미친다고 앞서 언급했지만, 지방의회의 운영이 본회의중심주의인가 또는 위원회중심주의인가 하는 점도 의원정수의 결정에 영향을 미친다. 지방의회의 운영이 본회의중심주의일 경우 의원수가 너무 많으면 회의체인 의회의 효율적인 운영이 어려울 수 있다. 그러나 위원회중심주의를 택하는 경우 최소한 세 개 이상의 상임위원회가 상설되기 때문에 전체 의원정수는 다소 많아져야 할 것이다.[3)]

6) 유급직인가 명예직인가

지방의원의 정수는 개별 지방자치단체의 의원이 유급직인가 혹은 명예직인가에 따라서 영향을 받는 것이 일반적이다. 의원정수는 의회를 운영하는데 소요되는 예산과 관련되는데, 여기에 영향을 미치는 것이 바로 지방의원직을 유급직으로 할 것인가 혹은 명예직으로 할 것인가 하는 점이기 때문이다.

일반적으로 지방의원을 명예직으로 규정하는 경우 의회 운영에 따른 재정적 부담이 적기 때문에 의회의 규모가 큰 대의회제도를 채택하는 경우가 많다. 반면에

---

3) 그러나 이러한 주장은 일반론이고 예외의 경우도 있다. 미국의 경우 의회당 평균 의원수가 6명에 지나지 않지만 위원회중심주의를 채택하는 의회가 전체의 58%에 이른다(Nelson, 2002: 6).

지방의원을 유급직으로 하는 경우 개별 의원에게 지급하는 각종 보수 등으로 인한 재정적 부담이 크기 때문에 의원수가 대체로 적은 소의회제를 채택한다.

7) 전통과 문화

지방의원의 정수를 어느 정도로 유지하느냐 하는 점은 특정 국가나 자치단체의 전통과 정치문화에 따라서도 영향을 받는다. 전통적으로 지방의회 의원의 수가 많은 대의회제를 유지해 온 국가나 자치단체의 경우 그것을 대폭 줄이는 결정은 쉽게 하기 어려울 것이다(김도훈, 2002: 407-408).

(2) 지방의원 정수결정의 방법

1) 지방의원 정수결정에 관한 규정과 기준

지방의원 정수는 법령에서 일률적으로 규정하는 경우가 있는가 하면, 각 지방자치단체가 헌장이나 조례로 자율적으로 규정하도록 하는 경우도 있다. 전자의 형식을 취하는 대표적인 국가로는 우리나라와 일본, 프랑스 등을 들 수 있고, 후자의 형식을 취하는 경우로는 미국과 영국을 들 수 있다. 이외에도 지방의원 정수를 결정하는 방법으로, 일본의 경우처럼 법률로서 일정한 기준을 정해 놓고 그 범위 안에서 조례로 의원수를 줄일 수 있도록 한 경우도 있다(일본 지방자치법 제91조, 제281조의 ②, 제283조의 ①).

한편 지방의원 정수를 결정하는 기준도 다양한 모습을 띠고 있다. 인구규모를 기준으로 정하는 국가도 있고, 행정구역을 기준으로 정하는 국가도 있다. 행정구역과 인구기준을 동시에 가미하는 국가도 있고, 그 상한과 하한을 정하여 둔 나라도 있다. 또한 아예 그러한 기준이 없이 지방정부가 자율적으로 결정하는 국가나 자치단체도 있다.

2) 지방의원의 정수 규모

지방의원의 정수는 앞서 밝힌 각 국가의 규정과 기준에 따라 정해지는데, 그 결과 규모면에서 국가에 따라 큰 차이가 있다. 대체로 프랑스, 영국 등 유럽제국에서는 지방의회의 주민대표성을 중시하여 지방자치단체의 인구규모에 비하여 의원정수가 많은 대의회제를 택하고 있다. 일본의 경우도 지방의원수가 많은 대의회제의 전통을 가지고 있다. 반면에, 미국에서는 지방의회의 전문성과 능률성을 중시하여 의원정수를 적게 두는 소의회제를 택하고 있다.

예를 들면, 프랑스의 시·읍·면의회(conseil municipal) 의원정수는 9명~69명이며, 특례로서 파리시의회의 의원정수는 163명, 마르세이유시의회 의원수는 101명, 리용시의회 의원수는 73명으로 시·읍·면의 인구규모에 비해 의원정수가 많은 편이다. 역시 대의회제를 택하고 있는 일본의 동경도의회의원정수는 130명 이내로 하고 있으며, 도·도·부·현(都·道·府·縣)의회는 40명~120명, 시의회는 30명~100명, 정·촌(町·村)의회는 12명~30명으로 되어 있다. 다만 앞서 언급한 바와 같이 일본의 경우 조례로서 의원정수를 감소시킬 수 있다(정세욱, 2000: 502).

한편 소의회제를 채택하고 있는 미국 시정부(municipalities)의 의원 정수는 3~50명으로 그 폭이 크다. 평균 의원수는 6명이다.[4] 그러나 이 규모는 지방정부의 기관구성방법에 따라서도 차이가 있다. 시장-의회형(mayor-council form)을 채택하고 있는 지방정부의 평균 의원수는 7명이고, 최소 의원수는 3명이다. 의회-관리관형(council-manager form)을 채택하고 있는 지방정부의 평균 의원수는 6명이고, 최소 의원수는 3명이다. 위원회형(commission form)을 채택하고 있는 지방정부의 평균의원수는 5명이고 최소 의원수는 3명이다(Nelson, 2002: 2).

(3) 대의회제와 소의회제의 장·단점

1) 대의회제

의원수가 많은 대의회제의 장점으로는 첫째, 주민의 이익을 대표하는데 유리하다는 점이다. 둘째, 지방정책을 공정하고 신중하게 심의·결정할 수 있다. 셋째, 주민들에게 지방의원으로 참여할 수 있는 기회를 확대함으로써 지방정치에 민의의 반영정도를 높일 수 있다. 넷째, 민주주의 원리에 보다 충실할 수 있다. 다섯째, 지역과 직능 등 각계각층의 이익을 고르게 반영할 수 있다. 여섯째, 집행기관에 대한 견제기능을 높일 수 있다.

대의회제의 단점으로는 첫째, 의견과 이해의 대립으로 의회운영이 비능률적으로 되기 쉽다. 둘째, 의원들의 책임의식이 저하된다. 셋째, 의회를 운영하는데 들어가는 비용이 늘어난다. 넷째, 의원의 질이 저하된다.

2) 소의회제

의원수가 적은 소의회제의 장점으로는 첫째, 비용을 줄여 효율적으로 의회를 운영할 수 있다. 둘째, 유능한 인재의 의회진출로 의원의 질을 높일 수 있다. 셋째, 의원들의

4) 미국 시정부의 평균 지방의원수는 과거 1988년 조사 결과 6.3명이었다(ICMA, 1988: 2). 따라서 최근에는 과거에 비해 약간 줄어들었다.

책임의식을 키울 수 있다. 넷째, 충분한 토론으로 의회기능을 발휘할 수 있다.

소의회제의 단점으로는 첫째, 주민의 이익을 충분히 반영하기 어렵다. 둘째, 지방의회에 주민들의 참여기회가 줄어든다. 셋째, 지역과 직능 등 각계각층의 이익을 반영하기 어렵다. 넷째, 집행기관에 대한 견제기능이 상대적으로 약화된다.

(4) 우리나라 지방의회의원의 정수와 규모

1) 시 · 도의회 의원의 정수

지역구 시·도의원정수는 그 관할구역안의 자치구·시·군마다 2인으로 한다. 여기에서 하나의 자치구·시·군이 두 개 이상의 국회의원지역선거구로 된 경우에는 국회의원지역선거구를 말하며, 행정구역의 변경으로 국회의원지역선거구와 행정구역이 합치

◈ 표 4-2 ◈ 16개 광역의회별 지역구와 비례대표 의원수

의원수 / 의회명	의원수(명)			비고 및 기타
	합계	지역구	비례대표	
서울특별시의회	106	96	10	특별시
부산광역시의회	47	42	5	광역시
대구광역시의회	29	26	3	광역시
인천광역시의회	33	30	3	광역시
광주광역시의회	19	16	3	광역시
대전광역시의회	19	16	3	광역시
울산광역시의회	19	16	3	광역시
경기도의회	119	108	11	도
강원도의회	40	36	4	도
충청북도의회	31	28	3	도
충청남도의회	38	34	4	도
전라북도의회	38	34	4	도
전라남도의회	51	46	5	도
경상북도의회	55	50	5	도
경상남도의회	53	48	5	도
제주특별자치도의회	41	29	7	제주특별자치도 교육의원 5명
전체 합계	738	655	78	제주특별자치도 교육의원 5명
전체 평균	46.1	40.9	4.9	

되지 아니하게 된 때에는 행정구역을 말한다. 이러한 규정에도 불구하고 시와 군을 통합하여 도농복합형태의 시로 한 경우에는 시·군통합후 최초로 실시하는 임기만료에 의한 시·도의회의원선거에 한하여 당해 시의 도의회의원의 정수는 통합전의 시와 군마다 2인으로 한다. 이러한 기준에 의하여 산정된 의원정수가 16인 미만이 되는 광역시 및 도는 그 정수를 16인으로 한다. 비례대표 시·도의원정수는 지역구 시·도의원정수의 100분의 10으로 한다. 이 경우 단수는 1로 본다. 다만, 산정된 비례대표 시·도의원정수가 3인 미만인 때에는 3인으로 한다(공직선거법 제22조).

이러한 법적 근거에 의하여 결정된 우리나라 시·도의원정수는 〈표 4-2〉에서 보는 바와 같이 738명이다. 이 중에서 지역구 의원은 655명이고 비례대표의원은 78명이다. 나머지 5명은 제주특별자치도 교육의원이다.[5] 시·도의회의 의회별 평균의원수는 약 46명이다.

2) 자치구 · 시 · 군의회 의원의 정수

자치구·시·군의회 의원정수는 2005년 8월 4일 공직선거법이 바뀌면서 근본적으로 개정되었다. 이번 개정의 특징은 시·도별 총 정원만 법률로 정하고, 그 범위 내에서 자치구·시·군의원선거구획정위원회가 몇 가지 원칙을 적용하여 자율적으로 정하도록 위임한 것이다.

구체적으로 살펴보면, 시·도별 자치구·시·군의회 의원의 총 정수는 〈표 4-3〉에서 보는 바와 같이 법률(공직선거법 제22조 「별표 3」)에서 제시하고 있다. 이 법률에서는, 자치구·시·군의회의 의원정수는 당해 시·도의 총정수 범위 내에서 당해 시·도의 자치구·시·군의원선거구획정위원회가 자치구·시·군의 인구와 지역대표성을 고려하여 중앙선거관리위원회규칙이 정하는 기준에 따라 정하도록 하고 있다. 이러한 기준에 의하여 산정된 자치구·시·군의회의 최소정수는 7인으로 한다. 다만 산정된 비례대표 자치구·시·군의원정수는 자치구·시·군의원 정수의 100분의 10으로 한다.

---

5) 제주특별자치도는 「제주특별자치도설치및국제자유도시조성을위한특별법」(이하 특별법이라 한다) 제41조(도의회의원의 정수에 관한 특례)에 따라 공직선거법 제22조제1항·제3항 및 제4항의 규정에 불구하고 의원수를 41인 이내에서 특별법 제43조의 규정에 의한 도의회의원선거구획정위원회가 정하는 바에 따라 도조례로 정한다(특별법 제41조 ①). 도의회의 비례대표 의원정수는 「공직선거법」 제22조제4항의 규정에 불구하고 제1항의 규정에 의한 의원정수(특별법 제80조의 규정에 의한 교육의원을 제외한다)의 100분의 20이상으로 하며, 특별법 제43조의 규정에 의한 도의회의원선거구획정위원회가 정하는 바에 따라 도조례로 정한다(특별법 제41조 ②). 이러한 법적 근거에 의해 제주특별자치도의원은 41명이다. 여기에는 지역구의원 29명, 비례대표의원 7명, 교육의원 5명이 포함된다.

◈ 표 4-3 ◈ 시 · 도별 자치구 · 시 · 군의회의원 총정수표(2,888명)

시 · 도	총 정 수
서울특별시	419
부산광역시	182
대구광역시	116
인천광역시	112
광주광역시	68
대전광역시	63
울산광역시	50
경 기 도	417
강 원 도	169
충청북도	131
충청남도	178
전라북도	197
전라남도	243
경상북도	284
경상남도	259
합 계	2,888명

이 경우 단수는 1로 본다(공직선거법 제22조).

이에 따라 기초의원의 총 정원은 2,888명으로 개정 전의 3,485명에 비해 17.1% 줄어들었다. 이 중에서 지역구의원은 2,513명이고 비례대표의원은 375명이다. 230개 의회당 평균 의원수는 12.56명이다.

3) 우리나라 지방의회의 규모

우리나라 지방의원의 수는 시·도의회 의원 738명과 자치구·시·군의회 의원 2,888명을 합하여 총 3,626명이다. 이러한 지방의원수는 〈표 4-4〉에서 보는 바와 같이 1995년 선거를 기점으로 하여 대체로 감소 과정을 걸어 왔다. 1998년에 대폭 줄어든 것은 IMF구제금융체제하에서 공무원 수의 감축 등 전 정부적으로 이루어졌던 정부규모의 축소와 더불어 함께 이루어졌다.

이에 따라 현재 우리나라 시·도의회와 시·군·자치구의회의 평균의원수는 각각 46.1명과 12.56명이다. 이 숫자로만 보면 특히 시·도의회의 경우 작은 규모의 의회라 하기 어려운 측면이 있다. 그러나 지방의원 정수결정의 중요 변수인 자치단체당 인구규

◈ 표 4-4 ◈ 우리나라 지방의회 의원의 정수 변화

	광역의원	기초의원
1991년 선거	866명	4,304명
1995년 6·27동시지방선거	972명(지역 875명, 비례 97명)	4,541명
1998년 6·4동시지방선거	690명(지역구 616, 비례대표 74명)(29% 감소)	3,490명(23% 감소)
2002년 6·13동시지방선거	682명(지역구 609명, 비례대표 73명)	3,485명(선거당시 232개, 2003년 계룡시와 증평군 추가로 234개)
2006년 5·31동시지방선거	738명(지역구 655명, 비례대표 78명, 제주특별자치도 교육위원 5명)(8.2% 증가 의회당 46.1명)	2888명(지역구 2,513명, 비례대표 375명, 17.1% 감소)(230개 의회, 의회당 12.56명)

모를 고려하면 다르게 해석할 수도 있다. 〈표 4-5〉는 국가별 지방의원 1인당 인구수를 살펴본 것이다. 표에서 보는 바와 같이 우리나라 지방의원 1인당 인구수는 13,231명으로 비교대상 국가 중에서 가장 많다. 지방의원 1인이 대표하는 평균 주민수를 보면, 미국은 우리나라의 18%(1/5.5), 프랑스는 0.9%(1/110), 영국은 22%(1/4.6), 일본은 11.3%(1/8.8)에 지나지 않는다. 역으로 말하면 우리나라 지방의원 1인이 대표하는 인구수는 이들 국가에 비해 각각 5.5배, 110배, 4.6배, 8.8배 더 많다고 할 수 있다(송광태·황아란, 2007). 따라서 우리나라 지방자치단체의 평균 인구규모를 고려한다면 대의회제라는 표현은 전제를 달고 매우 제한적으로 사용되어야 할 것이며, 이 또한 광역의회에 국한된다 할 것이다. 특히 기초의회의 경우는 대의회제란 표현은 적절치 않음을 알 수 있다.

◈ 표 4-5 ◈ 국가별 지방의원 1인당 인구수

국 가 별	인구(백만명)	의원1인당 인구(명)	의원 총수(명)
미 국	297.0	2,393	460,000
프 랑 스	62.7	120	520,436
영 국	60.2	2,866	21,000
일 본	125.9	1,498	84,003
한 국	48.0	13,231	3,626

참고: 우리나라 의원총수 3626명은 2006년 5·31지방서거를 통해 당선된 광역의원(738명)과 기초의원(2888명)의 합임.

자료: 안영훈·김성호(2007: 216).

(5) 임기중 지방의원 정수의 조정

인구의 증감 또는 행정구역의 변경에 따라 지방의회의 의원정수·선거구 또는 그 구역의 변경이 있더라도 임기만료에 의한 총선거를 실시할 때까지는 그 증감된 선거구의 선거는 실시하지 아니한다. 다만, 지방자치단체의 구역변경이나 설치·폐지·분할 또는 합병이 있는 때에는 다음과 같이 당해 지방의회의 의원정수를 조정하거나 또는 증원선거를 실시한다(공직선거법 제28조).

1) 지방자치단체의 구역변경으로 선거구에 해당하는 구역의 전부가 다른 지방자치단체에 편입된 때에는 그 편입된 선거구에서 선출된 지방의회의원은 종전의 지방의회의원의 자격을 상실하고 새로운 지방의회의원의 자격을, 선거구에 해당하는 구역의 일부가 다른 지방자치단체에 편입된 때에는 그 편입된 구역이 속하게 된 선거구에서 선출된 지방의회의원은 그 구역이 변경된 날부터 14일 이내에 자신이 속할 지방의회를 선택하여 당해 지방의회에 서면으로 신고하여야 한다. 또한 그 선택한 지방의회가 종전의 지방의회가 아닌 때에는 종전의 지방의회의원의 자격을 상실하고 새로운 지방의회의원의 자격을 취득하되, 그 임기는 종전의 지방의회의원의 잔임기간으로 하며, 그 재임기간에는 공직선거법 제22조(시·도의회의 의원정수) 또는 제23조(자치구·시·군의회의 의원정수)의 규정에 불구하고 그 재직의원수를 각각 의원정수로 한다. 이 경우 새로운 지방의회의원의 자격을 취득한 지방의회의원의 주민등록이 종전의 지방자치단체의 관할구역안에 되어 있는 때에는 그 구역이 변경된 날부터 14일 이내에 새로운 지방자치단체의 관할구역으로 주민등록을 이전하여야 하며, 그 구역이 변경된 날부터 14일 이내에 자신이 속할 지방의회를 신고하지 아니한 때에는 그 구역이 변경된 날부터 14일이 되는 날 현재 당해 지방의회의원의 주민등록지를 관할하는 지방자치단체의 지방의회에 신고한 것으로 본다(동법 제28조 1).

2) 둘 이상의 지방자치단체가 합하여 새로운 지방자치단체가 설치된 때에는 종전의 지방의회의원은 같은 종류의 새로운 지방자치단체의 지방의회의원으로 되어 잔임기간 재임하며, 그 잔임기간에는 제22조 또는 제23조의 규정에도 불구하고 그 재직의원수를 각각 의원정수로 한다(동법 제28조 2).

3) 하나의 지방자치단체가 분할되어 둘 이상의 지방자치단체가 설치된 때에는 종전의 지방의회의원은 후보자등록당시의 선거구를 관할하게 되는 지방자치단체의 지방의회의원으로 되어 잔임기간 재임하며, 그 잔임기간에는 제22조 또는 제23조의

규정에도 불구하고 그 재직의원수를 각각 의원정수로 한다. 이 경우 비례대표시·도의원은 당해 시·도가 분할·설치된 날부터 14일이내에 자신이 속할 시·도의회를 선택하여 당해 시·도의회에 서면으로 신고하여야 하고, 비례대표자치구·시·군의원은 당해 자치구·시·군이 분할·설치된 날부터 14일 이내에 자신이 속할 자치구·시·군의회를 선택하여 당해 자치구·시·군의회에 서면으로 신고하여야 한다. 다만, 재직의원수가 제22조 또는 제23조의 규정에 의한 새로운 의원정수의 3분의 2에 미달하는 때에는 의원정수에 미달하는 수만큼의 증원선거를 실시한다(동법 제28조 3).

4) 시가 광역시로 된 때에는 종전의 시의회의원과 당해 지역에서 선출된 도의회의원은 종전의 지방의회의원의 자격을 각각 상실하고 광역시의회의원의 자격을 취득하되, 그 임기는 종전의 도의회의원의 잔임기간으로 하며, 그 잔임기간에는 제22조의 규정에 불구하고 그 재직의원수를 의원정수로 한다(동법 제28조 4).

5) 읍 또는 면이 시로 된 때에는 시의회를 새로 구성하되, 최초로 선거하는 의원의 수는 당해 시·도의 자치구·시·군의원선거구획정위원회가 새로 정한 의원정수로부터 당해 지역에서 이미 선출된 군의회의원정수를 뺀 수로 하고, 종전의 당해 지역에서 선출된 군의회의원은 시의회의원이 된다. 이 경우 새로 선출된 의원정수를 합한 수를 제23조의 규정에 따른 시·도별 자치구·시·군의회의원의 총정수로 한다(동법 제28조 5).

6) 앞 4)의 경우 자치구가 아닌 구가 자치구로 된 때에는 자치구의회를 새로 구성하며, 그 의원정수는 당해 시·도의 자치구·시·군의원선거구획정위원회가 새로 정한다. 이 경우 새로 정한 의원 정수를 합한 수를 공직선거법 제23조의 규정에 따른 시·도별자치구·시·군의회의원의 총정수로 한다(동법 제28조 6).

2. 지방의원의 지위

지위란 개인의 사회적 신분에 따르는 위치나 자리를 말한다. 지방의원의 지위란 지방의원이 가지는 사회적 신분에 따르는 위치로 정의할 수 있다. 이러한 지방의원의 지위는 크게 네 가지로 규정할 수 있다. 지방의원은 주민대표자로서의 지위, 지방의회의 구성원으로서의 지위, 선거직 공무원으로서의 지위, 지방정치인으로서의 지위를 가진다.

(1) 주민대표자로서의 지위

지방의원은 주민으로부터 직접 선출됨으로써 주민대표자로서의 지위를 가진다. 지방의원의 주민대표자로서의 지위는 여타 지방의원 지위의 토대가 되는 가장 기본적인 것이다. 지방의원의 주민대표자로서의 지위는 지방의원 각 자의 선거구의 대표가 아니라 지방자치단체 전체의 대표를 의미한다.

이처럼 지방의회 의원은 지방자치단체 주민 전체의 대표자로서의 지위를 가지지만, 현행법상 광역의회 의원은 소선거구제에 의해, 그리고 기초의회 의원은 2명~4명의 중선거구제에 의해 선거구 단위로 선출된다. 이에 따라 지방의회 의원은 자칫 자신이 선출된 한 선거구의 대표라는 잘못된 대표관을 가질 수 있다. 이러한 현상은 현실적으로 지방의회 의원이 투표권자인 선거구 주민을 의식하지 않을 수 없기 때문에 발생된 현상으로 볼 수 있는데, 그 결과 우리는 종종 이들이 전체 주민의 이익보다 오히려 선거구 주민이나 선거구의 이익을 더 중요시하는 경향이 있음을 보게 된다. 이러한 현상은 때때로 의원들이 자치단체의 주민공동체 형성보다는 지역이기주의를 부추기는 결과로 나타나기도 한다. 따라서 지방의원은 그들이 선거의 한 수단으로서 선거구 단위로 선출된다 하더라도 일단 당선된 이후에는 자치단체 전체 주민의 대표로서 그 기능과 역할을 다해야 한다(김동훈, 2002: 390).

소선거구제와 중선거구제로 인해 지역이기주의가 발생하는 문제를 근본적으로 해결하기 위해서 선거구를 확대하거나 혹은 지방자치단체를 하나의 선거구로 하는 대선거구제를 택하는 국가나 지방자치단체도 다수 있다. 미국의 경우 전체 지방자치단체의 65.5%가 대선거구제(at largr election system)를 채택하고 있을 뿐만 아니라 그 비율이 증가추세에 있다(Nelson, 2002:4)[6]. 일본의 경우도 다수 자치단체가 대선거구제를 채택하고 있다.

(2) 지방의회 구성원으로서의 지위

지방의원은 지방의회를 구성하는 구성원으로서의 지위를 가진다. 지방의원이 의회의 구성원이라고 함은 의원 개인이나 몇몇 소수 의원의 의사가 의회의 의사가 될 수 없는 것이고 의회의 권한이 의원 개인에 의하여 행사될 수 없다는 것을 의미한다.

6) 미국의 경우 1998년에는 대선거구제를 채택하고 있는 자치단체가 전체 자치단체의 60.9%였으나(Renner&DeSantis, 1998: 40) 2002년 통계에서는 그 값이 65.5%로 크게 늘어났다.

의회는 합의체기관이므로 오로지 법정의 다수의원의 의결에 의해서만 의사가 결정되는 것이고 의회의 권한이 효력을 발생하는 것이다. 따라서 의원은 의정활동을 통하여 주민의 개별적, 이질적, 그리고 다양한 의사와 이해관계를 통합하고 지방자치단체의 의사를 형성하는 역할을 한다(김동훈, 2002: 390).

(3) 선거직 공무원으로서의 지위

지방의회 의원은 당해 지방자치단체의 주민에 의해 선출되는 선거직 공무원이다. 공무원을 실적주의와 직업공무원제의 적용 여부를 중심으로 경력직 공무원과 특수경력직 공무원으로 구분할 때, 지방의회 의원은 직업공무원제의 일률적 적용을 받는 것이 아니라 일정한 기간마다 선거를 통하여 선출되는 정무직 공무원인 것이다. 지방의회 의원은 일반적인 피선거권 이외에 특별한 자격기준이 없고 오직 주민의 신임과 지지가 가장 중요한 당선요건이 된다.

(4) 지방정치인으로서의 지위

지방의회 의원은 지방정치인이다. 지방의회는 지방정부의 중요 정책을 결정한다. 정책결정은 가치의 배분에 관련된 것으로, 이는 정치적 과정이다. 이 과정에서 지방의원은 지역 주민의 의견을 수렴하고 지역대표로서의 대표관에 따라 정치적 판단을 한다. 또한 이 과정에서 지방의원은 지방자치단체의 장과 상호간에 견제와 균형이라는 정치적인 관계 속에서 활동한다. 지방의원은 이러한 지방정치활동의 결과에 대해 지방선거를 통해 지역주민들로부터 평가받는다.

지방의원은 또한 중앙정당의 공천과정을 통해 중앙정치권의 영향력을 강하게 받고 있다. 기초의회 의원까지 정당공천제가 확대됨으로써 지방의원은 정당을 통한 정치행위가 강화되었다. 이에 따라 2006년 5·31지방선거의 결과 지방의원 중에서 정치인의 비율이 크게 증가되었다.[7)]

---

7) 기초의원까지 정당공천제가 허용된 2006년 5·31지방선거의 결과 당선자들의 정치인 비율이 크게 늘어났다. 특히 기초의원 당선자의 정치인 비율은 13.78%로, 이는 2002년 6·13지방선거 당선자의 정치인 비율 4.87%에 비해 거의 세 배 가까이 늘어났다. 광역의원의 정치인 비율도 25.19%로 2002년 지방선거 당선자의 정치인 비율 19.84%에 비해 크게 늘었다(송광태·황아란, 2007: 181).

3. 지방의원의 임기

(1) 지방의원 임기의 의의

지방의원의 임기는 당선 이후 지방의원으로 임기를 시작하는 날부터 임기만료일까지의 기간을 말한다. 이러한 지방의원의 임기는 국가에 따라 또는 국가내 지방자치단체에 따라서 차이가 있다. 우리나라의 경우 공직선거법에서 지방의원의 임기를 일률적으로 규정하고 있어서 지방의회에 따라 차이가 없다. 그러나 미국의 경우 다수의 자치단체는 자치헌장과 조례(local ordinance)에 의해 지방의원의 임기를 지방정부 스스로 결정할 수 있어서 일률적이지 않다. 독일처럼 주에 따라 임기에 차이가 있는 경우도 있다.

세계 각국의 지방의회 의원의 임기는 1년에서 6년까지 다양하다. 일본, 대만, 한국, 이탈리아, 영국 등 다수의 국가는 지방의원의 임기가 4년이다. 그러나 프랑스와 스페인의 지방의원 임기는 6년이며, 말레이시아는 3년이다(김동훈, 2002: 392; 황아란, 1997). 독일은 주마다 지방의원의 임기가 다른데, 헤센주는 4년인데 비해 바이에른주는 6년이다(황아란, 1997: 166). 미국의 경우 지방의회 의원의 임기는 1년에서부터 6년까지 지방자치단체에 따라 차별화되어 있다. 이 중에서 가장 많은 비율을 차지하는 것은 4년이고(한국지방자치단체국제화재단, 2003: 28) 평균은 3년이다. 또한 미국의 경우 72.6%의 지방자치단체가 지방의원의 임기를 중첩제(staggered terms)로 하고 있는데, 이 경우 경험있는 지방의원이 한꺼번에 교체되지 않기 때문에 지방의회의 안정성과 지속성이 유지된다는 장점이 있다(Nelson, 2002: 4).

지방의회 의원의 임기가 길거나 혹은 짧을 경우 각각 나름의 장점과 단점이 있다. 지방의원의 임기를 3년 이하의 단기로 하면, 주민의 참정기회가 확대되고 주민의사의 변화가 지방의회에 적절히 반영되며, 지방의원에 대한 주민심판의 기회가 빈번해짐으로써 주민통제의 실효성이 제고된다는 장점이 있다. 뿐만 아니라 지방의원의 임기가 짧으면 지방의원의 직무태만·이권개입·부정부패 등을 방지하는데 유리하다. 그러나 잦은 선거로 인한 행정적·재정적 낭비가 발생하고, 지방의회 기능의 일관성 및 지속성이 결여될 우려가 크며, 정치·행정의 불안과 사회혼란을 조성할 우려가 커지는 등의 단점이 있다.

한편 지방의원의 임기를 5년 이상의 장기로 하면, 지방의원들이 장기 경험으로 의정활동에 익숙해지고 전문화의 가능성이 높아진다. 또한 지방의회의 일관성과 안정성이 유지되고 잦은 선거로 발생하는 선거경비의 절감과 정치·행정의 혼란을 방지하는 장점이 있다. 반면에 이는 지방정치에 주민의사를 반영할 기회와 참정권행사의 기회가 줄어들고, 지방의원에 대한 주민의 심판 내지 주민통제가 약화되므로 지방의원의 의정활동이 태만해지고 이권개입 등 부조리가 발생하기 쉬운 단점이 있다(김동훈, 2002: 393-394; 정세욱, 2000; 517).

(2) 우리나라 지방의회 의원의 임기

현재 우리나라 지방의회 의원의 임기는 광역의회 의원과 기초의회 의원 모두 4년이다. 그러나 우리나라 지방의회 의원의 임기가 일관되게 4년이었던 것은 아니다. 우리나라는 1949년 지방자치법 제정당시에 지방의원의 임기를 4년으로 정하였다. 그러나 막상 1952년 초에 지방의원 선거를 실시하고 지방의회를 구성하여 운영해 본 결과 자치제도에 대한 비판, 특히 지방의회와 자치단체장에 대한 불만이 고조되었다. 지방의회에 대한 실망은 당시 시·읍·면의회에 주어졌던 시·읍·면장 선거권을 박탈하여 이들을 주민직선제로 바꾸고, 지방의원의 임기단축, 의회의 회기제한을 해야 한다는 쪽으로 의견이 모아졌다. 이러한 여론에 따라 1956년 2월 지방자치법 제2차 개정시에 지방의원의 임기를 3년으로 단축하였다. 그 후 1958년 12월 지방자치법 제4차 개정시에 임기를 4년으로 환원시켰다(정세욱, 2000: 516-517).

지방의원의 임기는 총선거에 의한 전임의원의 임기 만료일의 다음날부터 개시된다. 다만 의원의 임기가 개시된 후에 실시하는 선거와 지방의회의원의 증원선거에 의한 의원의 임기는 당선이 결정된 때부터 개시되며, 전임자 또는 같은 종류의 의원의 잔임기간으로 한다(공직선거법 제14조 ②).

4. 지방의원의 보수

(1) 지방의원 보수제도: 명예직과 유급직

지방의원 보수제도는 국가에 따라 또는 지방자치단체에 따라 다양한 형태로 발전해 왔다. 그러나 이 제도는 대체로 지방의회제도의 발달과정과 밀접한 관련을 가지고 있고, 이는 결국 지방의원직을 어떻게 규정할 것인가로부터 출발한다(송광태, 2007a: 70-71).

세계 각국의 의회제도를 역사적으로 보면 의원의 보수는 명예직과 유급직으로 나누어 고찰할 수 있다(최봉기, 2006: 277). 유급직이라 하면 자신의 활동에 대해 반대급부를 받고 직무를 수행하는 것을 의미한다고 할 수 있다. 이 개념은 지방의원직을 일종의 근로로 보고, 근로에는 "보수가 따른다"는 경제관념이 현대 산업사회에 있어서 일반적 사회통념이므로 지방의원에게도 이것을 적용한 것이라고 할 수 있다. 대체로 유급제는 지방의원직이 전업직이고 직무수행과정에 요구되는 전문성을 중시한다.[8] 따라서 유급제를 채택하고 있는 국가나 지방자치단체의 지방의원은 대체로 높은 보수를 지급받게 된다.

이에 비해 명예직은 지방의원의 지역사회에 대한 봉사성을 중시한다. 명예직은 지방의회 의원의 활동이나 직무를 고정급으로 해야 할 만큼 업무가 전문적이거나 복잡하지도 않고 업무의 양도 많지 않다는 것을 전제로 한다(김동훈, 2002: 395). 이에 따라 명예직은 보통 소규모의 전통적인 공동체 성격이 강한 지방에서 가능한 제도로 정착되어 왔다. 요컨대 명예직은 지방의원직을 비전업직(part time job)으로 하는 것을 전제로 하고 있다. 이에 따라 명예직을 채택하고 있는 국가나 지방자치단체의 지방의원은 유급제를 채택하고 있는 경우보다 지급받는 금액이 적고, 그 명목은 활동비 등 수당개념으로 접근된다. 이러한 명예직은 대체로 농업이나 수산업과 같은 정태적인 생업구조 하에서 가능하였지만 오늘날 도시화와 산업화가 진전되어 지방의원들은 지역봉사활동에도 전업직에 유사한 대우를 기대하게 되었다(이달곤, 2004: 263). 이상에서 살펴본 바와 같이 유급직과 명예직은 여러 가지 측면에서 상호 대비되는 개념이라 할 수 있다.

(2) 외국 지방의회의원의 보수제도

일률적이지는 않지만 외국 지방의원의 보수는 지방의회의 규모가 대의회제인가 혹은 소의회제인가에 따라 차이가 있다. 대체로 대의회제를 채택하는 국가에서는 지방의회의원을 명예직으로 하고 있는데 비하여 소의회제를 채택하는 국가에서는 지방의회의원을 유급직으로 하고 있다.

---

8) 의원의 전문성 제고와 전업직 의원 비율의 증대 및 보수와의 밀접한 관련성은 미국의 의회전문화 개혁 과정에서 다수 입증된 바 있다(황아란·송광태, 2007). '의회 전문화(legislative professionalism)'란 개념은 전문 직업화된 의원들로 의회가 구성되고 의원의 특성과 태도가 변화되는 것을 의미한다(King 1981; Eliassen and Pedersen 1978). 특히 의회 전문화가 의원들의 동기와 능력을 변화시킨다는 논리의 근거는 보수를 비롯한 의정에 필요한 자원이 충분히 지원되기 때문인 것이다(Hibbing 1999).

이에 따라 프랑스와 2001년 이전의 영국 등의 국가는 지방의원을 명예직으로 하고 있고, 지방의원의 보수가 적다. 예외적으로 대만의 경우 명예직으로 하고 있으면서도 상당한 금액의 연구비를 별도로 지급하고 있다. 반면에 미국, 캐나다, 필리핀 등은 지방의회의원을 유급직으로 하고 있는데, 이들 국가의 경우 지방의원의 수가 적은 소의회제를 채택하고 있다. 예외적으로 일본은 지방의원의 수가 많은 대의회제이면서도 상당한 정도의 보수를 지급하는 유급제를 채택하고 있다.

일본의 경우 법률상 우리나라 지방의원 의정비에 해당하는 것을 보수로 표현하고 있다. 일본은 지방자치법 제203조에서 지방의회 의원의 보수액 및 지급방식을 규정하고 있는데, 각 자치단체별로 조례로 정하도록 하고 있다. 이 법에 따르면 보통지방공공단체는 지방의회 의원에게 보수를 지급하도록 하고 있으며, 보수를 지급받는 여러 직종 중에서 유독 지방의원만은 근무일수와 무관하도록 하고 있다. 뿐만 아니라, 지방의원은 직무를 수행하기 위해 필요한 비용의 변상을 받을 수 있고, 조례로 정하는 바에 의하여 기말수당을 지급받을 수 있다. 일본 지방의원의 보수액 결정과정에서 중요한 역할을 하는 기구는 '특별직보수심의회'이다. 이 기구는 총무성(구 자치성)의 행정지도에 따라 자치단체 장의 자문기관으로 자치단체별로 설치된다. 개별 자치단체의 장은 지방의원 보수액에 관한 조례의 개정안을 의회에 제출할 때 미리 특별직보수심의회의 자문을 받도록 하고 있다.[9)]

한편 미국의 경우 대다수의 지방정부가 '자치헌장'(Home-Rule Charter)을 가지고 있는데, 이들 지방정부는 기능과 서비스의 범위, 조직, 인사, 재무 등의 영역에서 주의회로부터 자율성을 가지고 있다(이달곤, 2004: 349). 자치헌장제하에서는 주민들이 자신들의 시정부를 스스로 조직할 수 있는 권한을 가지는 까닭에 자치단체의 자치권을 확장시키고 있는데(이규환, 2000: 152), 지방의원에 대한 보수도 지방적 사항으로 지방정부 스스로가 결정할 수 있는 사항에 해당된다. 이에 따라 미국 지방의원의 보수에 관해서는 대부분 지방정부의 헌법격인 헌장(charter)과 조례에 자율적으로 규정하고 있고, 상위 정부인 주나 연방의 법률 또는 헌법에는 법적 근거가 없다.

9) 지방의원 등의 보수와 관련하여 특별직보수심의회가 자치단체의 장에게 자문시에 고려할 사항은 일곱 가지이다. 여기에는 최근 소비자물가 상승률, 인구·재정규모 등이 유사한 타 자치단체의 특별직 급여월액, 과거 특별직 급여의 개정상황, 일반직원의 급여 개정상황, 의회비의 지난 5년간의 일반직원에 대한 구성비율 및 보수를 인상한 경우에 있어서 평년도 베이스 구성비율의 증가 전망, 의원보수 월액총액의 주민1인당 금액에 대한 유사 지자체간 비교, 의원의 활동상황(심의일수, 위원회 의정활동) 등의 제출자료 내용이 포함되어 있다. 이상에서 보는 바와 같이, 일본의 경우 지방의원 보수 심의에서 고려하는 요소의 폭이 비교적 넓다.

헌장에서는 보수지급의 근거와 방법 등 기본사항을 정하고, 구체적인 금액에 대해서는 조례로 정하도록 하고 있다. 보수수준의 결정에 있어서는 지방정부별로 설치된 독립적인 보수위원회의 권고가 중요한 역할을 한다. 개별 지방의회는 대체로 보수위원회의 보수액 권고를 거부 또는 삭감할 수 있으나, 어떤 항목에서도 증액은 허용되지 않고 있다(황아란 외, 2003: 357). 요컨대 미국의 경우 지방의원 의정비 결정권이 대부분 자치단체의 자율적 권한으로 되어 있어 정부형태와 도시 규모 그리고 지방정부의 재정형편에 따라 보수의 수준이 매우 다양하다는 특징이 있다.

오늘날 선·후진국을 막론하고 산업화·도시화의 고도화로 지방정부가 직면한 문제들이 복잡·다양화 되고 있다. 이에 따라 무보수·명예직의 지방의원들이 고도로 전문화되고 있는 지방정부의 문제를 다루는데 한계가 있다는 지적이 널리 확대되고 있다. 이에 따라 전문직 지방의회가 강하게 요청되었고, 그 추세에 맞추어 지방의원을 명예직으로 유지하던 나라들도 점차 유급제로 전환하는 경우가 발생하고 있다. 최근에 이러한 제도의 변화를 가져온 대표적인 국가가 영국과 한국이다. 영국의 경우 지방의원은 당초 순수 무보수 명예직이었으나, 1972년 지방정부법에 수당규정이 명문화되면서 변화과정을 거쳐 왔다. 그리고 1989년에 지방정부가 수당체계 및 금액을 자율적으로 결정하도록 하였다. 또한 2000년부터 회의참석수당제가 폐지되었고, 2001년부터 독립보수위원회를 설치·운영하게 되었다(송광태·황아란, 2007: 158).

(3) 우리나라 지방의회의원의 보수제도 변화 과정

우리나라 지방의원에 대한 보수제도는 그간 몇 차례 변화를 겪어 왔고, 지급액 또한 많은 변화의 과정을 거쳐 오늘에 이르고 있다. 지방자치법이 제정될 당시(1949.7.3. 법률 제32호)의 관련 규정을 보면, '지방의회의 의원은 명예직으로 한다. 단, 일비와 여비를 받을 수 있으되 이에 관한 규정은 내무부장관의 승인을 얻어 조례로써 정한다'(지방자치법 제16조)고 하였다. 이후 두 차례의 관련 규정 개정(1949.12.15, 1960.11.1)이 있었으나 골간은 유지되었고, 1987년 민주화 이후 지방자치법 전면개정(1988. 4. 6. 법률 제4004호)[10]에서도 이 조항은 큰 변화가 없었다. 우리나라 지방의원 보수제도에 대한 이러한 규정은 2003년 7월 18일 지방자치법 개정(법률 제6927호)을 통해 명예직이

10) 전면 개정 당시 지방자치법 조항은 다음과 같다. 지방의회의원은 명예직으로 한다. 다만, 회기중에 한하여 일비와 여비를 지급할 수 있으며, 이의 지급기준은 대통령령으로 정한다(지방자치법 제32조).

라는 용어가 삭제되기까지 존속되었다. 이 때까지 우리나라 지방의원의 보수제도는 각종 수당의 신설과 인상에도 불구하고 법상 명예직 규정이 유지되었고, 이에 따라 근본적인 변화가 있었던 것은 아니었다. 그러나 지방자치법에 명예직 규정이 삭제되면서 비로소 우리나라 지방의원의 보수제도는 큰 전환점을 맞게 되었다. 그 이후 2005년 8월 4일 지방자치법 개정(법률 제7070호)을 통하여 지방의원에게 월정수당을 지급하게 하고, 각종 지급비용을 지방자치단체별로 구성된 의정비심의위원회에서 결정하게 함으로써 유급제의 기틀을 마련하게 되었다. 이러한 개정내용은 2006년 2월 8일 지방자치법 시행령 개정을 통하여 의정비심의위원회의 구성과 활동에 대한 구체적인 근거가 마련되었다. 이에 따라 각 지방자치단체별로 의정비심의위원회가 구성되었고, 여기에

◈ 표 4-6 ◈ 한국의 지방의원 보수제도, 지급 비목 및 지급액 변화

구 분	내 용	연간 지급가능금액
지방자치법 제정(1949.7.3) 법률 32호	• (제16조) 지방의회의 의원은 명예직으로 한다. 단, 일비와 여비를 받을 수 있으되 이에 관한 규정은 내무부장관의 승인을 얻어 조례로써 정한다. 이후 개정(1949.12. 15, 1960.11.1)이 있었으나 골간 유지	
지방자치법전면개정(1988. 4.6.)	• 제32조(의원의 보수) 지방의회의원은 명예직으로 한다. 다만, 회기중에 한하여 일비와 여비를 지급할 수 있으며, 이의 지급기준은 대통령령으로 정한다.	
지방자치법개정(1989.12.30	• 제32조(의원의 보수) 이의 지급기준은 대통령령으로 정하는 범위 안에서 조례로 정한다.	
지방자치법시행령 일부개정 (1991.4.1.)	• 일비는 시·도의회의원은 50,000원 이내, 시·군·구의회의원 30,000원 이내로 정함.	- 광역의원: 연620만원 - 기초의원: 연240만원
지방자치법시행령 일부개정 (1994.7.6.)	• 일비 인상 - 시·도의회의원 60,000원 이내(연 120일) - 시·군·구의회의원 50,000원 이내(연 80일)로 상향	- 광역의원: 연720만원 (월평균 60만원): 16% 인상 - 기초의원: 연400만원 (월평균 33만3천원): 67%인상
지방자치법시행령 일부개정 (1995.7.1.)	• 의정자료수집·연구비(월) 지급(공무원보수지급일 지급) - 시·도의회의원 월500,000원. - 시·군·구의회의원 월350,000원	- 광역의원: 연1440만원 (월평균 120만원): 100% 인상 - 기초의원:연820만원

	• 보조활동비 지급 – 시·도의회의원 월100,000원	(월평균68만원): 100%이상 인상
지방자치법시행령 일부개정 (1999.12.31.)	• 의정활동비 인상 – 시·도의회의원 : 월60만원 →90 만원으로 인상 – 시·군·구의회의원: 월35만원 → 55만원으로 인상 • 회의수당을 회기수당으로 변경, 회기일수에 일액을 곱한 금액을 회기마다 지급(광역의원 연960만원(일8만원×120일), 기초의원 연560만원(일7만원×80일) 인상)	– 광역의원: 연2,040만원(월평균 170만원):42% 인상 – 기초의원: 연1,220만원(월평균 102만원):49% 인상
지방자치법 일부개정(2003. 7.18.)	• 지방자치법 제32조 개정 – 명예직 조항 삭제 • 지급항목 : 의정활동비, 회기수당, 여비는 그대로 유지	
지방자치법시행령 일부개정 (2003.12.18.)	• 의정활동비 인상 – 시·도의회의원:월 90만원→150만원(의정자료수집·연구비 120만원, 보조활동비 30만원으로 인상) – 시·군·구의회의원:월 75만원→110만원(의정자료수집·연구비 90만원, 보조활동비(신설) 20만원) • 회기수당– 광역의원 연1320만원(일11만원×120일), 기초 연800만원(일10만원×80일)으로 인상	– 광역의원: 연3,120만원 (월평균 260만원):53% 인상 – 기초의원: 연2,120만원 (월평균 176.7만원): 74% 인상
지방자치법 일부개정(2005. 8.4.). 시행령 개정(2006.2. 8, 15조의2신설(의정비심의위원회의 구성 등). 2006년부터 소급 적용	• 회기수당 폐지, 월정수당 신설. • 의정활동비, 여비, 월정수당의 지급기준은 대통령령이 정하는 바에 따라 당해 지방자치단체 의정비심의위원회에서 결정하는 범위 안에서 조례로 정함(2006. 3월 결정) • 의정활동비의 월지급규모는 그대로 유지(지방자치법 시행령 제15조) • 2006년 1월부터 당해 소속 공무원 보수지급일 지급	〈2006년~2007년 연봉액〉 – 16개 광역의회의 의원평균연봉: 4683만원(월평균 390만원): 50%인상 – 230개 기초의회의 의원평균연봉: 2788만원(월평균232만원): 31.5%인상
2008년 연봉 결정액	위와 같음	– 16개 광역의회의 의원평균연봉: 5292만원(월평균 441만원): 13%인상 – 230개 기초의회의 의원평균연봉: 3773만원(월평균314만원): 35.2%인상

서 2006년 상반기에 개별 자치단체 의원의 1년 총지급액인 의정비를 결정하였다. 이 결정금액은 법적 근거에 의하여 2006년부터 소급하여 적용하였다. 한국의 지방의원 보수제도와 지급 비목 및 지급액의 변화과정을 요약하면 〈표 4-6〉에서 보는 바와 같다.

표에서 보는 바와 같이 1991년에 지방의회가 다시 개원한 이후 17년 정도의 기간에 지방의원에게 지급되어 온 각종의 경비 관련 규정이 여러 차례 바뀌었고, 그 금액은 지속적으로 인상되어 왔음을 알 수 있다. 또한 2005년 8월 4일의 지방자치법 개정과 2006년 2월 8일의 지방자치법 시행령 개정을 통한 소위 지방의원 유급화로 광역의원의 보수는 16개 광역의회 평균적으로 볼 때 50% 인상되었고, 기초의원의 보수액은 230개 기초의회 평균적으로 볼 때 31.5% 인상되었음을 알 수 있다[11]. 그러나 표에서 보는 바와 같이, 소위 유급제 실시와 더불어 개별 자치단체별로 구성된 의정비심의위원회에서 결정한 보수의 인상비율이 과거 수차례 있었던 인상비율과 비교해서 획기적인 것은 아니었다[12].

이제 지방의원 의정비에 대한 결정권한이 중앙정부의 통제에서 벗어나 지방자치단체의 의정비심의위원회로 이양되었다. 따라서 법규정상 매년 10월말까지 차년도 의정비를 결정할 의정비심의위원회가 열리도록 되어 있기 때문에 의정비가 증액될 가능성은 크고, 이에 대한 중앙정부의 통제장치는 거의 없다. 따라서 지방의원 의정비의 적정액에 대한 논란이 매년 반복될 것으로 보인다.

(4) 우리나라 지방의회의원의 보수규정과 실태

1) 지방의회의원 보수 관련 규정과 의정비심의위원회의 구성

우리나라 지방의원의 보수와 관련하여서는 지방자치법 제33조와 시행령 제33조 및 제34조에서 규정하고 있다.

11) 과거와 차이가 있다면 과거의 경우는 광역의원과 기초의원간에 차이가 있었지만 동일 급의 지방의회간에는 실질적인 차이가 없었다. 그러나 유급제 실시이후에는 개별 자치단체단위로 의정비심의위원회에서 보수액을 결정하도록 되어 있어 의회간에 차이가 다소 크다는 점이다. 과거에는 지방의원에게 지급되는 의정활동비 등에 대해 금액은 대통령령이 정하는 범위 안에서 지방자치단체가 조례로 정하도록 하였으나 실제로는 모든 자치단체가 대통령령이 정하는 최고액을 조례로 정하였다.

12) 예를 들면 1995년 7월에 지방자치법 시행령 개정에 따라 의정자료수집·연구비와 보조활동비가 새로 매월 지급됨으로써 광역의원과 기초의원은 그 이전에 비해 각각 연평균 100%의 지급액 인상효과가 있었다. 또한 2003년 12월에 의정활동비와 회기수당이 대폭 증액됨으로써 광역의원은 53%, 기초의원은 74% 수당액이 인상된 바 있다.

지방자치법은 지방의회의원에게 다음 각 호의 비용을 지급한다(동법 제33조).

① 의정 자료를 수집하고 연구하거나 이를 위한 보조 활동에 사용되는 비용을 보전하기 위하여 매월 지급하는 의정활동비

② 본회의 의결, 위원회의 의결 또는 의장의 명에 따라 공무로 여행할 때 지급하는 여비

③ 지방의회의원의 직무활동에 대하여 지급하는 월정수당

이상과 같은 각 호에 규정된 비용의 지급기준은 대통령령으로 정하는 바에 따라 해당 지방자치단체의 의정비심의위원회에서 결정하는 범위 안에서 지방자치단체의 조례로 정한다. 의정비심의위원회의 구성·운영 등에 관하여 필요한 사항은 대통령령으로 정한다.

한편 대통령령에서는 구체적인 결정방법에 대해 규정하고 있다(지방자치법 시행령 제33조). 지방의회 의원에게 지급하는 의정활동비·여비 및 월정수당의 지급기준은 다음 각 호의 범위 안에서 의정비심의위원회가 해당 지방자치단체의 재정 능력 등을 고려하여 결정한 금액 이내에서 조례로 정한다. 다만 월정수당의 경우 지역 주민의 소득수준, 지방공무원 보수 인상율, 물가상승율 및 지방의회의 의정활동 실적 등을 종합적으로 고려한 금액이라고 밝히고 있다. 또한 의정활동비와 월정수당은 당해 지방자치단체 소속 공무원의 보수 지급일에 지급한다고 하고 있다(동시행령 제33조의 ①②).

한편 의정비심의위원회의 구성 등에 대해서는 다음과 같이 구체적으로 밝히고 있다(동시행령 제34조).

① 법 제33조제3항에 따른 의정비심의위원회(이하 이 조에서 "심의회"라 한다)는 법 제33조제1항 각 호에 따른 비용 지급기준의 결정이 필요한 경우에 10명의 위원으로 구성하되, 위원은 지방자치단체의 장 및 지방의회의 의장이 학계·법조계·언론계 및 시민단체 등으로부터 추천을 받은 자 중에서 각각 5명씩 선정하고, 지방자치단체의 장이 위촉한다.

② 위원이 될 수 있는 자는 위원회가 구성되는 해의 1월 1일을 기준으로 1년 이전부터 계속하여 당해 지방자치단체의 관할구역에 주민등록이 되어 있는 19세 이상인 자로 한다. 다만, 「공직선거법」 제18조에 따라 선거권이 없는 자와 그 지방자치단체의 소속 공무원·의회의원·교육위원 및 그 배우자·직계존비속·형제자매는 위원이 될 수 없다.

③ 위원장은 위원 중에서 호선하며, 위원의 임기는 위원으로 위촉된 날부터 심의회가 시행령 제33조제1항에 따라 결정한 금액을 제5항에 따라 해당 지방자치단체의 장과 지방의회의 의장에게 통보한 날까지로 하되, 차기 심의회의 위원이 될 수 없다.

④ 심의회에 참석한 위원에게는 해당 지방자치단체 예산의 범위 내에서 수당과 여비를 지급할 수 있다.

⑤ 심의회는 위원 위촉으로 심의회가 구성된 해의 10월 말까지 시행령 제33조제1항에 따른 금액을 결정하고, 그 금액을 해당 지방자치단체의 장과 지방의회의 의장에게 지체 없이 통보하여야 하며, 그 금액은 다음 해부터 적용한다. 이 경우 결정은 위원장을 포함한 재적위원 과반수의 찬성으로 의결한다.

⑥ 심의회는 제5항의 금액을 결정하려는 때에는 그 결정의 적정성과 투명성을 위하여 공청회, 주민의견 조사 등 지역주민의 의견을 수렴할 수 있는 절차를 거쳐야 한다.

⑦ 심의회는 지방자치단체의 장이나 지방의회의 의장에게 제5항의 결정에 필요한 자료의 제출 및 관계자의 설명을 요청할 수 있다.

⑧ 지방자치단체의 장은 제5항에 따라 통보받은 사항을 지체 없이 그 지방자치단체의 인터넷 홈페이지 등에 게재하여야 한다.

⑨ 그 밖에 심의회의 구성 및 운영에 필요한 사항은 해당 지방자치단체의 조례로 정한다.

2) 우리나라 지방의원의 보수 실태

지방의원의 보수는 지방의원이 1년간 받을 수 있는 연봉액이다. 이는 법규정상으로는 의정비로 표현된다. 지방자치법에서 지방의원에게 지급할 수 있는 연봉액에 대해 의정비심의위원회가 당해 지방자치단체의 재정능력을 감안하여 결정한 금액 내에서 조례로 정하도록 하고 있다. 이러한 개정 법규정에 의해 첫 번째 지방의원 연봉액은 2006년 상반기에 결정되었으며, 그 실태와 기초지표들을 종합하면 〈표 4-7〉과 같다. 이 연봉액은 2007년에도 동일하게 지급되었고, 2008년도 연봉액은 2007년 10월까지 결정하였다.

먼저, 지방자치단체 차원에서 자율적으로 연봉액을 결정하도록 제도변화가 있은 후 첫 해인 2006년도 광역의원의 연봉액에 대해 설명하고자 한다. 16개 광역의회 의원의 총 수는 738명으로 1의회당 평균 의원수는 46.1명이다. 이들의 평균 연봉액은

◈ 표 4-7 ◈ 지방의회 유형별 평균 연봉 및 기초 지표

	N	연봉 (만원)	평균 의원수	인구 (천명)	의원1인당 인구(천명)	인구1인당 부담액(원)
전체 평균	246	2,911	15.8	397	17.7	2,685
전체 광역의회	16	4,683	46.1	3,066	66.5	697
특별/광역시	7	5,175	38.9	3,274	78.3	665
도	9	4,300	51.8	2,906	48.8	1,097
전체 기초의회	230	2,788	12.56	213	16.97	2,850
자 치 구	69	3,052	14.1	325	22.2	1,501
일 반 시	75	2,922	15.9	285	17.1	2,079
군	86	2,459	8.4	55	6.5	4,494

참고: 인구통계는 통계청 「행정구역별 인구동태」(www.kosis.kr/domestic/comp.are//do04/index.jsp) (2007년 6월 10일 접속)를 기초로 작성함. 통계값은 2006년도 수치임.
자료: 송광태(2007a: 77).

의회에 따라 큰 차이가 있었다. 16개 광역의회 중에서 서울특별시의회의 의원연봉액이 6,804만원으로 가장 높았고, 전라남도의회의 의원연봉액이 3,960만원으로 가장 낮았다. 이에 따라 서울특별시 의원의 연봉액은 전라남도 의원 연봉액의 1.72배가 되었다. 16개 광역의회의 평균 의원 연봉액은 4,683만원으로, 유급제 이전에 1년간 총 지급받을 수 있었던 3,120만원에 비해 평균 50% 정도 인상된 금액이었다.

세부적으로 보면, 특별시·광역시의원의 연봉액이 높았고 도의원의 연봉액이 낮게 나타났다. 서울을 포함한 7개 특별시·광역시의회 의원의 평균 연봉은 5,175만원으로 나타난 반면에 9개 도의회 의원의 평균 연봉액은 4,300만원으로 나타나 전자가 후자보다 20% 정도 높았다. 특별시·광역시의회 중에서 최대는 서울특별시의회(6,804만원)였고 최소는 광주광역시의회(4,213만원)였다. 특별시·광역시 의회의 평균 의원 정수는 38.9명으로 의원 1인당 대표하는 인구수는 78,300명이다. 특별시·광역시 의원의 평균 연봉액에 대한 인구 1인당 부담액은 665원으로 도나 시·군·자치구의 그 값과 비교할 때 비교대상 가운데 가장 낮았다(송광태·황아란, 2007: 142-144).

9개 도의회 의원의 경우 최대는 경기도의회(5,421만원)였고 최소는 전라남도의회(3,960만원)로 나타났다. 평균적으로 도 의회의 의원 정수는 51.8명으로 의원 1인당 대표하는 도민 수는 48,800명이다. 도민 1인당 부담하는 도의원 연봉액은 1,097원(표준편차 745원)이다.

한편 2008년도 16개 광역의회 의원의 평균 연봉액은 2006년 결정액에 비해 13%

인상된 5,292만원이었다(〈표 4-8〉 참조). 이 중에서 서울특별시의회는 동결되었고, 경기도의회는 7,252만원(34% 인상)이 되어 광역의회 중에서 최고액이 되었다. 반면에 충청남도의회와 광주광역시의회는 각각 1%와 2%씩 인상하는데 그쳤다. 광주광역시의회는 의원 1인당 연봉액이 4,291만원으로 전국 광역의회 중에서 최하위였다(지방의회발전연구원, 2008: 7).

다음으로 기초의원의 연봉을 검토하고자 한다. 먼저, 처음으로 자치단체가 자율적으로 지방의원 연봉액을 결정한 2006년도 230개 기초의회의원의 평균 연봉액은 2,788만원이었다. 이 금액은 그 이전에 의원 1인이 1년간 지급받을 수 있었던 법규정상 최고액 2,120만원에 비해 평균 31.5% 인상된 것이다. 2006년도 연봉 결정액에서 가장 높은 금액을 지급받은 의회는 서울특별시 서대문구의회로 연 3,804만원이었는데, 이 금액은 광역의회 중에서 최하 연봉을 지급받는 전라남도의회보다 156만원 적었다.

◈ 표 4-8 ◈ 16개 광역의회별 의원 연봉결정액과 의원수

순서	자치단체명	연봉액(만원)		의원수(명)	구 분
		2006년	2008년		
1	서울특별시의회	6,804	6,804	106	특별시
2	부산광역시의회	5,637	6,077	47	광역시
3	대구광역시의회	5,040	5,400	29	광역시
4	인천광역시의회	5,100	5,951	33	광역시
5	광주광역시의회	4,213	4,291	19	광역시
6	대전광역시의회	4,908	5,508	19	광역시
7	울산광역시의회	4,523	5,538	19	광역시
8	경기도의회	5,421	7,252	119	도
9	강원도의회	4,215	4,666	40	도
10	충청북도의회	3,996	4,632	31	도
11	충청남도의회	4,410	4,475	38	도
12	전라북도의회	4,068	4,920	38	도
13	전라남도의회	3,960	4,748	51	도
14	경상북도의회	4,248	4,970	55	도
15	경상남도의회	4,246	4,920	53	도
16	제주특별자치도의회	4,138	4,512	41	도
	전체 합계			738	
	전체 평균	4,683	5,292	46.1	

한편 기초의회 중에서 가장 낮은 연봉을 지급받은 곳은 충북 증평군의회로 의원1인당 연 1,920만원이었다. 증평군의회의 경우 유급제를 실시하기 이전에 비해 의원 1인이 지급받을 수 있는 연봉액이 오히려 9% 이상 줄어들었다. 이처럼 유급제 실시 이후 첫 번째 연봉액 결정에서 과거에 비해 지급액이 같거나 줄어든 의회는 증평군의회를 포함하여 경북 문경시의회, 전북 무주군의회, 충북 괴산군의회, 충남 태안군의회 등 5곳으로 나타났다.

세부적으로, 기초의원의 연봉을 자치구, 시, 군 의회별로 비교해 보고자 한다. 먼저 69개 자치구의회의 평균 연봉은 3,052만원으로, 최대는 서울 서대문구의회(3,804만원)로 나타났고 최소는 인천 동구의회(2,418만원)였다. 평균적으로 자치구의회의 의원 정수는 14.1명으로 구의원 1인이 대표하는 구민 수는 22,200명이다. 구의원 연봉 총액에 대해 구민 1인당 부담액은 1,501원으로 기초자치단체 중에서 가장 낮았다.

75개 시의회의 평균 연봉은 2,922만원(표준편차 437만원)이었다. 최대는 경기도 성남시의회(3,799만원)였고 최소는 경북 문경시의회(2,120만원)였다. 평균적으로 시의회의 의원 정수는 15.9명으로 의원 1인당 대표하는 시민 수는 17,100명이다. 시민 1인당 부담하는 시의원 연봉액은 2,079원(표준편차 877원)이었다.

끝으로 86개 군의회의 평균 연봉은 2,459만원이었다. 최대는 대구광역시 달성군의회(3,254만원)였고 최소는 충청북도 증평군의회(1,920만원)로 나타났다. 평균적으로 군의회의 의원 정수는 8.4명으로 의원 1인당 대표하는 군민 수는 6,500명이다. 군민 1인당 부담하는 군의원 연봉액은 4,494원으로 기초자치단체 중에서 가장 높았다(송광태·황아란, 2007: 142-144).

한편 2008년도 기초의회 의원의 연봉액은 2006년 결정액에 비해 평균 35.2% 인상되었고, 이에 따라 230개 기초의회 의원의 평균 연봉액은 3,773만원이었다. 기초의회 중에서 연봉액이 가장 높은 의회는 서울특별시 송파구의회·종로구의회·도봉구의회로 5,700만원이었고, 가장 낮은 의회는 경북 예천군의회로 2,378만원이었다. 전국 230개 기초의회 중에서 부산광역시 진구의회, 대구광역시 남구의회, 광주광역시 동구의회 및 경상북도 예천군의회는 2006년 결정액으로 동결하였다. 충북 청원군의회는 2006년 결정액인 2,202만원에 비해 91.6% 인상되어 최고의 인상률을 나타내었고 그 결과 2008년도 연봉액은 4,218만원이 되었다(지방의회발전연구원, 2008: 7-8).

5. 지방의원의 겸직 허용범위

(1) 의 의

지방의원의 신분과 관련하여 중요시 되는 문제 중의 하나는 지방의원으로 하여금 겸직을 허용할 것인가 혹은 금지할 것인가 하는 부분이다. 지방의원에게 겸직 등을 금지하는 것은 특정한 공직으로 하여금 당해 직무를 수행하는 데 방해가 되거나 부적당하다고 인정되는 일정한 직을 겸할 수 없게 하고, 또한 특정한 경우에 거래행위 등을 금지하는 것을 의미한다. 이 제도는 지방의원뿐만 아니라 국회의원 등 모든 공직에 걸쳐 적용되며, 그 범위와 효력 등은 공직의 종류에 따라 다르게 규정하고 있다.

일반적으로 공직의 겸직금지제도를 채택하는 이유는 몇 가지로 압축할 수 있다(大出峻郎, 소화 52; 김동훈, 2002: 398-399).

① 직무에의 전념 내지 직무수행의 이념으로 보아서 겸직이 금지되는 것이다. A직에 있는 자가 B직을 겸직함에 따라 A직의 직무수행에 지장을 가져올 우려가 있을 때 B직을 금지하는 경우이다. 이러한 개념은 미국의 의회전문화 개혁과도 일맥상통한다. 즉, 미국의 의회 전문화 개혁은 전업직화 된 의원의 증가를 통해 의원들의 교체율을 낮추어 의정의 연속성을 높이며, 그럼으로써 이들이 지닌 축적된 의정 경험이 의정의 전문성을 제고시킬 수 있다는 데 기초한다(Fiorina, 1994).

② 직무상호간에 제도상 권력분립의 필요성이 있는 등 상호간에 상용할 수 없는 요소가 있는 경우이다. 기관분립형을 택하고 있는 지방정부에서 단체장은 의원직을 겸하는 것을 금지시키는 것이 대표적인 예이다.

③ 직무의 공정한 집행의 담보 혹은 정치적 중립성의 확보를 목적으로 겸직을 금지하는 것이다. 공직자는 국민 또는 주민의 대표자로서 공정한 직무의 집행이 담보되지 않으면 안 된다. A직에 있는 자가 B직을 겸함에 따라 직무의 수행에 있어 공정성에 의문이 생기지 않도록 겸직을 금지할 필요가 있다.

지방의원의 겸직은 장단점을 동시에 가지고 있다. 지방의원의 겸직허용범위를 넓히면 본업을 가진 지역주민 중에서 유능한 인재들이 지방의회에 진출할 수 있는 길을 넓혀주게 된다. 이 경우 지방의원들의 질이 향상될 뿐만 아니라 지방자치에 대한 주민의 참여욕구를 충족시켜 주는 효과가 있다. 반면에 겸직 허용은 주민대표로서의 공정성 유지에 어려움이 있을 수 있는 등 의원으로서의 충실한 직무수행이 곤란한 경우가 있다.

(2) 외국 지방의회의원의 겸직허용

지방의원의 겸직을 허용할 것인가 혹은 금지할 것인가를 결정짓는 절대적인 기준이 있는 것은 아니다. 그러나 대체로 대의회형을 채택하여 지방의원을 명예직으로 하는 국가에서는 지방의원의 겸직을 널리 허용하고 있다. 그러나 소의회형을 채택하여 지방의원을 유급의 전임직으로 하는 지방자치단체에서는 다른 유급직원을 겸할 수 없게 하고 있다(정세욱, 2000: 513).

프랑스는 중간자치단체격인 도(데빠르트망)의원과 기초자치단체인 꼼뮨의원간의 겸직은 물론이고, 광역자치단체인 레지용의 의원도 겸할 수 있다. 뿐만 아니라 프랑스의 지방의원은 하원인 국민회의 의원의 겸직도 가능하다. 다만 1985년 12월의 법제정으로 국회의원은 한 개의 지방의원직만을 겸직할 수 있다. 그러나 행정의 정치화를 막기 위하여 해당 지역의 행정관, 공무원, 국가에서 파견된 관선도지사, 경찰, 직업군인 등은 지방의원 피선거권이 없으므로 이들과 지방의원의 겸직은 불가능하다(황아란, 1997: 126). 영국은 중복(복수)의원직은 허용하나 이중직(twin-tracking)의 금지 원칙이 있다. 중복의원직의 허용은 서로 다른 지방의회, 예를 들면 디스트릭의 의원직을 맡으면서 동시에 카운티의 의원직을 겸임하는 것이 가능함을 말한다. 반면에 이중직의 금지 원칙은 겸직을 금지하는 직을 명시한 것이다. 이 원칙은 1998년 「지방자치 및 주택법」(Local Government and Housing Act)에 근거한 것이다. 여기에서는 공무원의 정치참여를 매우 엄격히 제한하는 규정을 두고 있으며, 특히 고위직 공무원과 정치적으로 민감한 직위에 있는 공무원에 대해서는 중앙 및 지방선거에 출마할 수 없도록 강력히 규제하고 있다(황아란, 1997: 86).

일본의 경우 국회의원 및 다른 지방자치단체의 의회 의원을 겸할 수 없음은 물론이고, 지방자치단체의 상근 직원을 겸할 수 없다. 그러나 소화 22년(1947년) 이전에는 중의원의원과 시·정·촌의원의 겸직이 인정되었다(김동훈, 2002: 400).

(3) 우리나라 지방의회의원의 겸직 등의 금지

우리나라 지방의원의 겸직 금지에 관해서는 지방자치법에서 규정하고 있다. 현행법상 지방의회의원은 다음 각 호의 어느 하나에 해당하는 직을 겸할 수 없다(지방자치법

제35조).

① 국회의원, 다른 지방의회의 의원

② 헌법재판소재판관, 각급 선거관리위원회 위원

③「국가공무원법」 제2조에 규정된 국가공무원과「지방공무원법」 제2조에 규정된 지방공무원(「정당법」 제22조에 따라 정당의 당원이 될 수 있는 공무원은 제외한다)

④「정부투자기관 관리기본법」 제2조에 규정된 정부투자기관(한국방송공사와 한국은행을 포함한다)의 임직원

⑤「지방공기업법」 제2조에 규정된 지방공사와 지방공단의 임직원

⑥ 농업협동조합·수산업협동조합·축산업협동조합·임업협동조합·엽연초생산협동조합·인삼협동조합(이들 조합의 중앙회와 연합회를 포함한다)의 상근 임직원과 이들 조합의 중앙회장이나 연합회장

⑦「정당법」 제22조에 따라 정당의 당원이 될 수 없는 교원

우리나라의 경우 이상과 같이 지방의원 겸직금지에 관한 규정이 있을 뿐만 아니라, 지방의회 의원은 해당 지방자치단체 및 공공단체와 영리를 목적으로 하는 거래를 할 수 없으며, 이와 관련된 시설이나 재산의 양수인 또는 관리인이 될 수 없다(지방자치법 제35조 ②).

제 3 절 지방의회의 내부 조직

1. 의 장 단

(1) 의장단의 지위와 정치적 중립성

의장단은 의장과 부의장을 통칭한 표현이다. 그러나 모든 지방의회가 부의장을 두는 것은 아니다. 우리나라와 프랑스, 일본의 경우는 부의장을 두고 있지만 미국의 경우 부의장을 두지 않는 경우가 다수이다. 부의장을 두지 않는 경우 필요에 따라 임시의장을 두는 국가나 자치단체가 있다.

흔히 지방의회 의장은 지방자치단체의 의사결정기관인 의회의 대표자로 표현된다. 그러나 지방의회 의장의 이러한 지위는 지방정부의 기관구성 방식에 따라 차이가

있다. 기관분립형을 채택하고 있는 경우에는 지방의회 의장은 의회의 대표자로서의 지위에 그치지만, 기관통합형을 채택하고 있는 국가나 자치단체의 지방의회 의장은 지방의회의 대표자이면서 동시에 지방자치단체의 대표자로서의 지위를 겸하는 것이 대부분이다. 또한 국가나 지방자치단체에 따라서는 지방자치단체의 장이 지방의회의 의장을 겸하는 경우가 있으며[13], 특히 과거에는 중앙정부로부터 임명되는 지방자치단체의 장이 의회의 의장을 겸임하기도 하였다. 제2차 세계대전까지의 일본의 제도가 그러하였다(김동훈, 2002: 342).

우리나라 지방의회 의장은 지방의회의 대표자로서의 지위를 가지며, 지방자치단체의 대표자는 아니다. 우리나라 지방자치법에서는 '지방의회의 의장은 의회를 대표하고 의사를 정리하며, 회의장 내의 질서를 유지하고 의회의 사무를 감독한다(동법 제49조)'고 규정하고 있다.

부의장은 의장의 직무 대행자의 지위를 가진다. 우리나라 지방자치법은 부의장의 직무에 대해 '부의장은 의장이 사고가 있을 때에는 그 직무를 대리한다'(법 제51조)고 하여 부의장이 의장의 대위기관임을 확인하고 있다. 부의장이 의장의 직무를 대리할 때에는 부의장의 직무권한은 의장의 권한과 동일하다. 부의장은 의장이 사고나 궐위 등 유사시에 의장직무대리자의 지위를 가질 뿐 법률상 별다른 지위와 직무는 없다.

한편 지방의회의 의장과 부의장이 모두 사고가 있을 때에는 임시의장을 선출하여 의장의 직무를 대행하게 한다(동법 제52조). 또한 의장 등을 선거할 경우에 의장의 직무를 수행할 자가 없으면 출석의원 중 연장자가 그 직무를 대행한다(동법 제54조).

의장이 의회를 대표하고 의회를 주재하는 책임자로서 그 직무와 권한을 수행하기 위해서는 공정성과 중립성이 유지되어야 한다. 특히 의장은 일단 선출되면 의회의 대표이지 특정 정파의 대표가 아니라는 점에서 의장의 의사진행과정에서의 중립성은 중요한 의미를 가진다. 지방의회 의장의 중립성은 정당으로부터의 중립성, 집행기관으로부터의 중립성, 특정 파벌로부터의 중립성을 모두 포함하는 개념으로 이해되어야 한다. 이러한 점 때문에 정당공천제를 실시하는 국가나 자치단체의 경우 의장의 당적이탈 주장이 제기될 수 있다. 우리나라 국회는 16대 국회 중간시점부터 과거와 달리 국회의장으로 선출되면 선출된 다음날부터 당적을 가질 수 없도록 제도를 고쳤다.

---

13) 미국의 일부 지방자치단체가 여기에 해당한다. 대표적인 예로 애리조나의 피닉스시를 들 수 있다(http://phoenix.gov/citygov/electdx.html).

(2) 의장단의 선거

지방의회 의장단의 선출방법에는 세 가지가 있다. 첫째는 지방의회가 의원 중에서 무기명투표로 호선하는 방법이고, 둘째는 지방의원 선거시에 의장을 주민이 직접 선출하는 방법이며, 셋째는 주민의 직접선거로(또는 지방의회가) 선출된 자치단체장이 의장을 겸임하게 하는 방법이다. 첫째의 예로는 우리나라와 일본(지방자치법 제103조 ①)을, 둘째의 예로는 미국의 워싱턴 D.C를, 셋째의 예로는 독일의 일부 읍·면(Gemeinde), 미국·캐나다의 일부 시, 프랑스의 시·읍·면을 각각 들 수 있다(정세욱, 2000: 518).

의장단, 특히 그 중에서도 의장 선거가 중요시 되는 것은 의장이 의회를 대표하고(기관통합형의 경우 동시에 지방자치단체의 대표) 의사를 정리하며 회의장 내의 질서를 유지하고 의회의 사무를 감독하는 권한을 가지고 있기 때문이다.

우리나라의 경우 시·도의회의 경우 의원 중에서 의장 1명과 부의장 2명을, 시·군 및 자치구의회의 경우 의장과 부의장 각 1명을 무기명투표로 선거하여야 한다(지방자치법 제48조 ①). 의장과 부의장의 선거는 다음과 같은 네 가지 경우에 실시한다. 첫째, 지방의회의원 총선거 이후 처음 소집되는 의회에서 모든 안건에 우선하여 실시한다. 둘째, 의장 또는 부의장이 궐위되었을 때에 보궐선거를 실시한다(동법 제53조). 셋째, 의장과 부의장의 임기가 만료되었을 때에 실시한다. 넷째, 의장과 부의장이 모두 사고가 있을 때에는 임시의장을 선출하여 의장의 직무를 대행하게 한다(동법 제52조). 그리고 총선거 이후 또는 임기만료로 의장과 부의장을 모두 선거할 경우, 의장과 부의장이 모두 사고가 있어 임시의장을 선출할 경우, 의장이나 부의장이 궐위된 경우에 보궐선거를 실시할 때 의장의 직무를 수행할 자가 없으면 출석의원 중 연장자가 그 직무를 대행한다(동법 제54조).

의장과 부의장의 선거는 앞서 밝힌 바와 같이 무기명투표로 하며, 재적의원 과반수의 출석과 출석의원 과반수의 득표로 당선된다. 그러나 이때에 1차 투표의 결과 과반수 득표자가 없을 때에는 2차 투표를 실시하여야 한다. 2차 투표에서도 과반수 득표자가 없을 때에는 다득표순으로 두 사람을 놓고 결선투표를 실시하여 여기에서 다수 득표자를 당선자로 결정한다. 이 결선투표 결과 득표수가 같을 때에는 연장자를 당선자로 한다(시·도의회회의규칙, 시·군·자치구의회회의규칙).

그러나 현재의 의장선출방법에 대해서는 논란의 소지가 많다. 소위 교황선출식의

무기명투표가 우리나라 지방의회 의장선출방법으로 적합하냐 하는 점이다. 즉, 막중한 권한을 가진 지방의회 의장을 선출하는데, 누가 출마했는지 주민들은 알지 못한 가운데, 공식적인 출마선언도 없이 의원들 간의 내부적 절차로 시행되는 무기명투표가 가진 한계 때문이다. 이로 인하여 그간 우리나라 지방의회 의장단 선거는 늘 과열되었다. 그리고 선거 이후에는 불법·탈법 등 법적인 문제가 불거져 지방의회 의장의 사퇴가 여러 차례 있었을 뿐만 아니라 구속되는 사례도 드물게 발생하였다. 이에 따라 의장선거시 의원간에 비공식적인 방법으로만 출마를 알리고 선거운동을 하는 현재의 방식에서 최소한 후보등록을 하고, 출마를 공론화하여 공개적으로 선거운동을 하게 하는 것이 바람직하다는 지적이 설득력을 가져 왔다. 이 과정에서 후보자에게 출마취지를 밝히게 하고, 이를 통해 지방의회를 대표하는 의장으로서의 자질과 능력에 대해 투표권을 가진 동료 의원들뿐만 아니라, 언론과 주민들의 공개된 검증과정을 거치게 하는 안이 대안으로 제시될 수 있다(송광태, 2003a: 47).

(3) 의장단의 임기와 사직

의장단의 임기는 일률적이지 않고, 국가에 따라, 그리고 미국의 경우 지방자치단체에 따라 차이가 있다. 의장단의 임기를 분류해 보면 대체적으로 의원의 임기와 같게 하는 방식, 의원 임기의 1/2 또는 1/4로 줄여서 하는 방식이 있다. 주민이 지방의원 선거시에 직접 의장을 선출하는 경우 의장의 임기는 의원의 임기와 같다.

우리나라 지방의회 의장과 부의장의 임기는 2년으로 되어 있다(지방자치법 제48조 ②). 임기는 의장 선거일로부터 시작되는데 의장선거일이 부의장선거일보다 먼저인 경우 부의장의 임기는 의장의 임기와 같이 종료한다(정재길, 1995: 55). 보궐선거로 당선된 의장이나 부의장의 임기는 전임자의 남은 임기로 한다(동법 제53조 ②). 의장과 부의장은 의회의 동의를 얻어 그 직을 사임할 수 있다. 사임에 대한 동의 여부는 토론없이 표결한다(시·도의회회의규칙, 시·군·자치구의회회의규칙). 사의의 표명은 일반적으로 사표를 제출하는 형식으로 이루어지며, 의장이 사임하고자 할 때에는 부의장에게, 부의장이 사임하고자 할 때에는 의장에게 사표를 제출한다. 의장과 부의장이 퇴임하는 경우는 첫째, 본인이 사표를 제출하여 의회가 동의하였을 때, 둘째, 의원으로서의 자격이 상실된 때, 셋째, 불신임의안이 가결되었을 때이다(동법 제55조). 의장과 부의장은 의원 중에서 선출되는 경우가 대부분이기 때문에 의원신분을 전제로 한다. 따라서 의원직을 상실하게 되면 자동적으로 의장 및 부의장직을 상실하게 된다.

의장과 부의장에 대한 불신임은 두 가지 경우에 발생한다. 의장이나 부의장이 법령을 위반하거나 정당한 사유 없이 직무를 수행하지 아니하면 지방의회는 불신임을 의결할 수 있다(동법 제55조 ①). 이 불신임안의 의결은 재적의원 4분의 1 이상의 발의와 재적의원 과반수의 찬성으로 행하며, 가결되면 의장과 부의장은 그 직에서 해임된다(동법 제55조 ②③).

(4) 의장의 직무와 권한

의장의 직무와 권한은 국가에 따라 그리고 지방정부의 구성형태에 따라 차이가 있다. 지방의회 의장의 직무와 권한은 지방정부의 기관구성이 기관통합형을 택하고 있는 경우 기관분립형을 택하고 있는 지방정부보다 크다. 왜냐하면 기관통합형을 택하고 있는 지방정부의 경우 지방의회의 의장은 지방자치단체의 대표자로서의 지위를 동시에 가지기 때문이다. 아래에서는 지방의회 의장의 직무와 권한에 대해 기관분립형을 택하고 있는 우리나라의 경우를 중심으로 설명하고자 한다.

우리나라 지방의회 의장의 직무는 의회를 대표하고 의사를 정리하며, 회의장 내의 질서를 유지하고 의회의 사무를 감독한다(지방자치법 제49조). 이것은 의장의 직무와 권한에 관한 일반적인 규정이고 구체적인 권한은 지방자치법의 다른 조문, 기타 법률, 조례 및 회의규칙에 명문화되어 있고 또한 회의원칙과 기타 관례 등에 의하여 인정되고 있다(김동훈, 2002: 347; 임경호, 1991: 117).

의장의 권한은 구체적으로 의회대표권, 의회소집권, 의사정리권, 위원회에 대한 권한, 질서유지권, 의원에 대한 권한, 사무감독권으로 정리할 수 있다(김동훈, 2002: 347-355; 임경호, 1991: 117-120; 정재길, 1995: 53-55).

1) 의회대표권

지방의회 의장이 의회를 대표한다는 것은 의장의 행위가 의회라는 합의체의 의사를 외부로 표시하고 외부의 의사를 받는 것도 의장 명의로 한다는 것을 의미한다. 이에 따라 의회 내부에서 상임위원회와 본회의 등 각종의 기관을 통한 의사결정을 하지만 이는 의회 내부의 행위에 지나지 않으며 대외적으로 의사표시를 할 경우에는 의장의 이름으로 처리하게 된다. 또한 외부 기관으로부터 의회로 들어오는 의사표시도 의장 앞으로 하게 된다.

지방의회 의장의 의회대표권은 광범위한데 지방자치법에 규정된 것을 중심으로 설명하면 크게 다섯 가지로 정리할 수 있다. 즉, 지방의회 의장은 의회에서 의결된 조례안의 이송과 확정된 조례의 공포권(지방자치법 제26조), 의회에서 의결된 예산안의 이송(동법 제133조 ①), 청원의 접수, 회부, 이송, 통지(동법 제75조), 지방자치단체의 장에 대한 서류제출의 요구(동법 제40조), 지방자치단체의 장 또는 보조기관의 출석답변의 요구(동법 제42조의 ②) 등이다.

2) 의회소집권

지방의회의 의장은 의회소집권을 가진다. 이는 지방의회 의장은 지방자치단체의 장이나 재적의원 3분의 1 이상의 의원이 요구하면 15일 이내에 임시회를 소집하여야 한다(동법 제45조 ②)는 법규정에 따른 것이다. 정례회 또한 의장이 소집한다(동법 제44조). 뿐만 아니라 지방의 의장은 의회의 개회와 폐회를 선포한다.

3) 의사정리권

지방의회 의장은 의사를 정리하는 권한을 가지는데, 이는 단순히 회의에 있어서 의사가 원활히 진행될 수 있도록 정리한다는 것만이 아니고 그 의사의 진행 계획을 세우고 결과를 정리하는 권한도 포함한다. 이러한 의장의 의사정리권에는 의사일정을 작성·변경 및 조정하는 권한, 의회의 개회 및 폐회, 당일 회의의 개의, 정회, 산회 및 유회를 선포하는 권한과 기타 의사정리를 위한 권한을 포함한다.

기타 의사정리를 위한 권한에는 의원의 의석배정, 의원의 청가 허가 및 출석요구, 의안의 각 위원회 회부, 의결된 의안의 정리, 발언의 허가와 조정 및 통제, 의장의 토론참가, 질의와 토론의 진행 및 종결, 표결의 방법 및 순서의 결정, 표결의 진행과 표결권, 회의의 비공개 결정, 회의록의 서명 및 지방자치단체의 장에게의 통고(동법 제72조의 ②③), 의회록 비공개 결정(동법 제72조의 ④), 방청의 허가, 징계 대상 의원의 위원회 또는 본회의 회부권(동법 제87조) 등이 있다.

4) 위원회에 대한 권한

의장은 지방의회의 총괄적인 대표자로서 의회의 기관인 위원회에 대하여 어느 정도 감독권을 가지고 있다. 의장의 위원회에 대한 권한은 위원회 구성에 관한 권한과 위원회에의 출석 발언권이다. 위원회 구성에 있어서 의장은 어느 상임위원회에도 소속될 수 없지만 상임위원은 의장이 추천하여 본회의의 의결로 선임된다. 의장은 상임위원회에 소속될 수 없음에도 불구하고 어느 상임위원회에나 출석하여 발언할 수 있다(동법 제50조). 이러한 의장의 상임위원회 출석·발언권은 부의장에게는 부여되지 않으나 부의장이 의장의 사고로 인하여 의장의 직무를 대행하는 경우에는 가능하다.

5) 질서유지권

지방정책의 결정기관으로서의 지방의회의 권위를 지키고 의사의 원활한 운영을 기하기 위하여는 의회의 질서가 엄격하게 유지될 필요가 있는데, 그 질서를 유지하는 권한이 의장에게 부여되어 있다.

이러한 의장의 질서유지권은 회의의 질서유지, 방청인에 대한 질서유지와 단속, 경호요구권으로 구분된다. 회의의 질서유지는 의원의 회의와 관련되는 것이다. 지방의회 의원이 본회의나 위원회의 회의장에서 지방자치법이나 회의규칙에 위배되는 발언이나 행위를 하여 회의장의 질서를 어지럽히면 의장이나 위원장은 경고 또는 제지하거나 그 발언의 취소를 명할 수 있다. 이 명에 따르지 아니한 의원이 있으면 의장이나 위원장은 그 의원에 대하여 당일의 회의에서 발언하는 것을 금지하거나 퇴장시킬 수 있다. 의장이나 위원장은 회의장이 소란하여 질서를 유지하기 곤란하면 회의를 중지하거나 산회를 선포할 수 있다(동법 제82조).

의장은 방청인에게 방청권을 발행하여 방청을 허가한다. 그러나 의장은 회의장 안의 질서를 방해하는 방청인에 대해서는 퇴장을 명할 수 있으며, 필요한 경우에는 경찰관서에 인도할 수 있다. 뿐만 아니라 의장은 방청석이 소란하면 모든 방청인을 퇴장시킬 수 있다(동법 제85조).

의장은 의회의 경호를 위하여 필요한 때에는 의회운영위원회의 동의를 얻어 일정한 기간을 정하여 관할 경찰서에 경찰관의 파견을 미리 요구할 수 있으며, 의회의 경호가 급히 필요한 경우에는 의장이 단독으로 사태가 해결될 때까지 경찰관의 파견을 즉시 요구할 수 있다(지방의회회의규칙).

6) 의원에 대한 권한

의장은 의원의 사직허가권, 의원의 청가허가 및 출석요구, 의원에 대한 징계요구에 대한 권한을 가진다. 의원의 사직은 당해 지방의회의 의결로서 허가할 수 있으나, 폐회 중에는 의장이 이를 허가할 수 있다(동법 제77조). 의장은 소속 의원이 지방자치법 또는 자치법규에 위배되는 행위를 하여 징계대상이 되는 의원이 있어 징계요구가 있으면 이를 윤리특별위원회나 본회의에 회부한다(동법 제87조 ①②). 지방의원에 대한 징계의 종류에는 공개회의에서의 경고, 공개회의에서의 사과, 30일 이내의 출석정지,

제명이 있다(동법 제88조 ①).

7) 사무감독권

지방의회 의장은 지방의회 사무기구에 대한 지휘와 감독권을 가진다. 사무직원은 의장의 추천에 따라 그 지방자치단체의 장이 임명한다(동법 제91조 ②).[14] 사무기구의 장은 의장의 감독을 받아 의회의 사무를 통할하고 소속 직원을 지휘·감독한다(지방의회 회의규칙). 그러나 지방의회 의장이 사무기구에 대해 실질적인 지휘·감독권을 가지려면 사무직원에 대한 인사권이 의장에게 있어야 하나 현실은 그렇지 못해 논란이 지속되어 왔다.

2. 위 원 회

(1) 위원회제도의 의의

오늘날 지방정부의 사무는 전반적인 사회의 복잡·다양화에 따라 양적으로 크게 늘어나고 질적으로 고도화되고 있다. 이에 따라 지방의원 수가 일정수 이상인 경우 지방자치단체의 전체 대표가 모이는 본회의에서 모든 의안을 심의하여 결정하는 것이 사실상 어렵고 효율적인 심의도 불가능한 것이 현실화 되고 있다. 이러한 한계 때문에 의회는 일단 선출된 의원들에게 자신의 전문분야와 관심사를 고려하여 위원회를 선택케 하고 그 위원회를 중심으로 장기간 의정활동을 수행하게 함으로써 전문성을 키워줄 수 있다는 점에서 위원회제도는 중요시된다(송광태, 2003b: 22). 이러한 연유에서 일찍이 윌슨(W. Wilson)은 위원회를 '작은 의회'라고 부르기도 하였다(Huitt & Peabody, 1969: 117).

이에 따라 국가의 의회는 물론이고 지방의회도 위원회제도를 적극 활용하고 있는 것이 오늘날의 일반적인 경향이다. 위원회는 본회의의 전단계로서 비교적 소수의 의원으로 구성한다. 각 위원회에서 전문분야별로 분담하여 예비심사를 거치고 나면 그 결과를 참고하여 본회의에서 최종심의를 하는 방식으로 운영되는 것이 일반적이다. 이렇게 보면 위원회는 원칙적으로 의회의원의 일부로서 합의체를 구성하고, 의회 권한의 일부를 분담하는 조직이다. 우리나라 지방자치법에서도 위원회는 그 소관에 속하는 의안과 청원 등 또는 지방의회가 위임한 특정한 안건을 심사한다(지방자치법

14) 다만, 지방자치단체의 장은 사무직원 중 별정직·기능직·계약직 공무원에 대한 임용권은 지방의회 사무처장·사무국장·사무과장에게 위임하여야 한다(지방자치법 제91조 ②).

제58조)고 규정하고 있다. 이러한 점에서 위원회는 의회의 전체 의원으로 구성되는 본회의와 차별화된다. 이러한 위원회와 본회의의 관계는 의회운영이 본회의중심주의인가 위원회중심주의인가, 그리고 국가에 따라(미국의 경우 지방자치단체에 따라) 약간의 차이가 있다. 그러나 대체적으로 볼 때, 위원회에서의 의결은 의사결정의 절차상 최종적인 지방의회 결정의 전단계로서 의회기능의 일부를 분담하는 내부기관의 의사로 보아야 할 것이고, 그 의안이 본회의의 심의·의결을 거침으로써 비로소 의회의 의사가 결정되는 것이 일반적이다(김동훈, 2002: 356). 우리나라 지방의회의 위원회와 본회의의 관계도 위의 설명과 같다. 단 위원회에서 본회의에 부칠 필요가 없다고 결정된 의안은 본회의에 부칠 수 없다. 다만, 위원회의 결정이 본회의에 보고된 날부터 폐회나 휴회 중의 기간을 제외한 7일 이내에 의장이나 재적의원 3분의 1 이상이 요구하면 그 의안을 본회의에 부쳐야 한다(지방자치법 제69조 ①). 이러한 점에서 위원회는 제한적으로 의결기관으로서의 기능을 하고 있다고 할 수 있다.

위원회의 규정형식은 법률로 규정하는 방식, 인구수에 따라 설치할 수 있는 상임위원회의 수를 법률로 정해 놓고 조례로 설치하도록 하는 방식, 집행부가 제출한 문제를 연구하기 위하여 지방의회가 회기 중에 설치할 수 있게 하는 방식, 자치헌장으로 규정하는 방식이 있다(정세욱, 2000: 519).

우리나라의 경우, 현재 지방의회는 조례로 정하는 바에 따라 위원회를 둘 수 있다(동법 제56조 ①)고 하여 제도상으로 위원회 설치에 제한을 두고 있지 않다. 다만 위원회의 설치에 관해서 법률상 필수기관으로 하지 않고 지방자치단체에 위임하여 필요에 따라 조례로 설치할 수 있도록 규정하고 있다. 그러나 2006년 4월 지방자치법 개정 이전에는 기초의회인 시·군 및 자치구의회의 상임위원회 설치기준은 대통령령으로 정한다(지방자치법시행령 제50조 ②)고 하고, 시행령에서 의원수 13인 이상의 의회만 상임위원회를 설치할 수 있도록 하여 위원회의 수를 의원수와 연계시켰었다.[15]

15) [별표 9] 시·군 및 자치구의회의 상임위원회 설치기준(개정 이전의 지방자치법 시행령 제20조의 2 관련)

구 분	설치가능한 상임위원회(운영위원회포함)의 수
의원정수 41인 이상	5개 이내
의원정수 31인 이상 40인 이하	4개 이내
의원정수 13인 이상 30인 이하	3개 이내

(2) 위원회의 특징

위원회는 국가에 따라 차이가 있지만 대체적으로 다음과 같은 특징을 가지고 있다.

첫째, 위원회는 지방의원 중에서 선임된 의원으로 구성된다. 의회의 위원회는 위원으로 조직되어 있는데, 그 위원은 의원 이외의 자가 될 수 없다. 위원 이외의 자 중에서 위원회에 출석하여 발언할 수 있는 자는 의장, 위원이 아닌 의원(일본의 경우), 위원회로부터 출석이 요구된 지방자치단체의 장 및 관련 공무원 등이다.

둘째, 위원회는 특정수의 위원으로 구성된다. 의회는 위원회를 설치하는 경우에 특정수의 의원을 위원으로 선임하는데, 위원의 수는 일반적으로 상임위원회의 경우는 조례로 정하고, 특별위원회의 경우는 의회의 의결을 얻어서 정한다.

셋째, 위원회는 본회의 심사의 전단계에서 의회가 회부한 안건을 효율적이고 전문적으로 심사하는 기관이다.

넷째, 위원회는 의회의 내부기관이다. 따라서 위원회의 의사결정은 대외적으로 어떠한 효과를 가지지 못한다. 단, 앞서 지적한 바와 같이 위원회에서 본회의에 부칠 필요가 없다고 결정된 의안은 본회의에 부칠 수 없다. 이 경우 다만 의장이나 재적의원 3분의 1 이상이 요구하면 그 의안을 본회의에 부쳐야 한다(지방자치법 제69조 ①).

다섯째, 위원회는 합의제기관이다. 위원회는 복수의 위원으로 된 합의제 기관이므로, 위원 개인은 조사권을 행사할 수가 없으며, 위원회의 의사결정에 의하여 위원회가 조사권을 행사한다(임경호, 1991: 121-122).

(3) 위원회의 종류

지방의회의 위원회는 상임위원회와 특별위원회의 두 종류가 있다. 우리나라 지방자치법에서도 위원회의 종류는 소관 의안과 청원 등을 심사·처리하는 상임위원회와 특정한 안건을 일시적으로 심사·처리하기 위한 특별위원회 두 가지로 한다(지방자치법 제56조 ②)고 하고 있다. 그러나 국가의 의회를 중심으로 위원회의 종류를 살펴보면 상임위원회와 특별위원회 이외에 전원위원회 및 합동위원회 설치가 가능한 경우도 있다. 상임위원회(standing committee)는 소관사항에 관한 의안과 청원 등을 예비적으로 심사·처리하기 위하여 상설적으로 설치된 위원회를 말한다. 특별위원회(special committee)는 각 상임위원회의 소관사항이 아닌 특별한 안건을 심사·처리하기 위하여 일시적으로 설치되는 위원회이다. 전원위원회(committee of the whole home)는 전체 의원으로 구성되지만 본회의와는 의장과 의사수속 등을 달리한다. 그리고 합동위원회(a joint committee)는 양원제를 채택하고 있는 국가에서 중요한 사안에 있어서 상원과 하원의 의견이 충돌을 일으켰을 때에 그 타협점을 찾기 위하여 각 원의 대표로서 구성하는 위원회이다(김동훈, 2002: 363; 최인기·이봉섭, 1995: 241-243).

1) 상임위원회

상임위원회는 지방자치단체의 사무 중에서 각기 소관 의안과 청원 등을 심사·처리하기 위하여 상설적으로 설치하는 위원회를 말한다. 상임위원회의 이 심사권에는 조사권이 포함된 것으로 보아야 한다. 이 때의 조사권은 지방자치법 제41조의 행정사무 조사권과는 개념을 달리하는 것으로, 의회의 의결과 위임에 의한 것이 아니라 상임위원회의 고유의 권한으로 자체의 의결로서 자주적, 능동적으로 조사할 수 있는 권한을 말한다(김동훈, 2002: 372). 또한 지방자치단체의 장 또는 관계 공무원은 위원회의 요구가 있을 때에 출석하여 질문에 답변하도록 하고 있다(동법 제42조 ①). 상임위원회는 소관 부문에 대한 지방행정감사 및 지방자치단체의 사무 중 특정사안에 대하여 본회의 의결로 조사할 수 있다(동법 제41조 ①). 또한 위원회는 그 직무에 속하는 사항에 관하여 의안을 제출할 수 있다(동법 제66조 ②).

각 상임위원회별 소관사항은 각 지방의회의 조례로 상세하게 규정하고 있는데, 그 소관은 대체로 집행기관의 직제에 따른 업무와 연계되어 있다. 다만 의회운영위원회는 의회의 운영을 위하여 상임위원회를 설치한 모든 지방의회가 공통적으로 설치하고 있다.

위원회는 회기 중 위원장이 필요하다고 인정하거나 재적위원 3분의 1 이상의 요구가 있으면 개회한다. 다만, 폐회 중에는 본회의의 의결이 있거나 의장이 필요하다고 인정할 때, 재적위원 3분의 1 이상의 요구나 지방자치단체의 장의 요구가 있을 때에 개회할 수 있다(동법 제61조). 또한 해당 지방의회의원이 아닌 자는 위원장의 허가를 받아 위원회를 방청할 수 있다(동법 제60조).

상임위원회에는 위원장 1인과 부위원장(기초의회의 경우 간사) 1인을 둔다. 위원장은 상임위원 중에서 의장선거의 예에 준하여 본회의에서 선거한다. 위원장의 임기는 상임위원의 임기와 같다. 위원장은 본회의의 동의를 얻어 그 직을 사임할 수 있다. 다만, 폐회중에는 의장의 허가를 얻어 사임할 수 있다.

상임위원회는 조례가 정하는 정수의 위원으로 구성된다. 상임위원의 선임은 의장의 추천으로 본회의의 의결로 선임한다(동법 제56조 ③). 그렇다 하더라도 의장은 의원의 상임위원회 배정과정에서 의원의 전문성과 선호를 충분히 고려하여야 할 것이다.

우리나라의 경우 현행법상 어떤 종류의 위원회를 설치할 것인지, 몇 개의 위원회를 설치할 것인지, 위원의 수는 몇 명으로 할 것인지 등에 대해서 관련 법규에 따로 규정되어 있지 않다. 지방자치법에서는 '지방의회는 조례로 정하는 바에 따라 위원회를 둘 수 있다'(동법 제56조)고 규정하고 있다. 이에 따라 기초의회에 상임위원회를 설치하는 데 제한이 있었던 과거에 비해 상임위원회 설치비율이 늘어나고 있다. 즉, 전국적인 통계로 볼 때 제4기 지방의회의 상임위원회 설치비율은 57.3%였는데 비해 2006년 7월부터 임기를 시작한 제5기 지방의회의 이 비율은 62.6%로 5.3% 늘어났다(행정자치부, 2007: 13).

상임위원회의 종류와 수가 많으면 안건의 심의를 보다 전문적으로 분담하여 상세하게 처리할 수 있다고 할 수 있으나, 그 수가 너무 많으면 의원이 몇 개의 상임위원회를 겸무하여야 하는 애로가 있을 수 있다. 이 경우 위원회제도의 설치이유와 목적인 안건심의에 있어서의 전문성, 상세성, 효율성을 저해할 우려가 없는지 검토해 볼 필요가 있다. 따라서 상임위원회의 수는 획일적으로 전국적인 원칙을 정할 것이 아니라 자치단체의 실정에 맞추어 자율적으로 정할 수 있도록 하는 것이 바람직하다고 하겠다.

상임위원회의 수는 국가에 따라 차이가 있다. 참고로, 일본의 경우 지방의회 상임위원회의 수는 인구수를 고려하여 상한을 두고 있다. 이에 따라 도(都)는 12개 이내, 도(道) 및 인구 250만 이상의 부(府)와 현(縣) 그리고 인구 100만 이상의 시는 8개 이내, 인구 100만 미만의 시는 6개 이내, 인구 100만 미만의 부(府)와 현(縣), 그리고 인구 30만 미만의 시(市)·정(町)·촌(村)은 4개 이내로 설치할 수 있게 하고 있다(일본 지방자치법 제109조). 미국의 경우 의원수는 소수이나 전체 의회의 58%가 상임의원회를 두고 있고, 상임위원회의 수도 다수이다(Nelson, 2002: 5-6). 예를 들면 아리조나주의 주도인 피닉스(Phoenix) 시의회의 경우 의원수가 8명인데 상임위원회 수도 8개이다(http://phoenix.gov/CITYGOV/MAYORCOUNCIL/ index.html). 워싱턴 D.C. 의회는 의원수가 13명인데 상임위원회 수가 10개이다. 이에 따라 이들 의회의 경우 한명의 의원이 3-4개의 위원회에 소속되어 있다.

우리나라의 경우 법규에 상임위원회의 설치 가능 수에 대해 따로 규정하고 있지는

◈ 표 4-9 ◈ 광역자치단체 의회의 상임위원회 설치현황

	의회명	의원수	상임위원회 명칭 현황										위원회수
1	서울특별시의회	106	운영	행정자치	재정경제	환경수자원	교육문화	보건복지	건설	도시관리	교통		9
2	부산광역시의회	47	운영	행정문화교육	기획재경			보사환경	건설교통	해양도시			6
3	대구광역시의회	29	운영	행정자치	경제교통		교육사회						4
4	인천광역시의회	33	운영	기획행정	산업		문교사회		건설교통				5
5	대전광역시의회	19	운영	행정자치			교육사회		산업건설				4
6	울산광역시의회	19	운영	내무			교육사회		산업건설				4
7	광주광역시의회	19	운영	행정자치			교육사회		산업건설				4
8	경기도의회	119	운영	자치행정	기획	경제투자	교육	보사여성	건설교통	도시환경	문화공보	농림수산	10
9	경상북도의회	55	운영	행정보건복지	기획경제	통상문화	교육환경		건설소방			농수산	7
10	경상남도의회	53	운영	기획행정		경제환경문화	교육사회		건설소방			농수산	6
11	강원도의회	40	운영	기획행정		산업경제	교육사회		관광건설				5
12	충청북도의회	31	운영	행정자치	산업경제		교육사회		건설문화				5
13	충청남도의회	38	운영	행정자치			교육사회		건설소방			농수산경제	5
14	전라북도의회	38	운영	행정자치		산업경제	교육복지		문화관광건설				5
15	전라남도의회	51	운영	기획행정	경제관광문화		교육사회		건설소방			농수산환경	6
16	제주특별자치도의회	41	운영	행정자치			교육	복지안전	문화관광	환경도시		농수축·지식산업	7

참고: 출처는 각 의회의 홈페이지이며, 조사시점은 2008년 2월 25일임.

않지만 대체로 의원 수와 연계시키는 모습을 보이고 있다. 〈표 4-9〉는 우리나라 16개 광역자치단체 의회의 상임위원회 설치현황을 종합한 것이다. 표에서 보는 바와 같이 16개 광역의회는 모두 상임위원회를 설치하고 있는 가운데, 작게는 4개(대구광역시의회 외 3곳)에서 많게는 10개(경기도의회)까지 설치하고 있음을 알 수 있다. 이에 따라 우리나라 광역의회는 의회당 평균 5.75개의 상임위원회를 설치하고 있는 것으로 나타났다. 광역자치단체 의회에 공통적으로 설치된 상임위원회는 운영위원회를 포함하여 행정자치위원회(기획행정위원회 등 포함), 교육문화위원회(또는 교육사회위원회), 건설교통위원회(또는 건설산업위원회나 건설소방위원회) 등이다.

◈ 표 4-10 ◈ 전라남도내 기초자치단체 의회의 상임위원회 설치현황

구분	자치단체명	의원수	인구수	설치된 상임위원회 명칭 현황				위원회수
1	목포시	22	241,988	운영위	기획복지위	관광경제환경위	도시건설위	4
2	여수시	26	296,377	운영위	기획자치위	환경복지위	관광건설위	4
3	순천시	23	270,112	운영위	행정자치위	문화경제위	도시건설위	4
4	나주시	14	96,075	운영위	자치행정위		경제건설위	3
5	광양시	12	138,134	운영위	총무위		산업건설위	3
6	담양군	9	49,886	운영위	자치행정위		산업건설위	3
7	곡성군	7	33,570					없음
8	구례군	7	28,574					없음
9	고흥군	12	80,291	운영위	총무위		산업건설	3
10	보성군	9	51,615					없음
11	화순군	10	72,251	운영위	총무위		산업건설위	3
12	장흥군	7	44,002					없음
13	강진군	8	41,686					없음
14	해남군	11	83,909	운영위	총무위		산업건설위	3
15	영암군	9	61,552					없음
16	무안군	7	61,835	운영기획위	행정문화복지위		산업건설위	3
17	함평군	7	38,332					없음
18	영광군	9	60,269					없음
19	장성군	8	47,849	운영위	행정자치위		산업건설위	3
20	완도군	9	57,122					없음
21	진도군	7	35,729					없음
22	신안군	10	46,511	운영위	총무위		산업건설위	3

참고: 출처는 각 의회의 홈페이지이며, 조사시점은 2007년 10월 16일 기준임.

한편 기초의회의 상임위원회 설치실태는 광역의회와 차이가 있다. 〈표 4-10〉은 기초의회 상임위원회 설치실태의 사례로 전라남도내 22개 의회를 중심으로 살펴본 것이다. 표에서 보는 바와 같이 22개 기초의회 중에서 12곳(55%)은 상임위원회를 설치하고 있는데 비해 나머지 10곳은 상임위원회가 없이 본회의 위주로 의사를 진행하고 있다. 상임위원회가 설치된 12개 의회 중에 목포시의회, 여수시의회, 순천시의회는 4개의 상임위원회를 설치하고 있고, 나머지 9곳의 기초의회는 3개의 상임위원회를 설치하고 있다. 3개의 상임위원회를 설치하고 있는 의회들의 가장 공통적인 상임위원회 명칭은 운영위원회, 총무위원회(또는 자치행정위원회), 산업건설위원회이다. 특징적인 면은, 대체로 상임위원회 설치여부는 의원수와 밀접한 연관을 가진다는 점이다. 의원수가 9명 이상인 의회가 14개인데 이 중에서 보성군의회와 영암군의회, 영광군의회, 완도군의회를 제외한 10개 의회가 상임위원회를 설치하고 있다. 또한 장성군의회와 무안군의회는 의원수가 각각 8명과 7명임에도 불구하고 상임위원회를 설치하고 있다. 이러한 전라남도 내 기초의회의 위원회 설치현황은 여타 기초의회의 경우에 비추어도 크게 다르지 않다.

2) 특별위원회

특별위원회(special committee)는 상임위원회의 소관사항이 아니거나, 상임위원회가 맡아서 처리하는 것이 부적당한 특정안건을 일시적으로 심사·처리하도록 하기 위하여 구성·운영되는 한시적인 위원회를 말한다. 우리나라 지방자치법에서도 특별위원회를 각 상임위원회의 소관사항이 아닌 특정한 안건을 일시적으로 심사·처리하기 위하여 설치되는 위원회(지방자치법 제56조)로 규정하고 있다.

특별위원회는 조례가 정하는 바에 의하여 설치된다. 특별위원회 설치조례는 위원회를 설치할 때마다 조례를 개별적으로 제정하는 것이 아니라 특별위원회 설치를 위한 일반적인 의회 위원회조례를 제정해 놓고, 필요가 있을 때마다 의회의 의결로서 설치하고 위원을 선임한다. 특별위원회의 설치기간은 특정한 안건이 심사되고 있는 기간으로 한정된다.

특별위원회는 상임위원회와 같이 조례에 의하여 설치할 수 있으되 특정한 안건을 심사하기 위하여 필요한 때에 본회의의 의결로서 설치할 수 있다(위원회조례). 특별위원회는 상임위원회에 소관시키는 것이 적당하지 않거나 혹은 어느 상임위원회의 소관에도 속하지 않는 특정한 안건을 심사하도록 하기 위하여, 그리고 상임위원회를 설치하지 않고 있는 의회에 조례로 설치하는 것이기 때문에 지방자치단체의 실정에 따라 특별위원회의 종류는 다양하다. 우리나라 지방의회에서는 예산결산특별위원회와 윤리특별위원회를 대부분 설치하고 있다. 윤리특별위원회는 의원의 윤리심사 및 징계에 관한 사항을 심사하기 위하여 설치할 수 있도록(동법 제57조) 2006년 4월에 신설되었다. 윤리특별위원회를 통해 윤리강령 및 윤리규범을 조례로 제정토록 의무화하였다. 또한 의회는 지방자치단체의 사무 중에서 특정 사안에 관하여 본회의의 의결로 본회의 또는 위원회로 하여금 조사할 수 있게 할 수 있다(동법 제41조 ①). 이 조사권 행사를 위하여 특별위원회를 설치할 수 있다.

특별위원회에는 위원장 1인과 간사 1인을 두되 위원장은 위원회에서 호선하고 본 회의에 보고한다. 위원장이 선임될 때까지는 위원 중에 연장자가 그 직무를 대행한다. 위원장은 그 위원회의 동의를 얻어 그 직을 사임할 수 있으나 다만 폐회 중에는 의장의 허가를 받아 사임할 수 있다(위원회조례 제8조). 위원장의 직무는 상임위원회의 경우와 같이 위원회를 대표하고 의사를 정리하며, 질서를 유지하고 사무를 감독한다(시· 도의회위원회조례 10조, 시·군·자치구의회위원회조례 3조).

3. 사무기구

(1) 사무기구의 의의

지방의회는 의회의 각종 사무를 처리하기 위하여 일정한 조직과 인력을 필요로 한다. 이러한 기능을 수행하기 위해 사무기구를 지방의회에 따로 두는 경우도 있고 집행기관의 행정부서에서 담당하게 하는 경우도 있다. 기본적으로 지방정부의 집행기관과 의결기관이 하나로 통합되어 있는 기관통합형의 경우는 지방의회 사무기구를 집행기관의 행정부서와 따로 분리할 필요가 없다. 그러나 집행기관과 의결기관을 따로 분리시키는 기관분립형의 경우는 다를 수 있다. 즉, 지방정부의 기관구성이 기관분립형인 경우, 지방의회 사무기구를 집행기관과 분리하여 설치하는 경우가 있는가 하면 집행기관의 행정부서에서 의회 사무기구의 기능을 함께 수행하는 경우도 있다.

기관분립형을 택하고 있는 우리나라의 경우 사무기구를 집행기관과 분리하여 따로 설치하고 있다. 즉, 시·도의회와 시·군·자치구의회는 사무를 처리하기 위하여 조례로 정하는 바에 따라 각각 사무처와 사무국(또는 사무과)을 둘 수 있도록 하고 있다(지방자치법 제90조).

지방의회 사무기구는 의회의 사무를 행정적으로 처리하는데 그치지 않고 자치입법 등 지방의원의 의정활동을 지원하는 기능으로까지 확대되고 있다. 이러한 현상은 오늘날 지방행정이 점점 더 복잡화·전문화 되어감에 따라 그 필요성이 향후 더 증대될 것으로 예측된다.

(2) 사무기구의 조직

사무기구의 종류와 규모는 지방자치단체의 종류와 이의 규모에 따라 다르다. 시·도의회에는 사무를 처리하기 위하여 조례로 정하는 바에 따라 사무처를 둘 수 있으며, 사무처에는 사무처장과 직원을 둔다. 시·군 및 자치구의회에는 사무를 처리하기 위하여 조례로 정하는 바에 따라 사무국이나 사무과를 둘 수 있으며, 사무국·사무과에는 사무국장 또는 사무과장과 직원을 둘 수 있다(지방자치법 제90조 ①②).

1) 시 · 도의회의 사무기구

시·도의회의 사무기구는 시·도에 따라 기구수와 명칭에 차이가 있다. 사무처장 아래 담당관(또는 실) 두 개를 두고 전문위원을 두는 의회가 있는가 하면, 서울특별시의회처럼 담당관(또는 실) 네 개를 두고 전문위원을 두는 곳도 있다. 경상북도의회와 제주특별자치도의회의 경우 담당관(또는 팀) 세 개를 두고 전문위원을 두고 있다. 또한 사무처장 아래 조직은 다수의 경우 총무담당관과 의사담당관 및 전문위원을 두고 있지만 대구광역시의회의 경우 의정담당관과 입법정책담당관 및 전문위원을 두고 있다. 경상북도의회의 경우 두 담당관 및 전문위원 이외에 입법정책지원팀을 두고 있고, 제주특별자치도의회의 경우 입법정책관을 두고 있다. 서울특별시의회의 경우 두 담당관과 전문위원 이외에 공보실과 정책연구실을 더 두고 있다. 담당관(실, 또는 관, 팀)의 하부조직의 명칭과 수에 있어서도 지방의회에 따라 차이가 있다. 전문위원은 지방의회의 각 상임위원회별로 설치하는 것이 일반적이다.

부서장의 직급 또한 자치단체에 따라 차이가 있다. 사무처장의 경우 서울특별시의회는 1급으로 보하고 있는 반면에 부산광역시의회, 인천광역시의회, 광주광역시의회, 경상북도의회 등에서는 2급으로 보하고 있다. 그 외 다수의 광역의회 사무처장은 3급으로 보하고 있다. 그러나 담당관(실, 관 또는 팀)과 전문위원은 4급으로, 그리고

◈ 그림 4-1 ◈ 광역의회 사무기구의 예(부산광역시의회)

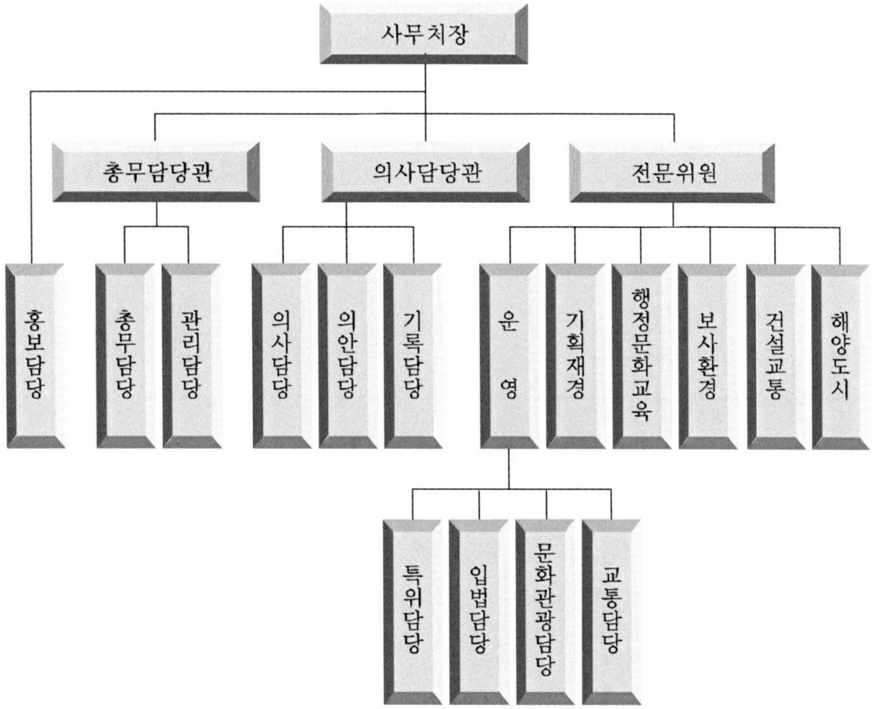

담당은 5급으로 보하고 있는 점에서는 동일하다. 〈그림 4-1〉은 부산광역시의회의 사무기구를 나타낸 것이다. 부산광역시의회의 경우 그림에서 보는 바와 같이 총무담당관과 의사담당관 및 전문위원 이외에 홍보담당을 사무처장 직속으로 두고 있는 것이 특징이다.

2) 시 · 군 · 자치구의회의 사무기구

시·군·자치구의회에는 조례로 정하는 바에 따라 사무국·사무과를 둘 수 있으며, 사무국·사무과에는 사무국장 또는 사무과장과 직원을 둘 수 있다(지방자치법 제90조). 이러한 법적 근거에 의해 우리나라 시·군·자치구의회는 모두 사무기구를 설치하고 있는데, 그 규모와 수에 있어서는 차이가 있다.

예로서, 경상남도내 20개 시·군의회를 사례로 살펴보면 시단위와 군단위간에 차이가 있다. 먼저, 시의회에는 사무국을 두고 군의회에는 사무과를 두고 있다. 또한

◈ 그림 4-2 ◈ 시의회 사무기구의 예(창원시의회)

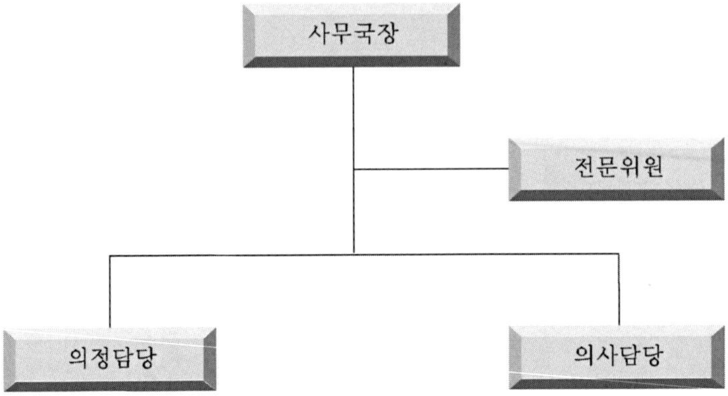

사무국(또는 사무과) 내 하위 부서의 수에 있어서도 차이가 있었다. 시단위는 사무기구의 장을 사무국장으로 호칭하고, 그 아래에 의정담당과 의사담당 및 전문위원을 두고 있다. 마산시의회와 진해시의회는 의정담당과 의사담당 이외에 의정지원담당을 추가로 두고 있었다. 그러나 군의회는 의사담당과 전문위원만을 두고 있다. 〈그림 4-2〉는 경상남도 창원시시의회의 사무기구이다.

(3) 사무기구의 직원

지방의회는 지방자치단체의 한 기관이다. 이에 따라 사무처장·사무국장·사무과장 및 직원은 지방공무원으로 보한다(지방자치법 제90조 ③). 지방의회에 두는 사무직원의 정수는 조례로 정한다(동법 제91조 ①). 사무직원은 지방의회의 의장의 추천에 따라 그 지방자치단체의 장이 임명한다. 다만, 지방자치단체의 장은 사무직원 중 별정직· 기능직·계약직 공무원에 대한 임용권은 지방의회 사무처장·사무국장·사무과장에게 위임하여야 한다(동법 제91조 ②).[16] 그러나 사무직원의 임용·보수·복무·신분보장· 징계 등에 관하여는 이 법에서 정한 것을 제외하고는 「지방공무원법」을 적용한다(동법 제92조 ②)고 규정하고 있고, 지방공무원법 제6조 1항은 '지방자치단체

16) 2006년 4월 28일 지방자치법 개정이전에는 모든 사무직원에 대한 임명권이 단체장에게 있었다. 또한 언급한 바와 같이, 현재 일부 직원에 대한 임명권이 사무기구의 장에게 위임되었다고는 하지만 의회를 대표하고 직무명령권을 가지고 있는 의장이 아니라는 점에서 한계는 여전하다. 이에 따라 사무직원에 대한 직무명령권과 인사권의 소재가 서로 다른 모순적 구조에 대한 학계의 문제 제기는 여전히 끊이지 않고 있다.

의 장은 이 법이 정하는 바에 따라 그 소속 공무원의 임명・휴직・면직과 징계를 행하는 권한을 가진다'고 규정하고 있다. 이에 따라 사무직원은 소속기관인 지방의회 의장보다 실질적으로 자신들의 인사권을 가지고 있는 집행기관장(일부는 집행기관장이 인사권을 가지고 있는 사무처장(사무국장·사무과장))의 영향을 크게 받을 수밖에 없는 실정이다. 그 결과 지방의회에 소속된 직원이면서도 집행기관의 입장을 동시에 고려하지 않을 수 없는 처지에 놓여 있다. 즉, 사무직원에 대한 직무명령권은 지방의회 의장에게 있으나 이들에 대한 임명권 등 인사권은 지방의회와 견제관계에 있는 자치단체의 장이 가지고 있어서 지방의회 의장이 실질적으로 사무직원들로부터 집행기관을 견제할 수 있는 적극적인 서비스를 받기 어려운 구조적인 문제가 제기되는 것이다.

〈표 4-11〉은 개정된 지방자치법 제91조 2항에 의해 임명권의 소재가 얼마나 변화되고 있는지를 비율로 나타낸 것이다. 표에서 보는 바와 같이, 광역의회의 경우 사무기구 직원의 44.3%, 기초의회의 경우 사무기구 직원의 40%만이 자치단체의 장에서 사무기구의 장에게로 임명권이 위임되었고 더 많은 비율의 직원에 대한 임명권은 여전히 단체장에게 있는 것으로 조사되었다.

더군다나 일반직 또는 별정직으로 보할 수 있도록 제도화 되어 있는 전문위원은 광역의회의 경우 전체의 68%, 기초의회의 경우 전체의 87%를 자치단체장이 임용권을 행사하는 일반직으로 보하고 있는 것이 현실이다(송광태, 2007b: 41). 이에 따라 지방의회 사무기구 직원들은 지방의원들의 의정활동을 지원하는데 전념하기보다는 오히려 상호 견제관계에 있는 집행기관장의 입장을 견지하는 경우가 적지 않다는

◈ 표 4-11 ◈ 단체장과 의회사무기구 장의 임명대상 의회 공무원 수와 비율

(2006. 7. 1 기준)

구분 / 분류	계	광역의회			기초의회		
		소 계	단체장 임명	사무처장 임용	소 계	단체장 임명	사무국(과)장 임용
계	4,890	1,220	679 (55.7%)	541 (44.3%)	3,670	2,055 (60.0%)	1,615 (40.0%)
일반직원	4,320 (88%)	1,127 (92%)	616 (55%)	511 (45%)	3,193	1,641 (51.4%)	1,552 (48.6%)
전문위원	570 (12%)	93 (8%)	63 (68%)	30 (32%)	477	414 (87%)	63 (13%)

지방의원들의 지적이 설득력을 가지고 있다.

한편 〈표 4-11〉에서 보는 바와 같이 시·도의회의 사무기구 직원 수는 총 1220명이다. 16개 시·도의회 사무기구의 평균 직원규모는 76.3명이고, 시·군·자치구의회의 그것은 15.9명이다. 가장 많은 사무기구 직원을 둔 의회는 서울특별시의회로 206명이고, 가장 적은 사무기구 직원을 둔 의회는 울산광역시의회로 47명이다. 사무기구 직원수 1,220명을 광역의원 수 738명으로 나눈 의원 1인당 사무직원 수는 1.65명이다. 이들 사무기구 직원 대부분은 지방의회의 행정적 기능적 사무처리에 배치되고 지방의원의 의정지원을 하는데 기여하는 직원수는 매우 적은 형편이다. 그나마 이 인원도 지방의원의 의정지원에는 그다지 도움이 되지 못하고 있다. 〈표 4-11〉에서 보는 바와 같이, 16개 광역의회의 경우, 전문위원을 제외한 사무기구 직원 1,127명 중에서 기록요원과 기타 기능직의 합이 466명으로 전체의 41%를 차지하고 있다. 또한 일반직이 569명이지만 이들은 의회의 일상적 행정업무 처리를 수행하는 직무에 대부분 배치되어 있다. 한편 전문위원의 수가 전체 94명으로 의회당 평균 5.9명이지만 이들은 상임위원회별 의안의 심의와 위원회 운영 등의 직무를 수행하고 있고, 의원들의 의정지원에 대응하는 데는 미치지 못하고 있다.

(4) 사무기구의 직무

지방의회 사무기구는 지방의회의 사무를 처리하는 기관이다. 지방의회의 사무는 의장의 명에 따라 사무처장 또는 사무국장(사무과장)의 책임하에 사무기구에 의하여 처리된다. 여기에서 말하는 의회의 사무란 지방자치법 제49조에 규정된 「의회의 사무」로서 이른바 합의체인 의회의 업무를 통괄하는 의장에 의하여 수행되어야 할 의회의 사무를 의미한다(최인기·이봉섭, 1995: 253-254).

지방의회의 사무를 대별하면 의회의 회의사무와 행정사무로 분류할 수 있다. 회의사무는 크게 세 가지로 구분된다(김동훈, 2002: 383). 이는 의회의 전체에 관한 사무(예를 들면 보고, 청원서, 간행물 등의 관리 등), 의회 및 위원회의 운영에 관한 사무(예를 들면 회의장의 준비·관리, 의안의 인쇄·배부, 의사진행의 보조·지원, 전문위원에 의하여 수행되는 의안심사보좌·회의진행보좌·안건검토·자료수집·조사연구업무 등), 그리고 의장의 권한에 수반하는 사무(예를 들면 의결된 조례안, 예산안 및 결산 등 의결안건의 이송, 회의록 및 위원회 회의록의 작성 등) 등으로 구성된다. 한편 의회의 행정사무로는 인사, 회계, 회의장의 유지, 관리 등의 사무이다.

(5) 전문위원의 직무

위원회에는 위원장과 위원의 자치입법활동을 지원하기 위하여 의원이 아닌 전문지식을 가진 위원(이하 "전문위원"이라 한다)을 둔다. 전문위원은 위원회에서 의안과 청원 등의 심사, 행정사무감사 및 조사, 그 밖의 소관 사항과 관련하여 검토보고 및 관련 자료의 수집·조사·연구를 한다. 위원회에 두는 전문위원의 직급과 정수 등에 관하여 필요한 사항은 대통령령으로 정한다(지방자치법 제59조 ①②③).

지방자치법규에 전문위원의 지위와 역할에 관한 규정이 최근까지도 없었으나 이상과 같은 규정이 2006년 4월 28일에 지방자치법의 개정을 통해 신설되었다. 이러한 전문위원에 대한 규정을 신설하여 그들의 역할을 구체적으로 명시한 것은 전문위원의 역할이 담당위원회의 의안심사, 위원회의 의사진행보좌와 행정처리업무에 그치는 것이 아니라 좀 더 적극적으로 위원회 소관 의안 등에 대한 심사와 조사 및 연구로 의원들의 의정지원기능을 강조한 것으로 이해된다.

전문위원실에는 각각 전문위원과 소수의 직원이 있다. 예를 들어 경상남도의회의 경우, 현재 각 상임위원회에 전문위원 1명과 직원 3명씩을 두고 있다. 한편 서울특별시의회의 경우 전문위원실에 평균 8명씩의 직원을 두고 있다. 각 전문위원실에는 4급의 전문위원과 5급의 의안심의담당관, 그리고 계약직 나급 1명 내지 2명씩의 입법조사관, 그리고 행정직 및 기능직 6급 이하 직원이 있다. 그러나 이처럼 많은 직원을 두고 있는 서울특별시의회의 경우도 전문위원실은 위원회의 업무과중으로 주로 위원회의 고유 업무처리에 매달려 있고, 지방의원의 개별적 의정지원에는 만족할 만한 대처를 하지 못하고 있는 실정이다.

〈표 4-12〉는 우리나라 시·도의회 전문위원을 일반직과 별정직으로 구분해 둔 것이다. 표에서 보는 바와 같이 시·도의회를 중심으로 검토할 때, 전체 전문위원 중에서 자치단체의 인사원칙에 따라 순환보직되는 일반직이 64.9%를 차지하고 있음을 알 수 있다. 이는 장기간의 근무를 통한 전문성 확보가 쉽지 않음을 알려주는 것으로 해석되는 부분이기도 하다.

◈ 표 4-12 ◈ **광역의회 전문위원의 공무원 직종별 현황** (2004.12.31. 현재)

직원수 / 의회별	합계 94명	일반직 61명 (64.9%)	별정직 33명 (35.1%)
서울특별시의회	10		10
부산광역시의회	6	5	1
대구광역시의회	5	3	2
인천광역시의회	5	3	2
대전광역시의회	4	2	2
광주광역시의회	4	2	2
울산광역시의회	4	4	
경기도의회	10	7	3
강원도의회	5	4	1
충청남도의회	5	4	1
충청북도의회	5	5	
전라남도의회	7	6	1
전라북도의회	6	4	2
경상남도의회	7	4	3
경상북도의회	7	5	2
제주도의회	4	3	1

자료: 안영훈·김성호(2007: 22).

참고문헌

김동훈.(2002). 「지방의회론」, 서울: 박영사.

송광태.(2003a). "지방의회 운용의 경험적 고찰을 통해 본 지방의회의 기능강화방안 -지방의회의 조직을 중심으로." 「한국지방자치학회보」, 제15권 제3호. 한국지방자치학회.

_____.(2003b). "지방의회 위원회의 전문성 확보방안." 「자치의정」, 제7권 제3호. 지방의회발전연구원.

_____.(2007a). "지방의원 의정비의 결정요인에 관한 연구." 「한국지방자치학회보」, 제19권 제4호(통권 60호). 한국지방자치학회.

_____.(2007b). "지방의회의 의정활동 활성화를 위한 제도적 개선방안." 「사회과학연구논문집」, 제14집. 창원대학교 사회과학연구소.

송광태·황아란.(2007). "지방의원 유급제의 실태분석과 향후 개선방안." 「2007년 지방분권전문위원회 Workshop 발표자료」. 정부혁신지방분권위원회.

안영훈·김성호.(2007). "지방의회 사무기구 인사권 독립 및 광역의회의원 보좌관제 도입에 관한 연구." 전국시·도의회의장협의회 연구보고서.

이규환.(2000). 「한국도시행정론」, 서울: 법문사.

이달곤.(2004). 「지방정부론」, 서울: 박영사.

임경호.(1991). 「지방의회론」, 서울: 대영문화사.

정세욱.(2000). 「지방자치학」, 서울: 법문사.

정재길.(1995). 「지방의회론」, 서울: 박영사.

지방의회발전연구원.(2008). 「지방자치동향」, 통권29호(2008. 01).

최봉기.(2006). 「지방자치론」, 서울: 법문사.

최인기·이봉섭.(1993). 「지방의회론」, 서울: 법문사.

행정자치부.(2007). 「지방의회백서, 2002. 7-2006. 6)」.

통계청. 「행정구역별 인구동태」. www.kosis.kr/domestic/comp.are//do04/index.jsp. (2007년 6월 10일 접속).

한국지방자치단체국제화재단.(2003). 「외국의 지방의회 운영」.

홍정선.(1991). 「지방자치법론」, 서울: 법영사.

황아란.(1997). 「외국 지방자치제도와 기관구성」. 한국지방행정연구원 연구보고서.

황아란·송광태.(2007). "지방의원의 유급제 도입이 의정활동에 미친 영향: 지방의원의 인식조사를 중심으로." 「한국지방자치학회 동계학술세미나 발표논문집」.

황아란·강재호·강경대·이행봉.(2003). "지방의정 활성화 방안." 「이제는 지방분권시대」. 정부혁신지방분권위원회·한국지방행정연구원.

Eliassen, Kjell A. & Mogens N. Pedersen.(1978). "Professionalization of Legislatures: Long-term Change in Political Recruitment in Denmark and Norway." *Comparative Studies in Society and History*, 20: 286-318.

Fiorina, Morris P.(1974). "Divided Government in the American States: A Byproduct of Legislative Professionalism?," *The American Political Science Review*, 88: 304-316.

Gordon, Victoria.(2006). Home Rule and Improved Fiscal Health: Perception or Reality?. *The Municipal Year Book*, Washington, D.C.: International City/County Management Association: 33-38.

Hibbing, John.(1999). "Legislative Careers: Why and How We Study Them." *Legislative Studies Quarterly*, 24: 149-71.

http://phoenix.gov/DISCOVER/index.html. 2008년 1월 10일 연결.

http://phoenix.gov/citygov/electdx.html). 2008년 2월 22일 연결.

http://phoenix.gov/CITYGOV/MAYORCOUNCIL/index.html. 2008년 2월 20일 연결.

Huitt, Ralph K. and Robert L. Peabody.(1969). *Congress: Two Decades of Analysis*, New York: Random House.

ICMA.(1988). *Baseline Data Report*, Vol. 40, No. 4. N. W., Washington. D.C.:1-17.

_____.(2007). *The Municipal Year Book*, Washington, D. C.: International City/County Management Association.

King, Anthony.(1981). "The Rise of the Career Politician in Britain and Its Consequences." *British Journal of Political Science*, 11: 240-85.

Krane, Dale, Rigos, Platon N. & Hill Jr., Melvin B.(2001). *Home Rule in America: A Fifty-State Handbook*, Washington, D. C.: Congressional Quarterly Press.

Nelson, Kimberly L.(2002). Elected Municipal Councils. *Special Data Issue*, no.3. ICMA. Washington. D.C.: 1-14.

Renner, Tari & Victor S. DeSantis.(1998). Municipal Form of Government : Issues and Trends. *The Municipal Year Book*, ICMA. Washington. D.C.:30-41.

제 5 장

지방의회의 지위, 기능 및 권한

제 1 절 지방의회의 지위
제 2 절 지방의회의 기능
제 3 절 지방의회의 권한

제 1 절 지방의회의 지위

우리나라에 있어서 지방의회의 설치가 헌법에 의하여 보장되고 있으며 지방의회의 조직과 운영은 지방자치의 성패를 좌우하는 것이기 때문에 지방의회의 조직·권한, 의원선거 및 운영에 관한 사항은 법률로 정하도록 되어 있다(헌법 제118조). 주민의 일상생활과 복지, 지역경제와 관련된 주민의 의사를 민주적인 장에서 해결하는 데에 지방의회의 존재가치가 있다는 점에서, 이를 실현하기 위해서는 일정한 지위와 권한을 확보하여야 한다.

지방의회의 지위는 지방자치단체의 기관구성 형태에 따라 상이한 지위를 가지는 바, 우리나라의 지방의회는 기관분리형의 기관구성 형태에 의하여 형성되어 운영되고 있다는 관점에서 지방의회의 지위도 이러한 기관분리형적 시각에서 살펴볼 필요가 있다(임승빈, 2005: 256). 일반적으로 지방의회의 지위는 기관구성형태에 관계없이 주민대표기관으로서의 지위를 가지며 기관분리형적 관점에서는 입법기관, 의결기관, 행정감시기관으로서의 지위를 가진다.

1. 주민대표기관으로서의 지위

지방의회는 주민에 의하여 선출된 의원들로 구성된 기관이므로 주민의 대표기관으로서 주민을 대표하여 지방자치단체의 의사를 심의·결정하는 것이므로 주민대표기관으로서의 지위를 가진다(최창호, 2006: 305). 지방의회를 구성하는 지방의원은 그를 선출한 출신지역이나 주민만을 대표하는 것이 아니고 지방자치단체 전 지역을 대표하는 지위를 가진다.

따라서 지방의원은 헌법과 법률에 규정된 바에 따라 그리고 자신의 양심과 판단에 따라 주민 전체의 이익을 위하여 조례를 제정하는 등의 의정활동을 수행하여야 한다.

오늘날에는 지역주민의 수의 증가 등 여러 가지 이유로 간접민주주의 정치가 불가피한 상황인 바, 이러한 간접민주주의 정치에서는 국민 또는 주민의 대표기관인 의회의 존립이 그 필수적인 요건으로 되는 것이다. 그러나 지방의원 선거구제, 지역이기주의 현상 등으로 인하여 지방의회의 주민대표기관으로서의 지위는 약화되어 있는 것이 현실이다.

2. 의결기관으로서의 지위

우리나라는 지방자치단체의 기관구성방식 중 기관분리주의 방식을 채택하고 있기 때문에 의결기관과 집행기관을 분리하고 있는 바, 의결기능은 지방의회가 집행기능은 지방자치단체장이 수행하고 있다. 따라서 지방의회는 의결기관으로서 지방자치단체의 정책과 입법, 주민의 부담, 기타 지방자치단체의 운영사항에 관하여 지방자치단체의 의사를 최종적으로 확정하는 권한을 가진 의결기관으로서의 지위를 가진다.

이러한 관점에서 의결기관으로서의 지방의회는 단체의사의 결정에 관하여 의견을 제시하는 데 그치는 자문기관과 다르다(최창호, 2006: 306). 자문기관은 어떤 정책을 결정할 때 단순히 의견을 제시하는 데 그치지만 의결기관으로서 지방의회는 지방자치단체의 의사나 정책을 최종적으로 결정하는 권한을 가진다.

그러므로 선결처분권과 같은 예외는 있지만 법령에 의하여 지방의회의 의결을 거치지 않은 집행은 당연히 무효가 된다(임승빈, 2005: 257). 그런데 지방의회가 의결기관이라고 하더라도 모든 사항에 대하여 전부 지방의회를 거치게 할 수는 없으며, 거기에는 행정사무의 성질상, 또는 지방의회의 성질상 일정한 한계가 있다(정세욱, 2000: 502).

지방의회는 지방자치단체의 의사결정기관이므로 당해 지방자치단체의 중요한 의사결정이 지방의회에서 이루어짐은 물론이다. 그러나 지방의회가 의사결정해야 할 사항에 대해서 현행 지방자치법에서는 한정열거주의를 채택하고 있으므로 지방자치단체의 모든 의사결정이 지방의회에서 이루어지는 것은 아니다. 지방의회는 지방자치법 제35조 제1항에 열거된 사항 및 제2항에 의거 조례로서 규정하는 사항, 그리고 지방자치법 개별 규정 또는 다른 법령에 의거, 지방의회에 의결을 거치도록 규정된 사항에 한하여 의결권을 갖는다. 지방의회의 권한에 속하지 않는 기타의 의사결정은 각 집행기관의 권한에 속한다.

이러한 의미에서지방의회는 국회가 국권의 최고기관인 것과 비교하여 반드시 지방자치단체의 최고기관의 지위에 있는 것은 아니라고 할 수 있다(임승빈, 2005: 257). 결국 의결기관으로서의 지방의회는 지방자치단체의 의사를 확정하는 것이기 때문에 이를 의사기관이라고도 한다.

3. 입법기관으로서의 지위

국회의 가장 기본적인 권한이 법률을 제정하고 개·폐하는 것이라면, 지방의회의 가장 기본적인 권한은 자치법규인 조례를 제정하고 개·폐하는 것이라고 할 수 있다. 즉, 지방의회는 자치입법권으로서 지방자치단체의 기본 방향과 정책과 관련한 조례제정권을 갖는다. 지방의회는 지방자치단체의 입법권과 집행권이 분리되어 있는 상황하에서 입법권의 행사를 그 기본적인 기능으로 하고 있으므로 입법기관으로서의 지위를 가진다.

지방자치단체의 장에게도 자치입법권의 하나인 규칙의 제정권이 부여되어 있으나 규칙이란 조례의 시행을 위하여 또는 자치사무를 포함하여 국가사무의 집행을 위하여 제정되는 경우도 있으므로 자치단체가 자치법규를 자주적으로 정립하는 자치입법권은 조례제정권의 귀속을 기준으로 판단하여야 한다(최창호, 2006: 306). 그러나 입법기관으로서의 지방의회는 많은 한계를 가진다.

첫째, 지방자치단체의 소관사무에 한정, 자치사무와 단체위임사무에 한정, 상위법규 우위에 의한 한계, 법률유보에 의한 한계 등을 지니고 있어 명실상부한 입법기관으로서의 지위를 가진다고 보기 어렵다.

둘째, 지방의회의 입법기능은 전문성이 부족하다는 관점에서 한계를 가진다. 오늘날 행정기능이 양적으로 팽창하고 있고 질적으로 복잡· 다양화됨에 따라 상당한 전문지식이 요구되고 있으나 지방의회와 의원의 비전문성으로 인하여 대부분의 조례안이 집행기관에 의하여 입안·발의되어 이를 거의 그대로 통과시키는 역할을 주로 수행하고 있다는 것이 현실이다.

셋째, 지방의회의 입법기능은 지리적 한계를 지니고 있다. 지방의회에서 의결된 조례는 국가 전체를 대상으로 한 것이 아니며 지역에 국한되는 것이므로 지역 간 상이한 조례가 생성되는 경우가 많다. 이에 따라 지방의회의 입법기능에 대하여 상급기관의 표준조례안 제시, 조례 승인 권한 등 일정한 통제가 이루어지고 있다. 그러나 지방자치단체의 자치입법권의 근간인 조례제정권이 지방의회의 전속적 권한에 속하기 때문에 지방의회는 입법기관으로서의 지위를 가진다(임승빈, 2005: 258).

4. 행정감시기관으로서의 지위

지방의회는 당해 지방자치단체의 사무에 관한 감사권과 조사권을 가진다. 헌법 제61조에 의하여 국회가 국정에 대한 광범위한 감사권과 조사권을 부여받고 있는 취지에 따라 지방의회도 그 직책의 수행을 보장하기 위하여 지방자치단체의 사무에 대한 감사권이 폭넓게 인정되고 있다.

지방의회는 지방의회의 결정사항이 집행기관에 의하여 그대로 실현되고 있는가를 감독·확인할 기능이 부여되지 아니할 때에는 지방의회의 대표기능과 의결기능이 제대로 보장될 수 없기 때문에 지방의회의 이러한 집행기관에 대한 감독·확인의 기능은 필수적인 기능이라고 할 수 있다. 따라서 지방의회는 집행기관에 대한 행정감시기관으로서의 지위를 가진다(최창호, 2006: 306-307).

제 2 절 지방의회의 기능

지방의회는 국회보다는 협소하지만 매우 다양한 기능을 수행하고 있는 바, 특히 정치발전을 통한 민주화가 성숙되어 민주화의 공고화(consolidation of democracy)단계가 도래하게 되면 지방의회는 생활정치를 제도화하는데 결정적 역할을 할 것으로 기대되고 있다. 국회가 보통 체제유지기능, 대표기능, 그리고 정책결정기능을 가지는 것처럼 지방의회도 그 성격과 범위가 다르긴 하지만 기본적으로 세 가지 기능을 수행한다(이달곤, 2004: 230-232).

이외에도 지방의회의 권한과 그러한 권한에 따른 의정활동을 지방의회의 대외적 관점에서 본다면 그것을 지방의회의 기능으로 파악할 수 있다. 즉 지방의회의 의정활동은 한편으로는 지방의회가 자신의 권한을 행사한 것으로, 다른 한편으로는 주민의 정치적 대표기관이 지역발전과 주민의 의사를 정치행정에 반영하는 기능으로 파악할 수 있다.

이러한 관점에서 지방의회는 추가적으로 정책기능, 입법기능, 견제감시기능, 대의

기능, 갈등조정 및 조화기능, 협력봉사기능, 자율운영 및 발전관리기능 등을 수행한다(최봉기, 2006: 264-267). 따라서 지방의회의 기능이 활성화되기 위해서는 권한이 확대·강화되어야 하고, 자치제도가 성공적으로 정착되기 위해서는 지방의회의 기능이 질적으로 내실화되어야 한다.

1. 의결기능

지방의회 기능의 생성과정에 초점을 둔 것이 대표기능이라면 그 활동에 초점을 맞춘 것으로 가장 중요한 것이 의결기능이다. 이 기능은 조례의 재정과 개정권한을 가지는 입법기능과 집행기능을 감시·감독하는 통제기능으로 세분할 수 있다. 사실상 의결기능이 없는 대표기능은 허구일 수밖에 없다. 따라서 지방의회의 의결기능은 국회의 정책결정기능과 같이 매우 중요한 것이다.

지방정부의 운영에 골간이 되는 입법을 할 수 있는 권한이 지방의회에 속한다는 것은 바로 의회가 기본적 사항을 결정하는 중요한 기구임을 의미하는 것이다. 이러한 기본적 범주 아래서 집행부의 업무가 처리될 수 있다. 그리고 의결기구와 집행기구가 분립된 기관분립형 지방정부에서 지방의회는 집행부에 대해서 행정의 조사와 감독활동을 펴는데 이것도 주민을 대표해서 가지는 의결기능이 있으므로 가능한 것이다.

의결기능은 의회라는 기관의 성격에서 알 수 있는 바와 같이 결정하는 기능이며 그것이 합의제라는 특징을 가지고 있다. 합의제는 단독기관이 정하는 개인의 결정이 아니고 다수의 평등한 권한을 공유한 집단이 가지는 의사결정방식으로 주로 다수결을 사용하기도 하고 그 과정에서 협상과 타협이 존중된다. 의결기능은 의회가 전체 주민의 대표이기 때문에 간접민주주의의 기능이다. 다만 지방의회의 의결기능은 지방정부가 가지는 일정한 한계에 따라 그 범위가 한정되며 합의제 기구의 특성이 반영되어 그 구체성도 제약을 받는다.

2. 체제유지기능

지방의회의 체제유지기능은 지방민주주의의 이념을 실현하는 규범과 제도를 유지하는 것에서 찾아볼 수 있다. 의회는 지방자치라는 민주주의의 기초 이념을 체화하고 이를 구체적인 삶의 현장에서 구현하는 생활정치의 장으로서 의미를 가지는 것이다.

현실적으로 지방의회는 지방 민주주의의 중심에 서 있고 의회의 활동을 통하여 민주주의의 현재적 의미가 확산된다.

이러한 체제유지기능은 의회를 통하여 주민의 요구와 지지(demand and support)가 반영되고 이것이 의회의 활동을 거치면서 하나의 성과로 탈바꿈하는 정치체제적 관점(political system aspects)에서 이해될 수 있다. 하나의 하위체제인 정치체제가 상위체제 속에서 존속하고 발전하기 위해서는 환경과 부단한 생산적 관계를 유지하여야 함은 물론이고 하나의 통합적 체제로서 투입과 전환, 그리고 산출과 환류기능을 유기적으로 수행하여야 한다.

3. 대표기능

대의민주주의 체제에서 지방의회는 체제를 부인하지 않는 개인과 정파가 선거에 나오고, 이들 중에서 주민들이 유효하게 선출한 의원들로 구성된다. 따라서 의회는 민주적 대표성(democratic representation)을 가진다. 주민의 대표기관이기 때문에 전체 주민을 대표하는 기능과 대표성에 기초하여 활동의 정당성을 확보하고 권한을 행사할 수 있다.

주민의 의사를 대표하여 이를 지방정부의 의사결정과정에 반영하는 이 기능은 어떤 개인이나 집단의 대리인(agent)으로서의 기능이 아니고 주민전체의 일반의지(general will)를 의회활동과정에 반영한다는 간접 민주주의의 원리를 반영하는 것이다. 따라서 그 범위는 대단히 포괄적이며 지방의회는 주민과의 관계에서는 물론이고 중앙정치권, 집행부와의 관계에서 이러한 기능을 발휘한다. 의회의 대표기능은 의회의 권한과 의무를 규정하는 데도 하나의 중요한 원리가 된다.

4. 정책기능

지방의회의 정책기능이란 전술한 의결기능의 일부에 해당되는 기능으로서 지역발전을 위해 “장차 지방정부가 행하기로 하거나 행하지 않기로 결정한 방침 혹은 지침”을 수립하는 기능을 의미한다. 예컨대 지역개발사업을 결정하거나 주택건설사업을 수립하는 등의 기능을 의미한다. 또한 도시개발계획을 수립하거나 소득증대사업을 계획하는 것 등도 여기에 포함된다고 할 것이다. 중앙정부에 비해 지방정부가 갖는 권한이나 자원 등에 비추어 볼 때 지방의회의 정책기능에는 한계가 있지만 가능한 범위 내에서라도 지방의회의 정책기능이 활성화 될 때, 지방자치의 성공을 앞당길 수 있을 것이다. 현재까지 우리나라 지방의회의 기능 중 이 정책기능이 가장 취약한 부분으로 나타나고 있다.

5. 입법기능

지방의회의 입법기능이란 지방의회가 당해지역의 조례를 제정·개정·폐지할 수 있는 기능을 의미한다. 동 기능 역시 광의의 의결기능에 해당하지만 그 성격상 따로 검토할 가치가 크기 때문에 독립시켰다. 30년간 지방자치제도가 중단되었던 시절에 우리나라의 지방사회는 권위적인 중앙정부가 일방적으로 제정한 법률에 의해 강제되어 왔으며, 따라서 지방사회의 주민현실과 법률과의 괴리현상이 현격하다.

6. 견제감시기능

지방의회의 견제감시기능이란 의결기관으로서의 지방의회가 자신의 의결사항을 집행하는 집행기관에 대해 행하는 감시 및 통제활동을 의미한다. 예컨대 지방의회가 집행기관에 대해 행정사무감사 및 조사권, 출석답변요구권, 자료제출요구권, 그리고 의견제시권 등의 권한을 행사하는 활동과 관련된 제반기능을 의미한다. 지방자치단체의 기관을 의결기관과 집행기관으로 분립한 근본취지도 의결기관으로 하여금 집행기관을 견제감시하면서 동시에 양기관간에 협력과 협조를 통해 지역발전을 추진하도록 그 책임을 부여하는 데 있다고 볼 수 있을 것이다.

7. 대의기능

지방의회는 지역사회 내 주민의 정치적 대표인 지방의원을 그 구성원으로 한다. 그리하여 지방의회는 주민을 대신하여 당해지역의 공공사무를 의결하고 처리할 수 있는 권한을 가진다. 따라서 지방의회는 항상 주민사회의 여론과 지역주민들의 정치적 의사를 수렴하고 이를 기초로 의정활동을 수행해 나가야 한다. 뿐만 아니라 지방의회는 개별적 혹은 집단적 주민들의 청원과 진정사항을 수리하고 이를 해결하며 주민들로부터의 건의나 상담을 받고 처리해야 한다. 지방의회의 대의기능이란 이처럼 지방의회가 의정활동을 수행함에 있어 주민의 의사를 수렴하여 그것을 의정에 반영하는 대변기능을 의미한다.

8. 갈등조정 및 조화기능

갈등의 조정과 조화기능이란 지방의회가 지역사회 내의 개인 및 집단 간에 야기되는 각종 갈등과 반목을 해결하고 화합과 단결로 이끌어 나가는 제반기능을 의미한다. 즉 지방의회는 지역사회 내의 각종 갈등과 대립, 불화와 반목을 파악하고 지역 발전적 차원에서 이를 조정하고 해결할 수 있어야 한다. 광역의회의 경우 기초자치단체 상호간의 갈등이나 광역자치단체와 기초자치단체간의 갈등을 조정할 수 있어야 하고, 기초의회의 경우 지역 내 개인 간, 집단 간, 계층 간, 지역 간의 갈등과 대립을 중재·조정할 수 있어야 한다.

9. 협력봉사기능

지방의회는 지역발전과 주민의 복지증진을 위하여 타 자치단체나 의회와는 물론 당해 자치단체의 집행기관과도 협력하고 공동으로 노력해야 한다. 광역행정수요가 폭발하고 있는 현대행정현실을 감안할 때, 자치단체상호간의 협력과 협조나 지방의회의 협력과 도움 없이는 이를 원만히 처리할 수 없을 것이다. 많은 사람들이 집행기관에 대한 견제기능만을 지나치게 강조함으로써 진실로 중요한 양 기관 간의 협력·협조기능을 소홀히 하고 있는 것이 현실이다. 그러나 지방자치의 궁극적 목적에 비춰본다면 오히려 기관 간의 협력기능이 강조되고 있다는 점을 알 수 있을 것이다.

10. 자율운영 및 발전관리기능

지방의회의 자율운영기능이란 지방의회가 스스로의 힘으로 자신의 내부조직을 구성하고, 회의 및 의사를 진행하며, 의원 스스로의 신분을 사정하며 효율적인 의회운영을 위해 자율적으로 원내질서를 유지하는 등의 기능을 의미한다. 그리고 발전관리기능이란 지방의회가 의회운영의 효율화를 위하여 의원 자신들이 스스로 연구하고 문제점을 찾아내어 이를 시정하려는 활동을 의미한다. 의원들의 해외연수나 교육참가, 각종 세미나 개최, 자치제도개선을 위한 활동 등이 이들 기능에 해당된다고 하겠다.

제 3 절 지방의회의 권한

지방의회의 권한은 자치권의 범위, 자치단체의 계층구조, 지방정부형태, 집행기관의 선임방법 등에 따라서 각각 다를 수 있다. 지방의회의 권한은 전술한 지방의회의 유형에 따라 다양할 뿐만 아니라, 나라에 따라서는 지방자치단체의 종류와 계층에 따라 다르기도 하고, 심지어는 각 지방자치단체마다 다른 경우도 있다. 그러나 우리나라에서는 지방자치단체에 기관대립형을 채택하고 있고, 모든 자치단체의 의회에 그 권한을 일률적으로 통일하고 있다(지방자치법 제5장 3절).

지방의회는 자치단체장의 기관위임사무와 법령에 의하여 자치단체의 장의 전속사항으로 된 사무를 제외하고는 원칙적으로 해당 자치단체의 사무 전반에 걸쳐 관여할 수 있다. 지방의회의 권한은 여러 가지로 나눌 수 있으나, 여기에서는 법령의 규정을 중심으로 이를 의결권, 행정감시권, 선거권, 청원수리·처리권, 자율권으로 나누어 고찰하기로 한다(최창호, 2006: 317-332).

1. 지방의회의 권한에 영향을 미치는 변수

지방의회의 권한은 나라마다, 그리고 기관구성형태 등에 따라 다양하다. 지방의회의 권한에 영향을 미치는 변수는 첫째, 자치권의 범위, 즉 지방분권(기능배분)과 중앙통제의 정도 둘째, 지방자치단체의 계층구조 셋째, 지방정부의 기관구성형태 넷째, 집행기관의 선임방법 다섯째, 그 나라의 정치행정문화적 특성에 따라 달라진다(최봉기, 2006: 255-256).

(1) 자치권의 범위

지방의회의 권한은 자치권의 범위에 따라 달라진다. 지방자치의 유형을 엄밀하게 분류하기는 곤란하지만 영국, 캐나다, 미국 등에서는 주민들이 지방적 사무를 자주적으로 처리한다는 주민자치의 오랜 전통을 가지고 있으므로 지방의회의 권한이 대체로 넓다.

국가와 지방자치단체간의 기능배분방식을 보면 영국·캐나다·오스트리아 등은 개별적 수권방식에 의해, 일본·스페인·한국 등은 예시주의, 그리고 프랑스는 단일법에 의한 배분방식을 채택하고 있다. 포괄적 수권방식에 의한 기능배분방식을 채택하는 경우 보다는 개별적 수권방식에 의하여 기능배분을 하는 경우가 더욱 자치권의 범위가 넓다고 할 수 있다. 지방의회에 대한 중앙통제에 있어서 입법적 통제, 사법적 통제, 행정적 통제 등이 있는 바, 행정적 통제를 중심으로 하는 경우가 입법적, 사법적 통제를 중심으로 하는 경우 보다 자치권의 범위가 협소하다.

(2) 지방자치단체의 계층구조

지방자치단체의 계층구조가 1층제인 나라의 경우 지방의회의 권한이 광범위한데 반하여 2층제 이상의 나라의 경우 기초의회의 권한이 광역의회의 그것에 비해 넓은 편이다. 그것은 기초자치단체의 권한은 대체로 예시주의에 의하여 배분되어 있는 반면, 광역자치단체의 그것은 제한적 열거주의에 의하여 배분되어 있기 때문이다. 선진국을 보면 실정법상으로 기초와 광역의 자치계층간에 지방의회의 권한이 경합되는 예가 거의 없다.

(3) 지방정부형태

지방정부의 형태에 따라 지방의회의 권한이 다른바, 이에 따른 권한의 차이를 보면 기관통합형을 채택하고 있는 지방자치단체 의회의 권한이 가장 광범위하고, 의회-집행위원회형을 채택하고 있는 지방자치단체 의회의 권한이 넓으며, 기관분리형을 채택하고 있는 지방의회의 권한이 가장 협소한 편이다. 스페인의 자치공동체의회와 이탈리아의 시·읍·면의회는 의회-집행위원회형을 채택하고 있지만 그 권한의 범위는 다른 나라의 그것에 비하여 협소하다. 그러나 기관분리형에 있어서도 의회우위형을 채택하는 것보다 지방의회의 권한이 보다 넓다.

(4) 집행기관의 선임방식

집행기관의 선임방식에 따라 지방의회의 권한은 달라진다. 집행기관직선제를 채택하고 있는 지방자치단체에서는 강력한 시장을 견제하기 위하여 지방의회에 대응적 권한을 부여하고 있는데, 조사권, 선거권, 동의권, 장에 대한 불신임권이 바로 그것이다. 또한 간선제하에서는 단체장에 대한 불신임의결권, 시·읍·면장 이외의 대표자선임권 등을 부여하고 있다.

한편, 지방의회에 의한 집행기관 임명 또는 지명제를 채택하고 있는 지방의회는 본래의 의결기능 이외에 집행기관에 대한 감독권도 가지고 있으며, 집행부국장 임명권을 가지는 예도 있다. 끝으로 중앙정부에 의한 집행기관 임명제를 채택하고 있는 국가의 지방의회의 권한은 매우 협소하다. 지방의회에 어느 정도의 권한을 부여할 것인가를 일률적으로 결정하기는 곤란하다. 그것은 당해 국가의 지방자치 경험, 민주주의와 능률의 요구, 지방자치단체를 둘러싸고 있는 정치적, 경제적, 사회·문화적 환경에 따라 달리 정해야 하기 때문이다(정세욱, 2000: 525-528).

2. 의 결 권

지방의회는 그 주된 권한으로서 의결권을 갖는다. 의결권이란 지방자치단체나 지방의회의 의사형성행위로서 협의의 의결권과 결의권 내지는 결정권을 포함한다. 협의의 의결권은 지방의회의 의결권을 제한적으로 열거하고 있는 지방자치법 제35조에 규정된 지방의회의 의결사항과 기타 지방자치법의 각 조항에 규정되어 있는 지방의회의 의결사항으로 반드시 지방의회의 의결을 거쳐야 하는 필수적 의결사항에 대한 의결권을 말한다.

지방자치법상의 지방의회의 필수적 의결사항은 조례의 제정 및 개폐, 예산의 심의 확정, 결산의 승인, 법령에 규정된 것을 제외한 사용료·수수료·분담금·지방세 또는 가입금의 부과징수, 기금의 설치·운용, 대통령령으로 정하는 중요재산의 취득·처분, 대통령령으로 정하는 중요재산의 취득·처분, 법령과 조례에 규정된 것을 제외한 예산외의 의무부담이나 권리의 포기, 청원의 수리와 처리, 외국지방자치단체와의 교류협력에 관한 사항, 기타 법령에 의하여 그 권한에 속하는 사항 등이다.

이 중에서 기타 법령에 의하여 그 권한에 속하는 사항 중 지방자치법규에 규정된 것이란 지방자치법상 지방의회의 권한사항으로 지방의회의 의결을 요하는 사항을 말하며 그 내용은 다음과 같다. ① 지방자치단체의 폐치·분합, 명칭·구역변경에 대한 의견제출(지방자치법 제4조 제2항) ② 자치구가 아닌 구와 읍·면·동의 명칭과 구역의 변경 또는 폐치·분합(동법 제4조 3항) ③ 지방채의 발행(동법 제124조 제1항) ④ 세입세출 예산의 부담이 될 채무부담원인행위(동법 제124조 제2항) ⑤ 예비비지출의 승인(동법 제129조 제2항) ⑥ 특별회계의 설치(동법 제126조 제2항) ⑦ 지방세의 부과, 징수, 감면(지방세법 제3조, 제9조) ⑧ 광역도시계획 수립 또는 변경시 의견청취(국토의 계획 및 이용에 관한 법률 제15조 제1항) 등이다.

이상과 같은 지방자치법상의 의결권외에도 지방의회는 각종의 법령에 의한 의결권과 당해 지방자치단체의 조례가 정하는 바에 따라 의결권을 가진다. 지방의회의 의결권의 범위를 어느 정도로 하느냐 하는 것은 각국의 사정에 따라 다르겠으나 외국의 입법례를 보면 광범위한 권한을 부여하는 경우와 제한적으로 부여하고 있는 경우의 두 가지로 나눌 수 있다. 우리나라의 법률은 제한적 열거주의를 채택하고 있음으로서 그 범위를 비교적 좁게 하고 있다.

지방의회의 의결권의 범위를 광범하게 확대할 경우 지역주민의 권리보장을 충실히 하고 정치의 민주성과 지방행정의 신중성·책임성을 보장할 수 있으나, 행정의 신속성이나 능률을 저해할 우려가 있으며 경우에 따라서는 지방자치단체의 능력부족으로 지방행정이 마비될 수도 있다. 반면에 의결권의 범위를 축소할 경우, 중앙정부에 의한 국가의 중요 정책사업을 효과적으로 추진할 수 있고 지방행정의 신속성을 높이며 의회의 횡포로 인한 지방정치의 과열화와 그로 인한 행정의 마비를 막을 수 있으나 민의를 반영할 수 있는 기회가 상대적으로 제약되고 중앙정부의 영향력과 지방행정기관의 재량권의 폭이 확대됨으로써 지방자치를 형식화시킬 위험이 있다.

우리나라는 장기간 강력한 중앙집권체제를 유지해 옴으로써 수도중심의 경제성장의 그늘에 가려 극심한 지역불균형발전과 국민의 수동화 현상이 심각한 사회문제로 대두되고 있다. 나아가 중앙 및 지방의 중요 정책결정권이 소수의 권력엘리트들에 의해 독점됨으로써 다수의 국민 의사와 지방주민의 의사가 무시되어 왔다. 따라서 이제부터는 지방의회의 의결권의 범위를 보다 확장시켜 나감으로써 지금까지 무시되거나 왜곡되어온 주민들의 의사가 광범하게 지방의회의 정책결정에 반영되도록 해야 할 것이다.

이러한 관점에서 본다면 지방의회의 의결권의 범위를 제한적으로 열거하고 있는 현행법의 입법태도는 시정되어야 할 것이다. 특히 현행법이 지방자치단체의 종류나 특성을 무시하고 지방의회의 의결권을 일률적으로 열거하고 있는 것은 지방자치의 본질을 퇴색시키는 잘못된 법이라 할 수 있다(최봉기, 2006: 258)

의결권이 법률에 근거한 지방자치단체의 의사형성권이라면 결의권 혹은 결정권이란 법령의 근거에 불문하고 지방의회가 결정하는 사실상의 기관의사형성행위하고 할 수 있다. 결의의 경우, 법적인 근거가 있는 결의(의장·부의장 불신임결의와 의원의 자격상실결의 등)일 때는 법령의 규정에 따라 그 결의 사항의 범위가 명백히 한정되지만, 사실상의 결의 일 때에는 그 결의사항의 범위는 제한받지 않는다고 보아야 할 것이다. 보건, 환경 등에 관한 선언이나 도시미관에 관한 선언, 사건진상해명촉구 등에 관한 결의 등 법적인 효력을 발생하지 아니하는 사실상의 기관의사형성행위는 의회가 필요로 할 때 언제나 행사할 수 있고, 그것은 법률상 소송의 대상이 되지도 않는다고 보아야 할 것이다. 그러나 이러한 결의도 무한정하게 가능한 것은 아니며 지방의회가 지니는 지위나 지방의회 그 자체의 존재의의로부터 벗어나는 결의는 불가능하다고 해야 할 것이다(최봉기, 2006: 259).

(1) 의결권의 행사형식

의결권은 문자 그대로의 '의결'외에, 결의, 제정, 개폐, 승인, 동의, 선언, 건의, 권고, 촉구, 요구, 회부, 이송, 선임, 해임, 결정, 처리 등 다양한 명칭으로 행해진다.

1) 의결 또는 결의

지방의회 의결권이 문자 그대로 의결 또는 결의의 형식으로 행사되는 경우가 대부분이다.

① 의 결 … 의안의 의결(동법 제64조), 예산안의 의결(동법 제39조) 등.

② 결 의 … 선언결의, 촉구결의 등.

'의결'과 '결의'가 어떻게 다르냐에 관하여는 여러 가지 설이 있다. 첫째로 전자는 법령에 근거한 의사형성 행위인 데 비하여 후자는 법령의 근거와는 관계없는 사실상의 의사형성 행위라는 설, 둘째로 전자는 자치단체의 의사의 형성행위인 데 비하여 후자는 의회라는 기관의 의사의 형성행위라는 설, 셋째로 전자는 그 효력을 발생하기 위하여 자치단체장의 별도의 표시행위를 필요로 하는 데 비하여 후자는 의회의 결정행위만으로써 그 효력을 발생한다는 설 등이 그것이다.

이러한 여러 설 중에서 이론적으로 제2설이 타당하다고 생각된다(제3설은 제2설의 연장이라고 할 수 있다). 그러나 우리 지방자치법이 과거에는 의결 외에 결의의 규정도 두고 있었는데(예: 의장불신임 결의), 근래의 개정에서 그 결의를 모두 의결로 바꾼 점으로 미루어 보아, 결의를 사실상의 의사형성 행위에 한정시키고자 하는 것 같다. 따라서 위의 첫 번째 설이 일단 현행제도에서는 설득력을 가진다고 볼 수 있겠다.

2) 승인·동의·의견(표명)

이러한 행위들은 지방의회가 다른 기관의 행위에 대하여 승낙, 허락, 효력부여 또는 인지의 뜻을 표시하는 절차를 의미하는 데에 공통점이 있다.

① 승인 … 결산의 승인(동법 제134조 제1항)·예비비 지출의 승인(동법 제129조 제2항), 선결처분의 승인(동법 제109조 제2항)

② 동의 … 간부 공무원의 임명의 동의

③ 의견(표명) … 지방자치단체의 구역·명칭변경, 폐치분합에 대한 의견(동법 제4조), 읍의 시승격에 대한 의견(동법 제7조)

3) 제정·개폐

이러한 행위들은 지방자치 운영의 기준이 되는 규범을 정립하는 것으로서, 그 중에서도 이른바 법규성을 가진 조례의 제정과 개폐에는 복잡한 의견절차가 필요한 경우가 있다(동법 제26조).

① 제 정 … 조례의 제정(동법 제9조, 제22조), 회의규칙의 제정(동법 제71조, 제89조), 운영규정의 제정(동법시행령 제32조) 등.

② 개 폐 … 조례의 개정·폐지(동법 제39조) 등.

4) 선언·선포·촉구·건의·권고

이러한 행위들은 대체로 법적인 것이 아니지만 사실상 지방의회의 의사를 관철하기 위한 압력의 수단으로 쓰이는 데, 상대방의 의사와 관계없이 지방의회의 일방적인 주장이나 의사를 표시하는 데에 그 공통점이 있다.

이와 같은 형식의 의사를 표시하는 데에는 전술한 '결의'의 절차를 거치는 것이 일반적이다.

① 선언·선포 … 미관도시 선언, 차 없는 거리 선포, 문화거리 선포 등.

② 촉 구 … 철거 촉구, 지원 촉구 등.

③ 건 의 … 해임 건의, 철회 건의 등.

④ 권 고 … 사퇴 권고, 해체 권고 등.

5) 요구·회부·위임·이송

이러한 행위들은 다른 기관에 일정한 행위의 의무를 부과하여 해당 사안에 대한 보다 책임 있는 처리를 도모하는 데에 그 공통점이 있다.

이러한 형식의 권한을 행사하는 데에는 '의결'의 절차를 거치는 경우가 많으며,

경우에 따라서는 의회의 의장이 직권으로 이를 행하는 경우도 있겠다.

① 요 구 … 출석증언 요구(동법 제41조), 질문에 대한 답변 요구(동법 제42조) 등.

② 회 부 … 징계위원회 회부(동법 제87조) 등.

③ 위 임 … 분과위원회에의 위임(동법 제58조) 등.

④ 이 송 … 자치단체장에의 청원 이송(동법 제76조) 등.

6) 선임·해임

이러한 행위들은 토론을 거치지 않고 표결하는 점, 그 행위의 대상이 사람이며, 그 행위의 효력에 피행위자(당선자)의 수락행위를 요하는 점, 하나의 행위로써 복수의 결정(복수 당선자 선출)을 하는 경우가 있는 점 등에서, 일반적인 의결이나 결의와 다른 특수성이 있다.

① 선 임 … 의장·부의장의 선출(동법 제48조), 분과위원회 위원의 선출(동법 제56조), 검사위원의 선출(동법 제134조) 등.

② 해 임 … 의장·부의장의 불신임 의결(동법 제55조) 등.

7) 결정·처리

이러한 행위들 중, 결정은 주로 지방의회의 내부문제를 자율적으로 해결하는 것과 관련되고, 처리는 지방의회가 일정한 사안을 직접 실행하는 것으로서 의결기관인 의회에는 예외적인 현상이라 하겠다.

① 결 정 … 회의 개·폐 결정(동법 제63조), 회의비공개의 결정(동법 제65조) 등.

② 처 리 … 청원의 처리(동법 제39조)

(2) 의결권의 범위

의결권의 범위를 넘는 의결은 월권이 된다. 의결권의 범위는 그 의결의 대상이 되는 사무와 사항의 두 측면에서 한정된다.

1) 의결의 대상 사무

지방의회는 해당 지방자치단체의 소관사무의 범위 안에서, 이른바 고유사무와 단체위임사무에 관하여서만 의결권을 행사할 수 있다.

첫째로 지방자치법은 지방자치단체의 소관사무로서 6개 분야 57개 종류의 사무를 예시하고(동법 제9조 제2항), 그러한 사무를 광역자치단체와 기초자치단체에게 배분하는 기준을 정하고 있는바(동법 제10조, 동법시행령 제8조), 지방의회는 이러한 자치단체 소관사무의 범위 내에서만 의결권을 행사할 수 있다.

그러나 지방자치법이 예시한 57개 종류의 사무와, 광역·기초자치단체에 배분된 사무가 모두 지방의회의 의결사항이 되는 것은 아니다. 지방자치법과 동법시행령에 또한 "다만 다른 법령에 이와 다른 규정이 있는 경우에는 그러하지 아니하다"라는 단서 규정을 두고 있어(동법 제9조 제2항 단서, 동법시행령 제8조 단서). 다른 개별 법령의 규정 여하에 따라 지방자치단체의 소관사무 및 각급 자치단체에의 배분사무가 달라질 수 있기 때문이다.

둘째로 지방의회는 지방자치단체의 자치사무(고유사무)와, 법령에 의하여 지방자치단체에 속하는 사무(단체위임사무)에 관하여서만 의결권을 행사할 수 있다. 따라서 이른바 기관위임사무와 자치단체장의 전속권한사항(예: 자치단체대표권, 의회소집요구, 직원의 임면·지휘·감독 등)에 관하여는 의결권을 행사할 수 없는 것이다.

그러나 기관위임사무이면 무조건 지방의회의 의결사항에서 제외되느냐 하면 그렇지 않다. 기관위임사무의 처리에 소요되는 경비는 그 전액을 위임기관이 부담하도록 되어 있는데(지방자치법 제141조, 지방재정법 제21조 제2항), 만약 그 기관위임사무의 처리에 해당 자치단체의 경비가 사용되었거나 사용될 것이라면 그 부담한 사항에 관하여 주민의 대표기관인 지방의회가 관여하는 것이 논리적으로 타당하기 때문이다.

2) 의결의 대상 사항

위에서 살펴본 바와 같은 사무가 모두 지방의회의 의결의 대상 사항이 되느냐 하면 그렇지 않다. 지방의회는 위에서 살펴본 사무 중에서도 특히 주민의 대표기관인 지방의회의 심의와 의결을 거쳐야 할 만큼 중요한 사항만을 심의·의결하고, 구체적이고 일상적이며 경미한 사항은 집행기관에 일임하는 것이 일반적이다.

따라서 지방의회의 의결사항에 관하여, 지방자치단체의 운영에 관한 기본적인 사항을 지방의회의 의결사항으로 명시하는 이른바 열거주의(enumeration)를 택하게 되는데, 이러한 열거주의의 결과 지방의회의 의결권은 그 열거사항에 한정되는 결과를 가져온다.

우리나라에 있어서 지방의회의 의결사항으로 열거된 것에는 다음과 같은 것들이 포함되어 있다(동법 제39조).

첫째는 조례의 제정 및 개폐이다. 조례는 지방자치단체의 자치입법의 근간으로서 주민의 권리·의무에 관한 사항이나 지방자치단체의 운영에 관한 기본적인 사항을 규정하는 것이므로 주민의 대표기관인 지방의회가 이를 의결하는 것은 당연하다.

둘째는 예산의 확정 및 결산의 승인이다. 예산은 지방자치단체의 정책의 계수적 표현으로서 해당 회계연도에 있어서의 지방자치단체의 사업계획과 재원배분을 규정하는 것이므로 지방의회의 기본적인 의결의 대상이 되며, 집행기관의 결산보고를 승인하는 것도 지방의회의 고유한 권한이 된다.

셋째는 중요정책의 결정이다. 지방의회는 주민의 이해와 밀접한 관계가 있거나 기타 지방자치단체에 중요한 의미를 가지는 정책사항을 심의·결정하는 권한을 가지는바, 이에는 다음과 같은 것들이 포함된다.

① 법령규정 외의 지방세·사용료·수수료·분담금 등의 부과·징수
② 기금의 설치·관리 및 처분
③ 대통령령으로 정하는 중요재산의 취득·처분
④ 대통령령으로 정하는 공공시설의 설치·관리 및 처분
⑤ 법령과 조례에 규정된 것을 제외한 예산외의 의무부담이나 권리의 포기
⑥ 외국 지방자치단체와의 교류·협력 사항

넷째는 기타 법령이 규정하는 사항의 의결이다. 각 개별법규에 의회의 의결사항으로 되어 있는 것 중 중요한 것을 들어보면 대체로 다음과 같다.

① 지방자치단체의 폐치분합과 명칭·구역의 변경 및 사무소 소재지의 의결, 시·읍설치 의결(지방자치법 제4조 제2항, 제6조 제2항, 제7조)
② 추가경정예산의 확정(동법 제130조), 계속비의 설정(동법 제128조), 예비비지출의 승인(동법 제129조)
③ 지방 채무 및 채권의 관리(동법 제124조), 일시차입금(지방재정법 제14조), 지방세의 감면(지방세법 제3조, 제9조)
④ 자치단체조합의 설립(지방자치법 제159조), 행정협의회의 구성(동법 제152조)
⑤ 자치단체조합 임원선임(동법 제160조), 행정협의회의 임원선임(동법 제153조)
⑥ 의장·부의장의 선임(동법 제48조, 제52조), 검사위원의 선임(동법 제134조)
⑦ 행정조사의 실시(동법 제41조)
⑧ 의원의 징계(동법 제86조), 의원자격의 상실(동법 제80조), 의장·부의장의 불신임(동법 제55조)

다섯째는 조례가 정하는 사항의 의결이다. 지방의회는 전술한 법령의 규정에

의한 의결권의 행사 외에, 조례가 규정하는 사항에 대하여도 의결권을 행사할 수 있다(동법 제39조 제2항).

3) 결의권의 범위

결의는 그것이 법령상의 효력을 발생하지 아니하는 사실상의 의사형성행위에 불과하기 때문에, 의회가 필요할 때에 언제든지 결의를 할 수 있다. 보건환경선언, 미관도시선언, 차없는 거리선언, 진상해명 촉구, 해직권고 등이 그 예가 될 수 있다.

그러나 이러한 사실적인 결의에도 사실상 일정한 범위가 있다고 보아야 할 것이다. 즉, 그 결의의 대상이 해당 지방자치단체의 공공사무에 해당하거나 적어도 해당 자치단체 또는 지역주민의 공적인 이해와 관련이 있는 사항에 한정되어야 한다는 것이다. 예컨대 지방의회가 특정 외국과의 외교단절 결의를 한다든가, 국제정치·전쟁에 관한 결의를 한다던가 하는 것은 있을 수 없다고 하여야 할 것이다.

(3) 의결권의 한계

지방의회가 이상과 같은 범위 안에서 의결을 행하는 경우에도, 거기에는 또한 지키지 않으면 안 될 일정한 한계가 있다. 의결권의 이러한 한계를 위반한 의결은 위법이 된다.

1) 상위법규 우위에 의한 한계

지방의회의 의결은 국가의 법령이나 상급 자치단체의 법규에 위반해서는 안 된다.

첫째로 지방의회의 의결은 국가의 법령에 위반해서는 안 된다. 헌법 제117조에서 "법령의 범위 안에서 …," 지방자치법 제22조에서 "법령의 범위 안에서 …"라고 규정한 것은 모두 지방의회의 의결이 헌법을 비롯하여 법률과 명령에 위반해서는 안 된다는 것을 뜻하는 것이다. 지방의회의 의결이 원칙적으로 그 자치단체의 구역 안에서만 효력을 가지는 것일지라도 국가의 법령과 아울러 국법질서의 일환이 되는 것이므로, 전국적으로 시행되는 국가의 법령과 모순되거나 거기에 저촉되어서는 안 되기 때문이다.

둘째로 지방의회의 의결은 상급 자치단체의 조례나 규칙에 위반해서는 안 된다. 지방자치법 제24조에 "시·군·자치구의 … 는 시·도의 조례나 규칙에 위반하여서는 안 된다"고 규정한 것은 그것을 의미한다.

셋째로 지방의회의 의결은 또한 해당 자치단체의 조례나 규칙에 위반해서는 안 된다. 의회의 의결이라고 해서 해당 의회가 정한 조례나 회의규칙을 무시하고 행해질 수 없기 때문이다.

2) 법률유보에 의한 한계

지방의회의 의결은, 특히 자치입법 분야에 있어서, 일정한 사항은 반드시 국회의 의결을 거친 법률의 위임에 의해서만 또는 법률을 근거로 하여서만 규정할 수 있도록 되어 있다.

첫째로 현행 지방자치법은 지방의회가 주민의 권리제한이나 의무부과에 관한 사항을 조례로써 정할 때에는 법률의 위임이 있어야 한다고 규정하고 있다(동법 제22조). 그러나 조례에 관한 이러한 제한에는 그것이 헌법위반이라는 많은 논란이 있다(전술 제4장 제2절 '조례제정권의 한계' 부분 참조할 것).

둘째로 현행 지방자치법은 벌칙에 관한 사항을 조례로써 규정할 때에는 법률의 위임이 있어야 한다고 규정하고 있다(동법 제22조). 그러나 조례에 관한 이러한 제한에도 전술한 주민의 권리·의무에 관한 조례제정의 제한과 함께 헌법위반이라는 많은 논란이 있다(전술 제4장 제2절 '조례제정권의 한계' 부분 참조).

3) 사실상의 한계

지방의회의 의결권에는 이상과 같은 제도상의 여러 한계 외에도, 사실상의 여러 가지 사정에 의하여 한계가 있을 수 있다.

첫째는 전문성의 부족이다. 지방의회는 전문위원제를 두고 있지만 집행기관에 비해 그 전문성에 열세를 면치 못하고, 그 전문적 보조 인력도 부족하여 의회가 주도적으로 행정을 선도하고 편달하지 못하고, 집행기관에서 마련한 의안을 소극적으로 심의하는 데 머무르는 경우가 많다.

둘째는 조례준칙이다. 중앙정부가 조례에 관한 준칙 또는 모범조례(안)를 제시함에 따라 지방의회의 의결에 한계를 가져올 수 있다. 독일 등에서도 주정부가 규범조례(Mustersatzungen)를 지방자치단체에 마련해주고 있기는 하지만, 우리나라와 같이 중앙정부의 조례준칙이 자치단체의 조례에 거의 그대로 반영되는 경우에는 자치단체의 독자성조차 의심스러워질 수밖에 없는 것이다. 이러한 조례준칙의 법적 성격은 일종의 행정지도로 해석된다.

지방의회의 의결권을 강화하기 위해서는 의결권 행사범위의 조정이 요구된다.

첫째, 의결사항의 추가 및 확대가 이루어져야 한다. 현재 지방의회의 의결권은 지방자치법 제35조의 규정에 의하여 지방자치단체의 사무 중에서 비교적 중요하다고 인정되는 사항만을 필수적 의결사항으로 규정함으로써 열거주의를 채택하고 있다. 주민의 의사가 보다 적극적으로 지방행정에 반영되고 지방의회가 본연의 권한인 의결권의 행사를 통해 효과적으로 집행기관을 견제할 수 있도록 하기 위해서는 법정의 결사항 이외에 ① 조례제정을 통하여 자치단체장의 행정행위 중 의회의결을 거치는 사항의 범위를 주민의 복지에 미치는 직접적인 영향력의 크기 및 의회의 처리 능력 등을 고려하여 합리적 수준으로 추가·확대하거나 자치사무의 확대, ② 임의적 의결사항에 대한 적극적인 의결권 행사가 필요, ③ 더 나아가 지방의회의 의결사항을 개괄적으로 광범위하게 규정하는 방안이 요구된다(김성호, 2003: 36-37).

둘째, 재의 요구 및 선결처분권 행사요건이 강화되어야 한다. 지방의회가 의결권을 행사하는데 대하여 집행기관이 행사할 수 있는 견제장치로서 크게 단체장의 재의요구와 선결처분이 있다. 이러한 제도적 장치는 실제적인 면에서 지방의회의 의결권을 크게 제약하고 있는 바, 집행기관의 재의요구와 선결처분의 행사요건을 보다 엄격히 규정하여 의결권 행사가 합리적으로 이루어질 수 있도록 법적 보완이 이루어져야 한다. 먼저 재의요구에 있어 지방의회의 재의결사항에 대해 단체장이 감독관청의 승인을 받아 대법원에 제소하는 경우 판결이 있을 때까지 효력을 정지시킬 수 있는 부분을 수정하거나 또는 대법원의 판결이 있을 때까지 의회의 재의결안이 계속 효력이 발생되도록 하여야 한다. 또한 지방자치단체장의 선결처분권 행사의 경우 지방의회에서 중요사항의 의결이 지체될 경우에 한해 단체장이 일정한 시한을 정하여 의결해 줄 것을 요구할 수 있도록 하고 그 시한이 경과된 경우에만 단체장의 선결처분권을 인정하도록 하여야 한다.

3. 행정감시권

지방의회가 집행기관의 행정사무 처리상황을 확인·점검하여 그 결과를 법령에 따라 처리함으로써 행정의 적법 타당성을 확보하는 과정을 행정사무감사 또는 조사라고 한다. 이를 위해 감사 및 조사권을 가지며 지방자치단체 장의 출석과 질의응답을 요구할 수 있다. 그러나 집행부에 대한 불신임권은 현재 인정되지 않고 있다. 또한 감사권한을 행사하기 위하여 행정사무에 대한 조사권도 가지고 있고 특정한 사항을 조사할 수 있다.

즉 지방의회는 집행기관의 행정사무에 대한 감사 및 조사권을 갖는다(임승빈, 2005: 268). 이러한 권한은 기관통합형을 채택하는 경우, 의회가 결정하고 스스로 집행하므로 처음부터 문제가 되지 않지만 기관분리형을 채택하는 경우, 의회의 결정을 별도의 집행기관이 집행함으로써 집행기관의 집행행위가 의결기관인 지방의회의 의사를 얼마나 충실히 반영하였는지를 감시·통제하게 되는 것이다.

이러한 원리에 근거하여 우리나라의 지방자치법은 "지방의회는 당해 지방자치단체의 사무를 감사하거나 그 사무 중 특정사안에 관하여 지방의회의 의결로 조사할 수 있으며, 감사 또는 조사를 위하여 필요한 때에는 현지확인을 하거나 서류의 제출과 지방자치단체의 장 또는 그 보조기관의 출석·증언이나 의견진술을 요구할 수 있다"고 규정함으로써 지방의회에 대하여 집행기관의 감사 및 조사권을 부여하고 있다.

지방의회에 행정사무감사 및 조사권을 부여하는 것은 지방의회가 지역주민의 대표기관이라는 점에서 볼 때 당연한 것이며, 집행기관의 독주를 견제할 수 있다는 장점이 있는 데 반하여 국가와 상급기관의 감사, 자체감사기능과의 중복, 감사권 남용시 행정의 마비, 집행기관의 의회에의 예속화 우려 등에 대한 문제도 있다.

그러나 우리나라는 전통적으로 행정우위국가였으며 지난 30년 동안 정부주도의 경제개발정책추진으로 행정의 기능이 과잉 비대해졌을 뿐만 아니라 더구나 현대국가의 일반적 추세도 행정국가화하고 있다는 점을 감안 한다면, 지방의회에 감사권만이라도 확보되지 못한다면 지방행정에 지역주민의 의사가 제대로 반영될 수 있는 여지는 거의 희박해진다고 보아야 할 것이다(최봉기, 2006: 259).

(1) 의회의 행정감시 방식

기관통합형의 경우에는 지방의회가 직접 집행권을 행사하지만, 기관대립형의 경우에는 집행권을 담당하는 기관이 별도로 있고 지방의회는 그 집행기관의 집행행위에 대하여 감시권을 행사하게 된다. 지방의회의 행정감시는 여러 방식으로 행해질 수 있다.

1) 의안심의와 관련된 자료요구

가장 평범한 방식은 의회의 의안심의와 관련된 정보·자료를 집행기관에 요구하는 것이다. 우리나라 지방자치법 제40조에서 "본회의 또는 위원회는 그 의결로 안건의 심의와 직접 관련된 서류의 제출을 자치단체의 장에게 요구할 수 있다"고 규정하고 있는 것이 바로 그것이다. 이러한 요구를 받은 자치단체의 장은 법령이나 조례에서 특별히 규정한 경우를 제외하고는 이에 응하여야 하는 바(동법시행령 제38조 제2항), 이러한 요구를 통하여 의회는 집행의 실태를 파악할 수 있게 되는 것이다.

그러나 이러한 서류제출의 요구는 의안의 효율적인 심의를 그 주목적으로 하며 집행기관에 대한 행정감시는 그 부수적인 효과인 것이다.

2) 행정사무처리상황 보고요구

집행기관에 대한 행정감시의 가장 전형적인 방식은 집행기관으로부터 사무처리상황에 관하여 보고를 받는 것이다. 우리나라 지방자치법 제42조에서 "지방자치단체의 장 또는 관계 공무원은 지방의회나 그 위원회에 출석하여 사무의 처리상황을 보고하거나 의견을 진술하고 질문에 응답할 수 있다. 자치단체의 장 또는 관계 공무원은 지방의회나 그 위원회의 요구가 있을 때에는 출석·답변하여야 하며, 자치단체의 장은 특별한 사정이 있는 경우에 한하여 일정한 절차를 거쳐 관계 공무원으로 하여금 대리출석·답변하게 할 수 있다"고 규정하고 있는 것이 그것이다.

그러나 이러한 보고의 청취는 가장 전형적이고 본래적인 방식이기는 하지만, 강력한 행정감시의 효과를 거두지 못하는 데에 한계성을 가진다.

3) 행정감사 또는 조사

이 방식의 내용에 대하여는 아래에서 상세히 고찰한다.

4) 자치단체장 불신임의결

집행기관에 대한 행정감시의 가장 강력한 방식은 자치단체의 장에 대한 불신임권의 행사이다. 자치단체의 장에 대한 불신임결의의 문제는 각 나라의 사정에 따라 일정치 아니한바, 우리나라에 있어서는 과거에 이를 부여하였다가 폐지하는 등 많은 변천을 겪어 왔는데, 1988년의 전문개정 지방자치법에서부터 현재까지 자치단체의 장에게 의회해산권을 부여하지 않음에 발맞추어, 지방의회에 자치단체의 장에 대한 불신임의결권을 부여하지 않고 있다.

(2) 행정감사 및 조사권

1) 의의 및 성격

집행기관의 행정사무 처리상황을 지방의회가 적극 파악하여 그 결과를 처리하는 활동을 지방의회의 행정감사 또는 행정조사라고 한다.

감사와 조사는 성질상 서로 다르다. 즉, 첫째로 전자는 집행기관의 행정사무처리상황 전반에 관하여 실정을 파악하고자 하는 것인 데 비하여 후자는 특정 사안에 대하여 집중적인 자료를 수집하는 활동이며, 둘째로 전자는 권한의 발동에 특별한 절차적 요건을 필요로 하지 않는 데 비하여 후자는 특별한 절차적 요건을 필요로 하는 것이며, 셋째로 전자는 정례회에서의 예산심의 등 주요 정책심의를 위한 자료수집 활동, 즉 부수적 행정감시 활동의 성격을 가지는 데 비하여, 후자는 행정감시 자체를 목적으로 자료를 수집하는 활동, 즉 독립적 행정감시 활동의 성격을 가지는 점, 넷째로 전자는 집행의 포괄적 책임(responsibility)을 확보하는 활동이라고 한다면 후자는 구체적 책임(accountablility)을 확보하는 활동이라고 할 수 있는 것이다.

오늘날 세계 각국에서는 감사권과 조사권 중 어느 한쪽만을 인정하고 있으며, 대부분 나라에서 감사권보다 조사권을 인정하는 경향이 있다. 즉, 영국, 프랑스, 태국, 대만 등이 모두 지방의회에 감사권을 부여하지 않고 있으며, 일본은 감사위원에 대하여 감사의 실시 및 그 결과의 보고를 요구하는 이른바 감사청구권을 지방의회에 부여하고 있다.

우리나라의 경우, 과거 1950년대에는 지방의회에 감사권을 부여한 바 있었고, 1988년 개정 지방자치법에서는 조사권을 부여하였고, 1989년 개정 지방자치법에서는 감사권과 조사권을 모두 부여하여 오늘에 이르고 있다(동법 제41조).

2) 범위와 한계

지방의회의 감사·조사권에도 전술한 의결권의 경우와 같이 일정한 범위와 한계가 있다.

(a) 범 위: 감사 및 조사권의 범위는 다음과 같다.

첫째로 지방의회의 감사 또는 조사권이 지방자치단체의 고유사무를 대상으로 할 수 있음은 물론이다(동법 제41조 제1항).

둘째로 이른바 단체위임사무와 기관위임사무를 대상으로 할 수 있느냐가 문제된다. 이론적으로는 단체위임사무는 일반적으로 지방의회의 감사·조사의 대상이 되는데 비하여, 기관위임사무는 그 사무의 처리에 지방비부담이 있는 범위에서 지방의회의 감사·조사대상이 될 수도 있지만 원칙적으로는 위임기관(중앙정부 또는 상급 지방자치단체)의 감사·조사 대상이 된다고 보아야 할 것이다. 일본에서는 기관위임사무가 폐지되기 이전의 지방자치법에서 지방자치단체의 사무(고유사무 및 단체위임사무를 포함)에 대하여는 해당 지방의회에 검사 및 조사권을 부여하고 있는 데 비하여, 기관위임사무에 대하여는 설명요구권 및 의견제시권을 부여한 바 있었다.

우리나라에 있어서, 지방자치단체의 위임사무에 대한 감사 및 조사권을 둘러싸고 국회와 지방의회 사이에 다툼이 있어오다가, 1994년 개정지방자치법에서 이를 입법적으로 해결하였다. 즉, 지방자치단체 및 그 장이 위임받아 처리하는 사무에 대하여 국회와 상급 자치단체 의회가 직접 감사하기로 한 사무를 제외하고는 그 감사는 해당 지방의회가 행할 수 있고, 이 경우 국회와 상급 지방회의는 해당 지방의회에 필요한 자료를 요구할 수 있도록 한 것이다(지방자치법 제41조 제3항).

그러나 이러한 입법적 해결에도 불구하고 문제는 여전히 남아 있다고 생각된다. 즉, ㉠ 이 규정에는 기관위임사무뿐만 아니라 단체위임사무도 포함하고 있어, 기관위임사무에 대한 지방의회의 감사권을 원칙적으로 인정하면서, 반대로 단체위임사무를 지방의회의 감사·조사 대상사무에서 제외할 수도 있게 하고 있으며, ㉡ 감사권에 관해서만 규정하고 있어, 조사권에 관하여는 문제를 해결하지 않고 있고, ㉢ 국회 및 상급 지방의회가 감사하지 아니하기로 한 부분만 해당 지방의회가 감사할 수 있어 해당 지방의회의 감사대상 여부가 국회 및 상급 의회의 결정에 의존하며 언제든지 그 감시권이 회수될 수 있게 되어 있는 점 등이 그것이다.

셋째로 지방의회의 감사 또는 조사권이 지방자치법 제39조에 열거된 지방의회의 의결사항에 한정되느냐가 문제된다. 그러나 지방의회의 감사 또는 조사권을 규정한 동법 제41조가 "지방자치단체의 사무에 대하여"라고 하고 있는 점에 비추어, 지방자치단체의 사무이면 감사 또는 조사의 대상이 되는 것이지, 꼭 지방의회의 의결사항으로 열거된 것이어야 한다고 할 수는 없는 것으로 생각된다.

(b) 한 계: 지방의회가 위의 대상범위 안에서 감사 또는 조사를 할 때에도 거기에는 지켜야 할 일정한 한계가 있다(지방자치법시행령 제45조).

첫째로 헌법이 보장하고 있는 개인의 사생활을 침해해서는 안 된다.

둘째로 계속 중인 재판에 관여하지 못한다.

셋째로 수사 중인 사건에 관여할 목적으로 행사되어서는 안 된다.

3) 주체와 대상기관

감사 및 조사의 주체 및 대상기관은 다음과 같다.

(a) 주 체: 감사 또는 조사의 주체는 물론 지방의회이다. 지방의회는 본회의에서 할 수도 있고, 소관 상임위원회별로 또는 특별위원회를 구성하여 이를 행하게 할 수 있다(동법 제41조 제1항, 동법시행령 제56조). 그러나 교육·체육에 관한 사무의 조사는 교육위원회가 실시하고 그 보고로 갈음하게 할 수도 있다(동법시행령 제42조 제1항 3호).

이 감사 또는 조사에 참여하는 의원에게는 제척 및 회피의 사유가 적용된다(동법시행령 제46조).

(b) 대상기관: 감사 또는 조사의 대상기관은, ㉠ 해당 지방자치단체, ㉡ 그 소속행정기관 및 하부행정기관, ㉢ 교육·체육기관, ㉣ 지방공기업, ㉤ 지방자치단체 출연 제3섹터, ㉥ 지방자치단체 사무 수탁기관(단체) 등이다(동법시행령 제42조 제1항).

4) 절차와 방법

감사는 매년 1회, 시·도에서는 10일, 시·군·자치구에서는 7일 범위 안에서 실시하며, 조사는 특정사안에 관하여 본회의 의결로써 실시한다. 감사와 조사의 절차와 방법은 다음과 같다.

(a) 절 차: 감사는 매년 제1차 또는 제2차 정례회의 회기 내에 행하고(동법시행령 제39조 제1항), 조사는 의원 3분의 1 이상의 발의로 본회의의 의결을 거쳐 행한다(동법 제41조 제2항, 동법시행령 제39조 제2항).

감사 또는 조사는 감사 또는 조사계획서를 작성하여 본회의의 승인을 거쳐 자치단체의 장에게 통보하고 시행한다(동법시행령 제41조).

(b) 방 법: 감사 또는 조사를 위하여 필요한 때에는 현지확인을 하거나 서류제출을 요구할 수 있으며, 관계인을 출석시켜 증인으로서 선서한 후 증언하게 하거나 참고인으로서 의견진술(감정)을 요구할 수 있다(동법 제41조, 동법시행령 제43조 제1~3항).

감사 또는 조사는 공개함을 원칙으로 한다(동법시행령 제48조). 그러나 감사 또는 조사를 할 때에는 대상기관의 활동이 현저히 저해되거나 기밀이 누설되지 아니하도록 주의하여야 한다(동법시행령 제47조 제1항). 일본에서는 이러한 기밀누설 방지에 관하여 세밀한 규정을 두고 있다.

(c) 결과처리: 지방의회는 본회의의 의결로 감사 또는 조사결과를 처리한다. 감사·조사결과 필요한 때에는 해당 자치단체 또는 해당 기관에게 시정을 요구하고, 처리를 이첩한다. 요구 또는 이첩을 받은 기관은 지체 없이 시정 또는 처리하고 그

결과를 지방의회에 보고하여야 한다(동법시행령 제51조).

5) 실효성 확보

감사 또는 조사를 위해 출석요구를 받은 증인이 정당한 이유 없이 출석하지 아니하거나, 증언을 거부 또는 허위증언을 한 때에는 500만원 이하의 과태료를 부과할 수 있다(동법 제41조 제5~7항, 동법시행령 제43조 제4~6항).

행정감시권의 제도적 보장을 위하여 다음과 같은 사항의 보완이 필요하다. 첫째, 행정사무감사·조사 대상범위의 확대가 필요하다. 위임사무에 대해서는 국회가 중앙정부에 대한 감사를 통해서 그 타당성을 조사하고 광역의회는 시·도에 대한 감사를 통해서 위임의 타당성을 조사하면 되며, 위임받은 사무를 제대로 집행했는가의 문제는 시·도에 대해서는 당해 광역의회가, 시·군·구에 대해서는 당해 기초의회가 이를 감사하는 것이 바람직하다.

또한 행정자치부장관 또는 시·도지사가 행하는 지방자치단체의 자치사무에 관한 감사규정(제167조)은 삭제하는 것이 바람직하다. 한편 행정감시권의 행사를 남발하게 되는 경우 지방행정이 마비될 수도 있기 때문에 꼭 필요하다고 판단되는 사항에 국한시키는 권력행사의 자제원칙이 필요하며 지방의회의 운영에 있어 제한된 회기와 시간(시·도 10일, 시·군·구 7일)등의 점에서 행정전반에 관해 단순히 포괄적으로 다루기보다는 특정한 중대사안에 대해 전문성을 겸비하여 집중적으로 접근하는 노력이 요구된다.

둘째, 행정감시권 행사의 실효성이 제고되어야 한다. 지방자치법 제42조에 지방자치단체의 장 또는 관계공무원은 지방의회나 그 위원회에 출석하여 행정사무의 처리상황을 보고하거나 의견을 진술하고 질문에 응답할 수 있다는 규정에 의하여 지방의회는 행정사무감사·조사에 있어 자치단체장과 그 보조기관의 출석·증언, 의견진술요구, 서류제출요구, 현지확인 등을 할 수 있다. 행정감시권의 실질적 행사를 위해서는 피감자의 의무 위반 및 불이행에 대하여 고발과 500만원 이하의 과태료를 부과할 수 있다는 규정을 강화할 필요가 있다.

셋째, 행정감사 기간의 연장이 필요하다. 행정감사기간의 경우 현재 시·도 10일, 시·군·구 7일의 범위 내에서 할 수 있도록 규정함으로써 짧은 일정으로 인하여 행정사무감사가 형식에 그칠 가능성이 농후하기 때문에 행정사무감사가 실질적으로 그 효과를 발휘하기 위해서는 감사기간을 적어도 10~15일 정도로 연장하거나 정례회의가 열리고 있는 동안 별다른 구속 없이 실시할 수 있도록 하는 것이 바람직하다.

4. 청원수리·처리권

지방의회는 주민들이 지방의원의 소개를 받아 지방의회에 제출한 청원을 수리하고 이를 심사·처리할 수 있는 권한을 가진다. 지방자치법은 "지방의회에 청원을 하고자하는 자는 지방의회의원의 소개를 얻어 청원서를 제출하여야 한다. 청원서에는 청원자의 성명 및 주소를 기재하고 서명·날인하여야 한다"고 규정함으로써 이를 보장하고 있다. 지방의회는 청원을 접수·처리한다(헌법 제25조, 제65조, 지방자치법 제75조 제1항).

청원이란 주민이 지방자치단체에 대하여 불만 또는 희망을 진술하고 그 시정 또는 구현을 요구하는 것을 말한다. 청원사항은 법령에 어긋나는 것, 재판에 간섭하는 것, 국가원수를 모독하는 것을 제외하고(청원법 제5조, 지방자치법 제74조), 피해구제·법령개폐·공공시설운영 및 기타 지방자치단체의 기관의 권한에 속하는 사항이다(청원법 제4조).

해당 지방자치단체의 주민이면 이해당사자이든 아니든 누구나 청원인이 될 수 있으며, 청원의 기간이나 형식에도 제한이 없다. 다만 지방의회에 청원하는 자는 의원의 소개를 받고, 청원서에 청원자의 주소·직업·연령을 기재하여야 한다(지방자치법 제73조).

청원을 접수한 지방의회는 이를 성실·공정·신속히 심사·처리하고, 그 결과를 청원인에게 통지하여야 한다(청원법 제9조, 지방자치법 제75조, 민원사무처리규정 제10조, 제16조).

수리한 청원이 그 자치단체의 장이 처리함이 적당하다고 인정될 때에는 의견서를 첨부하여 이를 자치단체의 장에게 이송한다. 이 경우 자치단체장은 그 청원의 처리상황을 지체 없이 의회에 보고하여야 한다(지방자치법 제76조). 이와 같은 청원의 수리 및 심사·처리권은 이를 통하여 지역주민들의 권리를 보호하고 집행기관을 통제할 수 있는 제도적 장치라는 점에서 앞으로 이것을 점차 보강·확대시켜나가야 할 것이다.

청원수리·처리의 개선을 위해서 다음사항이 고려되어야 한다. 청원수리 사항이 빠른 시일 내에 처리될 수 있도록 지방자치법 및 동시행령 또는 지방의회 청원심사규칙 등에 청원유형별로 그 처리기관을 명시하고 이를 어길 경우 그에 대한 강제적인 제재조항을 규정한다. 청원제도를 보다 활성화하기 위해 주민의 동의를 얻은 경우

의원의 소개없이도 청원할 수 있도록 하는 것이 바람직하며, 동시에 청원 중에서 의원의 소개없이 제출되는 진정서제도가 존재하고 있으므로 절차가 단순하고 용이한 진정서제도를 활성화한다. 청원심사과정에 청원인, 이해관계인 및 학식과 경험이 풍부한 전문가로부터 진술을 듣는 등 관계인의 의견을 반드시 듣고 그 심사과정을 공개하여 객관성을 확보한다.

청원수리 사항이 빠른 시일 내에 처리될 수 있도록 지방자치법 및 동시행령 또는 지방의회 청원심사규칙 등에 청원유형별로 그 처리기관을 명시하고 이를 어길 경우 그에 대한 강제적인 제재조항을 규정한다.

5. 기관선출 및 자율운영권

(1) 의장 등 선출권

지방의회는 법령이 정하는 바에 의하여 일정한 기관 또는 기관의 구성원의 선거권을 가진다. 자치단체의 장을 간선제로 하는 제도 아래에서는 지방의회의 자치단체장을 선거하는 등 지방자치단체의사를 형성하는 행위를 한다. 그러나 자치단체의 장을 직선제로 하는 제도 아래에서는 지방의회는 그 의장 등 내부기관을 선출하는 기관의사 형성 행위를 함에 그친다. 자치단체장 직선제를 채택하고 있는 우리나라의 경우는 지방의회는 다음과 같은 내부기관을 선출한다.

① 의장·부의장·임시의장의 선거(동법 제48조, 제52조)

② 분과위원회 위원의 선거(동법 제56조 제3항)

③ 검사위원의 선거(동법 제134조)

이러한 선출행위도 다수결에 의하는 의결의 한 형태에 속하는 것이지만, 다음과 같은 점에서 일반 의결행위와 다르다.

① 그 방법에 있어서 토론을 거치지 않는다.

② 결정의 대상이 사람이다.

③ 결정의 효력에 피결정권(피당선자)의 수락행위를 필요로 한다.

④ 하나의 결정으로서 복수 의사결정(복수당선자 결정)을 하는 경우가 있다.

(2) 자율운영권

지방의회는 내부사항을 외부의 간섭을 받음이 없이 독자적으로 결정·운영한다.

1) 내부조직

지방의회는 그 직무를 수행하는데 필요한 내부조직을 자율적으로 결정할 수 있는 권한을 가진다. 즉 지방의회는 의장단을 구성하고, 각종의 분과위원회를 설치하며 사무처리에 필요한 사무조직을 설치할 수 있는 권한을 가진다. 첫째로 의장단을 구성한다. 즉, 지방의회는 의장·부의장·임시의장을 선거하며(동법 제48조, 제52조), 일정한 사유가 있을 때에는 의장 또는 부의장에 대하여 불신임의결을 할 수 있다(동법 제55조).

둘째로 위원회를 설치한다. 즉, 지방의회는 조례로써 위원회를 설치할 수 있으며(동법 제56조 제1항, 제2항), 위원회의 위원을 선임한다(동조 제3항).

셋째로 사무조직을 설치한다. 즉, 지방의회는 조례로써, 시·도에 있어서는 사무처와 직원을, 시·군·자치구에 있어서는 사무국·과와 직원을 둘 수 있으며(동법 제90조), 사무직원의 정수를 조례로써 정한다(동법 제91조). 지방의회에 두는 사무직원은 지방의회의 의장이 추천하여 지방자치단체의 장이 임명하도록 하고 있다. 이처럼 사무직원에 대한 임명권이 지방자치단체의 장에게 있으므로 이것이 지방의회의 자율권을 침해하고 있다는 비판이 나오고 있다. 그러나 사무직원의 수가 한정되어 있다는 점과 그로 인해 순환보직 및 승진 등이 제약되어 있다는 점을 고려할 때 사무직원들의 인사에 대한 바람직한 대안이 마련된다면 몰라도 대안없이 독자적 인사권을 갖는 것은 신중을 기해야 한다. 다만 인사권의 자율성을 확보하기 위해서는 여러 가지의 제도적 장치의 마련을 전제로 한다면 인사권 독립도 고려해 볼 수 있을 것이다. 그리고 사무조직 내에 지방의원의 의정활동을 보좌하기 위하여 전문위원을 두고 있는 바, 전문위원의 임명권은 지방의회가 가지도록 하여야 한다.

2) 의사자율

지방의회는 회의 및 의사진행을 자율적으로 할 수 있으며 이에 필요한 회의규칙을 정할 수 있다(지방자치법 제71조). 뿐만 아니라 지방의회는 개회·폐회·휴회 및 회기를 자주적으로 결정할 수 있다. 그리고 연간회의일수·정례회·임시회의 회기 등에 대해서는 지방자치단체의 조례로 정하도록 하였다(동법 제47조 제2항). 지방의회의 회의는 공개하는 것이 원칙이나 필요한 경우 자율적인 결정에 의해 이를 공개하지 않을 수도 있다.

첫째로 회의규칙을 제정한다. 즉 지방의회는 의사진행·징계 등에 관하여 회의규칙을 정한다(동법 제43조, 제71조, 제89조).

둘째로 개·폐회 등을 결정한다. 즉, 지방의회는 개회·휴회·폐회와 회기를 자주적으로 결정하되, 다만 그 회의의 연간 총 일수에는 일정한 제한이 있었으나 의원의 유급직화 등으로 이를 폐지하였다..

셋째로 회의공개를 정지한다. 즉, 지방의회의 회의는 공개함이 원칙이지만, 필요한 경우 자율적 결정에 의하여 이를 공개하지 않을 수 있는 것이다(동법 제65조). 즉, 의원 3인 이상의 발의로 출석의원 2/3 이상의 찬성이 있거나 의장이 사회의 안녕과 질서유지를 위해 필요하다고 인정하는 경우에는 회의를 공개하지 않을 수 있다.

3) 의원신분 사정

지방의회는 자신의 구성원인 의원에 대하여 그 신분을 심의·결정할 수 있는 권한을 가진다.

첫째로 의원의 사직을 허가한다. 즉, 지방의회는 의원의 사직을 허가하며, 다만 의회의 폐회 중에는 의장이 그 허가를 행한다(동법 제77조).

둘째로 의원의 자격에 관하여 심사·의결한다. 즉, 의원의 자격의 유무에 관하여는 법원의 판결로 확정되는 경우를 제외하고는, 지방의회가 자율적으로 심사·의결한다(동법 제79조, 제80조). 의원의 자격의 유무에 관한 지방의회의 의결은 일종의 쟁송상의 판단행위라고 보아야 할 것이다.

셋째로 의원에 대해 징계한다. 지방의원이 본회의 또는 위원회에서 타인을 모욕하거나 타인의 사생활에 대한 발언을 했을 경우나 지방의회는 지방자치법 또는 자치법규에 위반하는 행위를 한 의원에 대하여 윤리특별위원회 또는 본회의의 의결로써 징계할 수 있다(동법 제86조, 제87조). 징계의 종류로는 경고, 사과, 출석정지, 제명이 있는데, 제명에 있어서는 재적의원 3분의 2 이상의 찬성이 있어야 한다(동법 제88조).

4) 의원경찰

지방의회는 자율적으로 원내의 질서와 안녕을 유지하기 위하여 필요한 조치를 할 수 있다. 지방의회의 이러한 경찰권은 의장을 통하여 행사된다. 즉, 의원이 회의 중에 지방자치법 또는 회의규칙에 위반하여 회의장의 질서를 문란하게 할 때에는 의장은 이를 경고, 제지 또는 발언취소를 명하며, 그 명령에 따르지 않을 때에는 당일의 회의에서 발언을 금지하거나 퇴장시킬 수 있고, 회의장이 소란하여 질서를 유지하기 곤란한 때에는 회의를 중지하거나 산회를 선포할 수 있다(동법 제82조).

그리고 방청인이 회의장 안의 질서를 방해할 때에는 의장은 그의 퇴장을 명하고,

필요한 때에는 경찰관서에 인도하며, 또한 방청석이 소란할 때에는 모든 방청인을 퇴장하게 할 수 있다(동법 제85조). 따라서 지방의회가 자신의 직무를 수행함에 있어 의사와 조직 및 운영사항 등에 관해 집행기관, 유권자 등 외부세력의 간섭을 받지 않고 독자적으로 결정·처리할 수 있는 권한인 자율권을 가진다. 이러한 지방의회의 자율권에는 내부조직권, 의사자율권, 의원신분사정권, 원내경찰권, 회의규칙제정권 등을 들 수 있다.

참고문헌

김동훈.(2002). 「지방의회론」, 서울: 박영사.

김성호.(2003). “지방의회의 역할 및 책임성 강화 방안.” 「지방정치의 활성화와 지방의회의 책임성제고」, 한국지방자치학회 정책토론회 발표논문집.

엄태석.(2005). 「기초지방의회의 이해」, 경기도: 한국학술정보.

이달곤.(2004). 「지방정부론」, 서울: 박영사.

임승빈.(2005). 「지방자치론」, 서울: 법문사.

정세욱.(2000). 「지방자치학」, 서울: 법문사.

정재길.(2001). 「지방의회론」, 서울: 박영사.

최봉기.(2006). 「지방자치론」, 서울: 법문사.

최인기·이봉섭.(1995). 「지방의회론」, 서울: 법문사.

최창호.(2006). 「지방자치학」, 서울: 삼영사.

Gyford, John.(1991). The Enabling Council-A Third Model, *Local Government Studies*, January/February.

Judge, David & Stoker, Gerry(eds.).(1995). *Theories of Urban Politics*, London: SAGE Publications.

Stewart, John.(1990). The Role of Councillors in the Management of the Authority, *Local Government Studies*, July/August.

Wilson, David J.(1991). Making Local Councils Work: a Flawed Prescription?, *Local Government Policy Making*, Vol. 18, No. 3.

Wolman, Harold.(1995). Local Government Institutions and Democratic Governance, in Judge, David & Stoker, Gerry(eds.). *Theories of Urban Politics*, London: SAGE Publications.

제6장 지방의회의 운영

제 1 절 지방의회 운영[1]체계 및 회의 원칙

1. 의회의 운영체계

(1) 의회의 운영원칙

의회의 운영이란 의회에 부여된 권한과 기능을 구체적으로 수행하고 행사하는 절차와 방법을 그 내용으로 하는 것으로 다음과 같은 원칙과 체제아래 운영된다.

1) 의회기와 회기제

의회기(議會期)란 의회가 활동할 수 있는 기간 즉 총선거에 의하여 선출된 의원의 임기가 개시되는 날로부터 임기가 만료되거나 의회가 해산됨으로 종료되는 때까지를 의미한다. 우리나라의 경우 의회해산제도가 인정되지 않기 때문에 총선거에 의하여 선출된 의원의 임기동안이 바로 의회기가 된다. 그러나 의회기는 의회가 활동가능기간일 뿐 이 기간 동안에 의회가 상시로 개회하여 활동하는 것이 아니며 회기제(會期制)에 의하여 일정기간씩 활동하게 된다. 의회는 소정의 절차에 의하여 소집되고 개회됨으로써 활동이 개시되고 폐회가 됨으로써 활동이 종료되는바, 의회가 실질적인 활동능력을 갖게 되는 이 기간을 회기(會期)라 한다. 즉, 회기란 의회가 일정기간을 정하여 활동하는 기간으로 의회가 집회(集會)되면 즉시 회기를 정하여야 하며 집회한 날로부터 기산(起算)한다.

2) 정례회와 임시회

의회의 집회[2]는 정례회와 임시회로 구분된다.

---

1) 지방의회 운영은 지방자치법 및 동법 시행령, 법령에 근거한 조례 및 회의 규칙에 의거하여 작성한다. 단, 의회의 회의규칙과 위원회조례의 내용은 광역 및 기초의회가 대동소이함으로 이하에서 대구광역시의회 회의규칙과 위원회 조례를 활용하고자 한다.

2) 집회(集會)란 의원이 의회고유의 권능인 의사활동을 위하여 일정한 일시에 일정한 장소에 모

(가) 정 례 회

정례회(定例會)는 의회가 매년 정례적으로 소집되는 경우를 말하며, 매년 2회 개최되는데(지방자치법 제44조 제1항), 제1차 정례회는 매년 6월·7월중에, 제2차 정례회는 매년 11월·12월중에 집회한다. 다만, 총선거가 실시되는 연도의 제1차 정례회는 9월·10월 중에 집회할 수 있다(지방자치법 시행령 제54조 제1항). 제1차 정례회에는 결산승인 및 기타 지방의회에 부의된 안건을 처리하며, 제2차 정례회는 예산안의 의결 및 기타 지방의회에 부의된 안건을 처리 한다(지방자치법 시행령 제54조 제2항). 정례회의 집회일과 회기 기타 정례회의 운영에 관하여 필요한 사항은 당해 자치단체의 조례로 정한다(지방자치법 시행령 제54조 제3항).

(나) 임 시 회

임시회(臨時會)는 의회가 필요에 따라 수시로 소집되는 집회를 말하며, 총선거 후 최초로 집회되는 임시회와 일반적인 임시회로 구별된다.

총선거 후 최초로 집회되는 임시회는 지방의회 사무처장·사무국장·사무과장이 지방의회 의원 임기 개시 일부터 25일 이내에 소집한다. 일반적인 임시회는 지방의회의 장이 지방자치단체장이나 재적의원 3분의 1이상의 의원이 요구하면 15일 이내에 소집하여야 한다. 다만, 의장과 부의장이 사고로 임시회를 소집할 수 없으면 의원 중 연장자의 순으로 소집할 수 있다. 한편 임시회의 소집은 시·도에서는 집회일 7일전에, 시·군 및 자치구에서는 집회일 5일전에 공고하여야 한다. 다만, 긴급할 때에는 그러하지 아니한다(지방자치법 제45조).

(2) 의회의 회의유형

지방의회는 다음과 같은 여러 형태의 회의를 통하여 운영된다.

1) 본 회 의

본회의(本會議)는 의원 전원으로 구성되며, 의회의 의사를 최종 결정하는 회의체를 말한다. 본회의는 지방의회의 의사를 최종 의결·승인·결정하는 단계로서 지방의회의 결정된 의사가 바로 본회의의 결과로 나타난다. 본회의는 원칙적으로 의원 전원이

여 회합하는 것을 말한다. 따라서 일정한 일시, 일정한 장소 및 의사활동은 지방의회의 집회 요건이라 할 수 있다. 지방의회는 개회함으로써 활동능력을 가지는데 집회는 개회의 전제가 되는 행위이다. 개념상으로는 집회는 개회의 전 단계이므로 양자를 구별하여 말 할 수 있다. 그러나 집회가 성립되면 곧 개회하게 됨으로 집회와 개회는 동시 개념으로 볼 수 있다(박봉국, 2002: 271).

참석하여야 하나 의사정족수에 입각하여 재적의원 3분의 1이상 출석으로 개의 할 수 있고(지방자치법 제63조 제1항) 별도의 규정이 없는 한 재적의원 과반수 출석과 출석의원 과반수 찬성으로 의결한다(지방자치법 제64조 제1항).

본회의 의사 운영은 위원회를 거치지 않고 본회의에서 직접 처리하는 절차와 위원회를 거쳐 본회의에 부의하여 처리하는 절차로 나누어 볼 수 있다.

(가) 본회의에서 직접 처리하는 절차

본회의에서 직접 처리하는 의사운영 절차는 안건제출, 본회의 보고 및 부의, 제안자 취지 설명, 질의 및 답변, 토론, 표결 및 의결 순으로 이루어진다,

(나) 위원회를 거쳐 본회의 부의하여 처리하는 절차

위원회를 거쳐 본회의에 부의하여 처리하는 의사운영 절차는 안건제출, 본회의 보고, 위원회 회부, 위원회 심사, 위원회의 심사보고, 본회의 부의, 위원장의 심사보고, 질의 및 답변, 토론, 표결 및 의결 순으로 이루어진다.

2) 위 원 회

위원회(委員會)는 지방의회에서 안건을 능률적이고 전문분야별로 신속하게 처리하기 위하여 소수의 의원으로 구성하는 회의체로 본회에 앞서 안건을 심의하기에 앞서 예비적으로 심사하는 기능을 담당하게 된다. 지방의회는 지방자치단체의 조례로 정하는바에 따라 위원회를 설치할 수 있도록 하고 있다(지방자치법 제56조 제1항). 위원회는 소관 의안과 청원 등을 심사·처리하는 상임위원회와 수개의 상임위원회 소관과 관련되거나 특별한 사안에 대한 조사 등이 필요한 경우 본회의 의결로 일시적으로 설치하는 특별위원회로 구분된다(지방자치법 제56조 제2항 및 동법시행령 제56조 제1항). 위원회의 의결은 의회의 최종적인 결정을 의미하는 것이 아니고 회부된 안건을 심사하여 그 결과를 본회의의 심의의 판단 자료로 제공함이 목적이다. 그러나 안건을 심사할 때 위원회는 원안을 수정할 수 있고 이를 본회의에 부의하지 아니할 수도 있다. 위원회의 의사운영은 안건의 회부, 제안자의 취지 설명, 전문위원 검토보고(전문위원을 두는 경우), 질의 및 답변, 토론, 축조심사, 표결 순으로 이루어진다.

3) 소위원회

위원회(상임위원회와 특별위원회)는 효율적인 안건심사를 위해 필요한 때에는 소위원회(小委員會)를 둘 수 있다(위원회 설치조례 제12조 제1항). 즉, 소위원회는 위원회에 회부된 안건에 대해 소수위원으로 효율적으로 심사하기 위하여 또는 조례안, 건의안,

결의안, 수정안 등을 마련하기 위하여 구성·운영된다. 소위원회는 일반적으로 위원장의 제의 또는 위원의 동의에 의하여 위원회의 의결로서 구성되며, 그 소관사항은 이를 구성할 때 정해진다. 소위원회에서 안건 심사를 마친 때에는 소위원회의 위원장은 그 심사경과와 결과를 위원회에 보고하여야 하며(위원회조례 제12조 제2항), 보고된 안건이 위원회에서 심사·의결되어 그 처리가 종료된 때에는 해체된다.

4) 연석회의

연석회의(連席會議)란 안건을 소관하는 위원회가 안건심사에 참고하기 위해 안건과 관련 있는 다른 위원회와 협의하여 합동으로 회의를 열고 의견을 교환하는 회의이다. 이러한 연석회의에서는 안건에 대한 최종 표결은 할 수 없으며 안건을 소관 하는 위원회의 회의로 간주하고 위원회 규정이 준용된다. 연석회의를 열고자 하는 위원회의 위원장이 부의할 안건명과 이유를 서면으로 제시하여 다른 위원회의 위원장에게 요구한다(회의규칙 제62조).

5) 공 청 회

공청회(公聽會)는 위원회가 중요한 안건 또는 전문지식을 요하는 안건을 심사하기 위하여 이해관계자 또는 학식·경험이 있는 자 등(진술인)의 의견을 듣기위하여 개최하는 회의를 말한다. 위원회가 공청회를 열 때에는 안건·일시·장소·진술인·경비 기타 참고사항을 기재한 문서로 의장의 승인을 얻어야 하고, 진술인의 선정과 발언시간은 위원회에서 정하며 진술인의 발언은 그 의견을 듣고자 하는 안건의 범위를 넘어서는 아니 된다. 또한 위원회가 주관하는 공청회는 그 위원회의 회의로 한다(회의규칙 63조).

6) 간 담 회

간담회(懇談會)는 위원회 차원에서 특별한 주제에 관하여 어떤 형식에 구애됨이 없이 대화를 나누는 회의 유형이다. 간담회는 소관현안 등에 대해 소속 위원과 소속 부서간, 소속 위원간 등 사전의견 조율과 입장확인을 통해서 지방의회 운영을 능률적이고 합리적으로 진행하는데 그 의의가 있다. 간담회는 자치법령 및 회의규칙상 공식적인 회의가 아니라 일정한 형식이 없으며 논의된 내용도 법적 구속력이 없다.

2. 의회의 회의원칙

(1) 회의원칙의 의의

지방의회 회의원칙은 일명 의사 원칙과 대동소이하게 사용되는 것으로서,[3] 회의를 운영할 때 지켜야할 기본적 원칙을 말한다. 이러한 회의 원칙은 대부분 지방자치법이나 지방의회가 스스로 결정한 회의규칙 등에 명문화 하고 있지만, 법령 등의 미비 또는 법규로 규정하기 어려운 경우 등으로 인하여 지방의회 자체에서 형성·정립된 선례(관례)에 의해 운영되고 있기도 한다.

(2) 회의 제 원칙

1) 의사정족수의 원칙

지방의회의 회의가 개의되기 위해서는 일정한 수의 의원의 출석을 요구하고 있는데 이를 의사정족수라고 하며, 이 의사정족수(議事定足數)를 충족했을 경우에만 회의는 개의[4]된다.

우리나라는 지방자치법 제63조 제1항에 의사정족수를 재적의원 3분의 1 이상의 출석으로 규정하고 있다. 따라서 비록 의사정족수를 충족하여 회의가 개의되었다고 하더라도 회의 중 의원들이 이탈하여 의사정족수가 미달되었을 경우 의장은 회의의 중지 또는 산회를 선포하여야 한다(지방자치법 제63조 제2항). 그러나 의원들이 회의 중 일시 자리를 이석한 것을 의사정족수 미달로 보아서는 안 될 것이다.

2) 의결정족수의 원칙

의결정족수(議決定足數)란 의안의 의결에 요구되는 찬성의원의 수를 의미한다. 지방자치법상으로 의결사항은 특별히 법에 규정된 경우를 제외하고 재적의원 과반수의 출석과 출석의원 과반수의 찬성을 그 요건으로 하고 있다. 의결에 있어서 의장은 표결권을 가지며 가부동수인 경우에는 부결된 것으로 본다(지방자치법 제64조). 그러나 예외적으로 의장과 부의장 불심임 의결은 재적의원 과반수 찬성(지방자치법 제55조),

---

3) 회의(會議)는 의원들이 일정한 시간과 장소에 모여 당면한 현안 사항을 논의하여 회의체의 최종적인 의사를 결정하는 과정이며, 의사(議事)란 의원들이 회의체에서 안건 등을 심의하는 모든 절차와 이에 관한 의안처리·기록·질서유지사항 등을 총칭하는 것으로 의회에서 회의를 진행하는데 관련된 제반사항을 일컫는 것이다.

4) 개회(開會)가 의회가 집회되어 활동을 개시하기 위해 임시회 또는 정례회를 여는 것 즉 회기를 시작을 강조하는 개념이나 회기중 당일의 회의를 여는 개의(開議)와 구별된다.

의원의 자격상실 의결과 의원의 제명 의결은 재적의원 3분의 2이상 찬성(지방자치법 제80조와 제88조), 회의의 비공개 의결은 출석의원 3분의 2 이상 찬성(지방자치법 제65조), 재의 요구에 따른 조례안과 지방의회 의결에 대한 재의요구, 예산상 집행 불가능한 의결의 재의 요구 등에 대한 의결은 과반수의 출석과 출석의원 3분의 2이상의 찬성(지방자치법 제26조, 제107, 제108조)이 있어야 한다.

3) 회의공개의 원칙

지방의회의 회의는 공개함을 원칙으로 한다. 그러나 의원 3인 이상의 발의로 출석의원 3분의 2이상의 찬성이 있거나 의장이 사회의 안녕질서를 위하여 필요하다고 인정하는 경우에는 공개하지 아니할 수 있다(지방자치법 제65조). 그리고 법에는 규정되어 있지 않으나 회의규칙으로 규정되는 비공개회의의 유형으로 '의원의 징계에 관한 회의'도 보통은 비공개로 하고 있다(회의규칙 제91조). 또한 의원의 자격심사에 관한 회의도 의원의 신분과 관련된 회의이므로 명문규정은 없으나 비공개로 진행하는 것이 바람직하다. 그리고 회의의 비공개를 발의한 의안에 대한 표결에는 토론을 허용치 않는 것이 관례다. 비공개회의라도 회의의 내용은 기록되어야 하기 때문에 회의록 원본에는 회의내용을 기록하여야 한다. 그러나 공개적으로 배포되는 회의록에는 게재하지 아니하여야 한다. 물론 비공개회의의 내용을 누설해서도 안 된다.

4) 회기계속의 원칙

회기계속의 원칙이란 지방의회에 제출된 의안은 회기 중에 의결되지 못했다는 이유로 폐기되지 않는다는 원칙으로 활동 중인 의원의 임기 중에는 계속 심사하여 처리할 수 있다(지방자치법 제67조). 다만, 활동 중인 의원의 임기가 끝나는 때에는 그 임기 중 처리하지 못한 안건은 모두 폐기된다(회기불계속의 원칙). 회기계속의 원칙은 회기종료로 미처리 안건이 모두 폐기됨에 따라 수반되는 손실과 다시 제출하는 데에서 오는 경제적·시간적 손실을 피하고 폐회중 위원회의 안건심사에 능률을 기하기 위함이다.

5) 일사부재의의 원칙

일사부재의(一事不再議)의 원칙이란 한 회기 중에 부결된 의안은 동일회기 중에 다시 발의할 수 없다는 원칙(지방자치법 제68조)으로 부결의 개념은 위원회에서 본회의에 부의하지 아니하기로 결정된 경우도 포함한다. 이는 소수파의 의사방해 방지 및 의회의사의 존중과 회의 능률을 위해서 중요하다. 또한 이 원칙은 동일한 회기와 동일한 내용의 의안, 동일한 회의 단계에서만 적용됨으로, 같은 회기라도 의안의 내용이 다르면 이 원칙이 적용되지 아니한다. 따라서 부결된 의안을 다음 회기에 새로이 제출하거나, 위원회에서 부결된 의안을 일정 요건을 갖추어 본회의에서 당해 의안을 심의하는 것은 아무런 문제가 없다.

6) 제척의 원칙

제척(除斥)의 원칙이란 지방의회의 의장이나 의원은 본인·배우자·직계존비속 또는 형제자매와 직접 이해관계가 있는 안건에 관하여는 그 의사에 참여할 수 없다는 원칙이다. 다만, 의회의 동의가 있으면 의회에 출석하여 발언할 수 있도록 하고 있다(지방자치법 제70조).

7) 발언자유의 원칙

지방의원은 회의진행과정에서 소신을 가지고 의사표시를 할 수 있도록 일정한 범위 내에서 발언의 자유가 인정되어야 한다는 원칙이다. 지방의원의 자유로운 발언을 보장하기 위하여서는 질의, 토론 등 자유스러운 발언이 보장되어야 하고, 아울러 다음과 같은 내용이 보장되어야 한다.

① 의원은 다른 의원의 발언을 방해할 수 없으며(지방자치법 제84조)

② 다른 의원의 발언에 의해 진행되고 있는 발언이 중단될 수 없으며, 발언 중 산회 또는 회의중지로 발언을 마치지 못한 때에는 다시 회의가 속개되면 그 발언을 계속할 수 있는 기회를 부여해야 한다(회의규칙 제35조).

한편 회의는 진행에 필요한 시간제약이 수반되고 또한 소정의 시간 내에 의원 발언의 평등 보장은 물론 질서가 유지되도록 제한되는 사항으로 ① 의제 외 발언금지(회의규칙 제36조), ② 타인의 모욕금지, 타인 사생활 발언금지(지방자치법 제83조), ③ 의사진행 방해를 위한 발언금지(지방자치법 제85조), ④ 발언횟수 제한(회의규칙 제37조), ⑤ 발언시간 제한(회의규칙 제38조) 등을 두고 있다. 이러한 발언제한은 발언자유의 원칙을 제한하는 것이 아니라 발언자유의 원칙을 보장하기 위한 장치이며, 특히 지방의원의 발언은 국회의원의 발언과는 달리 '면책특권'이 부여되지 않으므로 의회에서 공적으로 발언한 내용에 대해서 민·형사상 책임이 면제되지 않는다.

8) 기타 원칙

기타 원칙으로는 성별, 연령, 학력, 경력, 당선된 지역구의 크기, 당선횟수 등에 관계없이 완전히 평등한 지위와 권한을 갖는 '의원 평등의 원칙', 소수 의견이 존중되어야 한다는 '소수의견 존중 원칙', 1일에 1회 밖에 열수 없다는 '1일 1차 원칙' 등을 들 수 있다. 1일 1차 원칙은 의사관행으로 확립된 원칙으로 의사정족수가 미달하여 의장이 유회(流會)를 선포하거나 당일의 의사기 종료되어 의장이 산회(散會)를 선포하는 때에는 그날은 다시 회의를 열 수 없다. 또한 회의중 자정(24:00)이 되면 당일회의를 산회하고, 계속하여 회의를 진행하기 위해서는 회의차수를 변경해야 한다.

제2절 집회 및 회기

1. 의회의 소집

(1) 의회소집의 의의

의회소집(議會召集)이란 의회가 회의를 열고 활동을 개시하기 위하여 소속 의원에게 회의 주제, 일시와 장소, 그리고 필요한 사안에 대한 결정을 위하여 출석을 요구하는 행위로서 의정활동의 절차에 의한다. 지방의회는 의회소집을 적법절차에 의해 소집되어야 하며 그렇지 못할 경우 법적 보장을 받지 못한다. 따라서 법적 절차에 의한 소집은 의회활동을 위한 필요하고 절대조건이 된다. 한편 의회는 법적 절차에 의하여 소집되었다고 해서 회의체로서 활동하는 것이 아니라 반드시 소정의 의사정족수를 갖추어야만 법적 효력이 있는 활동을 할 수 있다(문재우, 2007: 382).

(2) 의회의 소집권자

정례회는 집회일이 조례로 정하여 있기 때문에 집회요구절차가 필요 없다. 임시회 소집요구는 지방자치단체의 장이나 재적의원 3분의 1이상 의원이 할 수 있다. 이 경우 소집권한은 지방의회 의장이 된다. 다만, 의장과 부의장이 사고로 임시회를 소집할 수 없을 경우 의원 중 연장자 순으로 소집할 수 있다(지방자치법 제45조 제2항). 그리고 총선거 후 최초로 집회되는 임시회는 지방의회 사무기구의 장(사무처장·사무국장·사무과장)이 지방의회의원 임기 개시 일부터 25일 이내에 소집하도록 되어 있다(지방자치법 제45조 제1항).

(3) 의회의 소집공고

1) 소집공고의 요건

임시회의 소집은 소집요구가 있는 때로부터 15일 이내 하되, 시·도에서는 집회일 7일전에, 시·군 및 자치구에서는 집회일 5일전에 소집 공고하도록 하고 있다. 이와 같이 의회소집 공고는 법정사항이면서 필수 요건이다. 소집공고 요건에는 소집요구자, 집회일시, 집회장소 등이 명시되어야 한다. 이렇게 적법하게 이루어진 소집공고는 원칙적으로 취소할 수 없다.

2) 소집공고의 예외

임시회의 소집은 지방자치법 제45조 제3항에 "시·도에서는 집회일 7일전에, 시·군 및 자치구에서는 집회일 5일전에 소집 공고하되, 긴급할 때에는 그러하지 아니하다"라고 규정하여 긴급을 요하는 경우에는 소집공고의 예외를 인정해주고 있다. 그러나 이는 공고기간의 예외를 인정해주는 규정으로 공고 자체를 생략할 수 있는 예외규정은 아니다. 그러므로 긴급을 요하는 경우에도 늦어도 하루 전에 공고가 이루어져야 하고 의원 모두가 알 수 있도록 전화나 전보 등을 통하여 충분한 고지조치가 이루어져야 한다.

3) 정례회 소집공고

정례회는 매년 연2회 특정일로 집회일이 조례로 규정하여 있기 때문에 집회 요구절차가 필요 없다. 그러나 의원들에게 집회 시간과 장소는 알려야하므로 임시회와 같은 요령으로 시·도에서는 집회일 7일전에, 시·군 및 자치구에서는 집회일 5일전에 이를 공고하여야 한다고 본다.

2. 의회의 개폐

(1) 의회의 개회

개회(開會)란 지방의회가 집회되어 활동을 개시하기 위하여 임시회 또는 정기회를 여는 것을 말한다. 의회는 개회함으로서 활동이 개시되고 폐회함으로서 활동이 끝난다. 개회는 전체적인 회기의 시작을 강조하는 개념인 데 비하여 개의(開議)는 회기중 당일의 회의의 시작을 강조하는 개념으로 구분될 수 있다. 의회의 개회는 의장이 선포한다(회의규칙 제6조). 의회가 개회되기 위해서는 의회가 적법하게 소집되어야 하고, 그 소집에 의하여 재적의원 3분의 1이상의 의원이 지정된 기일, 지정된 장소에 출석하여야 하며, 이 경우에는 의원이 지정된 장소에만 출석하는 것이 아니라 의회의 회의에 참석하여야 출석으로 인정된다. 의회는 집회당일 개회식을 갖는다. 다만, 총선거 후 최초 임시회에 있어서는 의장과 부의장 선거후에 개회식을 갖는다. 개회식은 의회의 회의와 달라 한 회기를 시작하는 단순한 의전행사에 불과하기 때문에 의사정족수 적용을 받지 않는다.

(2) 의회의 폐회

폐회(閉會)란 의회가 의사활동을 할 수 있는 능력을 가지는 집회기간인 회기가 종료되는 것을 말하는 것으로 개회의 반대 개념이다. 지방의회는 폐회를 선언함으로써 법적으로 의회활동이 종료되며, 폐회선언은 의장이 선포한다. 의장의 선포 없이도 폐회가 되는 경우가 있다. 예를 들면 회기의 종료일에 정족수 미달로 회의가 유회(流會)된 채 회기가 끝나는 경우, 또는 회의 도중에 정회(停會)가 되어 다시 속개되지 못하고 회기가 종료된 경우에는 의장의 폐회선포가 없어도 자동 폐회된다. 의회는 회기가 종료됨으로써 폐회되는 것이 원칙이나 회기 내에 처리할 부의 안건이 모두 처리된 때에는 회기중에도 의회의 의결로 폐회할 수 있다(회의규칙 제13조 제4항).

(3) 의회의 개원

총 선거 후 첫 임시회는 개원의회가 된다. 개원의회는 일반임시회와 달리 집회에 앞서 의원등록과 의석배정 등 준비가 선행되어야 하고 또한 개회식에 앞서 본회의를 열어 의장과 부의장의 선거 등 원구성이 선행되어야 한다.

1) 의원 등록

의회 의원으로 당선된 의원은 당해 선거관리위원회로부터 교부된 당선증서를 의회사무처(사무국·사무과)에 등록하여야 한다(회의규칙 제2조). 물론 의원 등록을 하지 않았다고 하여 의원의 지위와 신분에 영향을 미치지 아니하나 신분증 작성, 명부와 명패 작성, 의석배정 등 개원준비와 의정활동에 필요한 행정적 서비스에 필요하다.

2) 의석 배정

의원의 의석은 광역의회의 경우 의장이 의회운영위원회와 협의하여 이를 정한다. 다만, 협의가 이루어지지 않을 때에는 의장이 잠정적으로 정한다. 기초의회의 경우 의장이 일정한 기준에 따라 이를 정한다. 그러나 총선거 후 의장이 선출되기 전의 의석은 사무처장(사무국장·사무과장)이 지역선거구 순서에 따라 임시로 정한다(회의규칙 제3조).

3) 임시회 소집

총선 후 첫 임시회 소집은 아직 의장이 선출되지 않았기 때문에 지방의회 사무기구의 장(사무처장·사무국장·사무과장)이 소집한다. 따라서 지방의회 사무기구의 장은 선거일로부터 25일 이내로 그 첫 임시회 집회일을 정하고 시·도의회는 집회일 7일전에, 시·군 및 자치구의회는 집회일 5일전에 이를 공고하여야 한다. 이 경우 소집공고는 일반적인 임시회를 소집하는 경우와 같이 집회일시 및 장소를 명시하여야 하나 집회시간은 개회식에 앞서 본회의를 열어 의장과 부의장의 선거가 선행되어야 하므로 이를 고려하여야 한다.

4) 의장단 선거

총선거 후 첫 임시회가 집회되면 개회식에 앞서 의장과 부의장의 선출을 위한 제1차 본회의가 개의된다. 제1차 본회의에서는 의장과 부의장만을 선출하는 것이 원칙이나 의장단 선거이외에 긴급히 다루어야 할 사항이 있는 경우에는 의사일정을 추가하여 처리할 수 있다. 의장과 부의장을 선출하는 제1차 본회의는 최연장자가 의장의 직무를 대행하여 본회의의 개회를 선포하고 의사를 진행하되, 의장선출까지만 직무를 대행하고 부의장 선거부터는 의장이 의사를 진행한다.

5) 개회식과 의원선서

의회는 집회일에 개회식을 행한다. 다만, 총선거 후 최초의 임시회에 있어서는 의장과 부의장의 선거후에 개회식을 행한다. 총선거 후 첫 임시회는 개회식이라기보다는 개원식으로 성격을 가지며, 집회일 오전에 본회의를 열어 의장과 부의장을 선출하고 오후에 개회식을 하는 것이 상례이다. 다만, 집회 당일 의장과 부의장이 선출되지 아니한 경우 다음날 개회식을 개최하여도 무방하나 반드시 첫 개회식에서 다음과 같은 의원선서가 있어야 한다. “나는 법령을 준수하고 주민의 권익신장과 복리증진 및 지역사회의 발전을 위하여 의원의 직무를 양심에 따라 성실히 수행할 것을 주민 앞에 엄숙히 선서합니다(회의규칙 제5조)."

3. 의회의 회기

(1) 회기의 개념 및 결정

의회는 집행기관과 달리 연중 개회하여 활동하는 것이 아니라 회기제(會期制)에 의하여 일정기간씩 활동하게 된다. 의회는 소정의 절차에 의하여 소집되고 개회됨으로써 활동이 개시되고 폐회가 됨으로써 활동이 종료되는바, 의회가 실질적인 활동능력을 갖게 되는 이 기간을 회기(會期)라 한다. 따라서 회기란 의회에 부여된 권한을 행사하는 의회의 활동기간으로 의회의 자율권에 입각하여 의회가 이를 스스로 결정한다. 의회의 회기는 집회 후 즉시 정하여야 한다. 일반적으로 집회일 또는 그 다음날에 개의되는 제1차 본회의의 첫 번째 의제로 상정하여 처리한다. 그 기간은 그 회기 내에 처리할 안건 수와 내용 등을 감안하여 지방의회 의결로 정한다(지방자치법 제47조 제1항). 그러나 지방자치법 제47조 및 동법시행령 54조의 규정에 근거한 지방자치단체의 회의운영 조례로 정례회의 회기와 임시회 회기, 정례회와 임시회를 합한 연간 총 회의일수를 정하고 있다.[5)]

(2) 회기의 계산

의회의 회기는 집회당일부터 기산한다(회의규칙 제13조 제3항). 회기의 계산은 집회 당일부터 기산하고 회기의 최종일을 끝나는 날로 계산한다.

회기는 본회의의 활동을 중지하고 상임위원회 및 특별위원회가 활동하는 기간인 휴회기간도 산입한다. 또한 법정공휴일과 일요일도 회기에 포함한다. 그 이유는 본회의 또는 위원회의 의결이 있으면 법정공휴일과 일요일도 회의를 할 수 있기 때문이다.

(3) 회기의 연장

의회는 그 회기에 부의된 안건을 당해 회기 내에 처리하는 것이 원칙이지만,

5) 대구광역시의회 회기운영에 관한 조례에 의하면, 정례회의 회기는 연2회를 합하여 60일 이내, 임시회의 회기는 20일 이내로 정하고 있으며, 연간 총회의 일수는 140일 이내로 하되 의장이 의회운영위원회와 협의하여 회의 총일수를 연장할 수 있다.

이를 처리하지 못할 때에는 의회의 의결로 회기를 연장하여 마치지 못한 안건을 처리할 수 있다(회의규칙 제13조 제1항). 회기의 연장횟수는 제한은 없지만 그 연장기간에 있어서는 연장된 최장일수가 회기운영 조례로 정례회의 회기와 임시회 회기, 정례회와 임시회를 합한 연간 총 회의일수를 초과하지 않게 하여야 한다. 회기의 연장 발의는 의장제의, 의원서면동의, 의회운영위원회의 제안으로 발의 하고 본회의 의결로 정한다.

(4) 회기중 폐회

의회는 회의에 부의된 안건을 모두 처리하였을 때에는 회기중에도 의장의 제의, 의원의 동의로 본회의 의결로 폐회 할 수 있다(회의규칙 제13조 제4항). 임시회의 회기뿐만아니라 정례회의 회기도 회기중에 폐회가 가능하다. 또한 당초의 회기는 물론 연장된 회기도 회기중에 폐회 의결이 가능하다.

4. 회의 개폐

(1) 개　　의

개의(開議)란 회기중 실제로 당일의 회의를 여는 것을 말하며 출석의원이 의사정족수 이상이 되어 의장이 개의를 선포하면 회의가 시작된다. 본회의는 본회의 의결 또는 의장이 의회운영위원회와 협의하여 그 개의시를 정한다. 이를 변경할 때에도 또한 똑 같다(회의규칙 제14조). 본회의 개의는 의장이 선포한다(회의규칙 제15조 제1항).

(2) 산　　회

산회(散會)란 개의된 당일의 회의를 마치는 것으로 의사일정에 올린 안건의 의사가 모두 끝났을 때에는 의장이 산회를 선포한다(회의규칙 제15조 제1항). 원칙적으로 산회는 당일의 의사를 모두 마친 경우에 하지만 모두 마치지 못한 경우에도 의원의 산회동의가 있어 가결되거나 회의 중 출석의원이 의사정족수에 미치지 못하거나(지방자치법 제63조), 회의장이 소란하여 질서유지가 곤란하다고 인정되는 때(지방자치법 제82조 제3항)에는 의장이 산회를 선포할 수 있다. 또한 안건의 심의 중 자정(24:00)을 넘어 다음날로 회의를 계속할 필요가 있을 경우 당일의 회의를 산회하고 다음 차수의 회의를 개의하여 회의를 진행한다. 당일의 회의를 산회하면 1일 1차 회의의 원칙에 따라 그날 다시 회의를 개의할 수 없다.

(3) 휴 회

휴회(休會)란 지방의회가 의결로 회기중 일정한 기간을 정하여 본회의를 열지 않은 것을 말한다. 휴회는 회기중에 본회의를 열지 않는 기간이므로 마땅히 회기차수에 포함된다. 또한 휴회 사유는 상임위원회 활동, 각종 행사 등이며 회기중 일요일과 법정공휴일은 휴회결정 없이 자동적으로 본회의를 쉬는 경우로 휴회와 다르다. 따라서 일요일과 법정공휴일에 본회의를 열고자 할 때에는 의회의 의결이 있어야한다. 한편 휴회중 자치단체장의 요구가 있거나 의장이 긴급한 필요가 있다고 인정할 때 또는 재적의원 3분의 1이상의 요구가 있을 때에는 본회의를 재개한다(회의규칙 제16조 제2항). 재개(再開)란 본회의의 휴회기간 중에 긴급한 안건의 처리 등 필요에 따라 휴회를 해제하고 본회의를 다시 여는 것을 말한다.

(4) 정 회

정회(停會)란 진행 중에 있는 회의를 일시 중지하는 것으로 의장이 정회를 선포한다. 지방자치법상 정회의 사유로 회의중 의사정족수에 미치지 못할 때(지방자치법 제64조 제2항), 회의장이 소란하여 질서유지가 곤란한 경우(지방자치법 제82조 제3항) 등을 명시하고 있으나 회의 진행 중 안건에 대한 이견조정이나 휴식, 질의에 대한 답변준비, 식사시간 확보 등 필요한 경우도 정회를 하게 된다.

(5) 유 회

유회(流會)란 개의 예정시간으로부터 일정 시간이 지나도록 의사정족수에 미달되어 당일의 회의를 열지 못하는 것을 말한다. 본회의는 본회의 의결 또는 의장이 의회운영위원회와 협의하여 정한 개의시(開議時)로부터 1시간이 경과할 때까지 의사정족수에 달하지 못할 때에는 의장이 유회를 선포할 수 있다(회의규칙 제14조 및 제15조 제2항). 의장이 유회를 선포한 후에는 의사에 관한 발언을 할 수 없다(회의규칙 제15조 제3항). 유회가 선포되면 당일의 회의를 다시 개의할 수 없다고 이해해야 한다.

제 3 절 의안과 동의

1. 안 건

(1) 안건의 의의

안건(案件)이란 의회에 제출되어 의회가 처리하여야할 모든 사안들을 통칭한 것으로 의안, 동의, 청원, 선거, 질문, 보고 등이 있다. 이러한 안건중 의회에서 의결할 안건 즉 의결안건으로 의안, 동의, 청원 등을 들 수 있다. 지방자치법에서는 의회의 의결, 결의, 요구, 동의, 승인, 허가 및 의견제출 등의 다른 용어로 사용하고 있지만 이들 모두 의결안건이라 할 수 있다.

이에 반해 안건 중 선거, 질문, 보고 등과 같이 의결절차가 필요 없는 경우도 있다. 예를 들어 의제와 관계없이 자치단체의 장이나 관계 공무원을 대상으로 행정사무 전반 또는 소관사항에 대한 의원의 질문(지방자치법 제42조)도 그 답변을 듣는 것으로 끝나는 것이기 때문에 의결안건과 다르고, 의원 중에서 무기명투표로 선출하는 의장과 부의장 선거(지방자치법 제48조 제2항)는 어떤 안건에 대하여 가부를 결정하는 의결과 구분된다.

(2) 의결안건의 유형

의결안건의 유형으로는 의안, 동의, 청원 등을 들 수 있다.

의안(議案)은 지방자치단체장이나 의원이 일정한 형식 요건을 갖추어 제출하거나 발의하는 의결안건을 말한다. 교육감과 위원회도 소관사항에 관한 의안의 제출 또는 발의가 가능하다. 의원이 의안을 발의하고자 할 때에는 재적의원 5분의 1 이상 또는 의원 10명 이상의 연서로 하여야 한다. 의안의 형식을 갖추고 있는 것으로는 조례안, 예산안, 각종 건의안 및 결의안, 동의안 등을 들 수 있다.

다음 동의(動議)란 의원 또는 위원이 회의진행과정에서 예정되고 있는 심의안건의 의제와는 독립된 의제로서 발의한 것으로 회의의 의사진행이나 절차에 관한 것 등 간단한 내용의 의사결정을 위해 활용된다. 수정동의(회의규칙 제26조)와 같은 일정한 요건을 요하는 경우를 제외하고는 일반적인 안을 갖출 필요가 없으며 1인 이상의 찬성을 얻으면 의제가 성립(회의규칙 제25조)된다는 점에서 의안과 구별된다.

그리고 청원(請願)은 주민이 그들의 희망을 표시하는 것으로 의결안건의 하나다. 주민은 청원을 하고자 할 때에는 의원의 소개가 있어야하나(지방자치법 제73조 제1항) 이는 어디까지나 소개에 불과할 뿐 청원의 주체는 법인을 포함한 주민이기 때문에 자치단체장 또는 의원에 의하여 발의되는 의안이나 동의와는 구별될 뿐만 아니라 그 성격에 차이가 있고, 처리방법에 있어서도 다소 차이가 있다. 이하에서는 결의 의안 중 의안과 동의에 대해서만 구체적으로 살펴보고자 한다.

2. 의　안

(1) 의안의 의의

의안(議案)은 지방자치단체장이나 의원이 일정한 형식 요건을 갖추어 제출하거나 발의하는 의결안건을 말한다. 이러한 의안의 성립 요건 내지 특징은 다음과 같다.

첫째, 지방의회의 의결을 요구하는 사안, 둘째, 자치단체장, 의원, 위원회 및 교육감이 발안, 셋째, 일정한 형식에 의거 서면으로 작성 제출되어야 하고, 넷째, 원안 수정이 가능하지만, 결산 및 청원 등은 원안을 수정할 수 없다. 다섯째, 단체의사는 물론 기관의사사안도 포함, 여섯째 의원이 발의할 때에는 재적의원 1/5 이상 또는 재적의원 10인 이상 연서로 제출하여야 한다.

(2) 의안의 발안권

의회에 의안을 제출하거나 발의할 수 있는 권한을 의안의 발안권 또는 발의권이라 한다. 이러한 발안권은 의회가 의결할 사항의 성격과 내용에 따라서 자치단체장에게만 전속되는 경우, 의원에게만 전속되는 경우, 자치단체장과 의원 쌍방에게 인정되는 것으로 분류될 수 있다. 지방의회의 의결사항의 세 가지 유형으로 나누며 그 유형에 따라 발안권의 주체를 구별하여 볼 수 있다.

첫째, 의회의 의결이 바로 당해 지방자치단체의 의사로 성립된 것(단체의사의 결정)으로서, 단체의사 결정을 위한 의안발안권은 원칙적으로 자치단체장과 의원쌍방에게 있다. 이 유형에 속하는 대표적인 의안은 조례안이나 조례안 중에서도 그 성격과 내용에 따라 자치단체장에게만 발안권이 있는 경우도 있고, 의원에게만 발안권이 인정되는 경우도 있다. 예를 들면 장의 권한에 속하는 사무의 위임·위탁에 관한 조례(지방자치법 104조), 소속직원 임면에 관한 조례(지방자치법 105조), 직속기관(지방자치법 113조), 사업소(지방자치법 제114조), 출장소(지방자치법 115조), 합의제행정기관(지방자치법 116조)의 설치에 관한 조례, 특별회계(지방자치법 126조) 설치에 관한 조례와 같이 자치단체장의 권한에 속하는 사무와 집행기관의 조직에 관한 사항, 그리고 특별회계와 같이 예산과 직결된 사항은 자치단체장만이 발안권을 갖는다.

한편 단체의사 결정을 위한 의안발안권은 원칙적으로 자치단체장과 의원쌍방에게 있으나 예외적으로 예산안의 발의권은 법률상 자치단체장의 권한에 속한다(지방자치법 제127조 제1항).

둘째, 지방의회의 의결이 단순히 의회의 의사를 결정하는데 그치는 것(기관의사의 결정)으로서, 의회의 기관의사를 결정하기 위한 의안의 발안권은 의원에게만 전속된다. 이른바 의장 또는 부의장 불신임의결 발의, 의원의 자격심사청구, 각종 건의안 그리고 회의규칙 제정 및 개폐안 등이 해당된다.

셋째, 지방자치단체의 장이 그의 권한에 속하는 사무를 집행할 때 그 전제로서 의회의 의결을 필요 하고 있는 것으로서, 그 발의권은 자치단체의 장에 속한다. 지방자치법 제39조에 의한 기금의 설치·운용, 중요재산의 취득·처분, 공공시설의 설치·처분 등에 관한 권한이다.

(3) 의안 제출절차

의안은 의회가 의결하여야 할 원안으로 그 처리를 위해서는 먼저 의회에 제출되어야 한다. 의안을 제출하고자 할 때는 일정한 요건과 절차를 갖추어야 한다.

1) 의안의 제출시기

의안은 원칙적으로 활동능력을 갖는 회기중에 제출되어야하고, 활동능력을 갖지 아니하는 폐회중에는 이를 제출할 수 없다. 의안은 의장에게 제출하여야 한다(지방자치법 제65조 제3항). 자치단체장과 교육감이 제출할 의안은 매회기 집회일 10일전까지 의회에 접수된 의안에 대하여 심사한다. 다만, 긴급을 요하는 경우의 의안에 대해서는 그러하지 아니하다(회의규칙 제20조의 2).

2) 의안의 제출권자

의회에서 의결할 의안은 지방자치단체의 장이나 재적의원 5분의 1 이상 또는 의원 10명 이상의 연서로 발의한다(지방자치법 제66조 제1항). 또한 위원회도 그 직무에 속하는 사항에 관하여 의안을 제출할 수 있으며(지방자치법 제66조 제2항), 교육감도 그 소관사항에 대하여 의안을 제출할 수 있다(회의규칙 제20조 제1항).

3) 의안의 제출형식

의안은 안을 갖추어 의장에게 제출 한다(지방자치법 66조제3항). 지방자치법 제66조 제1항에 "연서로 발의"한다고 규정하고 있어 의안은 문서에 의하여 제출을 원칙으로 하고 있음을 알 수 있다. 따라서 의안은 안을 갖추어 문서로 작성하여 의장에게 제출하는 형식을 취한다고 볼 수 있다.

4) 부의안건의 공고

지방자치단체의 장이 지방의회에 부의할 안건은 지방자치단체의 장이 미리 공고하여야 하나 회의중 긴급한 안건을 부의 할 때에는 그러하지 아니하다(지방자치법 제46조). 그러나 의원이 발의하는 의안은 공고를 하지 아니할 뿐만 아니라 중앙정부의 경우도 국회에 제출하는 의안을 공고하지 않도록 되어있다는 점에서 향후 재검토해야 한다.

(4) 의안 처리

1) 의안의 회부

제출된 의안의 처리절차는 상임위원회를 설치하고 있는 지방의회와 설치하고 있지 않은 지방의회 경우와 다르다. 즉, 상임위원회를 설치하고 있지 않은 의회는 제출된 의안을 인쇄하여 의원에게 배부하고 본회의에 보고 후 바로 본회의에서 심의·의결한다. 상인위원회를 설치하고 있는 의회에서는 제출된 의안을 인쇄하여 의원에게 배부하고 본회의에 보고한 다음 소관 상임위원회에 회부하여 그 심사가 끝난 뒤 본회의에 부의하여 본회의에서 심의·의결한다.

제출된 의안의 처리에 관하여 의원이 동의가 있거나 의장이 필요하다고 인정하는 안건에 대하여는 본회의의 의결을 얻어 이를 특별위원회에 회부할 수 있다(회의규칙 제22조 제1항). 물론 특별위원회에 회부된 의안도 특별위원회 심사가 끝난 뒤 본회의에 부의하여 본회의에서 심의·의결하여야 한다.

또한 의장이 상임위원회 또는 특별위원회에 의안을 회부할 때 심사기간을 정하여 회부할 수 있으며, 위원회가 이유 없이 그 기간 내에 심사를 마치지 아니할 때에는 의장은 중간보고를 들은 다음 다른 위원회에 회부하거나 바로 본회의에 부의 할 수 있다(회의규칙 제23조).

2) 의안의 보완

제출된 의안의 내용이 명확하지 않거나 불완전할 때에는 이를 보완하게하고, 발안자가 불응할 때에는 이를 본회의에 상정하지 아니할 수 있다. 자치단체장이 제출한 의안이 본회의 또는 위원회에 의제가 된 의안을 자치단체장이 수정하고자 할 때에는 본회의 또는 위원회 동의가 있어야 한다(회의규칙 제27조 제2항).

3) 의안의 철회

의안이 의회에 제출되면 의회의 소관 사항이 됨으로 마음대로 철회할 수 없다. 즉, 의원이 발의한 의안을 철회하고자 할 때에는 발의자 전원의 청구가 있어야하며 특히 그 의안이 본회의 또는 위원회 의제가 된 후에는 본회의 또는 위원회 동의가 있어야 한다(회의규칙 제27조 제1항). 또한 자치단체장이 제출한 의안도 본회의에 부의하거나 위원회에 회부되지 아니한 때에는 철회가 가능하지만 해당 의안이 본회의 또는 위원회에 의제가 된 후에는 본회의 또는 위원회 동의가 있어야 한다(회의규칙 제27조 제2항).

3. 동 의

(1) 동의의 의의

동의(動議)란 통상 의사진행과정에서 회의의 진행이나 절차에 관하여 의회의 의사결정을 요구하며 제기하는 「의안이외의 제안」으로 의원이 안(案)을 갖출 필요 없이 회의진행이나 간단한 사항을 발의하는 것을 말하며, 심의중인 안건과는 독립된 의제로서 의결의 대상이 된다.

이러한 동의는 일반적으로 회의의 진행중에 의원으로부터 구두 또는 문서로 발의되고 동의자가 1인 이상의 찬성이 있으면 의제로 성립된다(회의규칙 제25조). 다만, 수정동의는 회의규칙상 그 안을 갖추고 이유를 붙여 재적의원 4분의 1 이상 또는 의원 13인 이상 찬성자가 연서하여 미리 의장에게 제출하도록 되어 있으며, 또한 위원회에서 심사 보고한 수정안은 찬성 없이 의제가 된다(회의규칙 제26조).

(2) 동의의 종류

의회의 의사운영에 있어 동의는 법령 또는 의사원칙에 위배되지 않는 한 어떠한 내용의 동의도 가능하다. 따라서 동의는 그 내용이 광범위하고 다양하나 그 성질과 내용에 따라 다음과 같이 분류할 수 있다.

1) 성질에 따른 분류

(가) 주 동 의

주동의(主動議)란 다른 안건과 관계없이 독립된 사안에 대하여 의회의 의결을 구하여 제출되는 동의를 말한다. 예를 들어 특별위원회의 설치 동의, 의원징계에 대한 동의, 특정사안 조사에 관한 동의, 질문을 위한 관계공무원 출석요구의 동의, 번안동의, 의례에 대한 동의 등이 해당된다. 이러한 주동의는 일반적으로 요건을 갖추어 문서로써 발의함을 원칙으로 한다.

(나) 우선동의

우선동의(優先動議) 또는 선결동의(先決動議)란 동의의 성질에 비추어 보아 다른 안건에 앞서 우선·선결되어야 할 동의를 말하는 것으로 의사일정의 추가·변경 없이 의제가 된다. 선결동의는 긴급동의라고도 하는데, 제안자가 주관적으로 긴급하게 결정해야한다고 판단하여 긴급동의라고 부르나 그 긴급성은 객관적인 판단에 따르게 된다. 즉, 객관적으로 긴급하지 않다고 판단되면 일반동의[6]로 처리하게 된다. 이러한 선결동의의 예로는 의사일정 변경·회의중지·산회·휴회·의원징계요구 동의 등이 있다.

한편 선결동의와 유사한 것으로 선결문제(先決問題)가 있다. 즉, 동의 이외의 안건 상호간에 당연히 다른 안건에 앞서 표결할 필요가 있는 안건을 선결문제라고 한다. 선결문제의 전형적인 예로는 의장과 부의장의 선거는 의회 구성에 관한 문제로, 의장과 부의장이 없이는 회의를 진행할 수 없기 때문에 다른 모든 안건에 앞서서 처리하여야 하는 선결문제이다(임경호, 1991: 214).

(다) 부수적 동의

부수적 동의란 의제가 된 안건에 종속된 동의 또는 심의의 절차에 관한 동의를 말하는 것으로 수정동의, 위원회 회부 또는 생략 동의, 질의·토론의 종결 동의, 보류동의, 심의방법·표결방법에 관한 동의 등이 이 유형에 속한다. 부수적 동의는 동의 그 자체가 독립성을 지니는 주동의와는 구별된다.

---

6) 일반동의(一般動議)란 우선동의 또는 선결동의 이외의 동의를 총칭한 개념이다.

2) 내용에 따른 분류

(가) 회의 개·폐에 관한 동의

- 회기결정 또는 연장
- 개의시간의 변경
- 회의의 중지·산회·휴회 등

(나) 의사에 관한 동의

- 의사일정의 변경 및 추가
- 보류
- 질의·토론의 종결
- 회의 비공개 요청
- 제안 설명, 심사보고 생략
- 자치단체의 장 및 관계공무원 출석요구
- 의안정리의 위임
- 수정, 번안 등

(다) 위원회에서의 동의

- 위원회에 회부 또는 재회부
- 위원회 심사기간
- 폐회 중 및 본회의중 위원회 개회 요구
- 위원 아닌 의원의 발언청취
- 소관사무의 조사동의
- 청원의원의 출석 요구 등
- 특별위원회 설치 요구 등

(라) 징계에 관한 동의

- 윤리특별위원회에의 회부
- 신상변명의 청취

(3) 동의의 절차

동의는 의안과 달리 제출할 수 있는 자가 의원에 한정된다. 동의가 주로 회의 진행 또는 절차와 관련된 제도이기 때문에 의회의 자주적인 운영이 인정되고 있다는 점에서 자치단체장에게는 인정하지 않고 있다. 위원회에서도 역시 동의 제출권자는 위원에 한정하고 있다. 또한 동의는 특별히 요식을 갖출 필요 없이 구두로 함을 원칙으로 하나 법률 또는 회의규칙 등에 별도의 규정이 있을 때에는 이에 따라야 한다.

1) 동의의 성립 요건

동의가 의제로 다룰 수 있게 된 상태를 '동의의 성립'이라고 하는데, 특별한 규정이 있는 경우를 제외하고 동의의 성립은 동의자 1인 이상의 찬성으로 의제로 성립된다(회의규칙 제25조). 따라서 의장은 동의가 발의되면 재청(再請)이 있는지를 물어 의제로 성립 여부를 결정한다. 위원회에서의 동의도 발의자 외 찬성자 1인으로써 의제가 성립되는 까닭에 동의가 발의되면 위원장이 이에 대한 재청을 확인하여 의제의 성립 여부를 결정한다.

한편 동의 중에는 특별히 다수의 찬성자를 요하는 동의가 있다. 이 경우의 동의는 안을 갖추어 서면으로 제출하여야 하고, 여기에는 반드시 찬성자가 서명한 명단이 첨부되어야 한다. 지방자치법 및 회의규칙에 의한 특별한 찬성자가 요구되는 동의의 종류는 다음과 같다.

- 회의 비공개 동의: 의원3인 이상의 연서(지방자치법 제65조)
- 의사일정 변경: 재적의원 1/5 이상 또는 의원 10인 이상 연서(회의규칙 제18조)
- 의안 수정동의: 재적의원 1/4 이상 또는 의원 13인 이상 연서(회의규칙 제26조 제1항)
- 예산안 수정동의: 재적의원 1/3 이상 또는 의원 17인 이상 연서(회의규칙 69조)
- 번안동의: 발의시 찬성의원 2/3 이상 동의(회의규칙 제28조)
- 의장 및 부의장 불신임동의: 재적의원 1/4 이상 발의(지방자치법 제55조)
- 의원 자격심사 동의: 재적의원 1/4이 상 연서(지방자치법 제79조 제1항) 등

2) 수정동의

수정동의란 원안에 대하여 의사를 가하는 것으로서 원안에 새로운 사항을 추가하거나 혹은 삭제하여 원안을 변경하는 것을 의미한다. 수정동의는 그 안을 갖추고 이유를 붙여 재적의원 4분의 1 이상 또는 13명 이상이 연서하여 미리 의장에게 제출하여야 한다. 다만, 위원회에서 심사 보고한 수정안은 찬성 없이 바로 의제가 된다(회의규칙 제26조). 이러한 수정동의는 회의중에 요식을 갖추지 아니하고 구두로 발의되는 일반적인 동의와 구별된다.

수정동의 또는 수정안은 원안에 대한 수정을 의미하는 것이기 때문에 원칙적으로

원안의 기본이 되는 그 목적이나 성격이 본질적으로 변경되어서는 안 된다. 예컨대 지방자치단체 장의 사무위임 및 위탁에 관한 조례(지방자치법 제104조), 직속기관, 사업소, 출장소, 합의제행정기관의 설치 조례(지방자치법 제113-제116조), 특별회계 설치 조례(지방자치법 제125조 제2항), 공공시설의 설치 조례(지방자치법 제144조), 예산에 관련된 사항 등은 수정동의 대상이 아니다.

3) 번안동의

번안동의(飜案動議)란 이미 의결한 의안을 다시 심의·의결하기위한 동의로써 일반적으로 전에 의결하였던 내용을 수정하는 것이다. 이러한 번안동의는 본회의에서는 의안을 발의한 의원이 그 의안을 발의할 때에 찬성자 3분의 2 이상의 동의로 발의되고, 위원회에서는 위원의 동의로 발의한다. 다만, 본회의에 있어서는 의결된 안건이 자치단체장에게 이송된 후, 그리고 위원회에 있어서는 본회의의 의제가 된 후에는 번안할 수 없다(회의규칙 제28조). 번안에 대한 의결은 재적의원 과반수 출석과 출석의원 과반수의 찬성으로 가결되며, 번안동의가 부결되면 의결된 원안이 확정된다.

4) 동의의 철회

이미 발의한 동의를 철회하고자 할 때에는 동의한 자가 청구하여야 한다. 다만, 본회의 또는 위원회에서 의제가 된 후에는 본회의 또는 위원회의 동의를 얻어야 철회가 가능하다(회의규칙 제27조).

(4) 동의의 처리

동의가 성립된 때에는 이것을 의제로 채택하여야 하는데, 동의를 언제 어떻게 의제로 채택할 것인가는 동의에 따라 다르다.

첫째, 의사일정에 올려 의사일정에 따라 처리할 동의가 있는가 하면, 의사일정에 올릴 필요 없이 처리되는 동의가 있다. 즉, 의사일정에 올려야 하는 동의는 의사일정에 추가 또는 변경을 수반하며, 이러한 동의로는 회기의 연장, 특별위원회 설치, 위원회의 심사기간 또는 중간보고에 관한 동의 등을 들 수 있다. 이들 동의가 발의되어 당일 의사일정에 올려 의제로 할 필요가 있는 경우에 의장은 이를 표결에 붙여 가결이 되면 의사일정에 올리게 된다. 반면에 의사일정에 올릴 필요가 없는 동의로는 의안의 수정, 안건설명의 생략, 질의 또는 토론 종결, 정회·휴회·산회, 회의시간변경 동의 등을 들 수 있으며, 이러한 동의는 의사일정에 올릴 필요가 없는 까닭에 의장이 직접 의제화하여 취지 설명, 질의·답변, 토론, 표결의 절차를 거치게 된다.

둘째, 동의 중에는 다른 안건에 앞서 우선 처리되어야 하는 동의(선결동의)가 있는가 하면, 그렇지 않는 동의(일반동의)가 있다. 즉, 선결동의와 일반동의가 있을 때에는 선결동의를 먼저 의제로 상정하여 채택하여야 한다.

셋째, 두개 이상의 선결동의가 동시에 발의 되어 경합하는 경우 어떤 순서로 의제를 채택할 것인가 하는 문제가 있다. 즉, 경합된 선결동의는 그 우선성에 입각, 최우선 선결동의와 일반적인 선결동의로 구분하여 최우선 선결동의를 먼저 처리하여야 하며, 최우선 선결동의로는 정회 및 산회동의, 회기 연장동의, 의원신분과 관련된 징계 및 자격심사 동의 등을 들 수 있다. 정회동의가 발의되면 그 시점에서 회의를 계속할 것인가 또는 정회할 것인 지를 결정하지 않은 채 회의를 속행하여 다른 안건을 처리하는 것은 회의 규칙에 위반하기 때문이다. 그리고 회기 최종일에는 회기 연장동의가 다른 모든 동의보다 우선한다.

제 4 절 본회의 및 위원회의 의사운영

1. 본회의의 의사

(1) 의사일정

1) 의사일정의 의의 및 종류

의사(議事)란 의회의 의사를 결정하는 일련의 과정을 의미하며, 의회의 의사결정에는 의결, 동의, 허가, 승인 등이 있다. 회의의 의사는 의사일정에 정하여진 대로 진행된다.

의사일정(議事日程)이란 의회의 회의진행순서를 기재한 의사진행예정표를 의미하며, 그 날의 의사진행을 위한 '당일의사일정'과 한 회기 동안의 '전체의사일정'으로 구분된다. 이러한 의사일정은 회의 준비를 차질 없이 하게하고 효율적인 의사진행과 심의를 공명정대하게 하기 위함이다.

2) 의사일정의 작성·배부

의사일정은 의장이 의사정리권에 입각하여 이를 작성한다(지방자치법 제49조).

의사일정 작성은 의회운영위원회와 협의(운영위원회가 구성되지 않은 지방의회는 의장단독)하되, 협의가 이루어지지 않을 경우에는 의장이 이를 결정한다(회의규칙 제17조 제2항). 결정된 의사일정은 집회 첫날 본회의의 의결로 확정된다.

한 회기 전체의사일정은 일반적으로 부의안건과 위원회 활동기간, 휴회기간, 기타 일정과 참고사항을 기재하고 부의안건이 미정인 경우는 기간 및 일시만 명시하고 '안건처리'라고 표시한다. 당일의 의사일정은 전체 의사일정에 따라 작성하는 회의 당일의 일정으로 개의일시, 회의차수, 부의안건과 그 순서 등을 기재하며 추가·변경이 가능하다. 또한 당일의 의사일정이 전체의사일정과 다르게 작성할 때에는 의장이 의회운영위원회와 협의하여야 하며, 의장이 특히 긴급하다고 인정할 때에는 회의의 일시만 의원에게 통지하고 개의할 수 있다(회의규칙 제17조 제3항).

의사일정에 부의안건의 기재순서는 통상 관례에 따라 안건의 완급(緩急), 종류와 성질을 감안하여 순서를 정한다. 즉, 의원의 징계의결 등 신상문제와 관련된 안건, 예산·결산안, 조례안, 동의안, 건의안, 결의안, 규칙안, 청원 등의 순서로 기재하되, 같은 종류의 안건은 심사를 담당한 소관 상임위원회 순서로 하며, 소관 위원회가 같은 조례안의 경우 의원 또는 위원회가 제출한 조례안이 집행부 제출 조례안보다 우선한다.

이와 같이 의사일정이 작성된 때에는 의장은 미리 의원에게 배부하여야 한다(회의규칙 제17조 제1항).

3) 의사일정의 변경

부득이한 사유가 있을 경우 재적의원 5분의 1 이상 또는 의원 10인 이상의 연서에 의한 동의로 본회의 의결이 있거나 의장이 의회운영위원회와 협의하여 필요하다고 인정할 때에는 의장이 의사일정의 순서를 변경하거나 다른 안건을 의사일정에 추가할 수 있다. 이 경우 의원의 의사일정변경 동의에는 이유를 첨부하여야 하고 토론을 거치지 아니하고 바로 표결에 붙일 수 있다(회의규칙 제18조).

한편 의장은 의사일정에 올린 안건에 대하여 회의를 열지 못하거나 회의를 마치지 못한 때에는 다시 그 일정을 정한다(회의규칙 제19조).

(2) 의 제

의제(議題)란 당일의 의사일정에 기재되어 심의가 예정되어 있거나 회의에 상정되어 논의 중에 있는 안건의 제목을 말하며, 의장은 부의하는 안건을 의사일정 순서에 따라 1건마다 의제로 상정한다.

1) 안건의 상정

안건 상정(上程)이란 당일 회의 의사일정에 포함되어 있는 안건을 정식의제로 삼아 논의를 시작하는 구체적인 행위로써 상정 선언시 의사봉을 세 차례 치는 것이 의회의 선례이다. 의사일정에 기재된 부의안건은 1개 안건씩 상정·심의하는 것이 원칙이나 필요한 경우 2개 이상 안건을 일괄상정 후 심사보고(또는 제안 설명)를 듣고 일괄질의·토론을 할 수 있다. 다만, 의결은 1건씩 해야 한다. 일괄상정이 가능한 안건은 일반적으로 동종 또는 관련안건, 제안자가 동일한 안건, 동일 위원회소관안건을 들 수 있다. 동종·관련안건은 성질이 같거나 내용이 유사한 안건은 심의의 편의를 위해서 동일한 질의·답변이 반복되는 번잡을 피할 수 있는 까닭에 일괄상정이 허용되고, 제안자가 같은 안건을 제안자가 일괄하여 설명하는 것이 보다 능률적이기 때문에 일괄상정이 허용되며, 동일 위원회의 소관안건은 그 위원에서 세부적으로 심사되어 본회의에서 간략히 심의에 그쳐도 됨으로 이를 일괄상정하고 있다. 다만, 원안에 대한 수정안은 원안의 부수적인 안건이므로 별도의 상정절차 없이 원안과 함께 심의한다.

2) 안건의 제안 설명

제안 설명(提案說明)이란 안건을 발의 또는 제출자가 안건심사의 처음 단계에서 그 안건의 제출배경 등 제안 이유와 주요 내용을 설명하여 심사에 참고하도록 하기 위한 것으로 취지 설명(趣旨說明)이라고도 한다. 다만, 회의의 의제로 된 안건으로서 그 취지가 분명하게 된 경우에는 제출자가 설명을 생략하게 할 수 있다. 제안 설명의 대상안건은 위원회의 심사를 거치지 아니한 안건, 위원회가 이유 없이 심사기간 내에 심사를 마치지 아니하여 본회의에 부의된 안건, 위원회 제안안건 등이다. 제안 설명은 원칙적으로 제안자가 하여야하나 예외가 인정된다. 예를 들어 자치단체장이 제안자인 경우 제안 설명을 충실하게하기 위하여 관계공무원으로 대리하게 할 수 있다(회의규칙 제29조 제2항). 그리고 안건이 위원회에 회부되어 위원회의 심사를 거친 안건에 있어서는 위원장의 심사보고로 이를 갈음하게 할 수 있다(회의규칙 제29조 제1항).

(3) 발 언

발언(發言)이란 회의체의 구성원이 의사과정에서 구두로 의견을 말하는 것을 말한다. 구성원의 발언은 의사진행의 기본요소인 동시에 다양한 의사를 조정하여 다수결의 원칙에 의하여 회의체의 의사를 결정하는 수단이 된다. 지방의회는 의사과정에서 민주적 의사결정을 위하여 여러 가지 발언의 원칙과 제한을 두고 있다. 의원이 의회에서 행하는 발언의 유형과 내용은 다양하다. 즉, 심사보고 및 제안 설명, 질의·답변, 토론, 의사진행발언, 신상발언, 보충발언, 시·도 또는 시·군·구정질문, 5분 자유발언, 각종 동의 등이 발언의 내용에 해당한다. 그러나 발언은 의장의 개의선포가 있기 전, 또는 정회·휴회·산회가 된 때에는 할 수 없다.

1) 발언의 허가

의원이 발언하고자 할 때에는 미리 의장에게 통지하여 허가를 받아야 한다(회의규칙 제33조 제1항). 이는 의장으로 하여금 의사의 정리를 원활히 할 수 있게 하는 한편, 의원에게 발언의 기회를 균등하게 보장하고자함에 목적이 있다. 발언의 허가는 의원에게만 적용되는 것이 아니고 자치단체장 또는 관계공무원이 의회에서 발언하고자 할 때에도 적용된다.

발언통지를 하지 아니한 의원은 통지를 한 의원의 발언이 끝난 다음 의장의 허가를 받아 발언할 수 있다(회의규칙 제33조 제2항). 또한 의사진행에 관한 발언은 발언요지를 의장에게 미리 통지하여야 하며, 의장은 의제에 직접관계가 있거나 긴급히 처리할 필요가 있다고 인정되는 것은 즉시허가하고, 그 외의 것은 의장이 그 허가의 시기를 정한다(회의규칙 제33조 제3항).

2) 발언의 장소

발언은 등단하여 하되 극히 간단한 사항이나 토론 또는 의장이 허가한 때에는 의석에서 발언 할 수 있다(회의규칙 제34조 제1항). 그러나 당초예상과는 달리 발언시간이 의외로 길어지거나 의석에서 발언하는 것이 부적당하다고 판단한 때에는 의장은 그 의원으로 하여금 등단하여 발언하게 할 수 있다(회의규칙 제34조 제1항).

3) 발언의 계속

발언은 그 도중에 다른 의원의 발언에 의하여 정지되지 아니하며 산회 또는 회의의 중지로 발언을 마치지 못한 때에는 다시 그 의사가 개시되면 의장은 먼저 그 발언을 계속하게 한다(회의규칙 제35조).

4) 발언의 제한

의회의 회의에 있어서 의원에게는 발언의 자유가 보장되지만, 발언의 자유는 그것이 의원모두에게 공평하게 보장되고, 의회의 효율적인 의회운영을 위하여 일정한 질서를 전제로 한다. 그리하여 발언에는 내용, 회수, 시간에 있어서 일정한 제약이 수반된다.

첫째, 발언내용에는 일정한 제한이 따른다. 모든 발언은 의제 외에 미치거나 허가받은 성질에 반하여서는 아니 된다(회의규칙 제36조 제1항). 또한 의원은 본회의나 위원회에서 타인을 모욕하거나 타인의 사생활에 대한 발언을 하여서는 아니 된다(지방자치법 제83조). 만일 의장은 의원의 발언이 의제 외에 미치거나 허가받은 성질에 반할 경우 그 의원에 대하여 주의를 주거나 발언을 금지 시킬 수 있다(회의규칙 제36조 제2항). 특히 의원이 본회의나 위원회에서 타인을 모욕하거나 사생활에 대한 발언을 할 경우 징계사유가 된다(지방자치법 제83조 제2항).

둘째, 발언회수에 제약이 있다. 의원은 같은 의제에 대하여 2회에 한하여 발언할 수 있다. 그러나 질의에 대하여 답변하거나 위원장·발의자 또는 동의자가 그 취지를 설명할 때와 의장이 허가 할 경우에는 그러하지 아니하다(회의규칙 제37조).

셋째, 발언시간도 제약이 있다. 의원은 발언시간은 20분을 초과 할 수 없다. 다만, 질의·보충발언·의사진행발언 및 신상발언 시간은 10분을 초과 할 수 없다. 한편 의원이 시간제한으로 발언을 마치지 못한 부분에 대하여는 의장이 인정하는 범위 안에서 이를 회의록에 게재 할 수 있다(회의규칙 제38조).

5) 보충보고의 우선

의장은 위원장 또는 위원장이 지명한 소수 의견자가 위원회의 보고를 보충하기 위하여 발언하려고 할 때에는 다른 발언에 우선하여 발언하게 할 수 있다(회의규칙 제39조).

6) 의장의 발언(토론참가)

의장은 공정하게 의사 진행할 책임이 있으므로 가능한 한 발언에 참가하지 않는 것이 바람직하나 때에 따라서 의원의 한 사람으로서 발언에 참가하는 경우가 있다. 의장이 토론에 참가할 때에는 의장석에 물러나야 하며 그 안건에 대한 표결이 끝날 때까지 의장석에 돌아갈 수 없다. 이때의 의장의 직무는 부의장이 대리한다(회의규칙 제41조).

7) 의사진행발언

의원이 의사진행과정에 의장에게 의사진행방법 등에 관하여 이의를 제기하거나, 의견을 개진하는 발언을 의사진행발언이라 한다. 의사진행발언은 의회의 의결대상이 되지 아니하고, 그 성립요건을 필요로 하지 않는 다는 점에서 의사진행 동의와는 구별된다. 따라서 의사진행발언은 단순한 이의제기 또는 의견진술에 불과한 까닭에 이에 대하여 의장은 재량에 따라 적당히 조치하거나, 필요한 답변을 할 수 있다. 이 발언은 의사진행에 관한 발언이므로 다른 발언에 우선하여 허가하여야 하나, 그것이 의사진행과는 관계없는 발언으로 남용 또는 악용되어서는 안 될 것이다(최인기 외, 1993: 339-340).

8) 신상발언

신상발언(身上發言)이란 의원이 자기 일신상의 문제에 관하여 본인이 직접 설명 또는 해명하는 발언을 말한다. 일반적으로 신상발언은 의원이 자격심사 또는 징계대상이 되었을 때 하게 된다. 신상방언도 다른 발언에서 우선하는 것이 관례이다.

9) 5분 자유발언

5분 자유발언이란 의원이 본회의 개의시부터 30분을 초과하지 않은 범위 내에서 의회가 심의중인 의안과 청원, 그 밖에 중요 관심 사안에 관한 의견을 발표할 수 있도록 하기 위해 5분 이내 자유롭게 발언하는 것을 말한다. 5분 자유발언을 하고자하는 의원은 늦어도 본회의 개의 1시간 전까지 발언 취지를 기재하여 의장에게 신청하여야 하며, 발언자 수와 발언 순서는 의장이 정한다(회의규칙 제38조의2).

(4) 질 의

1) 질의의 의의

질의(質疑)란 상정된 안건에 대하여 심사보고자 또는 제출자, 제안자에게 의문점을 물어서 답변을 듣는 것으로, 의원이 제안한 안건도 집행상의 문제들을 중심으로 집행책임을 지게 되는 집행부에도 질의가 가능하다.

질의는 의제가 된 안건에 대하여 하는 것으로 의제와 관계없는 것을 물을 수 없고 자기의 찬·반 의견을 말할 수 없다. 그러나 자기의 의견을 말하지 않으면 질의의 의미가 없을 경우에는 허용할 수 있다.

수정안에 대한 질의는 수정안에 대한 제안 설명이 있은 후 제안자를 상대로 질의하되 집행상의 문제에 대하여는 집행부에도 질의할 수 있으며, 수정안은 원안과 연계하여 질의하는 것이 바람직하다.

2) 질의 신청 및 순서

질의를 하고자 하는 의원은 미리 의장에게 통지하여 허가를 받아야 한다(회의규칙 제33조). 질의의 통지는 본회의의 경우 의사일정 상정 전까지 미리 서면으로 하는 것이 바람직하나, 의제에 대한 질의가 종결되기 전까지 의석에서 구두로 의장에게 통지할 수도 있으며, 미리 통지한 의원의 질의가 끝난 후 회의 중 통지한 의원이 질의를 할 수 있다.

3) 질의의 방법

질의의 방법으로는 일괄질의방식과 일문일답방식으로 구분된다. 일괄질의방식은 능률적인 회의운영을 위하여 질의자가 질의하고자 하는 내용 전부를 한꺼번에 질의하고 답변을 요구하는 방식으로, 본회의에서는 한 의원이 동일의제에 대하여 2회까지로 발언의 회수를 제한하여 일괄질의방식을 원칙으로 하고 있으며(회의규칙 제37조), 예외적으로 의장의 허가가 있을 경우에 한하여 일문일답방식이 허용된다.

반면에 일문일답방식은 의문점마다 일문일답으로 납득할 때까지 질의와 답변을 반복하는 방법으로 세밀하고 심도 있는 의안심의는 가능하나 시간이 많이 걸리고 효율적인 회의진행이 어려워 위원회의 회의에 많이 사용하고 있다.

4) 질의·답변의 진행

본회의에서는 동일의제에 대하여 한 의원이 2회에 한하여 발언할 수 있도록 제한하고 있어 일문일답식이 아니라 일괄질의, 일괄답변 형태로 운영할 수밖에 없다. 통상적으로 질의자가 2~3명 이내이면 모두 질의를 한 후 답변자가 일괄 답변하는 식으로 진행하여 회의진행의 능률을 기하고 있다.

답변은 안건의 심사보고자 또는 제안자, 발의자가 하게 되나 질의의 내용에 따라 적절한 답변자가 답변을 하며, 안건발의자 외에 찬성한 의원이나 심사보고한 위원회의 소속 의원도 답변할 수 있다.

5) 질의의 종결

질의로 문제점에 대한 의문점이 모두 해명된 것으로 인정될 경우나 질의가 계속 이어져 언제 끝날지 알 수 없을 때 의원은 질의의 종결동의를 발의할 수 있고, 의장은 종결제의를 할 수 있다.

질의의 종결 동의는 선결동의(先決動議)이므로 바로 의결하여야 하며 그 동의가 가결되면 의장이 질의종결을 선포할 수 있고 선포한 이후에는 질의가 허용되지 않는다.

질의종결동의는 의원 2인 이상이 발언한 후에야 제출할 수 있고, 질의를 한 의원은 종결동의를 발의할 수 없다(회의규칙 제42조 제2항).

(5) 토　론

1) 토론의 의의

토론(討論)은 질의가 종결된 후 표결의 전제로서 의제가 된 안건에 대하여 찬·반의 의견을 표명하는 것이다. 토론의 목적은 자기의견에 반대하는 의원 또는 아직까지 찬·반 의사를 결정하지 못한 의원들을 자기의 의견에 동조하도록 하는 발언으로서, 소견을 진술하는데 그치지 않고 어떠한 이유로 안건에 찬성 또는 반대한다는 것을 명확히 표명하여야 하며 찬·반 어느 것도 아닌 토론은 없다.

2) 토론의 진행

토론에 참가하고자 하는 의원은 반대·찬성 의사를 표시하여 토론종결 선포 전까지(사실상: 토론 시작전 제출) 의장에게 통지하여야 하며, 의장은 「토론교호의 원칙」, 「사전통지의 원칙」에 따라 미리 받은 통지의 순서에 따라 반대자와 찬성자를 교대로 토론케 하되 반대자를 먼저 토론케 한다(회의규칙 제40조). 반대토론부터 하게 하는 이유는 심사보고 또는 제안 설명과 질의에 대한 답변은 원안을 가결시키고자 하는 찬성발언이므로 토론에 있어서도 찬성부터 토론하면 찬성론에 대한 발언이 거듭되어 토론의 공평성 확보가 어렵기 때문이다.

의장은 미리 통지를 하지 않고 토론 도중에 통지를 하는 의원에 대하여도 토론허가를 할 수 있으며 순서는 미리 통지한 의원의 토론이 모두 끝난 후가 된다.

원안에 대한 수정안이 제출되어 있으면 원안과 함께 토론하는 것이 원칙이며, 토론은 의제에 대한 자기의 찬반의 의사표명이므로 「대리토론」과 「조건부 토론」은 허용되지 아니한다. 대다수의 지방자치단체에서는 “의원 2인 이상의 발언이 있은 후에는 의회의 의결로 의장이 토론의 종결을 선포할 수 있다”고 회의규칙에 규정하여 사실상 토론자의 수를 2명으로 제한할 수 있도록 하고 있다.

3) 토론이 필요 없는 안건

의결의 대상이 되는 안건은 토론을 하는 것이 원칙이나 안건의 성질상 간단한 의사진행상의 동의 등을 의결하는 경우에는 토론을 하지 않고 바로 표결할 수 있다.

(가) 회의규칙으로 토론을 생략토록 규정한 안건

① 의사일정 순서변경 및 일정추가의 동의(회의규칙 제18조)

② 질의·토론의 종결동의(회의규칙 제42조)

③ 의장 및 부의장의 사임(회의규칙 제12조)

④ 의원의 사직(지방자치법 시행령 제61조 및 회의규칙 제76조)

⑤ 회의록의 기록 정정(회의규칙 제52조)

(나) 관례로 토론을 생략하는 안건

① 회기의 결정 및 연장

② 휴회의 결정 및 휴회중의 개의

③ 질의와 토론 또는 그 중하나의 생략 동의

④ 의안의 철회·정정 및 동의의 철회

⑤ 의결된 안건의 자구 및 체계의 정리

⑥ 의석의 변경

⑦ 발언의 취소 및 정정

⑧ 회의중지·보류·산회의 동의 등

한편 법령이나 회의규칙으로 토론의 생략이 규정된 안건은 토론 신청을 할 수 없으나, 관례로 토론을 생략하고 있는 안건은 토론을 신청한 의원이 있을 경우에 토론을 할 수 있다.

4) 토론의 종결

토론의 종결은 의장이 종결을 선포한때 또는 토론종결의 동의가 가결되었을 때이다. 의장의 토론종결의 선포는 토론이 충분히 이루어 졌다고 객관적으로 인정되는 시기에 선포하여야 하며, 아직 충분한 토론이 이루어지지 않았을 때에는 종결을 선포하여서는 아니 된다.

토론의 종결 동의는 토론신청자가 속출하여 쉽게 끝나지 않을 것이 예상되거나 찬성 또는 반대하는 자의 수가 어느 한편에 치우칠 때 제출할 수 있으며, 또한 이 동의는 의원 2인 이상의 토론이 있은 후에 제출할 수 있다(회의규칙 제42조).

(6) 질 문

1) 질문의 의의

(가) 개 념

질문(質問)이란 의원이 지방자치단체의 행정 전반 또는 일부에 대하여 설명을 요구하며 입장을 묻기 위한 의회의 의사(議事)를 말한다.

(나) 질문과 질의의 구분

첫째, 질문은 집행기관 행정전반에 관한 처리상황, 계획, 의문사항 등에 대하여 설명을 요구하는 것인 반면에 질의는 의제가 된 안건에 대하여 제안자 또는 보고자에게 의문사항을 묻는 것이다.

둘째, 질문은 의사(議事)로서 독립적인 성질을 가지고 의사일정으로 되는데 반하여 질의는 안건심사나 심의절차의 한 과정이다.

셋째, 질문은 질문요지서를 제출하여 집행기관에 송부하는 등 일정한 절차가 필요한 반면에 질의는 안건이 의제로 상정되면 할 수 있다.

넷째, 질문은 구두 또는 서면으로 하게 되나 질의는 통상 구두로 한다.

(다) 질문의 종류

질문은 그 형식에 따라 구두질문과 서면질문으로 구분되고, 또한 그 내용에 따라 일반질문과 긴급현안질문으로 구분한다.

2) 구두질문과 서면질문

(가) 구두질문

구두질문(口頭質問)은 원칙적으로 자치단체의 장 또는 관계공무원의 출석이 전제가 된다. 따라서 이 경우 본회의에서는 재적의원 5분의 1 또는 의원 10인 이상이 이유를 명시한 서면으로 발의한 그 의결로써 그리고 위원회는 위원회의 의결로 의장을 경유하여 이들의 출석을 요구할 수 있다. 출석요구를 받은 자치단체장 또는 관계공무원은 출석·답변하여야 한다. 다만, 자치단체장이 출석할 수 없는 사유가 있거나 충실한 답변을 위하여 관계공무원의 대리출석이 필요한 때에는 그 사유서를 의장에게 사전제출한 후에 관계공무원으로 대리 출석답변하게 할 수 있다(회의규칙 제73조 제1항, 제2항, 제3항).

한편 질문을 하고자 하는 의원은 미리 질문요지와 소요시간을 기재한 질문요지서를 의장에게 제출하여야 하며 의장은 늦어도 질문시간 24시간 전까지 자치단체장에게 도달되도록 송부하여야 한다(회의규칙 73조 제4항).

(나) 서면질문

의원이 자치단체장에게 서면으로 질문하려고 할 때에는 질문서를 의장에게 제출하여야 하며 의장은 지체 없이 이를 자치단체장에게 이송한다. 자치단체장이 질문서를 받은 날로부터 10일 이내에 서면으로 답하되, 만일 그 기간 내에 답변하지 못할 때에는 그 이유와 답변할 수 있는 기한을 의회에 통지하여야 한다. 한편 의원은 답변이 충분하지 못할 경우에 보충질문을 할 수 있으며, 보충질문도 서면으로 하게 된다(회의규칙 제74조).

3) 일반질문과 긴급현안질문

질문은 그 내용에 따라 일반질문과 긴급현안질문으로 구분할 수 있다. 일반질문은 통상적인 예에 따라 자치단체의 행정전반을 대상으로 실시하는 질문을 말하고 긴급현안질문은 회기중 현안이 되고 있는 중요사항을 대상으로 실시하는 질문을 말한다. 재적의원 5분의 1 또는 의원 10인 이상의 찬성으로 회기중 현안이 되고 있는 중요한 사항을 대상으로 시·도정 및 시·군·구정에 대한 질문을 할 것을 의장에게 요구할 수 있다. 이러한 긴급현안질문을 요구하는 의원은 그 이유와 질문요지 및 출석을 요구하는 자치단체장 또는 관계공무원을 기재한 질문요구서를 의장에게 제출하여야하며 의장은 질문시간 24시간 전까지 출석요구서 및 질문요구서가 자치단체장에게 도달되도록 송부하여야 한다. 긴급현안질문 시간은 총60분으로 하고 한 의원의 질문시간은 20분을 초과할 수 없다.

(7) 표　　결

1) 표결의 의의

표결(表決)이란 안건심의를 마친 후 최종적으로 회의체의 의사를 결정하는 방법으로 의장의 표결선포에 따라 의원이 해당안건에 대해 찬성 또는 반대의사를 표결방법에 따라 표명하고 그 수를 집계하는 것으로 의결의 수단이다.

의사진행은 1개 안건씩 상정·표결하는 것이 원칙이며, 수개의 안건을 일괄 상정한 경우라도 표결은 1건씩 하여야 한다. 표결할 때는 표결할 안건의 제목을 선포하여야 하며, 표결이 선포되면 그 안건에 대해 발언할 수 없다(회의규칙 제43조 제2항). 다만, 표결방법에 이의가 있거나, 특정 표결방법을 요구하는 발언 또는 동의는 허가할 수 있다. 의원은 표결에 있어 표시한 의사(찬성, 반대)를 변경할 수 없다.

표결시 회의장에 있지 아니한 의원은 표결에 참가할 수 없으며(투표에 의한 표결시는 투표함 폐쇄시까지 입장하는 의원은 표결참가 가능), 재석중인 의원이 표결에 참가치 않으면 기권으로 처리된다. 다만, 기명·무기명투표에 의한 표결의 경우는 실제로 투표를 한 의원에 한하여 출석의원수로 계산한다.

2) 표결의 방법

(가) 이의유무 확인 표결

이의유무(異議有無) 확인 표결방법은 만장일치법 또는 전원일치법이라 하여 반대하는 의원이 없을 때(출석의원 모두가 찬성할 때) 사용하는 약식표결방법이다. 이의유무에 대한 표결의 진행은 의장이 "○○○안에 대하여 이의가 없습니까?" 하고 묻고 의원들로부터 "이의가 없다."는 의사 표시가 있으면 "이의가 없으므로 ○○○안은 가결되었음을 선포합니다."라고 선포한다. 그러나 이의여부를 물었을 때 한사람이라도 이의를 제기하거나, 안건의 심의중에 찬·반 토론이나 질의과정에서 다른 의견이 있었던 경우에는 이의유무표결방법을 사용하지 않는다(회의규칙 제46조 제3항).

(나) 기립(거수)표결

기립 또는 거수 표결은 가장 많이 사용하는 방법으로 먼저 「찬성」하는 의원을 일어서게 하여(손을 들게 하여) 그 수를 집계하고 난 후에, 반대하는 의원을 일어서게 하여(손을 들게 하여) 그 수를 집계하는 방법이다. 표결참가자는 표결선포 당시 회의장에 있는 의원으로 규정(회의규칙 제44조)되어 있으나 표결 선포 후라도 의사표시를 할 수 있는 시점까지 회의장에 입장한 의원은 표결에 참가할 수 있다(예컨대, 찬성의원 기립후 반대의원 기립 전까지 회의장에 입장한 의원 중 반대의사가 있는 의원은 표결 참가 가능).

(다) 무기명투표

무기명투표는 투표용지에 투표자의 성명을 기재하지 아니하고 투표자의 의사만 기재하여 투표하는 비밀투표를 의미한다. 지방의회에서 실시하는 각종 선거는 법령에 특별한 규정이 없는 한 무기명투표로 한다(회의규칙 제46조 제4항).

연기식 무기명투표는 무기명투표로 진행할 안건이 2건 이상 있는 경우 한 개의 투표용지에 여러 개의 투표란을 만들어 각각의 투표란에 투표하도록 하는 방식으로 한번의 투표로 여러 번의 투표결과를 거두려는 목적으로 사용하며, 상임위원장선거에

이 방법이 이용된다.

(라) 기명투표

기명투표는 표결의 결과에 대하여 의원 개개인의 정치적 책임을 밝히는 것이 보다 공정한 결론을 얻을 수 있다고 판단하는 경우에 사용하며, 투표용지에 투표자의 성명과 함께 투표자의 의사를 기재하여 투표하는 투표방법이다. 이러한 기명투표는 의장의 제의 또는 의원의 동의로 가능(회의규칙 제46조 제2항)하며, 그 대상에 대한 명시규정은 없다.

3) 표결의 순서

수개의 안건을 일괄 상정하여 심의한 경우라도 개개 안건 하나씩 의사일정의 순서에 따라 표결해 나가는 것이 원칙이다. 안건에 대해 수정안이 제출되면 먼저 수정안을 표결하고, 수정안이 여러 건이면 다음과 같은 순서로 표결한다(회의규칙 제48조).

첫째, 최후로 제출된 수정안부터 먼저 표결한다.

둘째, 의원의 수정안은 위원회의 수정안보다 먼저 표결한다.

셋째, 의원의 수정안이 여러 개일 때는 원안과 차이가 많은 것부터 표결한다.

넷째, 수정안이 모두 부결된 경우 원안을 표결한다.

4) 표결결과의 선포

표결을 한때에 의장은 찬성과 반대의 수를 집계하여 그 결과를 회의에 보고하고 '가결' 또는 '부결'된 것을 선포한다.

5) 표결결과에 대한 이의제기

의장의 표결결과 선포에 이의가 있을 경우 즉시 이의제기가 가능하다. 그러나 표결결과 선포 후 장시간이 흘러 회의장에 있는 의원이 모두 표결 선포를 납득한 상황이 되었거나 다음 순서 안건의 심의가 시작되었다면 이의 제기를 할 수 없다.

의장은 의원의 이의제기가 정당하다고 인정되는 경우 표결결과의 정정, 표결의 취소를 선언하고 「재표결」, 「재개표」 등의 조치가 가능하다.

6) 표결 정정의 금지 및 조건부 표결의 금지

표결은 의원이 일정한 시점에서 찬·반의 의사를 표시한 후에는 어떠한 이유 또는 착오가 있더라도 정정할 수 없다(회의규칙 제45조). 그러나 위원회에서 찬성한 안건을 본회의에서 반대 하였다고 하여 「표결정정의 금지」원칙에 위반되는 것은 아니다. 그리고 표결은 '가' 또는 '부' 어느 한쪽의 의사를 표시하는 것이므로 이에 어떠한 조건을 붙여서는 안 된다.

(8) 의 결

1) 의결의 의의

(가) 의결의 개념

의결(議決)은 표결결과를 선포하여 의회의 의사를 결정짓는 것이나 사실상 표결과 정과 연속선상에 있다. 의결은 합의체인 의회 전체의사를 결정하는 사실상의 의사형성 행위로서 그 결과가 「가결·부결, 동의, 승인, 채택, 결의」 등으로 나타나지만, 의결이 「가결」의 개념으로 사용되는 경우도 많으며 「부결」은 의결정족수에 미달된 의결의 양태이다. 통상 「의결」이라 함은 「가결」을 의미하며, 의장이 "○○○건은 원안대로 의결되었습니다"라고 선포하면 원안이 가결되었음을 뜻한다.

(나) 의결과 표결의 구분

표결은 출석의원이 부의된 안건에 대하여 의원 각자의 찬·반의 의사를 표시하는 의결의 선행절차인데 비하여 의결은 의원 개개인의 의사를 집계하여 의회의 의사를 결정하는 최종절차이다.

2) 의결의 방법

의회가 의사를 결정하기 위하여 의결하는 경우에 다수자의 의사를 가지고 결정하는 것이 다수결의 원칙이다. 다수결에는 절대다수와 비교다수[7]가 있으며, 절대다수는 과반수와 특별다수로 분류된다. 의회의 의결은 절대다수주의에 입각한 과반수의결을 원칙으로 한다. 즉, 지방자치법 제64조 제1항에 "의결사항은 이법에 특별히 규정된 경우 외에는 재적의원 과반수의 출석과 출석의원 과반수의 찬성으로 의결한다"고 규정하여 의회의 의결은 과반수의결을 원칙으로 하되, 지방자치법에 특별히 규정하는 경우에는 특별다수의결을 예외적으로 인정하고 있다. 일반적으로 전자를 일반정족수, 후자를 특별정족수라고 부른다. 여기서 출석의원이란 당해 안건을 표결할 때에 회의장에 있는 의원으로서 그 안건에 대하여 적법한 표결권을 가진 의원을 말한다. 따라서 제척의원, 퇴장을 명받은 의원은 제외된다.

7) 비교다수결원칙이 적용되는 것으로는 의장・부의장 결선투표(회의규칙 제8조), 상임위원장 선출 결선투표(위원회 조례 제6조) 등을 들 수 있다.

한편 의회가 의결하여야 할 안건 중 그 성질 또는 내용에 비추어 특별히 신중을 기하여야 할 안건은 특별다수의결(특별정족수)이 필요하다. 이는 과반수의결원칙에 대한 예외로서 지방자치법에는 그 적용대상을 다음과 같이 규정하고 있다.

(가) 재적의원 과반수 찬성으로 의결하는 경우

① 지방자치단체 사무소 소재지 변경(지방자치법 제6조)

② 의장·부의장 불신임안 의결(지방자치법 제55조 제2조)

(나) 재적의원 과반수 출석과 출석의원 2/3 이상 찬성으로 의결하는 경우

① 조례안 재의결(지방자치법 제26조 제4항)

② 본회의 비공개동의(지방자치법 제65조)

③ 예산상 집행 불가능한 안건 재의결(지방자치법 제108조 제3항)

④ 재의요구 의안에 대한 재의결(지방자치법 제107조 제2항)

(다) 재적의원 2/3 이상 찬성의 의결을 요하는 경우

① 의원제명 의결(지방자치법 제88조 제2항)

② 의원자격상실 의결(지방자치법 제80조 제1항)

한편 의장은 의결에서 표결권을 가지며, 찬성과 반대가 같으면 부결된 것으로 본다(지방자치법 제64조 제2항).

3) 의결의 효력

지방의회의 의결은 모든 경우에 법적 효력이 수반하는 것은 아니다. 예컨대 예산안과 조례안과 같이 법적근거를 갖추고 있는 의결은 법적효과를 발생하지만, 자치단체장에 대한 불신임결의와 같이 법적근거를 갖추지 아니한 의회의 의결은 법적 효력이 발생하지 아니한다.

한편 법적 효력을 갖는 의결인 경우에도 그 효력의 발생 시기나 요건에 있어서는 일정하지 않다. 즉, 의원의 징계의결이나 자격상실의결과 같은 기관의사를 정하는 의결인 때에는 의결과 동시에 그 효력이 발생되지만, 조례안이나 예산안과 같은 단체의사를 결정하는 의결인 때에는 의결결과가 자치단체장에게 이송되어 장이 이를 소정의 절차에 의거해 시행함으로서 그 효력이 대외적으로 발생하게 된다.

한편 의회의 의결에 대하여서도 일반적인 행정행위와 같이 명백하고 중대한 하자가 있는 의결은 당연 무효가 되고, 그 밖의 하자(瑕疵)는 취소의 원인이 된다. 예컨대 정당한 절차에 따라 소집되지 아니하거나 법정정족수에 미달한 의결, 제척의원 또는 기타 표결권이 없는 의원이 참가한 의결 등 의결주체에 관한 하자가 있는 경우와 의회의 권한에 속하지 아니하는 사항과 실현 불가능한 사항, 내용이 불명확한 의결 등 의결내용에 관한 하자가 있는 경우 및 필요한 절차 또는 형식을 갖추지 아니한 의결 등은 당연 무효가 되거나 취소의 원인이 된다. 하자있는 의결은 의회가 이를 시정할 수 있는 것이 아니라 원칙적으로 자치단체장으로부터 재의요구를 받아 재의절차를 통하여 시정된다(지방자치법 제26조, 제107조, 제108조).

(9) 의안의 정리

본회의는 의안의 의결이 있는 후 서로 저촉되는 조항·문구·숫자 기타의 정리를 필요로 하는 때에는 이를 의장 또는 위원회에 위임할 수 있다(회의규칙 제31조). 그러나 이 경우 본회의에서 의장이나 위원회에 자구정리권을 위임할 때에는 그 범위와 한계를 명확히 하여 본회의의 의결내용 또는 취지가 조금이라도 변질되지 않게 하여야 할 것이며, 이를 위임받은 의장 또는 위원회도 엄정을 기함으로써 재량의 여지를 보여서는 아니 된다.

2. 위원회의 의사

(1) 의　　의

위원회는 지방의회에서 안건을 능률적이고 전문분야별로 신속하게 처리하기 위하여 소수의 의원으로 구성하는 회의체로 본회의 안건을 심의하기에 앞서 예비적으로 심사하는 기능을 담당하게 되며 법규에 의해 독자적 권능이 있다. 위원회 의결은 지방의회의 최종적인 결정을 의미하는 것이 아니고 회부된 안건을 심사하여 그 결과를 본회의의 심의의 판단자료로 제공함이 목적이다.

(2) 안건의 위원회 회부

상임위원회를 설치하고 있는 지방의회는 본회의에서 심의·의결하여야 할 모든 안건은 원칙적으로 그 소관사항에 따라 상임위원회 심사를 거쳐 본회의에서 심의·의결한다. 또한 특정한 안건을 일시적으로 심사·처리하기 위하여 특별위원회를 구성하는 경우에는 특별위원회의 심사를 거쳐 본회의에서 심의 의결하게 된다. 상임위원회와 특별위원회의 심사과정은 동일하다.

1) 상임위원회 회부

의장은 의안이 발의 또는 제출된 때에는 이를 인쇄하여 의원에게 배부하고 본회의에 보고하여 소관 상임위원회에 회부하여 그 심사가 끝난 후 본회의에 부의한다. 의장은 안건이 어느 상임위원회의 소관에 속하는지 명백하지 아니한 때에는 의회운영위원회와 협의하여 상임위원회에 회부하되 협의가 이루어지지 아니할 때에는 의장이 소관 상임위원회를 결정한다(회의규칙 제21조).

위원회가 그 소관에 속하는 사항에 관하여 스스로 입안하여 제출한 의안(위원회의 제안)은 그 위원회에서의 심사를 거쳤으므로 위원회에 회부하지 않고 바로 본회의에서 심의하는 것이 일반적이지만 의안의 내용이 불충분하다는 등의 이유로 다시 위원회에서 심사할 필요가 있다고 인정할 때에는 의장은 의회운영위원회의 의결에 따라 이를 다른 위원회에 회부할 수 있다. 여기서 다른 위원회란 의안이 상임위원회에서 회부된 경우에는 특별위원회를, 특별위원회에서 회부된 경우에는 소관 상임위원회 또는 다른 특별위원회를 말한다(박봉국, 2002: 327).

2) 특별위원회 회부

의원이 동의가 있거나 의장이 필요하다고 인정하는 안건에 대하여 본회의의 의결을 얻어 이를 특별위원회에 회부한다(회의규칙 제22조 제1항). 다만, 특정한 안건으로 예산안 및 결산은 예산결산특별위원회에, 의원의 징계와 자격에 관한 사항은 징계자격위원회에 각각 회부한다.

의장은 특별위원회에 회부된 안건과 관련이 있는 다른 안건을 그 특별위원회에 회부 할 수 있다(회의규칙 제22조 제2항).

3) 심사기간의 지정

의장은 상임위원회 또는 특별위원회에 안건을 회부함에 있어서 그 심사기간을 정하여 회부할 수 있으며, 위원회는 심사기간이 명시된 안건에 대해서는 이를 지켜 심사를 마쳐야 한다. 위원회가 이유 없이 그 기간 내에 심사를 마치지 아니한 때에는 의장은 중간보고를 들은 후 다른 위원회에 회부하거나 바로 본회의에 부의할 수 있다(회의규칙 제23조).

4) 의원발의 대안의 회부

의원은 재적의원 5분의 1 이상 또는 의원 10인 이상의 연서로 조례안 기타 의안을 발의 할 수 있는 외에 이미 제출되어 소관 위원회에서 심사중에 있는 조례안 기타 의안(원안)에 대하여 이를 대신할 만한 내용의 대안(代案)을 작성하여 의장에게 제출 할 수 있다. 의안발의 대안은 본회의의 수정동의와 같이 재적의원 4분의 1 이상 또는 의원 13인 이상(시·도의회의 경우)의 찬성으로 발의하여야 한다. 이 경우 의장은 의원발의 대안을 위원회에서 그 원안을 심사하는 동안에 제출되어야 하며 그 위원회에 회부한다(회의규칙 제26조).

5) 안건의 재회부

본회의는 위원장의 심사보고를 받은 후 필요하다고 인정할 때에는 의결로 다시 그 안건을 같은 위원회에 재회부하거나 다른 위원회에 회부 할 수 있다(회의규칙 제30조).

(3) 안건의 심사

1) 의사일정 작성

위원회의 의사는 본회의와 마찬가지로 의사일정에 의하여 진행된다.

위원회의 의사일정은 본회의 전체의사일정을 참조하여 위원장이 부위원장(또는 간사)과 협의하여 정한다. 위원회의 전체의사일정은 유인하여 위원들에게 배부하고 당일의사일정은 전날 회의의 산회직전에 위원장이 일시 및 안건을 통보하고, 회의 당일에는 당일의사일정을 배부하지 않고 게시하는 것이 관례이다.

2) 위원회의 개회

위원회의 개회 요건은 회기중과 폐회중일 때에 달리한다. 즉, 회기중에는 위원장이 필요하다고 인정하거나 재적위원 3분의 1 이상의 요구가 있으면 개회한다. 그러나 폐회중에는 본회의 의결이 있거나 의장이 필요하다고 인정할 때, 재적위원 3분의 1 이상의 요구나 지방자치단체의 장의 요구가 있을 때에만 개회 할 수 있다(지방자치법 제61조).

본회의 중에는 본회의 의결이 있거나 의장이 필요하다고 인정하여 의회운영위원회와 협의한 경우를 제외하고는 위원회(의원운영위원회 제외)를 개회 할 수 없다(회의규칙 55조). 위원회의 개회일시는 의사일정과 마찬가지로 위원장이 부위원장(또는 간사)과 협의하여 정한다(회의규칙 제54조).

3) 보고사항

위원장은 위원회에서 위원들이 알고 있어야 할 사항을 의사일정에 들어가기 전에 보고하는 것을 예로 한다. 위원회의 보고사항은 의장으로부터 회부된 안건, 소속위원의 이동(異動) 기타 위원장이 필요하다고 인정하는 것으로 한다.

4) 위원회 상정

위원장이 부위원장(또는 간사)과 협의·작성한 의사일정의 순서에 의해 안건을 위원회에 상정한다. 다만, 내용이 유사한 안건은 일괄 상정할 수 있다.

5) 제안 설명

제안 설명은 의안을 발의하였거나 제출한 의원이나 집행부가 그 의안을 제출한 배경이나 이유와 주요내용을 설명하는 것으로, 집행부 제출 의안의 경우 소관부서의 책임자가 제안 설명을 하는 것이 일반적이다. 시간관계상 제안 설명을 생략하고자 할 때에는 위원들의 동의를 얻어 서면으로 대체할 수 있다.

6) 전문위원의 검토 보고

위원회에는 위원장과과 위원의 자치입법 활동을 지원하기 위하여 의원이 아닌 전문지식을 가진 위원 즉 전문위원을 둔다. 이러한 전문위원은 의안과 청원 등의 심사, 행정사무감사 및 조사, 그 밖의 소관 사항과 관련하여 검토보고 및 관련 자료의 수집·조사·연구하여 위원회에 보고한다(지방자치법 제59조).

위원회가 안건심사를 할 때에는 그 취지 설명(제안 설명)을 들은 후 전문위원 검토보고를 듣고 질의·토론·축조심사에 들어가도록 지방의회 회의규칙에 규정하고 있다(회의규칙 제58조 제1항). 검토보고는 유인물(검토보고서)로 작성하여 배부하고 구두로 보고하는 것이 일반적이다. 전문위원의 검토보고서는 특별한 사정이 없는 한 당해 안건의 위원회 상정일 24시간 전까지 소속위원에게 배부하여야 한다(회의규칙 제58조 제2항).

한편 불가피한 경우 위원회의 의결로 검토보고를 「서면보고」로 대체할 수 있으며, 선거 또는 추천 등 인사에 관한 사항이나 위원회 심사과정에서 제출되는 수정안이나 새로이 제안되는 안건을 검토하여 보고할 시간적 여유가 없거나 부적당함으로 특별한 절차 없이 전문위원 검토보고를 생략할 수 있다.

7) 질의·답변

질의(質疑)란 의제가 된 안건에 대해 의문난 점을 묻는 것으로, 답변(答辯)은 일반적으로 제안자가 하고 있다. 인사와 관련된 안건은 질의답변을 생략하는 것이 관례이다. 질의 위원 수 및 질의 횟수와 시간은 제한이 없으나 위원장과 부위원장(또는 간사)이 협의하거나, 위원회 의결로 질의 위원 수, 질의 수, 발언시간 등을 제한하여 운영할 수 있다. 질의 신청은 구두로 하고 있으며 일문일답(一問一答)방식으로 진행하는 것이 일반적이나[8] 회의 진행의 능률을 위하여 일괄질의·일괄답변방식으로 진행하는 경우도 있다.

8) 소위원회 심사

위원회는 효율적인 안건심사를 위해 필요한 때에는 소위원회를 둘 수 있다(위원회조례 제12조 제1항).

일반적으로 질의·답변이 종료한 후 위원장이나 위원동의에 의한 위원회 의결로 소위원회를 구성하여 안건을 심사할 수 있으며, 경우에 따라 질의답변을 종결치 않고 소위원회 심사를 마친 후 위원회를 열어 더 질의할 사항이 있으면 질의 후 질의종결을 할 수 있다. 소위원회는 심사결과 원안 또는 수정안을 채택하거나 원안을 폐기하고 대안을 채택할 수 있으며, 조례안 등의 입안을 위임받은 경우에는 입안하여 위원회안을 제안할 수 있다.

소위원회가 위원회로부터 회부된 안건의 심사를 마친 때에는 소위원회 위원장은 그 심사경과와 결과를 위원회에 보고한다(위원회조례 제12조 제2항). 심사보고서에는 안건의 제출, 위원회심사, 소위원회심사 등의 경과와 원안 및 수정내용과 그 이유 등을 설명한다. 위원회 대안 또는 위원회안을 채택하는 경우에는 그 제출경위·제안이유 및 주요내용을 순서대로 설명한다.

9) 토　　론

토론은 의제가 된 당해 안건에 대해 위원이 찬성·반대 의사를 표명하는 것으로 소속회의체의 의사결정에 참고하도록 하는 과정이다.

질의·답변과정에서 찬성과 반대의견이 나누어질 때에는 질의·답변을 종결하고 찬반토론을 하게 된다. 위원회에서는 찬반·토론을 의결로 생략할 수 없는 점이 본회의와 다르다. 그러나 반대의견이 없는 경우에는 토론을 하지 아니한 것이 관례이다.

---

8) 일문일답방식이 원칙적으로 허용되지 않는 본회의와 다른 점이다.

기타 토론의 진행방법은 본회의의 토론절차를 준용한다.

10) 축조심사

축조심사(逐條審査)란 조례안과 같이 조문화 되어있는 안건의 경우 한 조문씩, 또는 부분별·소관별(예산안)로 나누어 위원장이 읽어가면서 논의하고 가·부를 물어 나가는 절차이다.

축조심사시 회의진행은 한 조문(조례안) 또는 한 부분, 소관별(예산안)로 나누어 심의한 후 수정할 것인가, 원안대로 둘 것인가를 결정해 나가며, 이때 수정동의가 발의될 경우 원안과 함께 논의한다. 한편 축조심사 과정에서 모든 각 조문, 부문에 대하여 심의·의결하지 않고 중요 또는 쟁점 부문(조문)만을 논의 할 수 있다.

11) 집행부의 의견청취

위원회는 심의하는 안건이 예산상의 조치를 수반하는 경우와 중요하다고 인정되는 조례안에 대하여는 집행부(지방자치단체의 장)의 의견을 들여야 한다(회의규칙 제58조 제3항). 이때 위원회는 예비적 심사 단계이므로 지방자치단체장을 대신하여 소관 부서의 책임자의 의견을 청취하는 것이 일반적이다. "중요하다고 인정되는 조례안"의 범위는 위원장이 판단하거나 위원동의에 의한 위원회 의결로 결정하게 된다.

12) 표 결

안건에 대하여 위원회 심사과정이 모두 끝나게 되면 그 안건에 대해 위원회 심사결과를 최종결정하는 표결에 들어간다. 위원회의 표결에 관해서는 별도의 규정이 없으므로 본회의에 있어서 의결정족수, 표결선포, 표결 참가와 의사변경금지, 표결방법, 표결결과의 선포 등에 관한 규정을 준용하여 진행된다.

표결은 안건별 표결을 원칙으로 하여 1개 안건씩 표결하고, 여러 안건이 일괄 상정된 때에는 일정순서에 따라 반드시 1개 안건씩 표결한다. 만일 동일안에 대하여 수정안이 발의된 때에는 수정안을 먼저 표결하되, 수정안이 둘 이상 발의 된 경우에는 최후로 제출된 수정안부터 먼저 표결하여 순차적으로 표결한다. 위원회의 의결정족수는 재적의원 과반수의 출석과 출석위원 과반수의 찬성으로 하며, 본회의와는 달리 예외가 일체 인정되지 아니한다. 또한 위원장은 의장의 경우처럼 표결권을 가지되 가부동수일 때에는 부결된 것으로 본다.

13) 심사결과 보고

위원회의 심사가 끝난 안건은 그 결과를 일정한 양식에 의해 의장에게 문서로 보고하고 그 안건이 본회의 의제가 된 때에는 본회의에서 구두로 보고한다.

(가) 심사보고서 제출

위원회는 안건의 심사를 마친 때에는 심사경과와 결과, 소수의견 요지, 기타 필요한 사항을 서면으로 의장에게 보고하여야 한다. 의장은 보고서가 제출된 때에는 본회의에서 의제가 되기 전에 인쇄하여 의원에게 배부한다. 다만, 긴급을 요할 때에는 이를 생략할 수 있다(회의규칙 제64조).

의안을 위원회에서 의결할 때에는 원안의결, 수정안의결, 대안의결, 위원회안 의결 외에 부결(본회의에 의결하지 아니하기로 의결)[9]의 경우가 있으므로 각각의 경우에 그 심사보고서의 기재사항에 차이점이 있다. 특히 위원회의 대안과 위원회안[10]은 모두 위원회의 제안의 유형이므로 심사보고서형식으로 작성하지 아니하고 위원회에서 의안을 제안하는 형식(제안경위, 제안이유 등)으로 작성하되, 그 성격은 심사보고서와 유사하다.

(나) 위원장의 보고

위원장은 소관위원회에서 심사를 마친 안건이 본회의에서 의제가 된 때에는 위원회의 심사경과와 결과를 본회의에 보고한다. 이 경우 위원장은 다른 위원으로 하여금 보고 또는 보충보고를 하게 할 수 있다. 위원장이 보고를 하는 때에는 자기의 의견을 가할 수 없다(회의규칙 제65조).

---

9) 위원회에서 본회의에 부칠 필요가 없다고 결정된 의안은 본회의에 부칠 수 없다. 다만, 위원회의 결정이 본회의에 보고 된 날로부터 폐회나 휴회중의 기간을 제외한 7일 이내에 의장이나 재적의원 3분의 1이상이 요구하면 본회의에 부쳐야한다. 7일 이내에 이러한 요구가 없으면 그 의안은 폐기된다(지방자치법 제69조). 따라서 위원회에서 부결된 의안의 완전한 폐기 시기는 부결된 후 폐회 또는 휴회중의 기간을 제외한 7일이 경과한 때부터이다.

10) 위원회 대안과 위원회안은 다 같이 위원에서 제안되는 안이나 위원회 대안은 위원회 심사과정에서 원안을 대폭적으로 수정하여야 할 사유가 발생할 때 원안을 폐기하고 이에 대신하는 안을 입안하여 본회의에 제출하는 경우이며 위원회안은 원안과 관계없이 위원회 소관사항에 대하여 의안을 입안하여 본회의에 제출하는 경우이다.

3. 회의록의 작성과 보관

(1) 회의록의 의의

지방의회의 회의록은 회의의 시작부터 종료 시까지 회의경과, 결과 등을 기록하는 것으로 발언은 물론 의사일정, 개의·산회일시, 보고사항, 부의안건, 참고사항 등 회의에 관한 모든 사항을 망라하여 기록한다. 이러한 지방의회 회의록은 회의에 관한 공적기록으로 회의에 관한 쟁점이 있을 때에는 유력한 증거가 됨으로 사실 그대로 정확하게 기록하여야 한다.

(2) 회의록의 종류

회의록은 회의의 종류에 따라 본회의 회의록, 위원회회의록 및 소위원회회의록이 있으며, 회의록 작성목적에 따라 보존회의록, 배부회의록, 비공개회의록, 임시회의록으로 구분한다.[11] 회의록에 관하여는 지방자치법 제72조 및 동법시행령 제57조에 규정하고 구체적인 사항은 지방의회회의규칙에 규정하고 있다. 소위원회회의록에 관하여는 따로 규정을 두고 있지 아니하므로 위원회 회의록에 준하여 의결로 그 방법을 정할 수 있다고 본다.

(3) 회의록 작성

회의록의 작성방법은 속기 또는 녹음으로 기록·보존되어야 한다(지방자치법 시행령 제21조 제1항). 회의록에 기재할 사항에 관하여 지방자치법에서는 "회의의 진행내용 및 결과와 출석의원 성명"이라고만 규정하고 있으나(지방자치법 제72조 제1항) 지방의회 회의규칙에서는 본회의와 위원회로 구분하여 이를 구체적으로 〈표 6-1〉과 같이 규정하고 있다.

---

11) ① 보존회의록: 회의진행 상황을 빠짐없이 기록하여 의장과 의원 2명 이상이 서명하여 지방의회에 영구 보존하는 회의록으로 비공개할 사항이 게재된 경우 일반인에게 비공개 원칙이다.
② 배부회의록: 의원과 필요기관에 배부하고 일반인이 열람가능토록 한 공개회의록으로 비밀을 요하거나 사회안녕질서를 위해 필요하다고 인정한 부분에 대하여는 발언자 또는 운영위원회와 협의하여 게재치 아니 한다.
③ 비공개회의: 공개하지 아니한 회의내용을 기록한 회의록으로 공개치 아니한다.
④ 임시회의록: 회의내용의 신속한 파악과 자구수정 등을 위하여 임시로 발간하는 회의록으로 현재 국회에서 이를 채택하고 있다.

◈ 표 6-1 ◈ 회의록 기재사항

본회의 회의록(회의규칙 제50조)	위원회 회의록(회의규칙 제66조 제1항)
1. 개회·폐회에 관한사항 2. 개의·회의중지와 산회의 일시 3. 의사일정 4. 출석의원의 성명 및 수 5. 출석공무원의 직과 성명 6. 의원의 이동과 의석의 배정·변동 7. 제반보고사항 8. 의안의 발의·제출·회부·환부·이송과 철회에 관한 사항 9. 부의안건과 그 내용 10. 의사 11. 표결 및 기명투표의 투표자 성명 12. 서면질문과 답변서 13. 의원의 발언보충서 14. 기타 본회의 또는 의장이 필요하다고 인정하는 사항	1. 개의·회의중지와산회의 일시 2. 의사일정 3. 출석의원의 성명 4. 출석한 의원 아닌 의원의 성명 5. 출석한 공무원·진술인의 성명 6. 심사안건명 7. 의사 8. 표결수 9. 위원장의 보고 10. 위원회에서 종결되거나 본회의에 부의할 필요가 없다고 결정된 안건명과 그 내용 11. 기타 위원회 또는 위원장이 필요하다고 인정하는 사항

본회의에서 발언자의 발언에 관한 기록은 발언내용 전부를 그대로 기록하여야 한다(회의규칙 제50조 제2항). 반면에 위원회에서의 발언자의 발언에 관한 기록은 요약하여 기록할 수 있다. 이 경우 요약한 기록이 발언자의 발언취지를 벗어나거나 지나치게 요약되어서는 아니 된다(회의규칙 제66조 제2항).

(4) 회의록의 서명 및 보존

회의록 기재내용의 진실을 확보하기위한 취지로 본회의 회의록에는 의장(또는 의장을 대리한 부의장, 임시의장)과 본회의에서 선출된 2명 이상의 의원 및 사무처(국·과)장이 서명·날인한다. 다만, 선출된 의원은 한회기 동안만 설명·날인한다(지방자치법 제72조 제2항, 회의규칙 제51조 제1항). 위원회 회의록에는 위원장 또는 위원장을 대리한 부위원장(또는 간사)이 서명·날인한다(회의규칙 제66조 제3항).

회의록은 의회에 보존하고 보존연한은 영구로 한다(회의규칙 제51조 제2항).

(5) 회의록의 자구정정과 이의의 결정

회의록 중 속기 잘못이나 오자(誤字)발생, 또는 발언 중 착오가 있는 경우 발언한 의원과 공무원, 기타 발언자는 회의록이 배부된 다음날 오후 5시까지 자구의 정정을 의장에게 요구할 수 있다(회의규칙 제52조). 그러나 발언의 취지를 변경할 수는 없으며 ① 법규의 조문 및 숫자 등을 명백히 잘못 발언한 경우, ② 간단한 문구의 선후를 변경하는 경우, ③ 토씨를 정정하는 경우, ④ 기록의 착오나 오·탈자가 있는 경우에 한한다.

의원이 회의록에 기재한 사항과 회의록의 정정에 관하여 이의를 신청한 때에는 토론을 하지 아니하고 본회의의 의결로 이를 결정한다(회의규칙 제52조 제2항).

(6) 회의록 배부 및 공개

회의록은 의원에게 배부하고 일반에게 공개하나 의장이 비밀을 요하거나 사회의 안녕 질서유지를 위하여 필요하다고 인정한 부분에 관하여는 발언자 또는 운영위원회와 협의하여 이를 배부 및 공개되는 회의록에 게재하지 아니 할 수 있다(회의규칙 제53조 제1항). 공개하지 아니한 회의의 내용(비공개회의)은 공표되어서 아니 되지만 본회의 의결 또는 의장의 결정으로 비밀 또는 사회 안녕질서 저해사유가 소멸되었다고 판단되는 경우에 배부 및 공개되는 회의록에 게재할 수 있다(회의규칙 제53조 제4항). 공표하는 회의록은 유상으로 배포할 수 있다(회의규칙 제53조 제5항). 의원이 배부회의록에 게재하지 아니한 회의록 부분에 관하여 열람·복사 등을 신청한 때에는 정당한 사유가 없는 한 의장은 이를 거절하여서는 아니 되며, 허가받은 의원이 타인에게 열람하게 하거나 전재·복사하게 하여서는 아니 된다(회의규칙 제53조 제2항, 제3항).

(7) 회의록 첨부 및 회의 결과 통고

의장은 회의록의 사본을 첨부하여 회의결과를 그 지방자치단체장에게 통고하여야 한다(지방자치법 제72조 제3항). 지방자치단체장에 대한 통고는 회의가 끝난 날로부터 30일 이내에 행하여야 하며, 그 통고를 받은 지방자치단체의 장은 행정안전부장관 또는 시·도지사의 요구가 있는 때에는 5일 이내에 회의록 사본을 첨부하여 이를 보고하여야 한다(지방자치법 시행령 제57조 제2항).

제 5 절 질서유지와 징계

1. 회의 질서유지

(1) 의 의

지방의회는 당해 자치단체의 중요한 사항을 심의·의결하는 곳으로 회의의 원활한 진행과 공정한 안건심사를 위해 회의질서가 유지되어야 한다. 따라서 지방의회는 회의질서를 유지하고, 질서파괴를 방지·시정할 수 있으며 질서문란행위에 대한 제재 기능을 가지고 있다. 이러한 회의 질서유지의무는 의원들은 물론 방청객이나 외부인, 취재기자에게도 적용된다.

(2) 의원의 질서유지의무

의원은 본회의나 위원회의 회의장에서 질서유지를 위해서 다음과 같은 행위를 하여서는 아니 된다. 즉, 첫째, 지방자치법이나, 회의규칙에 위배하여 회의장 질서를 문란케 하는 발언이나 행위(지방자치법 제82조 제1항), 둘째, 타인을 모욕하거나 타인의 사생활에 대한 발언(지방자치법제 83조 제1항), 셋째, 폭력을 행사하거나 소란한 행위로 타인의 발언 방해, 의장 허가 없이 연단이나 단상에 등단하는 행위(지방자치법 제84조), 넷째, 국가 또는 지방자체단체 기관이나 의회의 위신을 손상시키는 언동, 의사진행을 지연시키거나 방해할 목적으로 신문·잡지·간행물 기타 문서를 낭독하는 행위, 의장의 허가를 받지 아니하고 자료, 문서 등의 인쇄물 배포 및 녹음·녹화·촬영행위, 음식물의 섭취와 끽연, 회의와 관계없는 물품의 휴대반입 기타 폭력의 행사 등 회의장 질서를 문란시키는 행위(회의규칙 제81조).

(3) 의장의 질서유지권

1) 의원에 대한 질서유지권

의장 또는 위원장은 회의장에서 지방자치법이나 회의규칙에 위배되는 발언이나 회의질서를 문란하게 한 때는 경고 또는 제지하거나 그 발언의 취소를 명하고, 이에 응하지 않을 때에는 당일회의에서 발언을 금지하거나 퇴장시킬 수 있으며, 회의장 소란으로 질서를 유지하기 어려울 경우에는 회의를 중지시키거나 산회할 수 있다(지방자치법 제82조). 의장의 이러한 조치는 당일회의에 한하여 유효하며 질서문란 행위가 심한 의원은 의장이 징계 요구를 할 수 있다.

2) 방청인에 대한 질서유지권

의장은 방청인이 회의장의 질서를 방해하는 경우는 그 방청인을 퇴장시킬 수 있으며, 필요한 경우 경찰관서에 인도할 수 있다. 그리고 방청석이 소란한 경우에는 모든 방청인을 퇴장시킬 수 있다(지방자치법 제85조).

3) 경 호 권

경호권은 회기 중에 의회안의 질서유지를 위하여 의장이 행하는 내부경찰권으로 의장은 질서유지를 위해 필요한 경우 운영위원회의 동의를 얻어(운영위가 없는 의회는 의장 단독으로) 일정기간을 정하여 관할경찰관서에 경찰관의 파견을 미리 요구할 수 있으며, 의회의 경호가 급히 필요한 경우에는 의장 단독으로 사태가 해결 될 때까지 경찰관의 파견을 즉시 요구할 수 있다. 이때 파견된 경찰관은 회의장 안에는 들어갈 수 없고 의장의 지휘를 받아 회의장 밖에서 경호하여야 한다(회의규칙 제80조).

경호권을 발동하는 장소는 회의장만에 국한되는 것이 아니고 의사활동에 직접 영향을 준다고 판단하는 건물, 부지 등 전부가 포함된다.

(4) 방청 및 취재

1) 방청의 허가

지방의회의 회의는 공개를 원칙으로 하기 때문에 지역 주민들의 방청의 자유가 보장되어야 하나 방청석의 수용능력과 회의장의 질서유지를 위하여 방청인 수와 행위의 제한을 가한다. 방청의 허가는 방청권 교부로 하는데 방청권의 유효기간은 1일이다.

2) 방청인의 행위 제한

의장은 흉기 또는 위험한 물품을 휴대한 자, 주기가 있는 자, 정신이상이 있는 자 등 회의장 질서를 어지럽힐 위험이 있는 자에게는 방청을 허가하지 아니하며, 필요할 경우 경찰관 또는 관계직원으로 하여금 방청인의 휴대품을 검사하게 할 수 있다. 또한 의장은 회의장내 질서유지 또는 방청석의 사정에 따라 방청권을 소지한 자도 방청을 제한할 수 있다(회의규칙 제86조).

아울러 방청인은 방청석에서 회의장 안으로 진입하는 행위, 모자·외투를 착용하는 행위, 회의와 관계없는 물품을 휴대하거나 반입하는 행위, 음식물의 섭취나 끽연 행위, 의장의 허가 없는 녹음, 녹화, 촬영행위, 회의장 내 발언에 대하여 공공연하게 의안에 대하여 가부를 표현하거나 박수를 치는 행위, 기타 소란 등 회의의 진행을 방해하는 행위 등을 하여서는 아니 된다(회의규칙 제87조).

3) 회의의 취재

비공개하기로 결정된 회의를 제외하고는 의장 또는 위원장은 의회에 등록된 기자에 한하여 회의장 안(본회의 장은 방청석에 한한다) 에서 녹음, 녹화, 촬영, 중계방송을 허용할 수 있다(회의규칙 제88조 제1항).

녹음 등 취재를 하고자 하는 자는 매 회기 초에 의장에게 취재허가신청서를 제출하여 허가를 얻어야 하되 위원회의 경우는 구두로 위원장에게 허가를 신청할 수 있으며(회의규칙 제88조 제2항), 녹음, 녹화, 촬영, 중계방송이 아닌 일반 취재는 의회에 등록이 된 기자는 일일이 사전 허가를 받지 아니하고 취재가 가능하도록 운영하는 것이 일반적이다.

의회 사무직원의 기록보존 등의 업무와 관련하여 회의장 내에서 녹음, 녹화, 촬영을 할 경우에는 절차상 제한이 없다(회의규칙 제88조 제3항).

본회의 장에는 기자를 위한 취재석을 따로 방청석에 설치하거나 구분하여 회의장에서 취재로 인한 회의질서의 문란을 방지한다. 그리고 녹음, 녹화 등 취재기자들에게도 회의장의 질서유지 의무를 부과하고 있다(회의규칙 제88조 제4항).

2. 의원에 대한 징계

(1) 징계의 의의

의원에 대한 징계는 지방의회의 품위와 질서를 유지하기 위하여 의회가 그 구성원에 대한 자율적인 제재를 말한다.

(2) 징계의 요건

지방의회는 의원이 지방자치법 또는 자치법규에 위배되는 행위를 한 때에는 의결로써 이를 징계할 수 있다(지방자치법 제86조)고 하여 징계사유를 「지방자치법 또는 자치법규에 위배되는 행위」로 포괄적으로 규정하고 있다.

(3) 징계의 종류

지방의원에 대한 징계는 의원이라는 특수한 신분관계에 기인하여 가해지는 제재이므로 징계대상이 되는 행위는 의원신분으로서 행위에 한정된다. 따라서 징계로 과해지는 제재로서의 불이익의 범위도 의원의 신분관계에서 발생하는 권리의 제한 내지 신분의 박탈에 해당된다(박봉국, 2002: 428). 의원에 대한 징계의 종류는 첫째, 공개회의에서의 경고 둘째, 공개회의에서의 사과 셋째, 30일 이내의 출석정지(폐회중이라도 기간은 계속된다) 넷째 제명(이 경우에는 재적의원 3분의 2 이상의 찬성이 있어야 함)으로 구분된다(지방자치법 제88조).

(4) 징계의 절차

1) 징계요구

의원 징계요구는 의장, 위원장, 재적의원 5분의 1 이상 또는 의원 10인 이상 찬성이나 모욕당한 의원이 각각 할 수 있다(회의규칙 제89조). 즉, 의장은 지방자치법 제86조에 해당하는 징계대상의원이 있을 때에는 이를 본회의에 보고하고 윤리특별위원회에 회부한다. 위원장은 소속위원 중에서 징계대상자가 있을 때에는 의장에게 이를 보고한다. 의원이 징계대상자에 대한 징계를 요구할 때에는 재적의원 5분의 1 이상 또는 의원 10인 이상 찬성으로 징계사유를 기재한 요구서를 의장에게 제출하여야 한다. 모욕당한 의원이 징계를 요구하는 때에는 찬성의원을 요하지 아니하며 징계사유를 기재한 청구서를 의장에게 제출하여야 한다.

2) 윤리특별위원회 회부

지방의회는 의원의 윤리심사와 징계에 관한 사항을 심사하기 위하여 윤리특별위원회를 둔다(위원회 조례 제7조 제3항). 의장이 직권으로 징계대상의원을 인지하거나 위원장의 보고가 있는 때에는 의장은 본회의에 보고하고 윤리특별위원회에 회부한다. 또한 재적의원 5분의 1 이상 또는 의원 10인 이상 찬성이나 모욕당한 의원이 징계요구서를 제출한 때에는 의장은 이를 본회의에 보고하고 윤리특별위원회에 회부한다. 의장은 징계대상자가 지극히 경미하다고 인정되는 경우에는 본회의에 바로 부의할 수 있다(회의규칙 제89조).

3) 징계 요구 및 회부 시한

징계요구권자가 징계를 요구하거나 의장이 윤리특별위원회에 이를 회부할 때에는 시한을 두고 있다. 징계요구 시한에 대하여서는, 위원장이 징계대상자를 의장에게 보고하거나 재적의원 5분의 1 이상 또는 의원 10인 이상 찬성이나 모욕당한 의원이 징계를 요구할 때에는 징계 사유가 발생한 날, 징계대상자가 있는 것을 알게 된 날로부터 5일 이내 하여야 하며, 폐회기간 중에 대상자가 있는 경우에는 차기회의 집회일로부터 3일 이내에 하여야 한다(회의규칙 제90조 제2항).

징계요구안의 윤리특별위원회 회부시한에 대하여서는, 의장이 직권으로 징계요구를 윤리특별위원회에 회부할 때에는 그 사유가 발생하는 날, 그 징계대상자가 있는 것을 알게 된 날부터, 위원장이 보고한 징계요구는 위원장의 보고를 받은 날부터, 재적의원 5분의 1 이상 또는 의원 10인 이상 찬성이나 모욕을 당한 의원의 징계요구는 징계요구가 있는 날로부터 폐회 또는 휴회기간을 제외한 3일 이내 회부하여야 한다(회의규칙 제90조 제1항).

4) 윤리특별위원회 심사

징계에 관하여서는 원칙적으로 징계요구자에 관계없이 어느 경우에나 윤리특별위원회에서 심사를 걸쳐 본회의에서 의결한다. 다만, 경미한 징계대상자에 대하여는 의장이 바로 본회의에 부의할 수 있다. 징계에 관한 회의는 공개하지 아니한다(회의규칙 제91조). 윤리특별위원회는 의장을 경유하여 징계대상자와 관계의원을 출석하게 하여 심문을 할 수 있으며, 의원은 자기 징계안에 관해 위원회에 출석할 수 없으나 위원장의 허가를 받아 스스로 변명하거나 다른 의원으로 하여금 변명을 하게 할 수 있다(회의규칙 제92조). 윤리특별위원회가 징계의 종류 등을 정한 징계안을 의결할 때에는 심사보고서를 작성하여 의장에게 제출한다.

5) 본회의 의결

의장은 윤리특별위원회로부터 징계에 관한 심사보고서를 접수한 때에는 지체 없이 본회의에 부의하여 이를 의결하여야 한다(회의규칙 제93조 제1항). 다만, 의장은 윤리특별위원회로부터 징계를 하지 아니하기로 의결하였다는 심사보고서를 접수한 때에는 이를 지체 없이 본회의에 보고하여야 한다. 의원은 자기 징계안에 관해 본회의에 출석할 수 없으나 의장의 허가를 받아 스스로 변명하거나 다른 의원으로 하여금 변명을 하게 할 수 있다.

징계의 의결은 재적의원 과반수의 출석과 출석의원 과반수의 찬성으로 의결하지만, 의원을 제명하려면 재적의원 3분의 2 이상의 찬성이 있어야 한다(지방자치법 제88조).

6) 징계 선포

징계를 의결할 때에는 의장은 공개회의에서 이를 선포한다(회의규칙 제93조 제2항). 징계는 선포함으로써 효력을 발생한다.

(5) 징계에 대한 구제

징계대상의원이 의회의 징계처분에 불복할 때에는 구제방법이 있어야 한다. 의회의 징계중 의원의 신분에 전혀 영향을 미치지 아니하는 경고 및 사과 그리고 권한을 일정기간 동안 제한하는 출석정지에 있어서는 내부효과에 관한 문제에 불과하지만, 의원의 신분을 박탈하는 제명의 경우는 다르다 할 것이다. 때문에 이에 불복할 때에는 마땅히 법원에 제소할 수 있는 길이 보장되어야 한다고 보는 것이다. 다만, 이에 대해서는 현행 지방자치법상 명문규정을 두고 있지 않으나, 제명에 대해서는 의회의 처분을 행정처분으로 보아 법원에 행정소송을 제기할 수 있을 것이며, 무효 확인 소송도 가능할 것이라고 해석된다.

참고문헌

김동훈.(2004). 「지방의회론」, 서울: 박영사.
문재우.(2007). 「지방의회행정론」, 서울: 대영문화사.
박봉국.(2002). 「지방의회과정론」, 서울: 박영사.
부광진.(2006). 「지방의회운영론」, 서울: 한국지방세연구회.
안용식 외.(2006). 「지방행정론」, 서울: 대영문화사.
임경호.(1991). 「지방의회론」, 서울: 대영문화사.
______.(2006). 「신 지방의회운영론」, 서울: 한국행정DB센터.
정재길.(1992). 「지방의회론」, 서울: 박영사,
최근열 외.(2000). 「지방의회론」, 서울: 학현사,
최인기 외.(1993). 「지방의회론」, 서울: 법문사.
최봉기.(2006). 「지방자치론」, 서울: 법문사.
지방자치법 및 동법 시행령.
대구광역시의회 회의규칙.
대구광역시의회 위원회 조례.

西尾勝·岩崎忠夫編.(1994). 「地方政治と議會」, 東京都: ぎょうせい.

제 7 장 지방의회와 선거

제 7 장 지방의회와 선거

제 1 절 지방선거의 의의

선거는 어떠한 정치체제이건 국민의 대표자를 선출하는 행위이다. 특히 현대 민주정치는 국민들의 직접민주정치가 불가능한 현실에서 대표자를 선출해서 다시 그 대표자로 하여금 정책의 결정과 집행에 참여하게 하는 제도이다. 우리 국민들이 참여하는 선거에는 대통령선거, 국회의원선거, 자치단체장선거, 지방의원선거, 교육감선거 등이 있다. 이 가운데 지방선거는 16개 특별, 광역시·도와 전국 230개 기초자치단체의 단체장과 광역·기초의원을 선출하는 아주 중요한 정치제도이다.

현대 민주주의에서 선거는 주권자인 국민들이 자신들의 정치적 의사를 개인적, 집단적으로 표출할 수 있는 제도이며, 지방선거도 지역주민들의 정치적 의사가 표출되는 제도이자 과정이다. 현대정치는 부득이 국민들이 자신들의 대표자를 선출하고, 그 대표자들을 통해서 정부에 의사를 표출하는 간접민주주의제를 채택하고 있다. 지방선거는 지역주민들의 대표를 선출하는 기제이며, 그러한 공직담당자를 선출함으로써 지방정부를 구성하게 된다. 즉, 자치단체장과 지방의원을 선출함으로써 지방정부를 구성하고, 합법화하는 장치이다.

이와 같이 현대의 민주주의가 선거라는 장치와 밀접한 연관이 되어 있지만, 주민들이 지방선거에 대한 관심도는 매우 낮으며, 선거라는 정치과정에 참여하는 수단인 투표는 상당히 제한적이다. 지방선거에서의 투표율은 전반적으로 하락추세에 있으며, 기초의원 선거에 대한 투표율은 더욱 낮아 주민들의 의사를 수렴함으로써 지방정부의 정당성을 확보하고자 하는 지방선거의 의의가 크게 후퇴하고 있다. 이러한 지방선거의 현실 속에서 다시 한번 지방선거제도의 전반을 재점검하고 지방선거의 의의와 발전방향을 여러 각도에서 찾아보자.

제 2 절 지방선거제도의 구조

1. 선거제도

(1) 선거구제도

선거구(District)는 각 선거에서의 후보자들간 경합을 위한 지역적 범위, 즉 후보자의 경선구역이며, 당선정수를 배분하는 구역이다. 선거구란 대표를 선출하는 지역단위 구역이다. 선거구 획정을 하는데 있어서는 일정한 기준이 있어야 하는바, 행정구역, 인구수, 생활구역, 교통, 지세 등과 정치적, 경제적, 지리적, 사회적 요소 등을 종합적으로 고려하여야 하며, 그 획정의 원칙은 선거인수와 당선자 정수비율의 균등(투표가치의 평등), 특정 정파에 부당하게 이익을 주지 않도록 하는 등 공평성(게리맨더링의 금지)이 요구된다.

일반적으로, 선거구획정은 전국적인 인구조사 후 의회 의석을 정치적 단위 지역의 인구수에 따라 재분배하는 의석재분배와 재분배된 의석수에 따라 그 단위 지역 안에서 새로운 선거구의 경계선을 획정하는 작업으로 구성된다.

선거구에는 복수의 투표구가 설치되므로 선거구와 투표구는 다른 개념이며, 후보들은 동일 선거구 내의 어떠한 투표구에서도 선거운동기간 내 선거운동을 할 수 있으며, 유권자는 동일 선거구의 일정한 투표구에서 투표권을 행사할 수 있지만, 동일 선거구내의 다른 투표구에서 투표할 수 없다.

1) 선거구의 기초

선거구는 당선정수를 배분하는 구역이며, 또한 후보자의 경선구역이라고 할 수도 있다. 하나의 선거구에서 한명 혹은 여러 명의 후보자가 당선될 수 있다. 하나의 선거구 내에서 투표권자가 실제로 투표하는 투표구가 여러 개 있을 수 있으므로 선거구와 투표구는 구별된다. 따라서 동일선거구의 후보자는 당해 선거구 내의 어느 투표구에서도 선거운동을 할 수 있다. 그러나 동일선거구 내의 투표권자는 반드시 일정한 투표구에서 투표권을 행사해야 한다.

2) 소선거구와 대선거구

소선거구와 대선거구는 한 선거구에서 몇 명의 당선자를 배출하느냐의 기준에 따른다. 통상 소선거구는 1명의 당선자를 배출하는 선거구로서 단수선거구라고도 말하며, 한 선거구에서 통상 2~5명을 배출하는 것을 중선거구, 대선거구는 5명 이상의 복수의 당선자를 배출하는 것을 대선거구라 한다.

우리나라의 지방선거는 현재 소선거구제를 채택하고 있다. 소선거구제로 하는 데서 표의 비등가성(malapportionment) 문제가 발생한다는 비판이 있어 왔다(진영재, 2005: 122). 그것을 해소하기 위하여 비례대표제에 정당의 지지도를 반영하는 소위 '정당명부식 비례대표제'가 고안되었다.

3) 법정선거구와 비법정선거구

선거구의 구분이 법규에 의하여 정해져 있는 것을 법정선거구라 하고, 선거기관에서 임의로 선거구를 변경시킬 수 있는 것을 비법정선거구라 한다.

(2) 선거구의 조정

선거구의 조정은 통상적으로 선거가 있기 전에 여·야 합의로 의회에서 정치개혁적 차원에서 의원이나 당원이 아닌 자 중 대표성과 전문성을 갖춘 11인 이내의 위원을 선임하여 "선거구획정위원회" 같은 기구를 만들어 이를 통하여 선거구를 조정하게 된다.

〈공직선거법 제24조(2005.8.4)〉에서 국회의원선거구획정위원회는 국회의장이 교섭단체대표의원과 협의하여 11인 이내의 위원으로 구성하되, 학계·법조계·언론계·시민단체 및 선거관리위원회가 추천하는 자 중에서 위촉하도록 하고 있고, 자치구·시·군의원선거구획정위원회는 11인 이내의 위원으로 구성하되, 학계·법조계·언론계·시민단체와 시·도의회 및 시·도선거관리위원회가 추천하는 자 중에서 시·도지사가 위촉하도록 하고 있다(김형준, 2002: 181).[1]

선거구 수의 조정은 그 자체 후보자들의 당락과 각 정당의 당선자 비율과 직결되는 문제이므로 각 정당의 치열한 다툼이 생긴다. 정당들이 그 정당의 이익을 위하여 선거구에 관한 법규를 유리하게 수정하고자 하는데, 이는 여러 나라에서 흔히 일어나는 일이고, 그 대표적인 예가 미국의 게리맨더링(Gerrymandering)이다.[2]

1) 광역의회 선거구 획정 문제와 관련하여 선거구 획정과 관련한 헌법재판소의 판결을 준수해서 선거구간 인구 상하선 원칙을 바탕으로 최대 선거구와 최소 선거구간 인구편차를 합리적인 수준(예, 3:1)으로 줄이는 방안과 보다 급진적으로 선거구간 표의 등가성(인구 대표성)을 중시하는 방안이 나와 있다.

2) 일반적으로 당리당략(黨利黨略)에 의해 선거구를 결정하는것. 즉 반대당이 강한 지역을 억지

(3) 대표제도

선거구제도와 연관되어 있는 것이 당선자들의 대표성에 관한 개념이다. 대표한다는 것은 한 당선자가 그 선거구에서 얼마나 많은 유권자들을 대표하고 있는가를 말한다. 이에는 다수대표제, 소수대표제, 비례대표제, 직능대표제 등의 대표제도가 있다.

1) 다수대표제(Representation of Majorities)

다수대표제는 당선자가 투표자의 다수를 대표하는 제도이다. 다수의 범위를 놓고, 반수 이상의 절대다수이냐, 총투표의 3분의 2, 혹은 4분의 3 이상을 득표하느냐는 특별다수냐, 후보자간 상대적으로 득표수가 상대적으로 많은 사람을 당선자로 하는 상대다수냐 등의 방법이 있지만, 통상 소선거구제에서 1인의 당선자가 선거권자의 다수를 대표한다는 단순다수대표제(plurality system)의 의미로 사용된다.

2) 소수대표제(Representation of Minorities)

한 선거구에서 2인 이상을 선출하는 중선구제나, 대선거구제에서 소수파를 대표해서 의회의 의석을 차지하고, 의회에 진출할 수 있는 기회를 제공하기 위해서 고안된 제도로서, 당선자가 유권자의 소수를 대표하게 하는 제도이다.

3) 비례대표제(Proportional Representation)

비례대표제는 지역구선거제도의 단점을 보완하기 위하여 유럽 국가에서 만들어진 선거제도로서 선거에서 각 정당이 자신들이 획득한 득표수에 비례해서 의회의 의석수를 배분받는 제도이다. 개별 선거구에서 득표수에 따라 당선자가 결정되는 것이 아니라, 각 정당이 비례대표후보자명부를 작성하고, 전체 득표수의 비율에 따라서 비례대표 당선자가 결정되게 하는 제도이다. 이 경우 득표수에 따라 의원을 선출하게 되므로 소수당의 경우에도 의원을 배출할 수 있고, 선거권자의 투표권이 존중되고, 사표를 방지할 수 있는 장점이 있다.

실제로 1995년 비례대표제는 사표(死票)를 방지한다는 차원에서 광역의원 선거에

로 분할하거나 자기당에게 유리한 지역적 기반을 결합시켜 당선을 획책하는 것을 말한다. 이는 1812년 게리(Gerry E)가 매사추세스 주지사로 있을 때 자기 당을 유리하게 이끌기 위하여 선거구를 부자연한 모양으로 구획하여 그것이 그리스 신화에 나오는 샐라맨더(salamander: 불속에 산다는 전설의 불도마뱀)과 비슷했던 데서 유래된 말이다.

도입되었지만 다른 두 가지 기능도 수행하였다. 첫째 '여성'의 지방의회 진출을 확대시키고자 의도한 점과, 둘째 '지역주의' 선거를 어느 정도 완화해보자는 것이었는데, 실제로 이 두 가지 목적에서 일정부분 성과를 낸 것으로 판단되고 있다.

특히 여성후보의 지방의회 진출을 확대하기 위하여 〈공직선거법 제47조〉는 제3항에서 정당이 비례대표 국회의원 선거 및 비례대표 지방의회의원 선거에 후보자를 추천하는 때에는 그 후보자 중 100분의 50 이상을 여성으로 추천하되, 그 후보자명부의 순위의 매 홀수에는 여성을 추천하여야 한다고 규정하고 있고, 제4항에서 정당이 임기만료에 따른 지역구 국회의원 선거 및 지역구 지방의회의원 선거에 후보자를 추천하는 때에는 각각 전국지역구총수의 100분의 30 이상을 여성으로 추천하도록 노력하여야 한다고 하여 사회적 불균형 시정을 위한 적극적 행위(affirmative action) 차원에서 여성후보 추천을 확대하도록 하고 있다.

우리나라에서 비례의원은 국회의원 선거에서 전국구의원으로 당선되는 의원이 이에 해당되며, 광역의회 선거에서도 비례대표제를 통하여 의원들이 당선되고 있다.[3)]

'비례의원의 정수'는 다음과 같은 방식으로 정해진다. 〈공직선거법 제190조의 2〉 제1항에서 비례대표 지방의회의원 선거에 있어서는 당해 선거구선거관리위원회가 유효투표총수의 100분의 5 이상을 득표한 각 의석할당정당에 대하여 당해 선거에서 얻은 득표비율에 비례대표 지방의회 의원정수를 곱하여 산출된 수의 정수의 의석을 그 정당에 먼저 배분하고 잔여의석은 단수가 큰 순으로 각 의석할당정당에 1석씩 배분하되, 같은 단수가 있는 때에는 그 득표수가 많은 정당에 배분하고 그 득표수가 같은 때에는 당해 정당 사이의 추첨에 의하도록 하고 있으며, 이 경우 득표비율은 각 의석할당 정당의 득표수를 모든 의석할당정당의 득표수의 합계로 나누고 소수점

---

3) 〈공직선거법 제189조〉는 이에 반해 국회의원의 비례의석 배분과 관련하여 다음과 같이 규정하고 있다. 중앙선거관리위원회는 비례대표국회의원선거에서 유효투표총수의 100분의 3 이상을 득표하였거나 지역구국회의원총선거에서 5석 이상의 의석을 차지한 각 정당에 대하여 당해 의석할당정당이 비례대표국회의원선거에서 얻은 득표비율에 따라 비례대표국회의원의석을 배분하되, 그 득표비율은 각 의석할당정당의 득표수를 모든 의석할당정당의 득표수의 합계로 나누어 산출한다. 그 방법은 각 의석할당정당의 득표비율에 비례대표국회의원 의석정수를 곱하여 산출된 수의 정수(整數)의 의석을 당해 정당에 먼저 배분하고 잔여의석은 소수점 이하 수가 큰 순으로 각 정당에 1석씩 배분하되, 그 수가 같은 때에는 당해 정당 사이의 추첨에 의하도록 하며, 중앙선거관리위원회가 제출된 정당별 비례대표국회의원후보자명부에 기재된 당선인으로 될 순위에 따라 정당에 배분된 비례대표국회의원의 당선인을 결정하도록 하고 있다. 또한 정당에 배분된 비례대표국회의원의석수가 그 정당이 추천한 비례대표국회의원후보자수를 넘는 때에는 그 넘는 의석은 공석으로 한다.

◈ 표 7-1 ◈ 지방 4대 동시선거의 기본적인 선거관리제도 및 절차

<table>
<tr><th colspan="2">구 분</th><th>광역단체장</th><th>기초단체장</th><th>광역의원</th><th>기초의원</th></tr>
<tr><td colspan="2">임기 개시(14조)</td><td colspan="4">임기 만료일의 다음 날(임기 4년)</td></tr>
<tr><td colspan="2">증원·보궐·재선거(14조)</td><td colspan="4">당선 결정시부터(전임자의 잔임 기간)</td></tr>
<tr><td colspan="2">선거권(15조)</td><td colspan="4">19세 이상</td></tr>
<tr><td colspan="2">피선거권(16조)</td><td colspan="4">25세 이상(선거일 현재 60일 이상 관할구역에 주민 등록된 자)</td></tr>
<tr><td colspan="2">연령 산정(17조)</td><td colspan="4">선거일 현재로 산정</td></tr>
<tr><td colspan="2">선거 기간(33조)</td><td colspan="4">14일(후보자 등록 마감일의 다음 날로부터 선거일까지)</td></tr>
<tr><td colspan="2">선거일(34조)</td><td colspan="4">임기 만료일 전 30일 이후 첫 번째 수요일.
선거일이 국민 생활과 밀접한 관련이 있는 민속절 또는 공휴일인 때와 선거일 전이나 그 다음 날이 공휴일인 때에는 그 다음 주 수요일.</td></tr>
<tr><td rowspan="3">선거 유형에 따른 선거일(35조)</td><td>보궐, 증원, 재선거</td><td colspan="4">10월 1일부터 3월 31일까지 사이 선거 실시가 확정된 때: 4월 중 마지막 수요일
4월 1일부터 9월 30일까지 사이 선거 실시가 확정된 때: 10월 중 마지막 수요일</td></tr>
<tr><td>구역 변경</td><td colspan="4">구역 변경에 따른 자치단체장 선거: 선거 확정 때부터 60일 이내</td></tr>
<tr><td>일부 무효 재선거</td><td colspan="4">선거 일부 무효 확정판결 또는 결정 통지를 받은 날로부터 30일 이내</td></tr>
<tr><td colspan="2">선거인명부 작성(37조)</td><td colspan="4">선거일 전 19일 현재 주민등록자(명부 작성 기준일로부터 5일 이내)</td></tr>
<tr><td colspan="2">선거인명부 열람(40조)</td><td colspan="4">선거인명부 작성 기간 만료일 다음 날부터 3일간 장소를 정하여 열람
(선거권자는 누구든지 자유로이 열람 또는 공람 가능, 인터넷 홈페이지에서 열람 가능)</td></tr>
<tr><td colspan="2" rowspan="2">정당 공천(47조)</td><td rowspan="2">인정</td><td rowspan="2">인정</td><td>인정</td><td>인정</td></tr>
<tr><td colspan="2">비례대표 후보 추천은 여성에 100분의 50이상 추천(매 홀수는 여성 추천)
보궐선거는 100분의 30 여성 추천</td></tr>
<tr><td colspan="2" rowspan="2">무소속 추천(48조)</td><td rowspan="2">1,000~2,000인 이하
(읍·면·동별 50인 이상)</td><td rowspan="2">300~500인 이하</td><td rowspan="2">100~200인 이하</td><td>50~100인 이하
(인구 천 명 미만: 30~50인)</td></tr>
<tr><td>정당의 임기만료로 인한 재 선거시 30% 추천</td></tr>
<tr><td colspan="2">후보자 등록(49조)</td><td colspan="4">선거일 전 15일부터 2일간</td></tr>
<tr><td colspan="2">공직입후보(53조)</td><td colspan="4">공무원이 입후보시 선거일 전 60일까지 그 직에서 사직</td></tr>
<tr><td colspan="2">기탁금(56조)</td><td>5천만 원</td><td>1천만 원</td><td>300만 원</td><td>200만 원</td></tr>
<tr><td colspan="2">기탁금 반환(57조)</td><td colspan="4">후보자 당선 또는 사망, 유효 득표 총수의 100분의 15 이상 득표: 전액 반환
유효 득표 총수의 100분의 10 이상 100분의 15 미만 득표: 100분의 50에 해당하는 금액
비례대표 지방의원: 후보자명부에 올라 있는 후보자 중 당선인이 있는 때: 전액 반환</td></tr>
<tr><td colspan="2">투표(146-171조)
개표(172-186조)</td><td colspan="4">기표방법. 1인 1표. 선거인의 성명 표시 금지. 병영 내의 투표소 설치 금지
단체장·광역의원: 정당 의석 수로, 무소속: 가나다 순.
투표 시간: 06시-18시(18시 이후 투표소에 대기자는 투표 가능. 보궐선거 오후 8시까지)</td></tr>
<tr><td colspan="2">당선인 결정(190조)</td><td colspan="4">당선인: 유효 투표의 다수를 얻은 자(2인 동수인 경우 연장자)
무투표 당선과 비례대표 의석의 배정</td></tr>
</table>

* 공직선거법(법률 제8879호, 2008.2.29 일부개정)의 관련 조항 정리함.

자료: 안용식·강동식·원구환, 「지방행정론」, 개정판(서울: 대영문화사, 2006), p. 297.

이하 제5위를 반올림하여 산출하도록 하고 있다.[4)]

아울러 제3항에서 관할선거구 선거관리위원회는 비례대표 지방의회의원선거에 있어서 제198조(천재·지변 등으로 인한 재투표)의 규정에 의한 재투표 사유가 발생한 때에는 그 투표구의 선거인수를 당해 선거구의 선거인수로 나눈 수에 비례대표 지방의회의원 의석정수를 곱하여 얻은 수의 정수(1 미만의 단수는 1로 본다)를 비례대표 지방의회 의원 의석정수에서 뺀 다음 제1항 및 제2항의 규정에 따라 비례대표 지방의회 의원 의석을 배분하고 당선인을 결정하도록 하고 있다. 다만, 비례대표 지방의회의원 의석배분이 배제된 정당 중재투표결과에 따라 의석할당정당이 추가될 것으로 예상되는 때에는 추가가 예상되는 정당마다 비례대표 지방의회 의원정수의 100분의 5에 해당하는 정수(1 미만의 단수는 1로 본다)의 의석을 별도로 빼서 계산하도록 하고 있다.

비례대표의원의 선출방식은 1998년까지는 통상적 의미의 '정당별 득표 비례대표제'를 운영하였으나, 2001년 7월 헌법재판소에 의하여 이러한 방식이 위원으로 결정됨에 따라 2002년 지방선거(제3회 전국동시지방선거)부터 정당명부식 비례대표제를 채택하고 있다. '정당명부식 비례대표제'는 각 정당이 작성한 비례대표 후보 명부에 대하여 각 선거권자는 후보자뿐만 아니라 각 정당에 대하여도 투표함으로써 지역구득표율 뿐만 아니라 정당에 대한 지지도까지 비례의원 배분에 반영하도록 하는 방식이다.

4) 직능대표제(Functional Representation)

지역대표가 일정한 지역 내에서 선거권자들이 대표를 선출하는 것인 데 반하여, 직능대표는 직업적·경제적으로 구성된 각종 단체의 이익을 제도적으로 반영시키기 위하여 의회 내에 각종 직능을 대표하도록 하는 제도이나, 통상적으로 직능대표의 원리를 비례대표제를 활용해서 반영시키고 있다. 지역대표라 해서 직능대표의 기능이 없는 것은 아니나, 직접적 선거를 통해서는 그 후보자들을 당선시키거나, 이해를

---

4) 또한 동법 동조 제2항에서 비례대표시·도의원선거에 있어서 하나의 정당에 의석정수의 3분의 2 이상의 의석이 배분될 때에는 그 정당에 3분의 2에 해당하는 수의 정수(整數)의 의석을 먼저 배분하고, 잔여의석은 나머지 의석할당정당간의 득표비율에 잔여의석을 곱하여 산출된 수의 정수(整數)의 의석을 각 나머지 의석할당정당에 배분한 다음 잔여의석이 있는 때에는 그 단수가 큰 순위에 따라 각 나머지 의석할당정당에 1석씩 배분하도록 하고 있다. 다만, 의석정수의 3분의 2에 해당하는 수의 정수(整數)에 해당하는 의석을 배분받는 정당 외에 의석할당정당이 없는 경우에는 의석할당정당이 아닌 정당간의 득표비율에 잔여의석을 곱하여 산출된 수의 정수(整數)의 의석을 먼저 그 정당에 배분하고 잔여의석이 있을 경우 단수가 큰 순으로 각 정당에 1석씩 배분한다. 이 경우 득표비율의 산출 및 같은 단수가 있는 경우의 의석배분은 제1항의 규정을 준용하도록 하고 있다.

반영시키기 어려운 특정 직역들의 입장을 비례대표라는 제도를 통해서 반영하고 있으며, 각 당은 직능대표로 뽑힌 비례 의원들이 정책개발과 의원입법 활동에 있어 전문성을 발휘해주도록 기대하고 있다.

2. 후보자추천 및 지명제도

흔히 후보자지명제(candidate nomination system) 또는 후보자추천제도라고 부르는 절차는 일정한 자격을 갖춘 선거권자 중에서 일정한 추천방식을 통해서 후보자를 선출한 다음 유권자로 하여금 그 추천된 후보자들 중에서 투표하도록 하는 것이다. 사전에 각 정당들이 자당의 선거 후보자들을 지명해줌으로써, 투표자로서는 각 정당이 추천한 제한된 수의 후보자에 대해서 투표를 하면 되기 때문에 후보난립에 따른 선거혼탁과 과열선거를 어느 정도 방지할 수 있고, 후보자가 내세우는 정책공약의 차이를 비교적 두드러지게 인지하기 쉽고, 후보자에 대하여 취득해야 하는 정보비용도 낮출 수 있고, 각 정당들의 입장에서도 당내 후보가 난립하는데서 생기는 자당 후보 당선의 불확실성을 축소할 수 있는 장점이 있다.

(1) 정당추천제(공천)

정당의 주요 기능과 목적 중의 하나가 바로 공직선거에 있어서 자당의 후보를 내는 것이고, 그러한 후보들을 통하여 정당은 정책적 목적을 달성하려고 한다. 각 정당이 얼마나 자기 정당의 정치적 색깔과 맞으면서도 유능하고, 시대에 부응하는 비전을 갖춘 인물을 공천하는가에 따라 선거에서의 당선이 많이 좌우되기 때문에 공천은 선거과정에서 매우 중요한 활동이다.

과거 한국의 정당들은 당의 총재, 혹은 최고지도부의 의중이 직접적, 혹은 간접적으로 공천과정에 결정적 영향을 미침으로써 '민주적 지명 과정'이 되지 못했으며, 공천부작용이 극심하였다. 지방선거에서도 중앙당이 공천과정에 개입하는 경우도 많았다. 최근에는 미국의 경우는 후보자지명과정에 소수의 간부 당원들만 참여하는 당원대회(Caucus)를 통하여 후보자를 선출하는 것의 문제점을 시정하기 위하여 당원들 대표가 참여하는 전국전당대회(National Convention)제도가 출현하였다.[5)]

---

5) 1831년부터 시작된 전국전당대회는 각 주의 정당이 선출한 대의원들이 모여서 그 정당의 공직선거 후보를 지명하는 절차로서, 정당의 힘이 연방의회 중심에서 각 주와 지방으로 분산되

우리나라는 지방선거에 있어서 정당공천제를 인정하고 있다. 지방선거에서의 정당의 공천은 1995년 제1회 전국동시지방선거에서 자치단체장과 광역의회의 선거에 적용된 반면에 기초의회의 선거에는 정당공천이 배제되었으나, 2006년 5월 31일 치러진 제4대 전국동시지방선거부터 기초의원에게도 정당공천제가 확대되어 이제 모든 지방선거에서 정당이 공천하는 제도가 실시되고 있다.

지방자치단체장과 광역의원, 기초의원에 입후보하기 위해서는 모두 정당의 공천을 받아야 하는 것은 아니지만, 정당의 공천을 받는 것이 후보에게는 절대적으로 유리한 것이 선거의 현실이다. 그 만큼 무소속 후보의 경우 선거권자들의 선택을 받기가 어렵다는 것이다. 무소속으로 입후보하기 위해서는 일정한 지역 주민의 추천을 받아야 한다.

〈공직선거법 제38조〉는 무소속후보자가 되고자 하는 자는 관할선거구선거관리위원회가 후보자등록신청개시일전 5日부터 검인하여 교부하는 추천장을 사용하여 市·도지사선거에 입후보할 경우에는 당해 시·도안의 3분의 1 이상의 자치구·시·군에 나누어 하나의 自治區·市·군에 주민등록이 되어 있는 선거권자의 수를 50인 이상으로 한 1천인 이상 2천인 이하, 자치구·시·군의 장 선거에 입후보할 경우에는 당해 시도안의 300인 이상 500인 이하, 지역구시·도의원선거에는 100인 이상 200인 이하, 지역구자치구·시·군의원선거에 입후보할 경우에는 50인 이상 100인 이하. 다만, 인구 1천인 미만의 선거구에 있어서는 30인 이상 50인 이하의 추천을 받도록 하고 있다.

(2) 정당공천제의 찬·반 논의

이러한 지방선거에 있어서의 정당공천제에 대한 찬, 반 양론이 팽팽한데, 반대입장은 지방선거에 대한 정당참여배제론을 찬성입장은 정당참여긍정론으로 나누어진다. 양 입장의 주요점을 간략히 정리해 보면 다음과 같다.

1) 정당참여배제론의 논거

정당참여배제론의 논거는 여러 가지 측면에서 제시할 수 있으나 대체로 지방자치의 정치적 성격, 지방정치의 중앙정치에의 예속화 혹은 중앙정치화, 정당정치에 대한 불신과 정당무용론, 지역주의 선거와 정당의 지역패권주의, 질 낮은 후보와 기득세력의 진출 등을 지적할 수 있다.

는 계기를 가져와 정당 또는 연방적 성격이 강화되는 계기를 가져왔다(안순철, 2005: 38).

(가) 지방자치의 정치적 성격

지방선거에 있어서 정당배제론자들은 지방자치가 본질적으로 정치적인 성격보다는 행정적인 성격을 갖는 것으로서 지역개발, 주민복지, 일상 생활에서의 공공서비스의 공급에 있다는 입장이다. 즉, 20세기 초반의 미국의 도시정부개혁론자들이 주장했듯이 '쓰레기 치우고 하수도 놓는 데 무슨 공화당 방식이 있고, 민주당 방식이 따로 있느냐?'는 것이다(Berman, 1984: 192-194; 김병준, 2003: 261). 미국에서는 도시 및 지방정치에 정당이 개입하면서 나타난 '기구정치(machine politics)'의 폐해를 해소하고자 20세기 초반의 도시정부개혁론자들은 정당공천을 배제한 '비정당선거(Non-partisan election)'을 주장한 바 있다. 우리도 지방선거에 대한 정당참여가 미국에서의 '머쉰폴리틱스'와 같은 폐해를 가져올 것이라는 우려에서 지방선거에 정당이 참여하는 것은 안 된다는 주장이다.

그러나 지방정치를 행정적인 것으로만 보는 것은 지방정부가 서비스공급뿐만 아니라 지역의 자원배분과정에서 발생하는 갈등의 해소기능도 담당해야 하고, 그것도 매우 중요한 지방정부의 기능이라는 사실을 간과하고 있다(이승종, 2003: 298). 이러한 기능이야말로 정당의 주요한 기능이고, 지방정당의 활성화를 통해서 지역의 분쟁이 정치적으로 조정되고, 지방정부의 정치적 통합성이 제고될 수 있는 것이란 사실을 주목해야 한다.

(나) 지방정치의 중앙정치화

우리나라의 과거의 지방선거의 역사에서 나타나듯이 지방선거는 흔히 중앙정부의 정치권력 강화나, 혹은 야당의 정권심판론이 지배해왔고, 또한 선거이슈도 지역적이고 주민들의 삶과 직접 관련 있는 이슈들 보다는 중앙정부의 정책이슈가 지방선거에 여과 없이 투영되어 왔다. 1991년 이후의 많은 선거에서 지방선거는 정권의 중간평가의 역할을 담당했다.

정당은 지방조직이 해당 지역에 적합한 쟁점을 발굴하기 보다는 중앙당이 주도하여 쟁점을 제기하면서 유권자들에게 지지를 호소하였다(박찬욱, 2002: 66).

실제로 1991년에는 3당통합, 1995년에는 김영삼 정부에 대한 중간평가, 지역등권론과 충청도역할론 등의 중앙 정치쟁점이 크게 부각되었다(안청시, 김만흠, 1994). 1998년도 선거는 이전 지방선거보다 훨씬 더 중앙정치의 '대리전'양상으로 치러져 1997년 12월 대선의 연장선상에서 지방선거가 실시되었다(강원택, 1999). 김대중 정부는 집권당이 직접 나서서 지방선거를 중앙정부의 중간평가로 규정하는 전략을 사용하였다. 정당이 지방선거에 참여하게 되면 지방정치를 그만큼 중앙정치의 연장선으로 만들기가 쉽고, 그렇게 되면 지방선거는 지방선거로서의 독자적 의의를 읽게 되고, 중앙정치가 또 하나의 경합장(arena)으로 전락하게 된다.

또한 지방자치가 지방의 자율적인 발전과 창의적인 의사결정 보다는 중앙당에 의하여 획일적 의사결정구조를 띄게 되고, 중앙과 지방간의 수직적 지배구조가 형성되게 된다(박상병, 1998). 그러나 이러한 우려는 다소 과장된 측면도 있다. 우선 정당의 입장에서 공천이나 정책개발에 있어서 지역주민의 의사를 전혀 무시할 수도 없고, 지방의 특성이나 요구사항을 무시하면서까지 중앙당의 입장만을 강요할 수는 없다. 지방선거에서의 평가가 중앙당의 평가가 될 수 있으므로 중앙정당은 지방과 중앙의 협조적 관계를 고려하지 않을 수 없게 된다. 실제로 많은 지역구 국회의원들이 중앙정치의 일원이지만, 지역의 발전을 위하여 중앙정당과 연계하여 정책을 추진하거나 예산지원을 받아내기 위하여 노력하는 것을 볼 수 있다.

(다) 정당정치에 대한 불신과 정당무용론

이것은 우리나라 정당들의 행태를 고려해서 지방차원의 선거에서는 정당이 불필요하다는 논거인데, 그동안의 정당들이 지역을 발전시키고 국가전체의 조화로운 발전을 도모하는 정책개발은 하지 않고 이권싸움에 치중하고, 각종의 공천비리, 계파갈등 등 부정적인 행태가 부각되어 기본적으로 정치불신론이 심해져서 생긴 논의이다.

지방선거에서도 정당을 참여시키면 중앙정당이 가진 부정적인 행태들이 고스란히 지방선거에서도 나타날 것이기 때문에 지방선거에서의 정당참여가 아직은 시기상조라서 여건이 성숙될 때 까지 연기되어야 한다는 주장이다. 일부에서는 정당에 대한 국민의 불신이 너무 크기 때문에 지방선거까지 정당이 참여하여 주민자치를 훼손하는 것은 안 된다는 극단적이 주장까지 있다. 대체로는 전자의 입장이 다수다.

즉, 전자의 입장은 근본적으로 정당참여의 필요성을 부인하는 입장이 아니라 아직은 여건이 성숙되지 않았기 때문이고, 현실 정당정치가 개선되면 가능하다는 논리이다. 또한 다른 측면에서 극단적 허용불가론과 관련해서도 중앙정당도 불신받고 있는데, 중앙정치에의 정당참여는 당연하고, 지방선거에의 정당참여만 부정하는 것은 지나친 논리적 오류라는 반론도 있다.

(라) 지역주의 선거와 정당의 지역패권주의

지방선거에서의 정당참여에 대한 또 다른 반대 입장은 우리나라의 고질적인 지역주의 투표경향을 문제삼는다(이갑윤, 1998). 지방선거에 정당이 개입하게 되면 지역감정이나 지역중심주의가 부각되게 되고, 따라서 지역분할구도가 자칫 고착화될 수 있고, 국정의 통합성 달성도 어려워지게 된다고 주장한다.

이러한 주장도 지역주의의 폐해가 지방선거에서도 나타나고 있는 현실은 무시할 수 없으나 그것이 민주정치의 근간인 정당정치의 필요성을 부인하지는 못한다. 지역주의 선거가 되어 대립구도가 나타난다 하더라도 지역분할 구도는 대개 광역자치단체 수준의 분할이지, 기초자치단체 수준의 분할구도를 일컫는 것은 아니며, 기초자치단체끼리의 지역갈등은 정당적 갈등이 아니라 지역이해에 의한 갈등으로 정치적 지역분할구조에 의한 지역주의와는 성격이 다른 지역이해에 바탕한 소(小)지역주의이다.

(마) 질 낮은 후보와 기득세력의 진출

다른 하나의 반대 논거는 정당참여가 인물중심의 투표보다는 정당중심의 투표를 유도하는 경향이 있어서 능력과 비전면에서 최상의 후보자가 당선되지 않을 가능성이 있다는 우려이다. 그러나 이러한 우려는 정당이 질 높은 후보를 공천하면 문제될 것이 없지만 그동안 토착적 기득집단과 경제력을 갖춘 사람들이 많이 정당의 후보로 공천되어 왔던 경험에서 나온 반대 논거이다. 일반적으로 정당의 후보 공천이 경제력과 같은 계급편향성을 다소 보이는 것은 사실이지만, 정당이 만약 없다는 지방선거는 기득권층의 영향력이 선거과정에 더욱 커질 수도 있다는 사실에 주목해야 한다. 사실 정당은 후보의 경제력이나 지역에서의 영향력만 보는 것이 아니라 후보의 정책성향, 인물성, 인지도 등 여러 가지 관점에서 평가해서 그 정당의 공직후보를 선정하기 때문에 정당추천이 있다고 해서 반드시 질 낮은 후보가 득세하고 또 당선된다는 논리는 다소 과장되어 있다고 볼 수 있다.

2) 정당참여긍정론의 논거

위에서 지방선거에의 정당참여를 배제하자는 주장에 대한 논거가 다소 과장되어 표현되었다는 측면을 지적하였다. 지방선거에 정당참여를 결정하면 그동안의 정당정치가 보여주었던 나쁜 폐해들이 고스란히 지방사회에 이식될 수도 있고, 정당이 지역분할구도를 심화시키거나 고착시킬 수도 있고, 지방정치가 중앙정치에의 예속화(subordination)를 가속시킬 수도 있으나 이러한 이유만으로 지방선거에 중앙정당이 후보 공천을 하고 참여하는 것을 막을 명분은 약하다.

(가) 민주정치의 원리

정당이 선거과정에 참여하는 것은 현대 민주정치에서는 지극히 당연하다. 정당은 원래 자연발생적으로 정치사회 내에서 생긴 하나의 파벌(faction)로서 집단간, 파벌간 다툼과 갈등은 당연하다. 따라서 집단간 갈등 때문에 정당정치를 부인하는 것은 현대 민주정치의 원리에 부합하지 않는다. 그 동안 인터넷과 뉴미디어의 발달로, 그리고 새로운 이익집단들의 출현으로 현대정치에서 정당의 역할과 기능이 과거에 비하여 많이 퇴색되어 있는 것은 사실이지만, 그렇다고 갈등을 조정하고, 시민들의 통합기능을 담당하는 정당의 역할이 필요하지 않게 된 것은 아니다. 지방자치에서도 정당의 역할은 여전히 존재한다. 지방정치에서도 정당은 비록 그 실제과정이 지역의 유력정치인에 의하여 좌우된다 하더라도 여전히 주민의 이해를 대변하고, 정책을 개발하고, 유능한 후보를 공천하고, 주민을 통합하는 역할을 담당하고 있다.

(나) 책임정치의 실현

정당은 후보를 통해서 정책을 실현한다. 정당의 후보는 당원으로서 정당의 정책을 선거에서 당선되어 실현시키고자 한다. 정당이 선거에 참여하지 않고, 후보자들이 자율적으로 나오는 선거에서는 후보자들이 내세우는 정책들에 대한 책임을 묻기가 대단히 힘들다. 그러나 정당이 지방선거에 관여하게 되면 지방에서의 특정 후보의 정책 실패나 정책 오류에 대해서도 중앙당에 대하여 책임을 추궁할 수 있다. 후보자들이 선거과정에서 정당이 아니라 개별 이익집단으로부터 각종 후원을 받게 되는 데서 생기는 각종 부조리, 무책임성을 방지할 수도 있다. 정당들도 책임성이 낮다고 평가받을 수 있겠지만, 정당은 선거라는 통제장치를 통해서 집단적으로 평가받기 때문에 개인 후보들 혹은 무소속 후보들에 대하여 책임정치를 하라고 요구하고 강제할 수 있는 기제보다는 더 명백한 위치에 놓여 있다.

실제로 내천이 이루어진 과거의 기초의원 선거에서는 수많은 범법자들이 양산된 것은 공식적으로 정당이 선거과정에 개입할 수 없는 상태에서 정당의 책임이 그 만큼 적어졌기 때문에 심화된 측면도 없지 않다. 물론 실제로는 정당들이 배후에서 영향을 미치고 있었지만 외견상 비합법적 선거운동 부정행위들에 대하여 개인 후보들에게 밖에 책임을 물을 수가 없었고, 그 만큼 후보들에 대한 조직적 통제기제가 약화된 측면이 있었다.

(다) 현실적인 정당참여배제 불가능성

실제로 정당배제가 앞에서 보았듯이 규범적으로도 논란이 될 수 있지만 현실적으로 가능하겠는가하는 문제이다. 지난 우리나라의 선거에서 1991년, 1995년, 1998년 지방선거에서 기초의원 선거의 경우에는 정당배제를 원칙화하였지만, 각 정당은 실제로 내천(內遷)이라는 과정을 통해서 여전히 자당 후보들을 추천하였으며, 의회운영도 거의 정당중심으로 행하여졌다. 실제로 정당이 막후에서 선거에 참여하는 것을 막을 방도가 별로 없다. 또 정당이 참여하지 않음으로써 생기는 지방정치에서의 부패와 부조리에 대한 통제 요구도 정당참여가 갖는 의의일 것이다.

요컨대 정당정치가 갖는 폐해도 있지만, 그것이 정당의 선거참여를 배제해야 하는 논거는 되지 못하며, 현실 정치의 여러 문제점을 개선할 수 있는 여러 가지 정치개혁 방안을 찾는 것이 바람직하다고 할 수 있다. 이런 연유로 2006년 지방선거에서는 기초지방의원 선거에도 정당공천제를 확대 적용하였다.

(3) 예비선거(Primary Election)

미국의 많은 주에서 채택하고 있으며, 주 정부의비용으로 일반선거 혹은 총선(general election)에 나갈 후보자를 선출하기 위해서 정당 내에서 1차로 후보자간 당내경선을 하는 제도이다(안순철, 2005). 예비선거에서 투표자들의 당적제한이 없는 개방형예비선거(Open Primary System)과 당원만 참가하도록 하는 폐쇄형예비선거(Closed Primary System)이 있다. 폐쇄형예비선거는 각 주 정당들의 간부들만 참여하는 코커스(Caucus)에서 점차 당의 전국적 대표자들이 참여하는 전당대회(Convention)로 전환되고 있다. 애리조나 주와 펜실베이니아 주는 완전한 폐쇄형예비선거를 실시하는 주이며, 아이오아주와 뉴저지주를 포함한 10여 개 주는 폐쇄형이지만 주민들의 충성도 변화를 반영하기 위하여 다소 유연한 폐쇄형 체제를 가지고 있다. 예비선거제는 2000년의 경우 무려 43개 주에서 예비선거제가 실시되었으나, 2004년 대통령선거를 기점으로 현재는 코커스체제로 전환하는 주들이 늘어나 35개 내외의 주들이 예비선거제를 채택하고 있다(안순철, 2005: 75). 한편 알래스카와 캘리포니아, 워싱턴 주는 하나의 선거에서 어느 정당의 예비선거나 모두 투표할 수 있는 소위 포괄예비선거제(Blanket Primary)를 가지고 있다(Bowman and Kearney, 1999: 90).

3. 투표제도

(1) 투표의 의의

투표만이 후보를 확정하는 유일한 방법이라고는 할 수 없지만, 투표는 선거에 있어서 가장 중요한 방법이며, 현대국가에 있어서는 어떠한 정치체제나 할 것 없이 투표를 통하여 국민의, 주민의 대표자들을 선출하고 있다. 현대 민주국가의 선거에서 선거와 선거의 원칙으로 인정되는 원칙은 보통선거, 평등선거, 비밀선거, 직접선거이다. 보통선거는 일정한 연령(만 19세)에 도달한 국민에게 선거권을 부여하는 것을 말하고, 평등선거는 1인1표제를 의미하여, 비밀투표는 개인의 투표 비밀을 유지하는 것이고, 직접선거는 선거권자가 직접투표하는 것으로 간접투표와 다르다.

(2) 투표방법

1) 비밀투표 vs. 공개투표

비밀투표는 공개투표와 달리 선거권자의 투표내용이 비밀로 보장되도록 함으로써 투표자의 자유의사를 존중하게 하기 위한 제도이다. 대부분의 현대국가에서 실시하고 있으며, 다수의 국가가 오스트리아식 투표제도(Austrian ballot)를 채택하고 있다. 이는 각 선거구에서 선거권자들에 의해 후보자에 관한 서명추천을 받은 후보자가 등록을 하고, 정부는 투표용지를 작성하고 선거일에 선거권자는 투표소에서 투표용지를 받은 후 기표소에 들어가 무기명투표에 의하여 투표하는 방식이다. 우리나라나 일본, 대만 역시 이 방식을 따른다.

2) 자유투표 vs. 강제투표

투표가 선거권자 자신의 자유의사(free will)에 따라 행해지도록 국가나 지방정부가 간섭할 수 없도록 하는 투표제도로 미국, 영국, 일본 등 많은 나라의 지방선거에서 채택하고 있으며, 이에 반하여 강제투표 혹은 의무투표(compulsory voting)는 투표참가를 선거권자의 의무로 규정하여 일정한 벌금을 물리거나 제재를 가함으로써 투표를 강제화하고, 투표율을 제고하고자 하는 제도로 오스트리아, 네덜란드, 벨기에 등 유럽의 많은 의원내각제 국가에서 채택되고 있다.

우리나라에서도 지방선거에서의 낮은 투표참가율을 제고하는 개선 방법으로 유럽식 강제투표가 제안되기도 한다. 한편 강제투표는 비민주국가에서 겉으로는 자유투표의 형식을 취하지만 국가에 의하여 동원된 투표(mobilized voting)를 의미하는 경우도 있기 때문에, 제도로서의 강제투표와 실질적 의미의 강요된 투표를 구별할 필요가 있다.

3) 출석투표 vs. 결석투표

출석투표(present voting)는 선거일에 선거권자가 직접 투표소에 참가해서 투표하는 것이며, 반대로 선거인이 직접 투표소에 가지 못할 경우 다른 방식으로 투표에 참여하는 것을 결석투표(absent voting)이라 하며 이에는 위임투표와 부재자투표가 있다.

(가) 위임투표

우리나라는 선거권자 본인의 직접투표의 원칙을 따르기 때문에 위임투표가 인정되지 않고 있지만, 네덜란드에서 선거인이 공무로 선거구를 떠나는 경우나, 영국에서 선거인이 군사적 목적으로 투표할 수 없는 경우 타인에게 위임해서 투표할 수 있도록 하고 있는데, 이 경우 영국은 위탁자를 배우자, 부모, 형제, 자매에 매우 제한적으로 명시하고 있으며 반드시 동일 선거구에 거주하는 선거인으로 한정하고 있다.

미국에서도 한 때 코커스(Caucus)에서 당 간부가 과다한 대리투표(proxy voting)를 하여 1972년 민주당 전당대회부터 대리투표 자체를 폐지한 바 있다.

(나) 부재자투표(absentee voting)

선거인이 투표일에 친히 투표소에서 투표할 수 없는 경우에 신청에 의하여 사전에 선거기관에 의해 선거권자에게 배달된 투표용지를 선거권자가 작성하여 다시 우편으로 회송하는 것을 우편투표(voting by mail 혹은 postal voting)라고 한다. 영국에서는 군대 혹은 군함에 복무중인 선거권자에게 적용하고 있고, 일본에서는 선거권자가 질병, 부상, 장애, 출산, 혹은 직무수행을 위해 소속 투표소의 시·정·촌지역 밖에 있는 경우 부재자투표를 실시하고 있다.

우리나라에서는 〈공직선거법 제38조 제1항〉에서 선거인명부에 오를 자격이 있는 국내거주자[제15조(선거권)제2항 제2호의 규정에 따른 외국인을 제외한다]로서 선거일에 자신이 투표소에 가서 투표할 수 없는 때에는 선거인명부 작성기간중에 구·시·읍·면의 장에게 서면으로 부재자신고를 할 수 있다. 이 경우 우편에 의한 부재자신고는 등기우편으로 처리하되, 그 우편요금은 국가 또는 당해 지방자치단체가 부담한다고 명시하여 부재자투표제를 도입하고 있다. 아래에 적시되었듯이 〈공직선거법 제38조 제3항〉에 해당되는 자가 직접 투표할 수 없는 선거권자가 부재자투표를 신청한 경우 거소에서 투표할 수 있도록 하고 있다.

1. 법령에 따라 영내 또는 함정에 장기기거하는 군인이나 경찰공무원 중 부재자투표소에 가서 투표할 수 없을 정도로 멀리 떨어진 영내(營內) 또는 함정에 근무하는 자
2. 병원 또는 요양소에 장기기거하는 자로서 거동할 수 없는 자

3. 신체에 중대한 장애가 있어 거동할 수 없는 자
4. 선거일에 투표소에 가기 어려운 멀리 떨어진 외딴 섬 중 중앙선거관리위원회규칙으로 정하는 섬에 거주하는 자
5. 부재자투표소를 설치할 수 없는 지역에 장기기거하는 자로서 중앙선거관리위원회규칙으로 정하는 자

4) 단기투표 vs. 연기투표

선거권자가 투표할 때 투표용지에 명시된 후보자 가운데 한 명만 선택, 기표하도록 하는 것을 단기투표(single ballot)방식이라고 하고, 여러 후보를 선택하도록 하는 것을 연기투표(block voting 또는 blanket ballot)방식이라고 한다. 우리나라의 선거는 단기투표 방식을 채택하고 있으며, 일본의 동경도의회 선거의 경우는 대선거구제로서 다수의 후보를 동시에 선출해야 하므로 연기명방식을 택하고 있다. 연기투표 혹은 연기명투표는 중·대선거구제를 채택하는 의원내각제 국가에서 상대적으로 많이 활용되고 있다.

4. 선거운동

지방선거에 있어 후보등록이 끝나는 시점부터 선거 전날까지 각 정당과 후보는 선거운동을 할 수 있다. 유권자들이 후보자들을 잘 알지 못하고, 대통령선거나, 국회의원선거와 비교하여 상대적으로 선거구민들의 관심도가 낮은 지방선거에서는 선거운동기간 중에 어떠한 선거운동을 하느냐에 따라서 유권자들의 선택에 커다란 영향을 미칠 수 있다.

우리나라의 경우 1995년 제1회 전국동시지방선거 이전까지는 선거운동의 범위를 비교적 좁게 규정하는 '포괄적 제한방식'에 의하여 법에서 규정한 것은 이외에는 선거운동을 할 수 없도록 규정하고 있었다. 법이 허용하는 선거운동도 합동연설회나 선거공보물이 고작이었다. 그러나 1995년 「공직선및선거부정방지법」의 제정으로 선거운동의 제한방식이 '개별적 제한방식'으로 전환되었다. 즉, 법에 의하여 금지되지 않는 것은 모두 허용한다. 현행 〈공직선거법〉의 제85조부터 제118조까지의 조항은 '선거운동에서의 금지 및 제한사항'을 담고 있다.

이 가운데 몇몇 조항은 후보자의 선거운동을 상당히 제약하거나, 유권자의 선택을 제한하는 것으로 평가되고 있다. 예를 들어 제86조 1항의 공무원 등의 선거에 영향을

미치는 행위가 지나치게 넓게 규제되어 있고, 제87조 단체의 후보 및 정당에 대한 지지, 반대 및 지지, 반대 권유행위는 시민단체의 개입을 지나치게 차단하고 있으며, 제105조 선거집회기간 중 각종 집회(동창회, 향우회) 금지, 제106조 호별방문 제한 규정, 제108조 선거기간개일부터 투표마감시간까지 여론조사 결과 공표 금지 등은 선거운동을 상당히 제약하여 유권자의 정보취득을 다소 제한하고 있으며, 제117조 부의, 축의금, 행사지원금의 상시제한은 정치비용을 줄여주는 장점은 있으나, 정도의 문제이나 전통적 비풍양속까지 지나치게 규제하고 있다는 비판을 듣고 있다.

우리나라에서 각 선거에서 법이 허용되는 선거운동의 방법은 〈표 7-2〉와 같다.

다양한 방법에 의한 선거운동 방법이 허용되고 있다. 과거 한국선거에서는 후보자 합동연설회, 개인연설회만 있었으나 1994년 3월 개정 선거법에서 개인 또는 정당연설회를 허용하고, TV, 라디오방송 광고는 물론이고 가두연설까지 허용하는 대폭적으로 선거운동 방법을 확대하였다(한국지방자치학회, 1997). 그리고 〈표 7-2〉에서 표시한 바와 같이 대폭적으로 '선거공영제'를 확대하였다(안순철, 2002).

선거에서 후보자가 가용할 수 있는 선거자금과 비용이 후보자마다 상당한 차이가 있다. 자유민주주의국가의 선거에서 후보자의 역량, 정책보다 후보자가 가진, 혹은 가용할 수 있는 경제력에 의하여 당락이 결정되는 것은 결코 바람직하지 않으며, 선거판에 '돈'이 궁극적인 힘으로 작용하게 된다면 경제력이 모자라는 양질의 후보자의 입후보 자체가 어렵게 된다. 이러한 현실을 개선하기 위하여 선거제도를 운영함에 있어서 일정한 수준의 선거비용 이상이 소요되지 않도록 할 필요가 있으며, 또한 선거공영제를 통하여 국가와 자치단체가 선거비용의 일부를 부담함으로써 후보자의 재정부담을 들어주는 것이 매우 중요한 과제이다.

현행법에서는 선거운동과 관련해서 TV, 라디오 방송광고는 1회 1분을 초과하지 않는 범위 내에서 할 수 있으며, 방송연설은 지방의원선거를 제외하고 자치단체장 선거에서 1회 10분 이내의 방송연설을 할 수 있고, 매회 1분 이내에 각 방송매체는 광역단체장선거는 각 3회 이상, 기초단체장 선거에서는 각 2회 이상 경력방송을 할 수 있도록 하고 있다. 한편 신문광고는 광역단체장선거에서만 할 수 있다. 광역단체장선거를 제외하고 기초단체장과 지방의회선거에서는 합동연설회를 각 2회, 1회씩 개최할 수 있다. 이것을 통하여 유권자들이 기초지방선거 후보자들의 면면을 확인할 수 있게 된다. 후보자 개인연설회와 정당연설회는 시·도지사선거의 경우 1회 4시간 이내 당해 지역마다 3회 이내, 기초단체장선거의 경우에는 1회, 자치구·시·군마다 2회

◈ 표 7-2 ◈ 공직선거법이 허용하는 선거운동방법에 관한 제도적 차이

방법/선거별	대통령	국회의원	광역단체장	기초단체장	지방의원	비 고
선거벽보	○	○	○	○	○	
선거공보	×	○	○	○	○	
소형인쇄물	○	○	○	○	×	비례대표 시도의원: 책자형
신문광고	○	×	○	×	×	
방송광고	○	×	×	×	×	
방송연설	○	○	○	○	×	비례대표 시도의원 가능
경력방송	○	○	○	○	○	방송사 부담
합동연설회	×	○	×	○	○	
정당후보자연설회	△	△	△	△	△	
공개장소 연설대담	○	○	○	△	△	
후보자초청대담 토론회	○	○	○	○	○	개최단체 부담
언론기관 초청대담 토론회	○	○	○	○	○	언론기관 부담
공영방송 TV대담 토론회	○	×	○	×	×	방송사 부담
선거사무원 수당	○	○	○	△	△	

자료: 중앙선거관리위원회(http://www.nec.go.kr. 2002.06.18).

※ 1. 위의 내용은 법정선거운동방법이며 그 외에도 전화 또는 컴퓨터 통신 등 선거법에서 제한·금지하지 않는 방법의 선거운동 가능.

※ 2. ○표는 선거공영제(국가·지방자치단체 또는 주최자 부담), △표는 사영제(후보자 부담), ×표는 제도 없음.

※ 3. 공영제는 기탁금 반환요건에 해당되어야 함.

이내 개최할 수 있으며, 오락적 관광물의 공연은 금지된다.

이와 같은 선거공영제에도 불구하고 지방선거에서 금권선거의 시비는 끊이지 않고 있다. 각 후보의 경제력 차이의 효과가 다소 완화되는 측면이 없지는 않으나 여전히 후보자와 정당의 재정력이 득표와 관련되고 있는 현실도 무시할 수 없고, 각 후보자가 비공식적으로 지출한 자금 등이 노출되고 있지 않기 때문에 선거비용을 줄일 수 있는 제반 장치들이 계속 고안되어야 한다.

제 3 절 지방선거의 실제

1. 우리나라 역대 지방선거 개황

건국 이래 우리나라는 지금까지 8차례의 지방선거를 치렀다. 첫 지방선거는 한국전쟁 때인 1952년 4월과 5월 부산피난 시절에 실시되었다. 이 선거에서 여당인 자유당은 기초의원 선거에서 25.3%를 얻었으나, 자유당의 기간단체가 31.3%를 획득하였으나, 제1야당인 민국당인 단지 0.2% 밖에 얻지 못하는 결과를 낳았고 지방선거가 중앙정치 목적에 의하여 유린된 결과를 보여주었다.

두 번째 지방선거는 1956년 8월에는 같은 해 2월에 개정된 지방자치법에 따라 지방의회의 자치단체장에 대한 불신임권을 삭제하고, 지방의원의 임기를 4년에서 3년으로 축소하고, 소선거구제로 변경한 가운데 실시되었다. 그 결과 여당인 자유당이 총 의석수의 50.3%를 차지했고, 무소속이 46%를 차지하였다. 야당인 민주당은 모두 10명, 1.7%만 당선되었다.

세 번째 지방선거는 4·19혁명 이후 구성된 민주당 정부 하에서 치러졌는데, 기초자치단체장을 임명제에서 주민직선제로 전환한 헌법개정이 이루어졌다. 이 선거에서는 민주당 신파와 구파의 대립이 있었고, 투표율이 제1공화국의 80% 정도에 비하여 62%~54% 정도로 현저히 낮아졌다. 또한 기초의원의 81.2%, 광역의원의 44.4%가 무소속이 당선되는 무소속 강세 현상을 보여주었다. 광역의원 선거에서만 민주당이 40%의 의석을 획득하여 정당의 역할을 그나마 확인할 수 있을 정도였다.

네 번째 지방선거는 1991년 3월 제6공화국의 노태우정부에서 실시되었는데, 이는 야당의 오랜 숙원이던 지방자치제 실시가 6·29선언에 반영된 결과이다. 지방자치제가 19961년 5·16군사쿠데타에 의하여 중단된 후 30년만에 다시 지방선거가 부활되었다. 하지만 자치단체장 선거는 실시되지 않았고 지방의회 구성을 위한 지방선거만 우선 실시되었다.

1991년 3월 26일 실시된 선거의 전국 평균 투표율이 55%에 불과하였고, 당시 민정당, 통일민주당, 신민주공화당의 소위 '3당합당'의 결과로 탄생한 거대 여당인 민자당의 압승으로 나타났다. 정당추천은 되지 않았으나 기초의원의 경우 소위 '내천(內遷)'방식을 통하여 유권자들이 정당후보의 경력을 보아 각 정당후보자임을 확인할 수 있었고,

그 결과 여당인 민자당이 의석의 49.8%, 야당인 평민당이 18.2%를 획득하였다.

광역의원 선거의 경우에는 투표율이 58.9%였고, 이 선거에서 여당인 민자당은 전체의석수 866석의 65.1%인 504석을 차지하였고, 제1야당인 신민당(평민당과 신민주연합의 합당으로 탄생)은 전체의석수의 19%인 165석을 겨우 얻었다. 그것도 호남지역에서 137석을 얻었으니 결과적으로 대참패였다.

다섯 번째 지방선거는 1995년 6월 27일 실시되었다. 이때는 절대 1992년 대통령 선거를 통해서 다수의 지지 아래 김영삼정부가 출범한 이후로 거듭된 대형사고와

◈ 표 7-3 ◈ 역대 지방선거 실시현황

횟수	공화국/정권	선거일	선거명	선출인원	투표율
1회	제1공화국 이승만정부	1952.04.25	시·읍·면의회의원선거	17,544	90.7%
		1952.05.10	도의회의원선거	306	81.0%
2회		1956.08.08	시·읍·면의회의원선거	16,954	79.5%
		1956.08.08	시·읍·면의장선거	580	79.5%
		1956.08.13	시·도의회의원선거	437	85.8%
3회	제2공화국 장면정부	1960.12.12	시·도의회의원선거	487	67.4%
		1960.12.19	시·읍·면의회의원선거	16,909	62.6%
		1960.12.26	시·읍·면의장선거	1,468	54.6%
		1960.12.29	서울시장·도지사선거	10	38.8%
4회	제6공화국 노태우정부	1991.03.26	구·시·군의회의원선거	4,304	55.0%
		1991.06.20	시·도의회의원선거	866	58.9%
5회	김영삼 문민정부	1995.06.27	제1회 전국동시지방선거	5,661(광역단체장 15, 기초단체장 230, 광역의원 972, 기초의원 4,541)	68.4%
6회	김대중 국민의정부	1998.06.04	제2회 전국동시지방선거	4,428(광역단체장 16, 기초단체장 232, 광역의원 690, 기초의원 3,490)	52.7%
7회		2002.06.13	제3회 전국동시지방선거	4,415(광역단체장 16, 기초단체장 232, 광역의원 682, 기초의원 3,485)	48.9%
8회	노무현 참여정부	2006.05.31	제4회 전국동시지방선거	3,867(광역단체장 16, 기초단체장 230, 광역의원 733, 기초의원 2,888)	51.6%

자료: 김재전(2008)."한국의 지방선거와 유권자 투표행태에 관한 연구," 서울시립대학교 행정학 박사학위 논문, p. 19.

참고: 중앙선거관리위원회 자료를 참고하여 재작성함.

스캔달로 인하여 지지기반의 잠식이 한참 일어나던 때였고, 1992년 대통령 선거에서 패배한 당시 야당 지도자 김대중 총재가 정계은퇴를 선언한 다음 1994년 복귀하여 실질적인 정치활동을 재개하고 있던 때였다.

1994년 3월 「공직선거및선거부정방지법」이 새로 제정되었는데, 이 법은 대통령선거에부터 국회의원선거, 자치단체장 선거, 지방의회선거 등 모든 선거를 하나로 묶는 통합선거법으로서 광역의회 선거에 처음으로 '비례대표제'를 도입하였고, 자치단체장 선거와 지방의원에 '정당공천제'를 허용하는 것이 골자였다. 그러나 지방선거에 있어서 정당공천의 문제는 1995년 선거가 가까워지면서 기초의원 선거에는 정당공천을 허용하지 않는 방향으로 재개정되었다.

6월 27일 실시된 제1차 전국동시지방선거에서의 투표율은 68.4%로 1991년의 55%에 비하여 높아졌다. 광역의원 선거에서 총 의석수 875석 가운데 민자당이 282석, 민주당이 355석, 자민련이 85석을 얻었고, 기초단체장 선거에서는 230개 기초자치단체에서 민자당이 70개, 민주당이 84개, 자민련이 23개를 차지하였다. 이 선거에서도 고질적인 '지역주의'가 크게 기승을 부렸다. 그럼에도 김영삼 정부에 대한 '회고적 투표(retrospective voting)' 행태가 나타났다(박경산, 1995; Fiorina, 1981). 지방선거는 지역성과 여당에 대한 평가가 주된 요인이 되고 있으나, 지역수준에 대한 회고적 평가는 처음 실시된 지방선거에서 불가능하였고, 결국 1995년의 제1회 전국 동시지방선거는 김영삼 정부의 국정수행에 대한 평가의 의미가 담겨져 있었다. 기초의원 선거에는 비록 각 정당에서 후보자를 내천(內遷)했다고는 하나 공식적으로 정당공천이 허용되지 않았기 때문에 집계된 통계가 나오지 않아 아쉽게도 기초의원 선거에서의 정당별 분포를 알 수가 없다.

여섯 번째 지방선거는 3년 뒤 1998년에 치러졌는데, 이는 1997년 대통령선거를 통하여 김대중 정부가 처음으로 여야 정권교체를 이룩하였지만, 'IMF 경제위기'의 결과로 경제가 쇠퇴하고 있었고, 국민의 정치에 대한 혐오와 냉소가 큰 가운데, 6월 4일 비교적 조용하게 제2차 전국동시지방선거가 실시되었다. 이 선거에서 투표율은 다시 하락하여 52.7%를 나타내었다. 광역의회 선거에서는 총 의석수 875석 가운데 여당인 한나라당이 282석, 제1야당인 새정치국민회의가 355년, 자민련이 85석을 얻었고, 기초단체장 선거에서는 232개 지방자치단체 가운데 한나라당이 74개, 새정치국민회의가 84개, 자민련이 29개를 차지하였다. 이 선거에서는 고질적인 지역주의가 확인되었다. 이 선거는 김대중정부에 대한 '반사적 방어심리'로 IMF 체제라는 특수성 속에서도

◈ 표 7-4 ◈ 역대 지방선거 투표율(%)

		제1회(1995)	제2회(1998)	제3회(2002)	제1회-제2회	제2회-제3회
수도권	전 국	68.4	52.7	48.8	-15.7	-3.9
	서 울	66.2	46.9	45.7	-19.3	-1.2
	경 기	63.2	50	44.6	-13.2	-5.4
	인 천	62	43.2	39.4	-18.8	-3.8
충 청	대 전	66.9	44.5	42.3	-22.4	-2.2
	충 북	72.7	61	55.8	-11.7	-5.2
	충 남	73.8	59.5	56.1	-14.3	-3.4
전 라	광 주	64.8	45.1	42.4	-19.7	-2.7
	전 북	73.7	57.8	54.7	-15.9	-3.1
	전 남	76.1	68.2	65.6	-7.9	-2.6
경 북	대 구	64	46.8	41.5	-17.2	-5.3
	경 북	76.8	64.9	60.4	-11.9	-4.5
경 남	부 산	66.2	46.7	41.8	-19.5	-4.9
	경 남	73.1	61.1	56.2	-12.0	-4.9
	울 산	-	57.6	52.63	-	-5.3
기 타	강 원	74.8	64.3	59	-10.5	-5.3
	제 주	80.5	73.7	68.5	-6.8	-5.2

자료: 서울대학교 한국정치연구소(2002), 「6·13 지방선거 평가」, p. 42.

선거가 치러졌고, 한나라당에 영남권에서 지역주의적 몰표가 나왔다(손혁재, 2002: 37-38).

일곱 번째 지방선거는 2002년 월드컵 열기가 한창인 6월 13일에 실시되었는데 전국 투표율은 48.9%로 현저하게 저하되었는데, 이는 수도권 투표율의 하락에 크게 기인하였다. 1995년의 68.4%에서 1998년에는 52.7%, 그리고 다시 이번에는 48.8%로 줄었다. 그러나 투표율 저하 속도가 15.7% 하락에서 3.9% 하락으로 확연하게 줄어들게 됨으로써 앞으로 투표율이 더 이상 급격하게 떨어지지는 않을 것으로 전망되었다(서울대학교 한국정치연구소, 2002: 42). 정부의 경제위기 극복을 위한 구조조정과 전체적인 구조조정의 방침에 따라 지방의원 정수도 1/3을 감축하는 방향에서 결정되었고, 광역의원 정수도 682명으로 축소된 가운데 한나라당이 68.5%(467석)을, 민주당이 21.0%(143석)을 차지하였고, 자민련이 4.8%(33석)을 차지하였다. 기초단체장 선거에서는 한나라당이 선출정수 232명 가운데 60.3%(140개), 민주당이 19.0%(44개) 기초자치단체장을, 자민련이 6.9%(16개) 기초단체장을 획득하였다. 광역단체장 선거에서는 야당인 한나라당이 16개 시·도 가운데에서 민주당의 텃밭인 광주, 전남, 전북과 제주의 4개 지역과, 자민련의 아성인 충남만 빼고 수도권 전체와 대전, 충북까지 포함하는 11개 전 지역을 석권하였다. 2002년 6월 13일의 제3차 전국동시지방선거의 결과는 전체적으로 야당인 한나라당의 압승으로 나타났다.

2002년 6월 지방선거에서는 처음으로 '정당명부식 비례대표제'가 광역의원 선거에 도입되었는데, 선거결과 민주노동당이 자민련을 따돌리고 제3당의 지위를 차지하는 발전을 보여주었다. 비례대표 광역의원의 정당별 득표율에서 제1야당인 한나라당이 52.2%(36석), 여당인 민주당이 29.1%(22석), 민주노동당이 8.1%(9석), 자민련이 6.5%(4석)를 차지하여 군소정당의 의회진출에 정당명부 비례대표제가 크게 기여하고 있음을 보여주었다.

또한 광역의원 선거에서 여성의 비율이 9.2%로 1995년, 1998년의 두 번의 지방선거에서 여성 광역의원의 비율 5.7%, 5.9% 보다 조금 증가한 것으로 나타났다. 특히 비례대표의 경우에는 총 73명 중에서 49명(67.1%)이 여성이었다. 이는 '여성할당제'의 실효성을 높이기 위한 제도개혁이 어느 정도 성과를 나타낸 것으로 보인다. 하지만 기초단체장, 지역구 광역의원, 기초의원에서 여성 비율은 여전히 매우 낮았다. 그럼에도 기초단체장 선거에서 2명의 여성이 당선된 것은 1995년 제1회 지방선거 이후 처음 있는 일이었다.[6)]

이와 같이 집권 여당인 민주당이 참패한 까닭은 몇 가지 측면에서 분석된다. 첫째, 6·13 지방선거가 12·19 대통령선거를 불과 6개월 앞두고 실시된 데다 월드컵으로 인한 선거 무관심까지 겹쳐 지역일꾼을 뽑는 선거의 성격이 퇴색하고, 사실상 대통령 선거전의 전초전 양상으로 치러진 점. 둘째, 민주당의 주요 지지기반인 20, 30대 젊은 층의 높은 기권율, 셋째, DJP 공동정권 붕괴에 따른 수도권 및 충청권의 표 분산을 민주당 지방선거 참패의 이유로 들 수 있다.

이러한 6·13 지방선거결과에도 불구하고 6개월 후 실시된 2002년 대선에서는 한나라당 이회창 후보가 민주당 노무현 후보에게 패배함으로써 지방선거 압승이 대선에도 크게 영향을 미칠 것이라는 해석이 빗나갔다.

여덟 번째 지방선거는 가장 최근인 노무현정부의 중간평가의 성격을 띠고 2006년

---

6) 제1회 기초단체장 선거에서 광명시에서 민자당 공천을 받은 전재희 씨가 당선되었고, 1999년 10월 28일 치러진 울산 동구청장 보궐선거에서 무소속의 이영순 씨가 당선된 바 있다.

◈ 표 7-5 ◈ 각 선거의 정당별 득표율

(단위: %)

	한나라당	민주당	자민련	민주노동당	사회당	녹색평화당	미래연합
광역단체장	52.9	29.2	5.2	4.7	0.3	0.3	0
기초단체장	44.5	26.7	4.2	1.2	0	0	0.8
광역지역구	47.6	30.4	3.6	2.5	0.2	0	0.3
비례대표	**52.2**	29.1	6.5	**8.1**	1.6	1.3	1.1

자료: 중앙선거관리위원회(http://www.nec.go.kr) 공식 집계.

◈ 표 7-6 ◈ 당선자의 성별, 연령별 분포

	정수	남	여	30미만	30-39	40-49	50-59	60-69	70이상
광역단체장	16	16	0	0	0	0	8	8	0
	%	100.0	0.0	0.0	0.0	0.0	50.0	50.0	0.0
기초단체장	232	230	2	0	4	39	109	80	0
	%	99.1	0.9	0.0	1.7	16.8	47.0	34.5	0.0
광역지역구	609	595	14	0	46	256	222	85	0
	%	97.7	2.3	0.0	7.6	42.0	36.5	14.0	0.0
광역 비례대표	**73**	24	**49**	1	9	23	28	12	0
	%	32.9	**67.1**	1.4	12.3	31.5	38.4	16.4	0.0
광역의원 합계	**682**	619	**63**	1	55	279	250	97	0
	%	90.8	**9.2**	0.1	8.1	40.9	36.7	14.2	0.0
기초의원	3485	3408	77	4	227	1348	1386	512	8
	%	97.8	2.2	0.1	6.5	38.7	39.8	14.7	0.2

자료: 중앙선거관리위원회(http://www.nec.go.kr)공식 집계.

5월 31일에 치러졌는데, 제3회 6·13 지방선거에서 보다 더 많은 지지를 얻은 야당인 한나라당의 대승으로 끝난 선거였다. 16곳의 광역단체장 중 한나라당이 12곳을 차지하였고, 집권여당인 열린우리당은 겨우 전북지사 1명만을 당선시켰다. 제2야당인 민주당은 광주시장과 전남지사 2명을 당선시켜 지역기반을 다졌고, 제주도에서는 무소속후보가 당선되었다.

기초단체장 선거에서는 한나라당이 서울시 25개 구청장 전원을 당선시켰고, 경기·인천도 여당이 전멸, 호남지역과 일부 충청지방을 제외한 전 지역에서 한나라당이 155명을 당선시켜, 기초단체장 선거를 석권하였고, 열린우리당에서 19명, 민주당 20명, 국민중심당 7명, 무소속 29명이 당선되었다.

지방의회의원의 경우 광역의회 지역구의원 655명 중 한나라당 79.3%(519명),

민주당 10.8%(71명), 열린우리당 5.1%(33명), 민주노동당 4명, 국민중심당 13명, 무소속 14명이 선출되었으며, 비례대표는 한나라당 38명, 민주당 19명, 열린우리당 9명, 민주노동당 10명, 국민중심당 2명이 각각 당선되었다.

2006년 5월 31일 지방선거에서 처음으로 기초지방의원 선거에 도입된 '정당공천제'로 지역구의원 2,513명 중 한나라당 55.8%(1,401명), 열린우리당 21.6%(543명), 민주당 9.3%(233명), 민주노동당 52명, 국민중심당 11명이 당선되었다. 정당지지도에 따라 정당득표율에서도 한나라당 51.7%, 열린우리당 23.2%, 민주당 9.1%, 국민중심당 2.1%, 기타정당·무소속 7.2% 순으로 나타났다.

2. 우리나라 지방선거의 특징

(1) 선거의 기능적 측면

우리가 선거를 하는 이유가 지방정부 운영에 있어서 민의를 잘 반영하도록 자치단체장과 주민들의 대표자인 지방의원들을 뽑아서 지방정부를 구성하는데 그 의의가 있다. 자치단체장을 선출함으로써 지방정부의 집행부를 형성하고, 지방의원들을 선출함으로써 집행부의 견제기관이자 지방의 입법기관을 형성하는 것이다. 그리고 선거과정에서 각종 정책과 관련된 이해들을 확인하여 정책에 반영하고, 정치적 통합을 달성하는 기능을 수행하고자 하는 것이다. 지방정치가 바로 민주주의의 소학교라면 주민들은 바로 지방선거를 통해서 주권자로서의 권리와 의무를 찾는 것이다.

그럼에도 우리나라의 지방선거는 이러한 선거의 본원적인 기능들을 제대로 수행하고 있는지 자못 의문이다. 집행부의 견제기관으로서의 역할도, 주민의 의사를 형성하는 활발한 토의기관으로서의 역할도, 정치적 통합기제로서의 역할도 모두 제대로 수행하지 못했다. 한때는 지방선거가 오히려 독재정부의 정치적 기반을 강화시키는 경우도 있었다. 오히려 지방의 문제가 중앙정부의 입김에 의하여 좌우되는 모습이 많이 나타났다.

(2) 과도한 중앙정치의 영향

우리나라 지방선거에서 늘 문제되는 측면이 지방정치가 중앙정치에 의해 예속되어 있다는 점이다. 지방선거에 중앙정치의 정책평가가 반영되어 선거공약이나 선거운동에서의 구호조차도 중앙정부에 대하여 말해야 할 것들이 여과없이 외쳐지는 경우가 많다. 다시 말해 아직 지방정치 고유의 정체성(identity)을 확보하지 못했다는 설명이 가능할 수 있다.

이것은 정당후보자를 결정하는 과정을 보거나, 지방선거의 역사를 보거나, 당시의 주된 이슈가 된 정책들을 보더라도 지방선거가 생활정치의 일꾼을 뽑는 축제가 되지 못하고, 중앙정치의 정권심판론이나 정권지지를 확인하는 과정으로 되어온 것을 확인할 수 있다.[7)]

우선 정당이 지방선거에 나갈 후보자를 결정하는 것만 보더라도 정당의 공천이 제도화되어 있음에도 당내 경선을 거치는 것이 아니라, 상당부분 당의 지역 국회의원이나 중앙당 차원에서 지명되는 경우가 많고, 당내 경선을 거치더라도 지역 국회의원 등 공천에 영향을 미칠 수 있는 유력자에 의하여 '동원된 경선'이나 '조종된 경선'을 하는 경우가 많았었다.

또한 지방선거의 지나온 역사를 보더라도 지방선거가 과연 지방선거인지 중앙정치 차원의 또 하나의 선거인지 분간하기 어려울 정도로 진행되었다. 지방선거 자체가 중앙정치의 목적에 의하여 실시되기도 했고, 중앙정치 차원의 여·야 갈등이나 정책갈등에 따라 지방선거가 직접적 영향을 받아왔다. 대표적으로 과거 자유당 집권시기 치러진 1952년 제1회 선거는 이승만정부의 집권연장 목적에서 실시되었고, 1956년 제2회 선거는 지방정부 구성보다 집권층에 대한 반대기류가 지배적인 가운데 지방선거가 치러졌고, 1960년 제3회 지방선거도 집권세력인 민주당의 구파와 신파간의 갈등이 지방선거에 반영되어 있었다.

3공화국 이후 중단된 지방선거가 30년이 지나서 1991년에 새로 부활된 다음 치러진 1991년 선거도 3당합당으로 탄생한 민자당에 대한 심판론이 주된 선거 기류였고, 1995년 제1회 전국동시지방선거에서도 김영삼정부에 대한 중간평가와 야당 지도자였던 김대중 씨의 정계복귀에 대한 국민적 심판 등의 의미가 부여되었다. 1998년 제2회

---

7) 흥미롭게도 1998년 지방선거는 집권당이 여당 조차 지방선거를 중간평가라고 규정한 바 있다. 야당이나 보궐선거이든 지방선거든 언제든지 정략적으로 중간평가라고 할 것이지만, 1998년 5월 3일자 조선일보 보도에 의하면 당시 조세형 국민회의 총재 권한대행은 집권초반임에도 지방선거를 중간평가로 규정하였는데, 이는 지방선거가 불가분 중앙정치의 영향에서 자유롭지 못하다는 것을 반증한다(강원택, 1998).
한편 당시 중앙일보 기사(2002.5.28-29)는 지방선거의 쟁점을 중앙정당들이 '김대중정권의 부패청산'과 '세대교체'를 전국적 이슈로 집중하고 있음을 보도하고 있는데, 대통령선거후보자들이 6·13지방선거에 직접 개입하면서 지방적 이슈가 부각되지 못하고 정권심판론에 파묻히는 상황을 전달하고 있다.

동시선거도 일부 지역에서 지방선거 후보자에 대한 당내 경선이 이루어졌지만 여전히 형식적인 경우가 많았고, 중앙정치인의 영향하에 경선이 이루어졌다. 2002년 지방선거도 김대중정부에 대한 정권심판론이 지방선거가 주요 이슈가 되었고, 2006년의 동시선거도 노무현정부에 대한 정권심판론이 주된 이슈였다.

이렇게 중앙정치 차원의 정권심판론이 지배적 선거이슈가 됨으로써 생활정치의 이슈는 실종되게 되고, 정책역량을 가진 지역일꾼을 뽑는 과정으로서 후보자 개인의 인물성, 능력보다는 정당색깔이 강조되고, 지역이슈가 부각되지 못하는 지방선거가 되어왔다.

(3) 낮은 투표율

앞에서 보았겠지만 과거의 지방선거를 통해서 지방선거에서의 전국투표율은 지속적으로 하락되어 왔다. 1950년대는 80～90%의 투표율을 보였으나, 1960년대도 60% 이상의 투표율을 보여주었고, 1991년의 지방의원 선거에서는 55～59% 정도의 투표율을 보여주었으나, 자치단체장 선거가 처음 실시된 1995년의 전국동시지방선거에서는 68.4%, 1998 52.7%, 2002년 48.9%, 2008년 51.6%로 지속적으로 하락되는 추세가 이어지고 있다. 이러한 투표율 하락을 막기 위한 방편으로 유럽 국가들이 사용하는 의무투표제도(Compulsory Vote)를 도입해야 한다는 주장도 있다. 룩셈부르크, 이태리, 벨기에, 호주 등이 의무투표제도를 도입하여 지방선거의 투표율이 80~85%를 상회하고 있다(황아란, 1995: 22).

투표율이 하락된 것뿐만 아니라 최근 지방선거의 투표율은 매우 저조하고 낮게 나타나고 있다. 이러한 투표율이 낮다는 것은 민주주의 자체의 정당성(legitimacy)의 위기 문제가 발생한다(Crozier, et al. 1974; Habermas, 1975; King, 1975; Yates, 1977). 주민들이 투표하지 않는 가운데에서 탄생한 지방정부의 정당성도 문제거니와, 일부 집단과 세력의 과다참여, 과소참여에 의하여 지방정부의 정책정향이 영향을 받고, 민의를 균형되게 반영하지 못하고 상당히 왜곡될 수 있기 때문에 민주주의에서 매우 위험한 상황으로 이해된다(김병준, 2003: 225).

이러한 낮은 투표율이 지방정치에 대한 주민들의 냉소(cynicism)나 무관심(disinterest)에서 비롯된 것인지, 지방정부에 대한 불신(distrust)의 차원에서 연유하는 것인지는 경험적으로 조사될 문제이고 지속적으로 탐색되어야 할 주제이지만, 주민들이 지방선거에 크게 관심이 없다는 것이 그동안의 많은 조사나 관측에서 나타나고 있다.

실제로 〈표 7-7〉에 나타난 바와 같이 중앙선거관리위원회가 2002년 6월13일 선거직전과 선거기간 중반에 2차례에 걸쳐 전국의 유권자 1,500명을 대상으로 실시한 여론조사에서 1998년 지방선거에서 선거에 관심이 없다는 응답자가 36.9%에서 제16대 국회의원선거에서는 45.5%로 올라가고, 다시 2002년의 제3회 지방선거에 관한 1차설문에서 49.7%, 2차 설문에서 39.7%로 대체로 올라가는 경향을 보여주었고, 반드시 투표하겠다는 비율이 1998년 지방선거 67.8%, 제16대 국회의원 선거 46.1%, 2002년 지방선거 1차설문에서 42.7%, 2차설문에서 45.1%로 계속 하락하였음을 보여주고 있다. 또한 왜 투표 않느냐의 질문에서 정치에 대한 관심이 없어서라는 항목에서 1998년 27.4, 16대국회의원선거에서 22.4%, 2002년 지방선거 1차설문에서 38.8%, 2차설문에서 40.3%로 정치적 무관심도 높아짐을 보여주었다. 또한 '정치적 비효능감'(political inefficacy)의 지표가 될 수 있는 "투표해도 바뀌는 것이 없으니까"라는 항목에 1998년 27.1%, 16대국회의원선거에서 44.9%, 2002년 지방선거 1차설문에서 27.5%, 2차설문에서 34.8%로 상향되는 경향을 보여주고 있다. 중앙선관위의 설문조사에서도 투표하지 않는 사람들의 이유 가운데 정치적 비효능감과 정치적 무관심정도가 계속 높아지고 있음을 알 수 있다. 이는 곧 정치적 비효능감과 무관심이 지방선거에 참여하지 않는 커다란 요소임을 보여주는 것이다.

물론 지방선거에 참여가 낮다고 해서 곧장 지방민주주의의 위기로 발전하는 것은 아니다. 지방선거에 대한 참여가 낮더라도 정치적 리더십이나, 정치제도와 조직구

◈ 표 7-7 ◈ 선거에 대한 관심 및 투표행태

질문사항		제2회 지방선거	제16대 국회의원선거	제2회 지방선거	
				1차	2차
선거관심도	있다	63.1	54.5	50.3	60.3
	없다	36.9	45.5	49.7	39.7
투표참여 여부	• 투표하겠다	86.8	80.4	84.0	83.1
	반드시 투표	67.8	46.1	42.7	45.1
	실제투표율	52.7	57.2	-	-
	• 투표할 생각없다	13.2	19.6	16.0	16.9
투표 비참여 이유	• 투표해도 바뀌는 것이 없어서	27.1	44.9	27.5	34.8
	• 마음에 드는 후보자 없어서	19.9	23.5	13.8	9.9
	• 정치에 대한 관심이 없어서	27.4	22.4	38.8	40.3

자료: 중앙선거관리위원회(http://www.nec.go.rk) 보도자료(2차 유권자 의식조사), 2002.06.09.

조, 정치문화적 차원에서 지방민주주의를 보완하고 발전시킬 수 있는 요소가 있다. 그럼에도 정치적 무관심과 냉소주의가 높고, 그것이 낮은 투표참가율, 즉 지방선거에 대한 참여가 줄어들면 낮은 투표과정을 통하여 탄생된 지방정부가 정당성을 확보하는데 심각한 장애요인이 될 수 있다는 차원에서 우려되는 현상이다.

(4) 냉소와 불신의 지방정치문화

지역주민들이 지방선거에 참가하지 않는다는 것만으로 지방정부에 대한 주민들이 냉소주의를 가지고 있다, 불신한다 라고 단정할 수는 없다. 성숙한 지방정치문화(local political culture)가 형성되지 못한 것은 아직 지방자치의 역사가 일천하기 때문이기도 하고, 또한 지방자치단체에 부여된 자치권의 범위가 너무 협소해서 지방정부가 할 수 있는 매우 제한되어 있는 데서 발생하는 무기력감(powerlessness), 운명주의(fatalism)와 정치적 비효능감(political inefficacy) 같은 것이 작용할 수도 있다.

그럼에도 주민들의 정당과 후보, 정치제도와 정치 그 자체에 대한 불신과 냉소의 정도가 대단히 높다는 것은 지배적인 견해다. 특히 지방의회와 지방의원, 지방의원 후보에 대한 불신과 냉소는 대단히 높은 편이다. 정책적 능력과 비전을 갖춘 유능한 후보들이 지방선거, 특히 지방의회 선거에 나오지 않는다는 이슈도 있겠지만, 지역주민들의 과거의 경험에서 비롯된 지방정부의 역량에 대한 판단, 지방의회의 의정활동 실적에 대한 실망감과 언론의 부정적인 보도들이 집합적으로 작용하여 그러한 불신과 냉소주의를 가져왔다고 본다.

참고문헌

강원택.(1998). “지방선거와 중앙정치: 6·4 지방선거의 정치적 함의.” 한국정치학회 지방정치 특별학술회의「21세기를 향한 한국의 지방정치」 발표논문.

______.(1999). “지방선거에 대한 중앙정치의 영향: 지방적 행사 혹은 중앙정치의 대리전?.” 조중빈 편, 「한국의 선거 III: 1998년 지방선거를 중심으로」, 서울: 푸른길.

김병준.(2003).「한국지방자치론」 제2판, 서울: 법문사.

김재전.(2008).「한국의 지방선거와 유권자 투표행태에 관한 연구」, 서울시립대학교 행정학 박사학위 논문.

김형준.(2002). “지방선거 선거구 획정에 관한 고찰 -광역의회를 중심으로.” 진영재 편, 「한국의 선거제도 I」, 서울: 한국사회과학데이터센터.

박경산.(1995). “1995년 지방선거와 신정당구도.” 「한국정치학회보」 29집 2호.

박상병.(1998). “6·4 지방선거와 한국의 정치균열 -더 공고화된 지역주의.” 한국정당정치연구소, 「한국민주주의와 지방자치」, 서울: 문원.

박찬욱.(2002). “지방선거와 지방정치엘리트.” 안청시 외, 「한국의 지방자치와 민주주의」, 서울: 나남출판.

서울대학교 한국정치연구소.(2002). 「6·13 지방선거 평가」, 한국정치 연구총서 1.

손혁재.(2002). “한국 역대 지방선거의 평가와 분석.” 박응격 편, 「2002월드컵과 지방선거」, 한양대학교 지방자치연구소 연구보고서 02-01.

안순철.(2002). “선거공영제의 이념적 가치와 제도적 현실.” 진영재 편, 「한국의 선거제도 I」, 서울: 한국사회과학데이터센터.

______.(2005). 「미국의 예비선거: 비교정치학적 접근」, 서울: 단국대출판부.

안용식·강동식, 원구환.(2006). 「지방행정론」 개정판, 대영문화사,

안청시·김만흠.(1994). “지방자치와 지방선거.” 안청시, 김덕규 편 「전환기의 한국민주주의」, 서울: 법문사.

이갑윤.(1998). 「한국의 선거와 지역주의」, 서울: 오름.

이승종.(2003). 「지방자치론」, 서울: 박영사.

진영재.(2005). “선거법 개정에 있어서의 각급 선거제도 사이의 조화문제.” 진영재 편, 「한국의 선거제도 I」, 한국사회과학데이터센터.

황아란.(1995).「한국의 투표행태에 관한 연구: 투표참여 및 선택을 중심으로」, 한국지방행

정연구원 연구보고서 94-9.
공직선거법(법률 제8879호, 2008.2.29 개정)
중앙선거관리위원회(http://www.nec.go.kr)

Bowman, Ann O'M. and Richard C. Kearney.(1999). *State and Local Government*, 4th edition, Boston and New York: Houghton Mifflin Company.
Crozier, M.(1975). et al. (eds.) *The Crisis of Democracy*, New York.
David Berman(1984). *State and Local Politics*, 4th ed, Boston: Allyn and Bacon.
Fiorina, Morris M.(1981). *Retrospective Voting in American National Election*, Yale Univeristy Press.
Habermas, J.(1975). *Legitimation Crisis*, translated by Thomas McCarthy. Boston.
King, Anthony.(1975). "Overload: problems of governing in the 19870's." *Political Studies* 23.
Yates, Douglas.(1977). *The Ungovernable City: The Politics of Urban Regimes and Policy Making*, Cambrige, MA: MIT Press.

제 8 장 지방의회와 자치기관간의 관계

제 8 장 지방의회와 자치기관간의 관계

지방의회와 자치기관과의 관계는 우선 집행기관과의 관계를 설정할 수 있고 다음으로 지방의회와 교육행정기관(교육청, 교육위원회)과의 관계를 상정할 수 있다. 그런데 이들 관계를 고찰하기 위해서는 이들 관계에 영향을 주고 있는 지방자치단체의 기관구성형태를 논의해야 한다.

제 1 절 지방자치단체 기관구성의 기본형태

1. 지방자치단체 기관구성의 이론적 논의: 기관구성 논의

지방자치단체의 기관구성은 대표적으로 의결기능과 집행기능을 단일기관에 귀속시키는 기관통합형, 의결기능과 집행기능을 각각 다른 기관에 분담하여 병립시키는 기관분립형, 두 가지 형태를 혼합한 절충형, 주민이 직접 참여하는 주민총회형의 형태로 구분된다.

지방자치단체는 국가가 부여해준 자치권을 가지고 주민에게 행정서비스를 효율적으로 제공하기 위해 지방자치단체 조직으로서의 기관을 필요로 하게 된다. 즉, 단체의사를 결정하는 의결기관과 결정된 단체의사를 집행하는 집행기관이 그것이다. 그런데 이들 기관들에게 어떻게 업무를 분장하여 처리할 것인가가 주요 의제가 되고 있다. 이는 어떻게 지방자치단체 기관을 구성하는 것이 민주적이고 효율적인 것인지에 대한 논의를 의미한다.

일반적으로 지방자치단체의 기관구성형태는 각 국가의 역사적 전통과 지방의 특수성(행정여건)에 따라 다양하게 채택 운영되고 있다. 기관구성의 형태가 중요하게 제기되는 이유는 지방자치단체의 기관구성을 어떠한 형태로 취하는가에 따라서 의결기관과 집행기관의 권한이 달라지고, 나아가 기관간 관계와 기관운영의 특징이 결정된다는데 있다. 예를 들어, 통합형 기관구성과 비교하여 분립형 혹은 대립형 기관구성은 기관간 권한이 명확히 분리됨으로써 기관간 협력이 보장되기보다는 상호 견제와 균형의 원칙을 추구하는 것을 특징으로 한다. 또한 보다 세부적인 기관구성의 유형을 나누는 기준으로서 단체장의 선임방법이나 기관간 권한의 정도에 따라서도 기관운영의 특징적 차이를 발견할 수 있다.

물론 기관구성 형태의 구조적인 요인 외에도 기관간 관계나 기관운영의 특징을 결정짓는 다른 환경적 요인도 고려되어야 할 것이다. 즉, 지역사회의 역사적 배경이나 구성원의 사회경제학적 분포, 정치행정문화, 자치의식, 중앙-지방간 관계 등은 기관구성의 형태뿐만 아니라 기관운영의 내용에도 중요한 영향을 주기 때문이다. 따라서 동일한 기관구성 형태를 취하는 경우라 해도 이러한 환경적 요인에 따라 한편에서는 민주적이고 효율적인 기관운영을 수행할 수도 있고, 다른 한편에서는 독단적이고 비효율적인 기관운영으로 전락할 수도 있다.

따라서 기관구성 논의에서는 기관구성 형태에 따른 특징적 성격들을 검토함과 동시에 이에 대한 제반여건들을 면밀히 검토할 필요성이 있다. 예를 들어 통합형 기관구성에서 요구되는 의회중심주의의 합의제적 정치문화 그리고 분립형 기관구성에서 요구되는 기관간 상호 견제와 균형의 문제는 그 전제요건들을 검토함으로써 기관운영의 장단점을 분석할 필요성이 제기된다. 따라서 지방자치단체의 기관구성은 전반적인 국가와 지방간 관계뿐만 아니라 지역사회의 여건, 규모, 자치역량, 지배적인 산업구조와도 맞물려있어 이와 함께 논의되어야 할 복합적인 사안이다.

여기에서는 기관 구성의 다양화에 대한 논의의 일환으로 지방정부 내 분업관계에 따른 주요 기관구성 형태에 대해 살펴보고자 한다.

분류의 첫 번째 기준은 지방정부 정치기관의 분업관계에 따른 것이다. 이 기준에 따라 주민으로부터 선출되는 대표기관의 형태는 이원대표제 모형(분립모형), 일원대표제 모형(통합모형) 및 직접참정 모형 등 세 가지 그룹으로 나눌 수 있다. 또 하나의 분류는 도시지자체 행정기능의 분업관계에 주목한 것이다. 이 유형은 도시지자체에서 정치의 활동영역과 중첩되는 執政(executive)기능으로부터 집행영역에 속하는 집행관리기능(administration)을 분리하는지에 따라 두 그룹(융합모형, 분리모형)으로 나눈 것이다. 융합모형은 집정기능으로부터 집행관리기능이 분리되지 않고 집정기관이 집행기관을 통제하는 형태이다. 이에 반해 분리모형은 집정기능으로부터 집행관리기능이 분리되어, 집정기능을 보유하는 기관이 집행관리기능이 있는 기관에게 집행기관의 통제를 맡기는 형태이다(채원호, 2007).

전술한 두 개의 분류 기준을 조합하면 〈표 8-1〉과 같이 여섯 개의 유형으로 나눌 수 있다.

◈ 표 8-1 ◈ 지방정부내 분업관계에 따른 주요한 기관 구성 유형

		정치 기관의 분업 관계		
		이원대표제 모형 (분립모형)	일원대표제 모형 (통합모형)	직접참정 모형
행 정 기능의 분 업 관 계	융합 모형	A 수장제 (강시장제, 약시장제)	C 카운실형, 이사회형, 참사회형, 의원내각제형	E 주민총회(타운미팅)형
	분리 모형	B 수석행정관형(수장소속) 시지배인형(의회소속)	D 시지배인형	F 타운지배인형

자료: 日本都市センター(2004: 30).

A형은 수장과 의회가 모두 직선되는 이원대표제 모형의 전형으로 일반적으로 수장형으로 불린다. 단, 같은 수장형이라도 집정기능이 수장에게 있는지(강시장제), 아니면 선출직을 장으로 하는 행정기관이 다수 분립하는지(집행기관다원주의), 집행권한이 주로 의회에 귀속되는지(약시장제)에 따라 전혀 다른 제도설계가 된다. 또한 대런던시(GLA)와 같이 시장이 집정권을 갖지만, 의회의원이 집행기관을 통제하는 위원회에 소속하면서 집정기능의 일부를 담당하는 절충적 형태도 있다. 즉, 수장제 모형내에서도 다양한 형태의 변형이 있을 수 있다.

C형은 직접선거에 의해 뽑히는 주민의 대표가 의회의원뿐인 경우가 전형적인 일원대표제 모형이지만, 이 형태에도 다양한 제도적 변형이 있다. 즉, 집정기능이 의원간에 분담·공유되는지(카운실형), 의원간 호선 등에 의해 집정기능을 담당하는 기관을 분리추출하고 있는지(참사회형), 혹은 선거에서 다수파를 점한 정당파가 집정기능을 담당하는지(의원내각형)에 따라 여러 가지 변형이 생각될 수 있다.

E형은 의회를 두지 않고 주민이 직접 참정하는 타운 미팅 등의 주민총회 모형이다.

이상의 A, C, E 형은 집정기능과 집행관리기능이 융합된 형태를 전제로 지방정부내의 정치기관의 분업관계를 축으로 순차 검토한 것이다.

한편 집정기능과 집행관리기능이 분리되어 분업관계가 제도화된 모형을 전제로 하면, 각각 B, D, F와 같은 형태로 나눌 수 있다. D는 이른바 전형적인 시지배인(city manager)제이다. 이원대표제 모형에서 집행관리기능을 도입한 것으로 B형을 생각할 수 있으나, 강시장제를 채택하는 지자체에서 시장 밑에 설치되는 것이 수석행정관(chief administrative officer)형이며, 약시장제를 채택하는 지자체에서 집정권을 갖는 의회 밑에 설치되는 것이 B형의 시지배인형이다. 또한 직접참정 모형에서 지배인을 두는 것이 F형이다.[1)]

2. 기관구성형태의 특징

(1) 기관통합형

기관통합형(Le modèle applicable à l'organisation intégrée de l'organe délibér-ant et de l'organe exécutif ; Le type d'unification intégrant les organes délibérant et exécutif; Le type intégré des organes délibérants et des organes exécutifs)은 권력통합주의에 입각하여 자치단체의 의결기능과 집행기능을 단일기관에 귀속시키는 형태이다. 여기에는 지방의회가 중심이 되어 지방정부 역할을 행사하게 된다.

1) 영국의 의회형

지방의회가 입법기능과 집행기능 전반을 관장하는 유형으로 지방자치단체장이 별도로 존재하지 않으며, 의회의장이 해당 자치단체를 대표한다. 각 사무분야별로 분과위원회가 설치되어 사무조직인 행정각부와 긴밀한 관계를 맺고 있다(최창호, 1997: 426).

따라서 County와 District에는 그 자치단체를 대표하는 장이 없으며, 다만 대도시 지역과 London 등 일부 자치단체에만 시장이 있을 뿐이다. 그러나 그 지위는 시정을 총괄하는 실질적인 장이 아니라 그 지방자치단체를 의례적으로 대표하는 상징적인 존재(ceremonial head)에 불과하며, 실질적인 행정권은 지방의회의 각 분과위원회가 행사하고 있다. 그러나 최근의 GLA 시장은 주민직선으로 하고 있다. 지방의회의 본회의에서 당해 자치단체의 정책사항을 결정하고 그 집행은 수석 집행관이 담당한다. 행정사무를 실제로 처리하는 의회부국(Council departments)은 상임위원회조직에 일치하도록 편성되어 있으며, 의회부국의 중간관리층은 분야별 전문가로 충원되어 있다(〈그림 8-1〉 참조; 정세욱, 2005: 481).

---

1) 外山公美.(1991). シティ・マネージャー職概念の変遷過程. 「季刊行政管理研究」, 54號, 46쪽.

◈ 그림 8-1 ◈ 지방자치단체의 기관구성 : 의회형

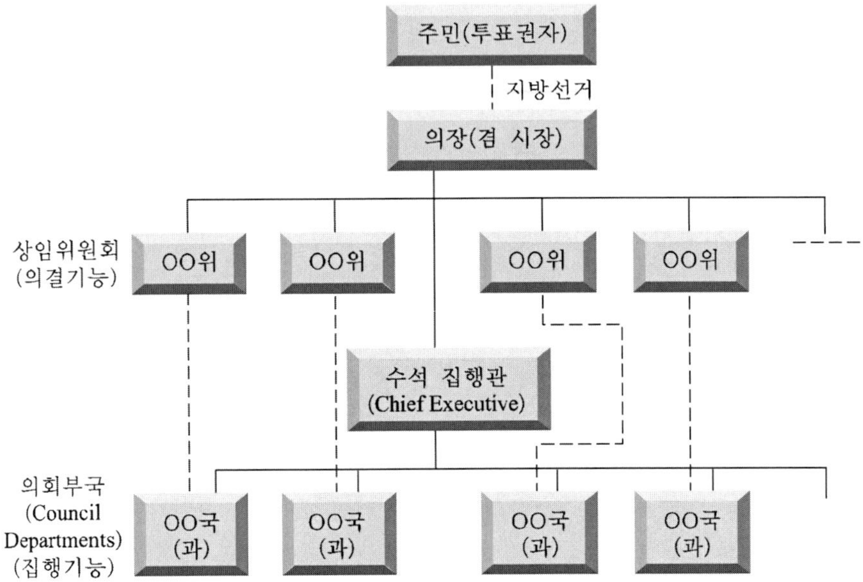

• 예컨데 정책위원회 소속하에 인사정책국, 교육위원회 소속하에 교육국, 사회위원회 소속하에 사회국으로 편성되어 있음
• 수석집행관은 정책위원회가, 부국책임자는 해당 상임위원회가 각각 임명.

지방정부 집행기관 조직

집행기관을 총괄하는 수석행정관(CEO: Chief Executive Officer)이 있고 그 밑에 국장(CO: Chief Officer)가 있다.

수석행정관의 역할

- 지방의회의 정책을 효율적으로 수행하는 집행기관의 총책임자

- 지방의회에 대한 정책자문

- 지방정부의 조직, 인사, 행정을 종합적으로 검토하고 각종 정책방안을 지방의회에 제언

- 지방공무원의 임용 및 인사에 관한 사항 통괄

2) 미국의 위원회형(Commission Form)

① 광역자치단체(County)에서 많이 사용하고 있어 County 정부의 70% 이상이

채택하고 있다.

의회: 'Board of County Commissioners'; 'Board of Supervisors'
County 조직의 필요성: 각 주정부에는 700여 개의 City, Borough, Town, Township, Village 등의 작은 정부조직이 있다. 따라서 주정부는 광역행정의 필요성에 부응하는 차원에서 이들 지방정부의 가교역할을 할 수 있는 광역단체(정부)로서 County를 설정하고 있다.

② 의회의원들이 독립적으로 선출되는 다른 선거직 공무원(예: Clerk, Auditor, Recorder, Assessor, Treasurer, Prosecuting Attorney, Sheriff, Coroner)과 함께 행정업무를 분담하여 수행하고 있다(〈그림 8-2〉 참조).

◈ 그림 8-2 ◈ 지방자치단체의 기관구성 : 위원회형

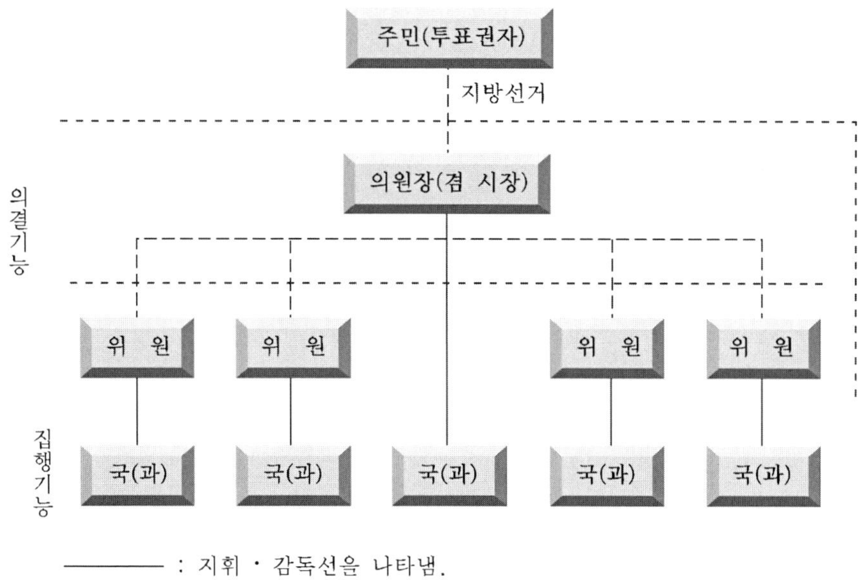

(가) 장점(김웅기, 2001: 425)

① 카운티의 전통적인 지방정부형태로 의회의원 이외에 독립적으로 주요부서의

책임자를 선출하여 함께 행정업무를 수행하기 때문에 권한의 분산을 도모할 수 있고, 주민의 의사를 정책에 잘 반영할 수 있다.

② 같은 맥락에서 의회의원과 선출된 공무원 사이의 균형과 견제가 용이하다.

③ 의회가 집행부 역할도 수행하기 때문에 의회와 집행부와의 연계성이 높아 일관된 행정운영이 가능하다.

(나) 단 점

① 강력한 집행기능을 기대하기 어렵다. 따라서 주민들에게 행정서비스를 효율적으로 제공하기 어렵다.

② 전문행정가가 아닌 의회의원이 행정을 운영하고 있어 전문행정능력이 떨어진다.

③ 주요부서의 모든 책임자를 주민이 선출하는데서 유권자는 행정적임자를 판단하기 어려울 뿐만 아니라 혼란스럽다.

3) 기관통합형의 장/단점

(가) 기관통합형의 장점

① 지방행정의 권한과 책임이 지방의회에 집중되어 있으므로 민주정치와 책임행정을 구현하기 용이하다.

② 의결기관/집행기관이 단일기관으로 되어 있어 대립이나 반목의 여지가 없으므로 지방행정의 안정성을 확보할 수 있다.

③ 다수의원의 의사에 따라 정책을 결정하고 집행하므로 신중하고 공정한 자치행정을 수행할 수 있다.

④ 소규모 조직의 기초자치단체에서 채택하기 용이하다.

⑤ 정책결정과 정책집행간의 관계가 긴밀하여 정책효과의 극대화를 기할 수 있다.

(나) 기관통합형의 단점

① 단일기관에서 의결기능과 집행기능을 동시에 행사하여 견제와 균형을 기할 수 없으므로 권력남용의 우려가 있다.

② 주민에 의해 선출된 의원이 행정을 맡게 되므로 행정의 전문화를 저해할 가능성이 크다.

③ 여러 의원들이 행정을 분담하여 처리하기 때문에(지방행정을 총괄 조정할

단일 지도자 내지 행정책임자가 없으므로) 행정의 종합성/통일성을 유지하기 어렵다.

④ 위원회형의 경우 대도시의 다양한 이익집단과 각 계층의 이해를 대표하기에 부적합하다.

⑤ 지방행정에 정치적 요인이 개입될 여지가 상당하다.

(2) 기관분립형

기관분립형(Le modèle applicable à l'organisation séparée d'un organe délibérant et d'un organe exécutif)은 권력분립주의에 입각하여 자치단체의 의결기능과 집행기능을 각각 다른 기관에 분담시켜 이들 상호간에 견제와 균형이 이루어지도록 하는 정부형태이다. 여기에서는 자치단체장의 선임방식(간선, 직선, 임명)에 따라 다양한 모습이 연출될 수 있다.

1) 집행기관 직선형

(가) 미국의 시장-의회형(mayor-council form)

① 약시장-의회형(weak mayor-council form)

- 의회가 입법기능과 행정기능을 가지고 아울러 주요한 행정공무원을 임명하고 어떤 분야는 감독까지 하고 있다.

- 시장은 보통 전 지역을 대상으로 하는 대선거구(At Large)방법에 의한 선거로 선출되고 있으나 집행부에 대한 권한은 다른 의원과 대동소이하며, 다만 의회의 의장기능과 명목상 시를 대표할 뿐이다. 따라서 의장을 겸하고 있는 시장은 매우 제한된 거부권 및 공무원 임명권을 가진다.

- 주요 행정공무원들이 선거로 선출된다. 선거직 공무원(대부분 정당 표방)

② 강시장-의회형(strong mayor-council form)

- 집행부 통제기능이 시장에게 집중되어 있고 각 부서의 책임자를 임명하고 해임하는 권한과 함께 의회에 예산안을 제출하고 의회의 결정에 대한 거부권을 행사할 수 있는 권한을 갖는다.

◈ 그림 8-3 ◈ 지방자치단체의 기관구성 : 약시장-의회형

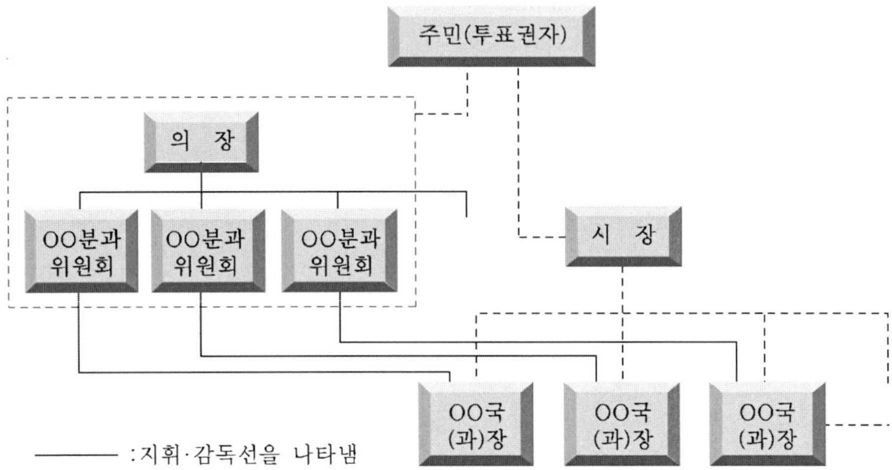

◈ 그림 8-4 ◈ 지방자치단체의 기관구성 : 강시장-의회형

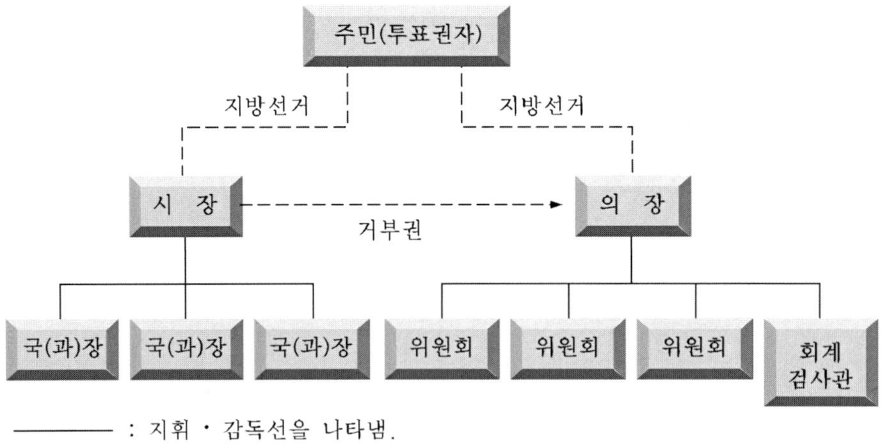

③ 강시장-총괄관리관형(strong mayor-general manager plan) : 시장/행정관형(mayor-administrator plan)

이 유형은 시장이 지역의 리더 및 지방정부 책임의 구심점 역할을 수행할 수

있고, 행정력을 갖춘 강한 집행력이 가능하게 된다. 의회-매니저(지배인/관리인)형이 부적절하다고 생각한 많은 대도시지역에 적합한 정부형태이다.

◈ 그림 8-5 ◈ 지방자치단체의 기관구성 : 강시장-총괄관리관형

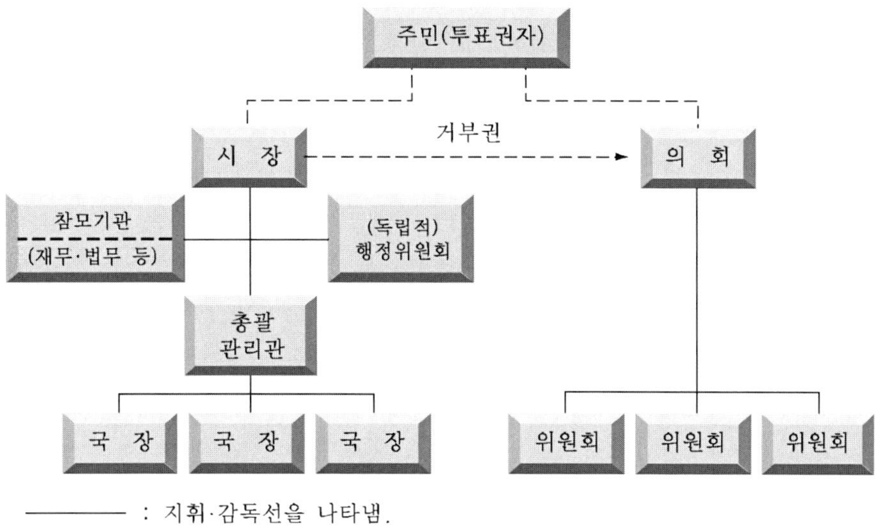

④ 의회-민선행정관형(Council-Elected Executive Form)/의회-시장형 정부형태와 유사하다. 주민직선으로 선출된 County의 장(Executive)은 집행부의 수장으로 공무원의 임명(단 부서장의 임명에 대해서는 의회 동의 필요) 및 해임권을 행사하고 예산안 작성, 정책개발 등 집행부에 대한 모든 책임을 지고 있으며, 의회결정에 대해 거부권까지도 행사하고 있다(김웅기, 2001: 429).

(1) 장점:

① 민선행정관(Executive)의 강력한 리더십으로 효율적인 행정이 가능해진다.

② 민의에 따른 행정운영이 가능해진다.

③ 민선행정관(Executive)이 광역정부인 카운티를 대표함으로 주, 연방정부에서는 1명의 책임자만 상대하여 지원이나 협의가 용이하다.

④ 의회와 집행부를 주민이 직접 선출하므로 견제와 균형의 원리에 합치한다.

(2) 단점:

① 1인의 장에게 너무 많은 권한이 집중되기 때문에 보스주의(Bossism)에 빠지기 쉽다.

② 전문행정능력을 갖춘 인사를 선출하기 어렵다.

③ 민선행정관(Executive)이 많은 참모 및 불필요한 책임자를 임명하여 많은 경비를 지출하게 하여 비효율적 행정이 되기 쉽다.

(나) 일본 집행기관장-의회형

일본 기관구성의 특색은 '수장주의'와 집행기관의 '다원주의'로 요약할 수 있다. 즉, 수장주의라는 것은 의사기관인 의회뿐만 아니라 집행기관의 장을 주민의 직접선거로 선출하는 제도로서 이원대표(二元代表) 제도라 할 수 있다. 또한 다원주의란 집행기관에 수장으로부터 어느 정도 독립한 지위와 권한을 가지는 기관(행정위원회 또는 위원)을 두고 정치적 중립성이나 공정성이 필요한 사무를 분장시키는 제도를 말한다. 이와 같은 조직 원리는 민주화 원리를 관철하는 동시에 수장과 의회 및 행정위원회 사이에 상호 견제와 균형(check and balance)의 기능이 작동하도록 하려는 것이다.

이렇듯, 수장 우위(강시장)의 기관구성은 수장이 중앙 행정의 담당자로서 인식되었던 일본형 지방자치의 현실 속에서 강화되어 왔다. 지방자치단체 사무에서 큰 비중을 차지하는 기관위임사무의 집행이 전적으로 수장(자치단체장)의 소관 사항이었기 때문에 의회나 행정위원회의 역할은 상대적으로 왜소화(矮小化)할 수밖에 없었다. 지방자치단체 사업 가운데 상당 부분이 국가의 보조사업이었던 점도 지방의회의 역할을 제약해 왔던 것으로 볼 수 있다(채원호, 2000; 최진혁 외, 2006).

(다) 한국 집행기관장-의회형: La séparation 《rigide》 du pouvoir

우리나라 기초, 광역 지방자치단체를 막론하고 일률적인 지방정치행정체계의 기관분립형 모형(집행기관장-의회형)을 취하고 있다(〈그림 8-6〉 참조). 즉, 권력분립(La séparation du pouvoir)의 원칙에 입각하여 지방자치단체의 의결기능과 집행기능을 각각 다른 기관에 분담시켜 기관간에 견제와 균형(contre-pouvoir: checks & balances)의 논리를 추구하고자 하는 것이다. 그런데 집행기관의 구성방법을 기준으로 볼 때, 1995년 이후로는 자치단체장 주민직선인 기관분립형이기 때문에 권한의 경직된 분립모형(La séparation "rigide" du pouvoir)으로 해석할 수 있다. 여기에서 비롯되는 지방정치·행정의 특질은 다음과 같이 정리할 수 있다.

첫째, 일률적인 지방정치행정체계로서 분립형 기관형태를 취한다. 둘째, 지방의회와 집행기관과의 관계에 있어서 단체장의 강한 권한으로 집행부 우위의 강시장-의회 형태를 취한다. 셋째, 중앙정치의 장과 격리된 지방정치의 장이 형성되어 지방선거과정에서는 정당공천을 제외하고는 실질적인 측면에서 지방정치와 중앙정치의 연계성이 취약하다.

넷째, 중앙통제의 정도에 있어서 중앙정부의 지방자치단체에 대한 통제가 강력한 특징을 지닌다. 이는 국가와 지방자치단체간 관계 및 우리나라의 지방분권 정도와 밀접한 관계를 가지고 있다. 다섯째, 분권행정의 틀은 갖추었으나 지방자치단체의 내부역량 미흡, 국가의 통제 강화, 분산행정 등으로 불완전한 분권행정이 지속되고 있다.

또한 우리나라는 국가와 지방자치단체간의 이중적 기능체제 —국가의 의사를 대변하는 국가의 지방행정기관으로서의 지위와 지방자치단체의 대표로서의 지위—

◈ 그림 8-6 ◈ 우리나라 지방정부의 정치 · 행정구조: 집행기관장-의회형

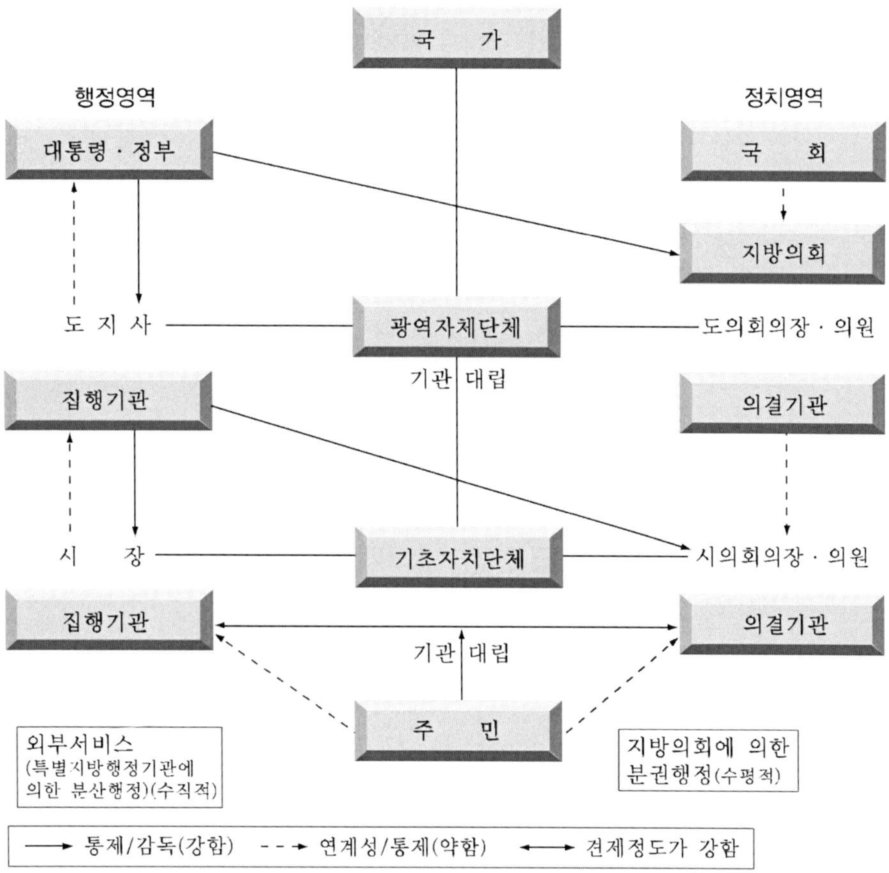

가 상대적으로 약화됨을 지적할 수 있다. 왜냐하면, 과거의 도지사제도와 달리 지방에서 국가의 의사를 대변할 기구가 없어졌다는 점에 그 이유를 들 수 있다. 따라서 "국가는 어디에 있는 것인가"의 의문이 제기될 수 있다. 그럼에도 불구하고 분산행정을 업고 가는 분권행정의 특징은 여전히 국가중심의 계서적 관계를 존중하는 행정이 주가 되어 수평적 행정게임을 강조하는 분권행정이 취약한 상황이다.

요컨대, 우리나라의 지방정부의 정치 · 행정구조는 〈그림 8-6〉에서 보는 바와 같이 광역, 기초자치단체를 불문하고 다음과 같은 특징적 요소를 갖는 동일한 형태의 집행기관과 의결기관을 만들어내고 있다. 첫째, 권력분립원칙에 기초한 집행기관과 의결기관의 분립, 둘째 중앙에 종속하는 지방행정운영, 셋째 집행부 위주의 정치 · 행정운영, 넷째, 이들 위에 국가의 외부서비스 기능이 개입되는 것으로 특별지방행정기관에 의한 분산행정 등이다. 따라서 국가와 지방자치단체간의 기능적 이중체제와 이에 따른 통제게임이 그 주요한 장치로 자리 잡게 되었다(최진혁 외, 2006).

(a)집행기관 직선형의 장점

① 의결기관과 집행기관을 모두 주민직선에 의하여 선출함으로써 실질적인 주민통제가 가능하다.

② 시장의 임기가 보장됨으로써 강력한 행정시책을 추진할 수 있다.

③ 견제와 균형의 원리에 입각하여 운영되기 때문에 권력의 전횡이나 부패를 방지하고 비판과 감시의 충실을 기할 수 있다.

④ 자치단체장은 주민의 신임에 기초하여 행정을 수행하기 때문에 민의를 자치행정에 반영하기가 용이하다.

(b)집행기관 직선형의 단점

① 자치단체장은 연임하기 위해서 인기에 영합하는 행정을 수행할 가능성이 높다.

② 반드시 행정능력을 갖춘 인사가 자치단체장으로 선출되는 것은 아니므로 효율적인 행정을 기대하기 어렵다.

③ 의결기관과 집행기관 사이에 갈등이나 알력이 발생할 경우 자칫 지방행정의 혼란과 마비를 초래할 우려가 있다.

2) 집행기관 간선형/프랑스 시읍면장-의회형: La séparation《souple》 du pouvoir

프랑스 지방정치행정체계는 일률적으로 모든 지방자치단체에 통합된 조직 내에 의결기관(지방의회), 집행기관(집행위원회와 의장)을 배열하고 있다. 즉 외형상 의원내각제도의 형상에 따라 의결기능과 집행기능을 사실상 한 기관에서 담당하는 기관통합형태를 채택하며 내용상 두 기능을 분립시키고 있다. 따라서 집행기관의 장은 지방의회에 의하여 선출되는 간접선거방식을 취하게 된다. 그러나 자치단체장으로 선출될 자는 이미 선거전에 정당명부 1순위에 위치하게 되어 강력한 영향력을 행사할 수 있게 된다. 이 경우 두 권한 사이의 연결고리는 보통 자치단체장의 정치담당부(cabinet)에 의해 보장되어 긴밀한 관계를 형성하게 된다. 이 모델은 두 권한을 완전히 분립시키는 것이 아니라 두 기능의 조화된 권한을 이루어 함께 업무를 수행하고자 하는 것이다. 그러나 또 한편으로는 권력분립의 원칙에 따라 두 권한이 분립되고 있기 때문에 이러한 유형을 권한의 연화된 분립형(La séparation “souple” du pouvoir)으로 설명할 수 있다(최진혁, 1999 : 61).

(가) 집행기관 간선형의 장점

① 책임 있는 정치와 행정을 구현할 수 있다.

② 집권여당이 과반수 이상을 차지할 경우 자치단체장은 의회의 지지를 바탕으로 강력한 행정을 추진해 나갈 수 있다.

③ 지방의회와 자치단체장 상호간에 긴밀한 협력체제를 유지함으로써 행정의 안정성과 효율성을 높일 수 있다.

(나) 집행기관간선형의단점

① 자치단체장이 의회에 예속화됨으로써 견제와 균형의 원리구현이 어렵다.

② 자치단체장에 대한 주민통제가 약화되고 민의의 반영이 소홀해질 우려가 있다.

③ 자치단체장이 정당의 이해에 따라 선출되기 쉬운 까닭에 행정능력과 지도력을 갖춘 자가 반드시 장이 된다는 보장이 없다.

④ 지방의회내의 여당세력이 과반수가 안 될 경우 행정을 추진함에 있어서 필요 없는 힘을 소모하게 되고 행정사무에 소홀할 우려가 있다.

3) 지방의회에 의한 집행기관 임명형: 의회-관리관형(Council-Administrator Form)

미국의 중도시(인구 25000-250000)의 반수 이상이 채택하고 있다.

(가) 의회-지배인형(Council-Manager type)

의회가 정책결정권과 행정의 최종적인 통제권을 행사하되, 자치단체의 행정 전반에 대하여 책임을 지는 전문지배인을 선임하는 형태이다.

① 효율적인 경영방식을 모방한 기관운영과 정치 · 행정의 분리를 목적으로 도입되었다.

② 지배인은 모든 시행정에 대한 감독 · 지시권, 부서장의 임면권, 예산편성권, 시의회에 대한 권고권 등을 가지며 의회에 대하여 책임을 진다.

③ 지배인의 임기는 시 의회와의 계약에 의하여 정하여지나 시의회는 재량에 따라 언제든지 지배인을 해고할 수 있다.

④ 시장은 일반적으로 의원 중에서 선출되며, 명예직으로서 의사를 관장하고 시를 대표하는 정치적 지도자에 불과하다.

⑤ 시의회는 조례제정권, 정책결정권, 재정권, 행정에 대한 조사 및 감사권 등을 장악함으로써 시정을 통제한다.

(나) 장　　점

① 행정에 대한 고도의 전문지식과 경험을 겸비한 자를 집행책임자로 선임하기 때문에 행정능률을 향상시킬 수 있을 뿐만 아니라 素人行政을 지양하고 과학적 · 전문적 행정을 수행할 수 있다.

② 직업윤리의식을 가진 전문가가 의회의 신임에 기초하여 행정을 수행하므로 부당한 정치적 압력을 배제하고 부정행위를 감소시킬 수 있다.

③ 입법기능과 집행기능이 명확히 구분되어 행정의 책임소재가 뚜렷하다.

(다) 단　　점

① 지배인의 정치적 지도역량이 부족한 까닭에 강력한 행정을 추진하기가 어렵다.

② 행정책임자인 지배인과 정치적 · 의례적인 시장간에 갈등과 알력이 발생할 가능성이 있다.

③ 행정책임이 지배인에게 집중되어 있기 때문에 권력전횡의 우려가 있다.

④ 대도시에는 채택하기 부적합하다.

⑤ 집행기관을 주민직선에 의하지 아니하고 의회에서 임명하게 하는 것은 본질적으로 비민주적이라는 비난을 받고 있다.

4) 중앙정부에 의한 집행기관 임명형

지방행정의 민주성보다 능률성을 더 중시하여 국가가 집행기관의 장을 임명하는 지방정부형태이다. 1982년 지방자치제도 개혁 이전의 프랑스, 1961년 이후 1995년 6월까지의 한국이 해당된다.

(가) 장　　점

① 국가와 지방자치단체간에 긴밀한 협조관계가 이루어지고 행정의 통일성/일관성 확보가 용이하다.

② 강력한 행정을 추진할 수 있으며 주민이나 정당의 환심을 살 필요가 없으므로 행정의 합리성 확보에 용이하다.

③ 유능한 전문가를 자치단체장으로 임명할 수 있어 지방행정의 질과 행정능률을 제고할 수 있다.

(나) 단　　점

① 자치단체장은 국가의 지휘/통제를 받으므로 민의의 충실한 반영보다 국가의 지시에 급급할 우려가 있다.

② 지방행정이 관료주의화 될 우려가 있다.

③ 지방자치의 본질인 기관의 자기선임의 원칙에 배치된다.

④ 행정의 민주성을 확보하기가 어렵다.

(3) 절충형: 의회－집행위원회형

네덜란드, 스웨덴, 오스트리아, 노르웨이, 덴마크, 이탈리아, 스페인, 캐나다의 일부 주에서 채택하고 있다.

1) 의　　의

절충형: 의회-집행위원회형(council-executive committee plan ; le type du conseil-comité exécutif)은 기관통합형과 기관분립형의 정부형태를 상호절충한 형태로서 의결기관과 집행기관을 따로 두고 있으나 상호 대립시키는 것이 아니라 상호 조화시키고 있는 유형이다. 네덜란드, 스웨덴, 오스트리아, 노르웨이, 벨기에, 덴마크, 스위스 및 독일의 Hessen 주에서 채택하고 있다.

① 지방의회, 자치단체장 외에 집행기능을 담당하는 기관(이사회, 참사회 또는 집행위원회)을 따로 두고 있어 일명 3원형이라고도 한다.

② 자치단체장은 집행책임자인 경우도 있고, 의례적/형식적인 존재인 경우도 있다. 의회 또는 시민에 의해 선출되는 자치단체장이 이사회의 의장이 된다.

③ 집행기관과 의결기관을 분립시키되 상호 대립시키지 않고, 집행기관을 합의제로 한 점에서 미국의 시장형과 다르다.

④ 이사회/참사회(집행위원회)가 지방의회를 기반으로 하면서도 별개의 독립된 집행기관의 지위를 갖는다는 점에서 영국의 의회형이나 미국의 위원회형과 구별된다.

⑤ 이사회/참사회(집행위원회)의 구성원도 의회의 구성원이 된다.

2) 장 점

① 의회와 집행기관(집행위원회)간에 대립과 마찰을 피하면서 긴밀한 협조체제를 구축할 수 있다.

② 민의의 충실한 반영과 공정하고 신중한 집행을 가능하게 한다.

③ 기관통합형과 기관대립형의 절충적 형태이므로 양자의 장점을 살릴 수 있다.

3) 단 점

① 합의제이므로 행정책임의 소재가 불분명하다.

② 지방자치단체의 의사결정과 집행이 신속히 처리되지 못하고 지체되기 쉽다.

③ 비전문가에 의한 소인행정의 폐해를 초래할 우려가 있다.

④ 기관의 3원제로 인하여 자칫 잘못 운영하면 행정의 혼란을 가져와 기관분립형과 기관통합형의 장점을 상실할 우려가 있다.

(4) 주민총회형

주민총회형(popular assembly system : town meeting)은 직접민주제의 원리를 현실적으로 적용한 기관구성형태로서 소규모 자치단체에서 흔히 볼 수 있는 유형이다. 지방자치단체 내의 모든 유권자로 구성된 주민총회가 자치단체의 최고기관으로서 중요 정책, 인사, 예산 등을 직접 결정하고 집행하는 형태이다. 스위스 기초자치단체의 주민총회(assemblée communale), 일본의 정/촌 총회, 미국의 Town Meeting(뉴잉글랜드지역), 영국의 Parish Meeting 등이 이 유형에 해당한다.

◈ 표 8-2 ◈ 지방자치단체 기관구성형태

	기관통합형	기관분립형 (1)/(2)/(3)/(4)	절 충 형	주민총회형
의미	기관통합형은 권력통합주의에 입각하여 자치단체의 의결기능과 집행기능을 단일기관에 귀속시키는 형태임	기관분립형은 권력분립주의에 입각하여 자치단체의 의결기능과 집행기능을 각각 다른 기관에 분담시켜 이들 상호간에 견제와 균형이 이루어지도록 하는 정부형태임 o여기에서는 자치단체장의 선임방식(간선, 직선, 임명)에 따라 다양한 모습이 연출될 수 있음	절충형은 기관통합형과 기관분립형의 정부형태를 상호절충한 형태로서 의결기관과 집행기관을 따로 두고 있으나 상호 대립시키는 것이 아니라 상호 조화시키고 있는 유형임	직접민주제의 원리를 현실적으로 적용한 기관구성형태로서 소규모 자치단체에서 흔히 볼 수 있는 유형임
장점	① 카운티의 전통적인 지방정부형태로 의회의원 이외에 독립적으로 주요부서의 책임자를 선출하여 함께 행정업무를 수행하기 때문에 권한의 분산을 도모할 수 있고, 주민의 의사를 정책에 잘 반영할 수 있음 ② 같은 맥락에서 의회의원과 선출된 공무원사이의 균형과 견제가 용이함 ③ 의회가 집행부 역할도 수행하기 때문에 의회와 집행부와의 연계성이 높아 일관된 행정운영이 가능함	① 민선행정관(Executive)의 강력한 리더십으로 효율적인 행정이 가능함 ② 민의에 따른 행정운영이 가능함 ③ 민선행정관(Executive)이 광역정부인 카운티를 대표함으로 주, 연방정부에서는 1명의 책임자만 상대하여 지원이나 협의가 용이함 ④ 의회와 집행부를 주민이 직접 선출하므로 견제와 균형의 원리에 합치함	① 의회와 집행기관(집행위원회) 간에 대립과 마찰을 피하면서 긴밀한 협조체제를 구축할 수 있음 ② 민의의 충실한 반영과 공정하고 신중한 집행을 가능하게 함 ③ 기관통합형과 기관대립형의 절충적 형태이므로 양자의 장점을 살릴 수 있음	지방자치단체 내의 모든 유권자로 구성된 주민총회가 자치단체의 최고기관으로서 중요 정책, 인사, 예산 등을 직접 결정하고 집행하는 형태로 직접민주주의 실현가능
단점	① 강력한 집행기능을 기대하기 어려움 따라서 주민들에게 행정서비스를 효율적으로 제공하기 곤란함 ② 전문행정가가 아닌 의회의원이 행정을 운영하고 있어 전문행정능력이 떨어질 우려가 있음 ③ 주요부서의 모든 책임자를 주민이 선출하는데	① 1인의 장에게 너무 많은 권한이 집중되기 때문에 보스주의(Bossism)에 빠지기 쉬움 ② 전문행정능력을 갖춘 인사를 선출하기 곤란함 ③ Executive가 많은 참모 및 불필요한 책임자를 임명하여 많은 경비를 지출하게 하여 비효율적 행정이 될 우려가 있음	① 합의제이므로 행정책임의 소재가 불분명함 ② 지방자치단체의 의사결정과 집행이 신속히 처리되지 못하고 지체되기 쉬움 ③ 비전문가에 의한 素人行政의 폐해를 초래할 우려	인구규모가 커지고 자치단체의 사무가 확대되는 오늘날 복잡한 자치행정현상으로 볼 때 현실적으로 곤란

	서 유권자는 행정적임자를 판단하기 어려울 뿐만 아니라 혼란스러움		가 있음 ④ 기관의 3원제로 인하여 자칫 잘못 운영하면 행정의 혼란을 가져와 기관분립형과 기관통합형의 장점을 상실할 우려가 있음	
채택국가	영국의 의회형 미국의 위원회형 (Commission Form)	미국의 시장-의회형(mayor-council form) ① 약시장-의회형(weak mayor-council form) ② 강시장-의회형(strong mayor-council form) ③ 강시장-총괄관리관형(strong mayor-general manager plan): 시장/행정관형 (mayor-administrator plan) ④ 의회-민선행정관형 (Council-Elected Executive Form)	네덜란드, 스웨덴, 오스트리아, 노르웨이, 벨기에, 덴마크, 스위스 및 독일의 Hessen 주	스위스 기초자치단체의 주민총회(assemblée communale), 일본의 정/촌 총회, 미국의 Town Meeting(뉴잉글랜드지역), 영국의 Parish Meeting
기타특징	o 여기에는 지방의회가 중심이 되어 지방정부 역할을 행사하게 됨 o 대체로 의회민주주의가 발달된 나라에서 채택하고 있음	(1) 집행기관 직선형 (2) 집행기관 간선형: 프랑스 시읍면장-의회형 (3) 집행기관 임명형(지방의회): 의회-관리관형(Council-Administrator Form) (4) 집행기관 임명형(중앙정부)	지방의회, 자치단체장 외에 실제로 집행을 담당하는 기관을 합의제인 집행위원회를 둠	직접민주제원리

제 2 절 지방자치단체장과의 관계(지방의회와 집행기관과의 관계)

1991년 지방의회의 구성과 1995년 집행기관의 장의 주민직선으로 대한민국의 국가경영은 지방분권화 정책을 수용하는 새로운 지방화 시대를 표방하기에 이르렀다. 그러나 지방분권 정책의 근간인 지방의회의 역할을 두고 볼 때, 1950년대의 소중한 지방의회 운영경험과 1991년 지방의회 부활 이후 16년간의 민선자치의 노력이 있었음에도 불구하고 우리나라의 지방의회제도는 아직도 해결해야 할 많은 과제 속에 주민으로부터 만족할 만한 수준에 이르지 못하고 있다. 물론 1950년대 지방의회의 구성이 오늘날과 같이 진정한 지방권이 부여된 자치단체로서 그들의 자율과 책임 아래 주민에게 보다 나은 양질의 서비스를 창출해 내기에는 일정한 한계가 있었다. 즉, 지방의회의 구성이 주민의 필요에 의해서 이루어진 것이라기보다는 국가의 필요에 의해서 그것도 집권자의 정권연장수단으로써 악용되어온 것이었다. 또한 1991년의 지방의회도 주민의 필요에 의해 구성되었기보다는 국가의 필요, 정확히 이야기하면 집권정치세력의 이해관계에 의해 구성되었다는 사실에서 한계가 있었다. 요컨대, 우리나라의 지방의회의 존재는 풀뿌리 민주주의를 담보하는 앵글로색슨계의 지방자치제도, 주민자치(autonomie des citoyens)와는 거리가 있었다. 지방자치 없이도 지방의회가 존재할 수 있고, 반대로 지방의회 없이도 지방자치의 존재가 가능하다는 철저한 국가위주의 지방행정수행방식의 발상이었다(최진혁, 1999: 56).

1. 지방의회와 집행기관과의 기본적 관계

지방의회와 집행기관의 관계는 지방정부구성형태에 따라 달라진다. 일반적으로 기관통합형의 경우 지방의회 중심으로 의결기관과 집행기관이 통합되어 있기 때문에 양 기관의 관계가 매우 밀접하고 소위 같은 이해를 가진 집단에 의해 의결기능과 집행기능을 동시에 수행하도록 하는 정부구성형태가 된다. 따라서 주민의 대표기관인 지방의회의 의결로 집행기관을 선임하고, 집행기관은 의회의 신임을 기초로 그 취임 및 직책보유의 조건으로 하게 된다. 이는 중앙정부의 정부구성형태로 볼 때에 의원내각제의 형태로서 국회와 내각의 관계와 유사하게 된다.[2] 이에 반하여 기관분립형의 경우 의결기관과 집행기관이 각각 주민의 선거로 선출되어 견제와 균형의 논리 하에 직접 주민에 대해 책임을 지게 된다. 따라서 중앙정부와 대비하여 볼 때 대통령중심제도와 같이 국회와 대통령과의 관계와 유사하게 된다(〈그림 8-7〉 참조).[3]

---

2) 의원내각제는 의회(의결기관)와 집행기관이 본질적으로 동일한 이해집단으로서 의회 내에서 다수당의 정치세력이 확보되면 행정의 안정성을 추구할 수 있게 되어 행정의 원활한 운영이 가능하게 된다. 그러나 이 상황은 다른 한편으로는 입법과 행정을 완전히 장악하게 되어 권력의 전횡을 일삼는 독재화를 불러오게 할 우려가 있다. 또한 의회 내에 군소정당이 난립할 경우 불안전한 행정운영을 초래할 우려가 있다.

3) 대통령중심제는 의결기관과 집행기관 간에 견제와 균형의 논리 하에 운영되는 제도로서 집행기관(자치단체장)을 의회로부터 분리시켜 일정기간의 임기를 보장함으로써 안정되고 효율적인 행정운영을 도모할 수 있는 장점이 있다. 그러나 양 기관간의 대립/갈등의 여지를 늘 가

◈ 그림 8-7 ◈ 기관통합형과 기관대립형의 대비

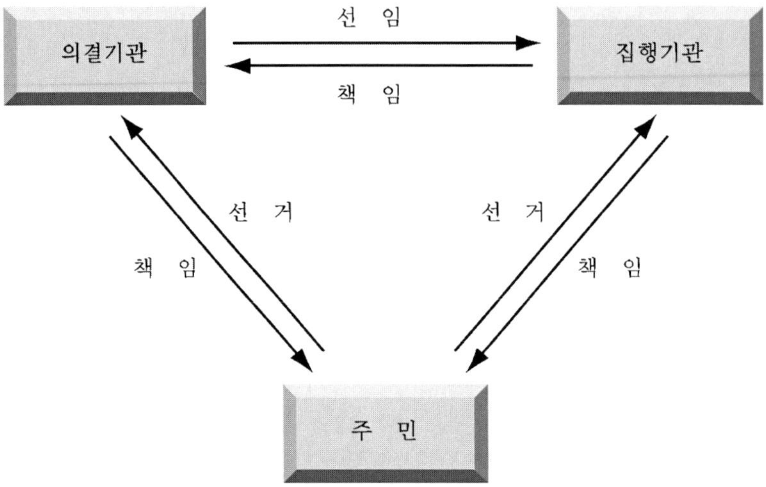

그 밖에도 여러 지방정부형태(의회-관리관형: council-manager form, 의회-집행위원회형: council-executive committee plan)를 상정해 볼 수 있지만 여기에서는 지방의회와 집행기관의 관계는 이론상 의결기능과 집행기능을 단일한 기관이 통합하여 행할 때보다 별개의 기관이 담당할 때에 비로소 논의될 수 있다는 논리에 접근하여 논의하고자 한다.

2. 집행기관 선임방식에 따른 양 기관간의 관계

기관분립형의 지방정부형태는 집행기관을 어떻게 선임하고 있느냐(주민직선제, 간선제, 임명제)에 따라 달라진다.

(1) 직선제하에서의 양 기관간의 관계

우리나라와 같이 자치단체장(집행기관)과 지방의회의원(의결기관)을 주민이 각각 직선하여 양 기관을 대립시켜 놓은 형태이다.

지고 있어 반목과 갈등이 심할 경우 행정의 원할한 운영을 보장받기 어렵다는 단점이 있다.

(2) 간선제하에서의 양 기관간의 관계

프랑스의 꼼뮨자치단체와 같이 꼼뮨의회에서 꼼뮨의 장을 선임(간선)하여 양 기관을 대립시켜 놓은 형태이다(권한의 부드러운 분립형태).

(3) 임명제하에서의 양 기관간의 관계

임명제 하의 양기관간의 관계는 임명제가 지방의회이냐, 아니면 중앙정부냐에 따라 달라질 수 있다.

1) 지방의회에 의한 임명제

지방의회가 집행기관(자치단체장)을 임명하는 유형이 해당한다. 일반적으로 의회-관리관형(council-manager form)은 직무에 관한 실제적인 경험과 지식을 중요시하여 이에 상응하는 인사를 임명하여 행정전문가 수준의 효율적인 행정을 구가할 수 있다(예: 미국 Hartford시). 그리하여 시정관리관은 의회에 책임을 지고 행정에 전념할 수 있다.

2) 중앙정부에 의한 임명제

중앙정부가 집행기관(자치단체장)을 임명하는 유형이 해당한다. 프랑스의 1982년 지방분권화 정책 이전의 데빠르트망도자치단체의 도지사와 데빠르트망도의회와의 관계이다. 이 당시 도지사는 내무부장관과 총리의 제청으로 국무회의의 의결을 거쳐 대통령이 임명하였다. 국가의 대표(représentant de l'Etat)로서, 도자치단체의 수장으로서의 이중적 역할을 수행하였다. 도기관(autorité départementale)으로서의 도지사와 도의회와의 관계는 다음과 같았다(Laubadère, 1984; 정세욱, 2005: 614).

- 도지사는 도의회에의 출석 및 발언권을 가진다.
- 도지사는 도의회가 의결한 사항의 지시기관이다.
- 도지사는 도의회의 의결내용의 집행기관이다.

3. 우리나라에서의 양 기관간의 관계

우리나라 지방자치단체는 광역과 기초자치단체 모두 기관분립형의 시장(주민직선)-의회형(주민직선)을 채택하고 있다. 지방자치법에서 규정하고 있는 관계는 다음과 같이 설명할 수 있다.

(1) 집행기관에 대한 의회의 통제권

1) 행정사무 감사권 및 조사권(지방자치법 제41조)

지방의회는 매년 1회 당해 지방자치단체의 사무에 대하여 (시/도광역자치단체의 경우 10일의 범위에서, 시군 및 자치구기초자치단체의 경우 7일의 범위에서) 감사하거나 그 지방자치단체 사무 중 특정사안에 대하여 본회의 의결로 본회의나 위원회에서 조사하게 할 수 있다.

① 조사발의요건: 지방의회가 조사를 발의할 때에는 이유를 밝힌 서면으로 하여야 하고 재적의원 1/3 이상의 연서가 있어야 한다.

② 감사와 조사의 대상이 되는 사무: 지방자치단체 및 그 장이 위임받아 처리하는 국가사무와 시/도의 사무에 대하여 국회와 시/도의회가 직접 감사하기로 한 사무 외에는 그 감사를 각각 해당 시/도(광역)의회와 시/군 및 자치구(기초)의회가 할 수 있도록 하였다.

③ 필요한 자료 요구: 상기의 경우 국회와 시/도(광역)의회는 그 감사결과에 대하여 그 지방의회에 필요한 자료를 요구할 수 있다.

④ 서류제출, 출석증언, 참고인의견진술요구: 상기의 감사 또는 조사를 위해 필요하면 현지 확인을 하거나 서류제출을 요구할 수 있으며, 지방자치단체의 장 또는 관계 공무원이나 그 사무에 관계되는 자를 출석하게 하여 증인으로 선서한 후 증언하게 하거나 참고인으로서 의견을 진술하도록 요구할 수 있다.

⑤ 거짓증언자 고발과 출석요구받은 증인의 정당한 사유 없는 불출석 및 증언거부자의 과태료: 상기의 증언에서 거짓증언을 한 자는 고발할 수 있으며, 출석요구를 받은 증인이 정당한 사유 없이 출석하지 아니하거나 증언을 거부하면 500만원 이하의 과태료를 부과할 수 있다(지자법 제41조 제5항).

2) 조례제정과 예산심의 의결권(지방자치법 제39조)

의결기관으로서 지방의회는 다음의 사항을 의결할 수 있도록 규정하고 있다. 그 중에 예산심의/확정권한과 조례의 제정/개정 및 폐지권한은 지방의회의 의결권의 대표적 권한이다.

- 조례의 제정/개정 및 폐지

- 예산의 심의/확정
- 결산의 승인
- 법령에 규정된 것을 제외한 사용료/수수료/분담금/지방세 또는 가입금의 부과와 징수
- 기금의 설치/운용
- 대통령령으로 정하는 중요재산의 취득/처분
- 대통령령으로 정하는 공공시설의 설치/처분
- 법령과 조례에 규정된 것을 제외한 예산 외의 의무부담이나 권리의 포기
- 청원의 수리와 처리
- 외국지방자치단체와의 교류협력에 관한 사항
- 그 밖에 법령에 따라 그 권한에 속하는 사항

지방자치단체는 상기 사항 외에 조례로 정하는 바에 따라 지방의회에서 의결되어야 할 사항을 따로 정할 수 있다.

3) 회의 출석과 답변요구권(행정사무처리상황의 보고와 질의응답: 지방자치법 제42조)

- 지방자치단체장이나 관계 공무원은 지방의회나 그 위원회에 출석하여 행정사무의 처리상황을 보고하거나 의견을 진술하고 질문에 응답할 수 있다.

- 지방자치단체장이나 관계공무원은 지방의회나 그 위원회가 요구하면 출석/답변하여야 한다. 다만, 특별한 이유가 있으면 지방자치단체의 장은 관계 공무원에게 출석/답변하게 할 수 있다.

- 지방의회나 그 위원회에 출석하여 답변할 수 있는 관계 공무원은 조례로 정한다.

4) 자치단체장이 확정된 조례를 공포하지 않을 경우 의장의 조례공포권

(조례와 규칙의 제정절차: 지방자치법 제26조)

지방자치단체의 장은 확정된 조례를 지체없이 공포하여야 한다. 확정조례가 지방자치단체의 장에게 이송된 후 5일 이내에 지방자치단체의 장이 공포하지 아니하면 지방의회 의장이 이를 공포한다(지방자치법 제26조 제6항).

(2) 의회에 대한 집행기관의 통제권

1) 재의요구권(지방자치법 제107조)

지방자치단체의 장은 지방의회의 의결이 월권이거나 법령에 위반되거나 공익을

현저히 해친다고 인정되면 그 의결사항을 이송 받은 날부터 20일 이내에 이유를 붙여 재의를 요구할 수 있다. 이 요구에 대하여 재의한 결과 재적의원 과반수의 출석과 출석의원 2/3 이상의 찬성으로 전과 같은 의결을 하면 그 의결사항은 확정된다(지자법 제107조 제1항, 제2항). 그런데 지방자치단체의 장은 상기에 따라 재의결된 사항이 법령에 위반된다고 인정되면 대법원에 소를 제기할 수 있으며 그 의결의 집행정지결정을 신청할 수 있다(지자법 제107조 제3항).

① 재의의 원인이 되는 지방의회의 행위는 의결이고, 재의에 붙일 수 있는 의결은 그 권한을 유월하거나 또는 법령에 위반되거나 공익을 현저히 해한다고 인정되는 경우이다.

② 재의를 요구하려면 반드시 이유를 명시해야 한다. 즉, 어느 의결의 어떤 부분이 어느 법령의 몇 조에 위반된다 등의 사유를 명확히 해야 한다는 것이다.

③ 재의에 회부해야 하는 기한은 그 의결사항을 이송받은 날부터 20일 이내로 하고 있으나 의결이 월권 또는 위법이라고 인정되어 재의에 회부하도록 하는 제도이므로 지체없이 재의에 붙여야 할 것이다(정세욱, 2005: 615).

또한 지방자치단체의 장은 지방의회의 의결이 예산상 집행할 수 없는 경비를 포함하고 있다고 인정되면 그 의결사항을 이송받은 날부터 20일 이내에 이유를 붙여 재의를 요구할 수 있다. 그리고 법령에 따라 지방자치단체에서 의무적으로 부담해야 경비(의무비)를 삭감하는 의결을 한 경우, 비상재해시로 인한 시설의 응급복구를 위하여 필요한 경비를 삭감한 경우에 재의를 요구할 수 있다(지자법 제108조)(정세욱, 2005: 616-618).

2) 선결처분권

지방자치단체의 장은 지방의회가 성립되지 아니한 때(의원이 구속되는 등의 사유로 제 64조에 따른 의결정족수에 미달하게 될 때를 말한다)와 지방의회의 의결사항 중 주민의 생명과 재산보호를 위하여 긴급하게 필요한 사항으로서 지방의회를 소집할 시간적 여유가 없거나 지방의회에서 의결이 지체되어 의결되지 아니할 때에는 선결처분을 할 수 있다(지방자치법 제109조 제1항). 제1항에 따른 선결처분은 지체없이 지방의회에 보고하여 승인을 받아야 하며, 승인을 받지 못하면 그 선결처분은 그때부터 효력을 상실한다. 지방자치단체의 장은 상기에 관한 사항을 지체없이 공고하여야 한다(지방자치법 제109조 제2항, 제3항, 제4항).

3) 재의결된 안건에 대한 제소권

지방자치단체의 장은 지방의회의 의결에 대한 재의요구에 따라 지방의회에서 재의결된 내용이 여전히 법령에 위반된다고 인정되면 재의결된 날부터 20일 이내에 대법원에 소(訴)를 제기할 수 있다. 이 경우 필요하다고 인정되면 그 의결의 집행을 정지하게 하는 집행정지결정을 신청할 수 있다(지방자치법 제107조 제3항, 제172조 제3항).

4) 예산안 편성 및 제출권

지방자치단체의 장은 회계연도마다 예산안을 편성하여 시/도는 회계연도 시작 50일 전까지, 시/군 및 자치구는 회계연도 시작 40일 전까지 지방의회에 제출하여야 한다(지방자치법 제127조 제1항). 그리고 지방자치단체의 장이 예산안을 제출한 후 부득이한 사유로 그 내용의 일부를 수정하려면 수정예산안을 작성하여 지방의회에 다시 제출할 수 있다(지방자치법 제127조 제4항). 제출된 예산안은 시/도의회에서는 회계연도 시작 15일 전까지, 시/군 및 자치구의회에서는 회계연도 시작 10일 전까지 의결하여야 하고, 지방의회는 지방자치단체의 장의 동의 없이 지출예산 각 항의 금액을 증가하거나 새로운 비용항목을 설치할 수 없도록 하고 있다(지방자치법 제127조 제2항, 제3항).

5) 조례 및 의안 제출권

지방의회에서 의결할 의안은 지방자치단체의 장이나 재적의원 1/5이상 또는 의원 10인 이상의 연서로 발의한다(지방자치법 제66조 제1항). 따라서 자치단체의 장은 조례 및 의안을 제출할 수 있는 권한을 행사한다.

이상에서 우리나라의 지방의회와 집행기관과의 관계는 기관분립형의 정부구조 하에서 시장우위형의 모습을 보이고 있음을 알 수 있다. 그런데 지역연고위주의 투표성향으로 자치단체장과 지방의회 다수당이 동일한 정당이 되어 기관분립형의 본래의 목적인 견제와 균형의 논리에 순응하지 못하는 문제가 제기되고 있다. 즉, 이론적 측면에서 기관분립형은 양기관의 견제와 균형에 입각하여 주민의 대응성을 높여줄 것으로 기대되지만 실제적으로 양 기관이 이해관계로 야합하거나 또는 양 기관이 같은 정당에 의해 독점될 경우 주민전체의 이익이 침해되고 어느 특수집단의 이익이나 정당의 이익만이 보호받게 되는 부정적 결과를 초래하게 될 우려가 있다.

제 3 절 교육자치기관과의 관계

우리나라는 지방자치단체의 교육/과학 및 체육에 관한 사무를 분장하기 위하여 별도의 기관을 둘 수 있도록 하고 있으며, 그 기관의 조직과 운영에 관하여 필요한 사항은 따로 법률로 정하도록 하여(지방자치법 제121조) 교육/학예에 관한 사항은 지방교육자치에 관한 법률에 근거하고 있다.

이에 의하여 교육자치에 관한 기능은 일반행정과 분리하여 지방의회-교육위원회-교육감의 3기관에 의하여 수행되고 있다.[4] 따라서 교육위원회가 일반행정의 의결기관인 지방의회(시/도의회)와 집행기관인 교육감과의 관계설정이 매우 애매한 것으로 논란이 되어 왔다.[5] 따라서 우리나라 교육자치를 제고하는 교육자치기관구성형태의 바람직한 방안은 무엇인지에 대한 논의하에서 기관과의 관계설정을 도모해야 할 것이다.

1. 교육자치와 교육분권의 이론적 쟁점

지방자치의 부활과 더불어 제기된 우리의 교육자치는 지방교육자치에 관한 법률을 제정하게 되었고(1991.3.6), 이에 근거하여 1991년 9월1일 각 시·도 교육위원회가 개원됨으로써 실질적인 출발을 하게 되었다. 그러나 지방자치의 부활이 주민의 필요에 의해서 실현된 것이 아니라 중앙의 정치인들이 그들의 이해관계하에 정쟁차원의 소용돌이 속에서 이루어졌다는 점에서 진정한 지방자치를 실현해나가기에는 일정한 한계를 인정해야 했던 것처럼 우리의 교육자치도 교육의 주체가 되는 교사 또는 학생, 학부모의 자발적 참여에 의해 비롯된 것이 아니라 중앙집권적 교육행정의 이해관계 속에 위로부터의 운동으로 전개되었다는 점에서 그 한계를 지닐 수밖에 없다. 그럼에도 불구하고 오늘날 우리의 교육(행정)환경은 교육자치, 교육분권의 가치를 더욱 중요하게 하고 있다.

우선 국가의 입장에서 보면 그동안 정부수립후 반세기에 가깝게 중앙집권방식에 의한 행정수행방식으로 길들여진 행정체제로는 더 이상 효율적인 행정을 산출할 수

4) 지방교육자치에관한법률 전부개정법률안(2006.12.20)에서 교육위원회를 시/도의회의 상임위원회로 하여 지방의회와의 연계성을 마련하였다.

5) 이를 해결하기 위한 대안모색으로 여기에서는 저자의 "우리나라 교육분권 적정성논의에 관한 연구(2005)"논문을 인용하였다.

없음을 인식하게 되었다는 사실이다. 따라서 중앙에 집중되어 있는 권한과 기능은 점차 지방정부로 이양하게 되었고, 그에 따라 지방정부의 자율권이 신장되고 책임행정이 강화되기에 이르렀다. 그런 측면에서 교육행정도 교육인적자원부에서 지방교육자치기관에 권한이양을 하게 되고 교육자치기관의 자율과 책임하에 교육행정서비스를 제공하게 되었다(중앙성부에서 지방교육기관으로의 분권). 다음으로 지방자치단체의 입장에서 보면 어떻게 하면 자치의 주체인 주민에게 보다 값싸고 양질의 서비스를 제공할 수 있을 것인가를 고심하게 되었다는 점이다. 여기서 지방정부는 시장경제의 논리하에 민간부문과 경쟁을 할 수밖에 없는 상황으로 행정업무의 질적 변화, 지방공무원의 전문화, 행정장비의 과학화, 지방정부의 경영합리화를 도모하게 되었던 것이다. 교육행정도 같은 맥락하에 고비용·저효율의 교육행정구조를 개혁하여 교육의 자율성, 전문성 및 특수성을 주장하게 되었다(일반행정기관에서 교육행정기관으로의 분권/교육행정기관 자체 내에서의 분권). 마지막으로 주민의 입장에서 보면 주민들도 이제는 자기지역의 문제에 직접 참여하여 어떻게 하면 우리 자치단체를 위해 우리의 권리와 의무를 다할 수 있을 것인가를 깊이 생각하게 되었다는 점이다. 즉, 집권화 방식의 운영에서 오는 주민의 소극적 자세를 지양하고 분권화를 통하여 주민의 민주화 훈련을 제고시키지 않을 수 없게 되었다는 점이다. 따라서 주민의 자치의식 함양, 참여확대에 따라 보다 나은 서비스에의 요구 내지 삶의 질을 고양하는데 관심을 피력하게 되었으며, 주민의 자율과 책임의식의 고양으로 자연히 관치행정에서 자치행정으로 전환되기에 이르렀다. 이러한 맥락에서 교육주체가 되는 교사, 학생, 학부모가 자율과 책임으로 교육활동을 행사할 수 있도록 그들의 참여확대가 요구되고 있는 것이다(교육행정기관에서 단위학교로의 분권).

요컨대, 오늘날과 같이 다원화된 사회에서는 국가가 더 이상 모든 일을 중앙에서 결정하고 처리하는 집권체제로는 그 실효성을 기대할 수 없게 되었으며, 지방정부도 그동안 공공서비스 공급에 일방적이고 직접적인 책임을 지는 경향으로는 그 효율성을 기대하기 어려워 이제는 민간부문, 자원봉사 영역 등 다양한 사회부문이 공동으로 참여하는 공공-민간 동반자적 주민서비스 공급체계로 변하고 있다.[6] 이러한 배경에서 교육자치제는 중앙의 교육행정권한을 지방으로 분산시켜 지방교육의 자율적인 민주적 교육통치를 실현시키고, 그럼으로써 과거의 권위주의적 교육행정에서 벗어나 주민이

6) 이는 과거의 관료나 정치엘리트에 의한 일방적인 통치가 아닌 사회의 다원적 참여구조(네트워크)를 통한 지배와 신자유주의철학을 토대로 한 시장경제원리에 바탕을 둔 '로컬 거버넌스(Local Governance)'의 개념으로 받아들이고 있다.

◈ 그림 8-8 ◈ 교육분권(교육행정기관구성)의 적정성 모델

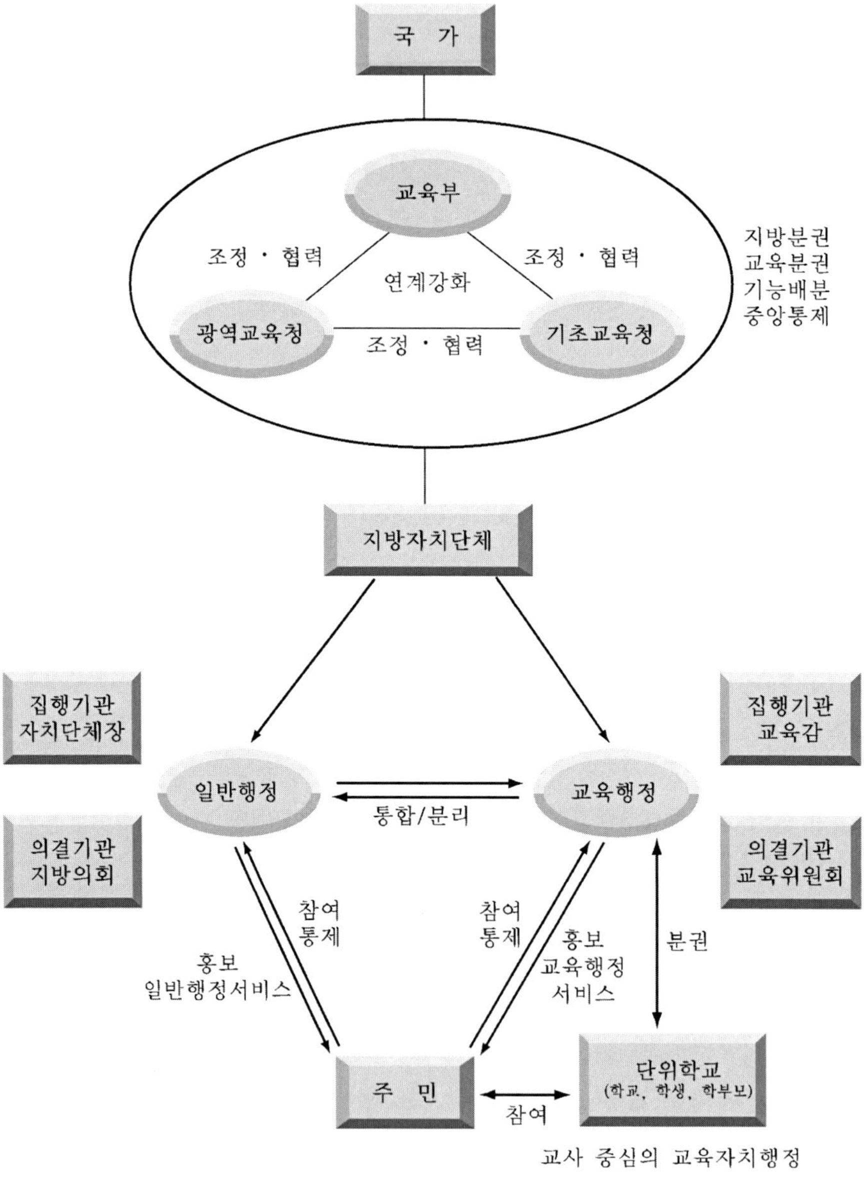

참여하는 민주적 교육행정을 가능케 하고 지역의 실정에 맞는 교육행정서비스를 도모할 수 있어 지방교육의 특성을 활성화할 수 있다는 점에서 그 중요성이 인식되고 있다. 특히 우리 교육행정은 그동안 일반행정을 위주로 한 지방분권을 강조하면서 교육자치를 배제한 까닭에 자치행정의 한계를 깊이 인식할 수밖에 없는 상황이었다. 왜냐하면 지역의 인재를 육성하고 관리하는 일이 지역의 자치행정에서 중요한 과제가 되고 있기 때문이다.

이러한 맥락에서 본고는 지방교육발전을 위한 교육분권의 방향은 어디로 설정해야 할 것인가에 대한 물음에 답하고자 한다. 이를 위해 그동안 실시된 교육자치제도의 논쟁점을 기초하여 교육분권이 되기 위한 중요한 구성요소를 중심으로 적정성모델[7]을 설정해 보고(〈그림 8-8〉 참조), 지방자치단체와 지방교육기관과의 관계를 논의하고자 한다(〈그림 8-10〉 참조). 그러기 위해 우선 지방교육자치에 관한 법률을 중심으로 지방자치와 교육자치의 관계하에 교육자치의 이념적 배경을 고찰해보고, 우리나라의 교육분권의 적정성 논의를 이론적 분석틀에 따라 그 주요 요소인 교육자치기관구성형태, 지방교육자치기관간의 관계, 지방교육자치에 대한 중앙정부의 지도·감독, 지방교육자치에 대한 주민참여·통제를 중심으로 논의하고자 한다.

2. 교육분권과 지방분권

교육분권은 교육에 관한 지방분권이므로 지방분권을 전제로 성립되는 개념이며 교육자치와 연계하여 실현된다. 따라서 지방분권의 큰 틀 속에서 교육의 분권화를 논의해야 할 것으로 보인다. 일반적으로 지방분권과 교육분권의 개념과 조건은 다음과 같다.

(1) 지방분권과 교육분권의 개념

오늘날 대부분의 국가에서는 통치권이나 행정권한을 중앙정부와 지방정부가 분담하여 처리하고 있다. 일반적으로 중앙집권은 국가공동체 내의 결정권한과 업무가 중앙에 집중되어 있고 지방자치단체가 국가의 하부행정기관으로 존재하는 국가형태라면 지방분권은 지방자치단체에게 결정권과 업무가 이전되어 있는 국가형태라고 할 수 있다(이기우, 1997: 98). 이는 곧 국가내의 권력의 지리적 배분을 의미하는 것으로

7) 교육분권의 적정성모델은 우리나라의 적당하고 올바른 교육분권의 내용을 제시하기 위한 기본적 틀(basic framework)로서의 의미를 지닌다.

지방자치단체에 적용된 분권으로 볼 수 있다.

교육분권도 같은 맥락에서 교육행정권한을 중앙정부, 지방자치단체, 학교라는 중층구조 속에서 지방자치단체(교육청)에 결정권과 업무가 이전되어 있는 상태를 의미한다. 요컨대 본 연구에서는 중앙정부의 교육권한이 지방정부로의 이전을 교육분권화로 규정하고자 한다.[8)]

(2) 지방분권과 교육분권의 조건

지방정부가 주민들에게 보다 가까이 있어서 주민들의 욕구를 보다 잘 알고 있기 때문에 주민들에게 보다 적합한 서비스를 제공해줄 수 있다는 것이 지방분권의 기본논리이다. 즉, 자원의 효율적 배분은 서비스 공급에 대한 책임이 그 서비스의 수혜자를 가장 잘 대표해주는 정부계층에 부여될 때 가능하다는 것이다(Ter-Minassian, 1997). 즉, 지방분권을 통해 보다 민주적이고 참여적인 정부를 지향할 수 있고, 공공서비스와 주민의 서비스를 일치시킴으로써 지방정부의 정치지도자가 유권자에 대해서 대응성과 책임성을 확보해 나갈 수 있다는 것이다(Ter-Minassian, 1997; 홍준현, 2001: 315). 동일한 논리로서 교육분권을 통해 지방정부가 교육수요자에게 보다 값싸고 양질의 교육행정서비스를 제공해줄 수 있다는 것이다.

우리나라의 지방분권은 단체자치 국가(대륙계 국가: 프랑스)에서 보는 바와 같이 국가의 통일성 내에서 지방자치단체의 다양성을 보장하는 것이라 볼 수 있다. 따라서 국가의 일정한 감독과 지방자치단체의 자율과 책임성을 강조하게 된다. 그런 측면에서 지방분권의 실현은 다음 다섯 가지 조건을 존중할 때 이루어진다고 볼 수 있다(Baguenard, 1996: 17-70).

1) 지방(교육)사무의 존재

국가사무와 구별된 지방사무의 존재를 지방분권의 첫 번째 소여로 보고 있다(Rivero, 1990: 394). 지방자치단체의 사무는 '지방의회의 자유로운 결정에 의해서 처리할 수 있다'고 규정할 수 있다. 이는 지방자치단체의 사무는 법률에 별도로 규정을 하지 않는 한 해당 자치단체의 이해에 관한 모든 사무(주민의 복리에 관한 모든 사무)가 지방자치단체의 자치사무로 된다는 것이다. 같은 맥락에서 국가사무와 구별된

8) 분권화의 개념은 다양한데 조직이론에서는 계층제 내에서 상위 지위에 있는 권한을 하위지위로 이양하는 조직 내적 현상으로 보기도 하며(Stevens, 1994), 지방정부론에서는 중앙정부로부터 지방정부로 권한이 이전되는 정부간의 관계로 파악하기도 한다(Conyers, 1984).

지방교육사무가 교육분권의 제일의적 요소가 된다. 지방교육사무는 '지방교육의결기관의 자유로운 결정에 의해서 처리할 수 있다'고 규정할 수 있다. 이는 지방교육청의 교육사무는 법률에 별도로 규정을 하지 않는 한 지방교육에 관한 모든 사무는 지방교육청의 고유사무가 될 수 있다고 볼 수 있다.

2) 중앙권력으로부터의 독립적 지방기관(지방자치단체)/교육행정전담 조직의 존재

지방분권과 교육분권이 실현되려면 지방(교육)사무가 중앙정부로부터 독립된 지방(교육행정)기관에 의하여 책임있게 수행되어야 한다는 것이다. 즉, 중앙정부의 영향력 지배하에 자치단체의 기능이 상실되어서는 아니 되고, 지방교육행정기관(자치단체)이 그들의 책임성을 완전히 행사할 수 있어야 한다는 것이다. 그러기 위해 지방자치단체(지방교육행정기관)가 재정자치를 행사할 법인격을 부여받아야 하고 주민에 의해 선출되어야 한다는 것이다. 이는 국가(중앙정부)로부터 자치권을 부여받아 독자적인 권리의무의 주체가 되고 일정한 범위 내의 통치권을 행사하게 된다는 것이다. 한편 그 지역 내의 교육행정사무 처리에 있어 대표성과 고유한 영역이 설정되어야 한다. 이를 위해서는 일반행정으로부터 분리, 독립되어 교육행정만을 전담하는 조직이 있어야 한다.

3) 자율적 관리

중앙권한에 독립적으로 존재하는 지방기관은 그들의 기능을 행사하는데 있어 실제의 자치를 혜택받고 누려야 한다는 것이다. 이러한 기능적 독립성은 지방(교육)사무의 자치행정을 자연히 허용하게 되는 것이다. 즉, 주민에 의해 선출된 기관에 의한 자유로운 행정(관리)이 되어야 한다는 것이다(분권화된 행정구현). 그리고 지방교육행정의 자율성이 보장되어야 한다. 따라서 중앙정부의 권한과 기능이 이양되어야 하고 중앙으로부터의 지시, 감독을 최소화하고 자율적으로 통제하도록 해야 한다.

4) 독자적인 재원 및 재정운용의 자주성

지방자치단체(지방교육행정기관)가 배분된 기능을 수행하기 위해 필요한 경비를 충당하기 위하여 중앙정부의 간섭을 받지 않고 독자적인 재원 및 재정운용의 자주성이 확보되어야 한다.

5) 교육행정에 대한 주민참여·통제

교육자치란 교육관계자들이 대표를 선출하여 그 대표들로 하여금 지방교육문제를 처리하게 하는 제도이므로 대표들이 교육행정을 제대로 수행하고 있는가에 대한 점검이 필요하다. 특히 지역 주민들의 교육행정에 대한 참여와 통제가 제도화되어야 한다(김신복, 1991: 82).

(3) 교육자치의 이념적 배경

1) 교육자치의 논리: 중앙정부로부터 분권과 일반행정으로부터 분권 및 교육주체의 교육행정기관으로부터의 분권

우리나라 헌법은 "교육의 자주성·전문성·정치적 중립성 및 대학의 자율성은 법률이 정하는 바에 의하여 보장된다"고 선언하고 있고(제31조 제4항), 이에 근거하여 지방교육자치에 관한 법률은 "이 법은 교육의 자주성 및 전문성과 지방교육의 특수성을 살리기 위하여 지방자치단체의 교육·과학·기술·체육 기타 학예에 관한 사무를 관장하는 기관의 설치와 그 조직 및 운영 등에 관한 사항을 규정함으로써 지방교육의 발전에 이바지함을 목적으로 한다"고 규정하고 있다(제1조).

이렇듯 우리나라 헌법과 법률의 규정을 비추어 볼 때, 우리나라는 교육의 자주성과 전문성 및 정치적 중립성, 지방교육의 특수성을 보장한다는 지방교육자치를 천명하고 있음을 알 수 있다. 즉, 지방교육자치는 교육행정상의 지방자치를 뜻하는 데 그치는 것이 아니라, 더 나아가 교육의 자주성과 전문성 및 정치적 중립성을 확보할 수 있도록 지방자치의 테두리 안에서 독자적 기관에 의한 자율과 책임하에 교육관리가 이루어지는 제도를 마련하자는 의미인 것이다.

이를 다시 해석해보면 지방교육자치제도는 중앙정부로부터의 분권(자치) 및 일반행정으로부터의 분권(자치)과 교육행정기관으로부터의 분권(자치)이라는 세 가지 요소를 함축하고 있다 할 것이다(〈그림 8-8〉 참조). 즉, 한편으로는 교육이 중앙집권적인 행정적 규율에서 탈피하여 교육자치기관이 자율과 책임하에 교육·학예사무를 관장하고 주민자치의 영역에 귀속되게 함으로써 교육의 자율성과 책임성을 확보하고, 다른 한편으로는 교육 자체가 지니는 특수성·전문성을 보장하고 정치적 중립성을 확보할 수 있도록 일반행정의 영역에서 분리함으로써 독자성을 부여하려는데 그 뜻이 있는 것이라 할 수 있다. 특히 교육행정이 일반행정에 대해 차별성을 두어야 하는 이유는 교육활동이 비권력적이고 용역제공적인 성질의 것이기 때문에 공권력의 행사를 주된 수단으로 하는 일반행정과는 다르기 때문이다(이상규, 1992). 더구나 미래의 주역이 될 우리 아이들의 학습권과 교원들의 교육권을 효과적으로 보장하려는 요구를 제도적으로 반영해 주어야 하기 때문이다. 그렇기 때문에 교육자치는 교육행정기관으로부터 각급 단위학교에의 분권으로 나타난다. 즉, 현장에서 교육을 행사하는 교육주체[9]가 교육행정기관의 획일적인 규제와 간섭으로부터 독립하여 법규의 범위 내에서 자율과 책임으로 교육을 하도록 보장받아야 하는 것이다. 이런 측면에서 교육자치는 국가로부터의 분권논리로서 중앙정부와 지방교육자치기관과의 기능배분, 중앙통제 등을 고려해야 하고, 일반행정으로부터의 분권논리로서 기관구성의 통합·분리문제에 따른 권한배분 및 상호견제관계를 살펴보아야 하며, 교육행정기관의 분권논리로서 학교자치를 살펴보아야 한다(〈그림 8-8〉 참조). 교육자치가 교육행정청의 간섭으로부터 교육주체의 자주성을 보장하기 위한 제도라고 한다면 그 기본적인 실시단위는 학교가 되기 때문이다.

2) 교육자치의 이념·원리

지방교육자치제는 지방분권사상과 주민통제라는 자유주의 이념에 근거하여 일정한 구역을 기초로 (주민이 선출한 또는 주민대표〈교사, 학부모〉가 선출한) 교육자치기구를 두어 주민의 부담과 책임하에 지방교육사업을 지방교육의 자주성과 정치적 중립성 및 전문적 관리를 통해 실현해 나가는 과정으로 이해할 수 있다. 따라서 다음과 같은 이념 내지 원리를 그 기본속성으로 하고 있다(노종희, 1992: 463-465; 최창호, 1995: 158).[10]

---

9) 교육주체는 교사, 학생, 학부모로 볼 수 있다. 교육주체를 교사에 한정하는 사고는 교육활동이 교사, 학생, 학부모 또는 지역민과의 상호작용을 통해 이루어진다는 점에서 그 타당성이 낮다고 볼 수 있다.

10) 교육자치의 개념을 크게 세 가지 부류로 나누어 설명하고 있다(이기우, 1998: 168-170).
(1) 교육자치란 "일정한 지역인 교육구와 그 교육구 내의 주민을 기초로 하는 교육 자치단체가 교육구내의 교육·학예에 관한 사무를 자기사무로 하여 교육자치단체 스스로의 권능과 책임하에 주민이 부담한 조세를 주종으로 한 자주적 재원을 가지고 … 주민이 선정한 자신의 기관에 의하여 … 교육자치단체의 구성원인 주민의 의사에 따라서 … 집행하고 실행하는 것(조성일·안세근, 1996: 27)"으로 보고 있다.
(2) 교육자치란 "지역 주민 또는 주민의 대표기구가 교육관련 전문인력을 활용하며 지역적 성격을 지닌 교육사무를 자율적으로 처리해 나가는 것"으로 보는 견해가 있다(김병준, 1998: 6).
(3) 교육자치란 "교육사무를 교육공동체가 자율적인 권한을 가지고 그 구성원인 교육주체의 참여하에서 민주적으로 의사를 결정하고 수행하는 것"을 의미한다.
(1) (2)는 교육자치의 단위를 지방으로 보고 주민참여로 처리해나가는 것이라고 보는 점에서 공통점을 가지고 있으나 전자가 지방교육행정기관을 지방자치단체의 일반행정기관과 별도의 독립한 기관으로 구성해야 한다는 것을 전제로 하는데 비하여 후자는 지방교육행정기관의 분리·독립을 반드시 전제로 하지 않는다는 점에 차이가 있다. (3)은 교육자치의 단위를 학교로 한다는 점에서 (1) (2)와 차이가 있으나 지방자치단체의 교육사무를 주민이 참여하여 처리해야 한다는 것을 전제로 하고 있다는 점에서 (1) (2)와 공통점을 가진다.

첫째, 지방분권의 원리로서 지방교육은 중앙정부에 의한 획일적인 지시와 통제를 지양하고 지방의 실정과 특수성을 고려하여 시행되어야 한다는 것이다. 따라서 지방교육은 국가로부터 일정한 독립성을 갖는 지방교육기관에 의해 자유스럽게 교육행정사무를 의결하고 집행해야 하는 것이다.

둘째, 분리·독립의 원리로서 교육은 본질적으로 가치창조적 활동이기 때문에 외부의 간섭이나 통제로부터 벗어나야 하며, 특히 일반행정으로부터 분리되어 그 독자성을 보장받아야 한다는 것이다. 이는 교육활동의 특수성 내지 전문성을 중시하는 원리로서, 교육에는 어떠한 외부적인 통제나 정치적 이용 또는 당파적 방편이 허용되어서는 아니 됨을 강조한다.

셋째, 전문적 관리의 원리로서 교육은 일반행정으로부터 분리·독립하여야 할뿐만 아니라 그 자체가 전문적인 지식과 기술을 갖춘 요원들에 의하여 관리되어야 한다는 것이다. 더 나아가 전문성을 띄고 있는 교육활동에 있어서 전문가인 교육자들의 판단과 결정이 존중되어야 한다는 것이다. 이는 교사들의 전문가적 자율성이 보장되어야 함을 의미한다.

넷째, 주민통제의 원리로서 교육의 민주성을 중시하여 주민들의 요구에 부응하는 교육이 되어야 한다는 것이다. 그러기 위해서는 교육정책과정과 집행과정에 주민들이 최대한 참여해야 한다.

(4) 선행연구 경향

그동안 우리나라 교육자치에 관한 연구는 일반행정학자와 교육행정학자간에 교육자치를 어떻게 해석하느냐의 관점의 차이에 따라 다른 주장으로 나타났다. 즉, 전자는 교육자치의 이념을 지방분권, 지방자치의 큰 틀 속에서 효율성, 민주성을 강조하여 일반행정과 교육행정을 통합하는 방안을 제시한 반면, 후자는 교육행정의 독자성, 자주성, 전문성을 강조하여 교육행정을 일반행정에서 분리하여 독립하게 하는 방안을 강구하게 하였다(〈표 8-3〉, 〈표 8-4〉 참조).[11] 일반행정과 교육행정의

11) 윤정일 교수는 "지방교육자치제, 개악하지는 말자"에서 과거의 합의제 집행기관의 성격을 지닌 교육위원회의 부정적 경험에서 의결기관과 집행기관을 분리하여 완전한 자치기관으로 역할을 하도록 하였던 상황에서 왜 복귀해야 하는가에 의문을 두어 비판하고 있다. 같은 맥락에서 일본의 교육행정학자들도 한국의 교육자치(교육행정과 지방행정이 분리되어 운영되는 교육자치제도)가 일본의 교육자치제보다 발달되어 있음을 시인하였는데 왜 일본제도를 모방하려는가에 대해 질책하고 있다(윤정일, 1998: 4-8). 물론 최근에 교육학자의 교육행정과 지방행정의 연계방안을 제시한 연구도 있다. 여기에서 보면 교육행정과 지방행정간의 뿌리깊은

갈등관계는 교육법제정(1949년)시부터 교육위원회의 기관성격을 어떻게 할 것인가(의결기관, 자문기관)로 시작되어 중등교원봉급보조금, 교육세운용을 어떻게 할 것인가(전액 문교부를 통한 보조, 독립세원의 교육세 신설 ; 지방자치단체를 통한 보조, 지방세 부가방식의 교육세 유지), 교육세원을 어떻게 할 것인가(재산세에 교육세 부가, 불가), 지방교육재정부담을 어떻게 할 것인가(교육재원 GNP 5%확보) 등 주로 교육위원회성격과 지방교육재정문제로 비롯되고 있다(송기창, 2003: 2).

◈ 표 8-3 ◈ 일반행정과 교육행정

	일반행정	교육행정
교육자치의 주요이념	지방분권, 주민통제, 효율성, 민주성	분리/독립, 자주성, 전문성
교육자치기관 구성형태 (지방자치기관, 교육자치기관)	통합	분리
교육위원회 성격	합의제 집행기관	독립형 의결기관

◈ 표 8-4 ◈ 일반행정과 교육행정의 갈등 쟁점사안

쟁 점	교육법제정/ 교육위원회설치	중등교원봉급보조금, 교육세운용	교육세법제정 여부	교육세원	교육위원회 성격
일반행정	자문기관	지방자치단체를 통한 보조, 지방세부가방식	지방세부가방식	재산세에 교육세 부가 불가	합의제집행기관
교육행정	의결기관	전액문교부를 통한 보조, 독립세원의 교육세 신설	독립세원의 교육세신설	재산세에 교육세부가	독립형의결기관

자료: 송기창(2003 : 2) 재구성하여 정리함.

갈등의 역사를 인식하여 양 기관과의 신뢰를 우선 회복한 후 연계확대를 도모해야 할 것으로 보고 있다. 또한 교육자치의 본질을 교육행정가나 교육자의 권한확대에 두는 것이 아니라 교육발전에 두고, 교육의 특수성을 강조하여 그 연계방안을 밝히고 있다. 교육행정과 지방행정을 연계하자는 논의의 배경에는 대체로 세 가지 부류로 조사되고 있는데, 즉, 양자간의 연계확대를 통해서 첫째, 지방자치단체의 교육투자를 이끌어내려는 집단으로 교육계 인사와 지역주민이 해당하고, 둘째, 교육의 권한을 확보하여 정치적으로 이용하고자 하는 집단으로 지방행정관계자들이 해당하며, 교육재정에서 책임을 벗어나려는 집단으로 중앙정부의 예산부처 관계자들이 해당한다는 것이다. 그 중 첫 번째 동기만이 표면화되어 나타나고 두, 세 번째 동기들은 드러나지 않는 것이 일반적이라고 한다(송기창, 2004: 12-17). 또한 교육자에게 있어 교육은 권한이 아니라 책임이지만, 정치인들은 교육을 책임이 아니라 권한으로 인식하는 경향이 있음을 비판하고 교육을 책임으로 인식하는 교육자의 입장에서 지방교육자치제도의 개선을 접근해야 함을 천명하고 있다.

이런 배경에서 일반행정기관과 교육행정기관과의 관계설정을 어떻게 할 것인가를 놓고 (각각의 의결기관과 집행기관의 상호 조합형태에 따라) 다양한 교육자치모형을 제시하여 왔다(〈그림 8-1〉 참조)(김태완, 1997: 50; 정윤길, 2000 : 257-260). 그리고 교육자치의 연구경향은 교육자치의 바람직한 방향을 제시하기 위한 것이 주가 되었는데 일반적으로 지방교육자치에 관한 법률을 중심으로 그 논의의 중점을 교육자치기관구성형태, 일반행정과 지방행정간의 연계(일반지방자치기구와 지방교육자치기구의 일원화),[12] 교육의 지방분권 강화, 지방교육행정의 중립성 확보(이승종, 1999: 7-16), 교육자치의 실시구역, 교육위원회의 성격, 지방의회의 감사·조사권, 교육위원의 선출, 교육감의 선출, 지방교육행정의 조직 및 인사관리, 지방교육재정 등에 두었다(이일용, 1994: 17-36).

그리고 그동안 교육감선거과정에서 나타난 문제점과 교육위원회와 시/도의회로 이원화된 의결기구에 따른 비효율적 행정의 문제점을 해결하고자 지방교육자치에관한 법률 전부개정법률안을 제안하고 있다. 그 구체적인 사안은 다음과 같다. 즉, ① 교육위원회를 시/도의회내 상임위원회로 전환하고, ② 교육감/교육의원을 주민직선제로 하며, ③ 교육감 사무의 위임/위탁대상을 확대하고, ④ 시/도교육청의 자율성을 확대하며, ⑤ 지방교육에 관한 협의기구를 마련하고, ⑥ 교육감선거를 지방동시선거로 연결하기 위해 교육감 임기 등에 대해 경과조치를 마련한 것이 그것이다(지방교육자치에 관한법률 전부개정법률안, 2005).[13]

3. 기관구성: 지방자치단체기관구성형태와 지방교육기관구성형태 논의

지방자치단체의 기관구성은 대표적으로 의결기능과 집행기능을 단일기관에 귀속

---

11) 교육자치제 실시방안에 대해 대체적으로 정부출연연구기관을 위시하여 그동안 한국행정학회, 지방자치학회, 교육행정학회 등에서 많은 연구가 행해졌다. 처음에는 교육자치제 실시단위, 교육위원회 선출방식, 교육자치기구의 구성과 기능 등 중점을 두어 연구해 오다가 지방자치제 실시에 따라 교육자치와의 연계성 연구에 관심을 나타나기 시작하였다. 즉, 의결기관인 지방의회와 교육위원회와의 연계, 집행기관인 시/도 교육청의 기능·조직면에서의 연계, 재원확충면에서의 연계 등이 연구되었다(한국행정학회, 1991). 이와 관련하여 최근 한국교총의 지방교육자치제의 개선방안으로 제기되고 있는 주요 사안은 다음과 같다. 즉, ① 시/도교육위원회의 독립형의결기관화: 시/도의회 특별 상임위원회로의 통합반대, ② 교육감/교육위원의 주민직선제도입 및 선거공영제실시, ③ 부교육감제개선: 행정담당과 학무담당으로 복수화, 교육전문직 보임확대, ④ 기초단위 교육자치제 실시, ⑤ 지방교육재정의 안정적 확보 및 투자확대가 그것이다(한국교원단체총연합회, 2005).

13) 백원우 의원 외 27인이 2005.4.19일 발의한 내용이다.

시키는 기관통합형, 의결기능과 집행기능을 각각 다른 기관에 분담하여 병립시키는 기관분립형, 두 가지 형태를 혼합한 절충형, 주민이 직접 참여하는 주민총회형의 형태로 구분된다(제1절 〈표 8-2〉 참조).

지방자치단체는 국가가 부여해준 자치권을 가지고 주민에게 행정서비스를 효율적으로 제공하기 위해 지방자치단체 조직으로서의 기관을 필요로 하게 된다. 즉, 단체의사를 결정하는 의결기관과 결정된 단체의사를 집행하는 집행기관이 그것이다. 그런데 이들 기관들에게 어떻게 업무를 분장하여 처리할 것인가가 주요 의제가 되고 있다. 이는 어떻게 지방자치단체 기관을 구성하는 것이 민주적이고 효율적인 것인지에 대한 논의를 의미한다.

동일한 맥락에서 교육행정기관도 교육의사결정을 담당하는 의결기관(교육위원회)과 결정된 의사를 집행하는 집행기관(장)이 있다.[14]

제1절 지방자치단체 기관구성형태의 이론적 논의를 근거로 기관구성형태는 지역특성 유형에 따라 선택해 볼 수 있다(〈그림 8-9〉 참조).

◈ 그림 8-9 ◈ 연구 접근틀

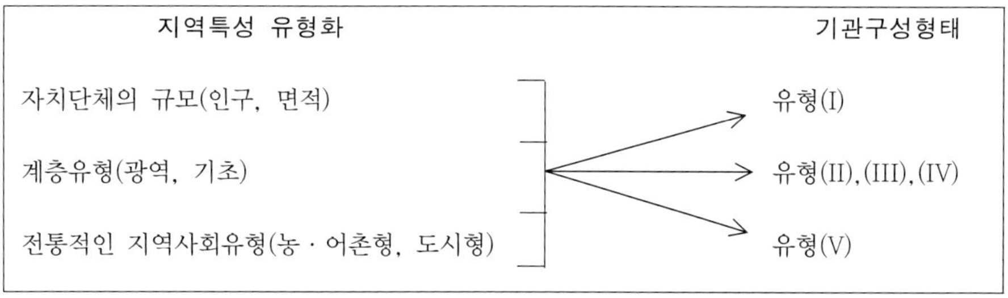

4. 일반행정과 교육행정의 관계에 따른 교육기관구성형태

일반적으로 일반행정과 교육행정의 관계에 따른 교육기관구성은 그 이념과 관점에 따라 완전통합형에서 완전분리형까지의 연속선상에서 지방의회와 교육위원회와의 부분통합, 부분연계 등으로 나타난다(〈그림 8-10〉 참조).

14) 따라서 교육기관구성도 일반행정을 배제한다고 가정할 경우 지방자치단체 기관구성형태와 같은 맥락에서 이해할 수 있다. 그러나 본 연구는 일반행정과의 관계성을 고려하여 기관구성형태를 논의하고자 한다.

◈ 그림 8-10 ◈ 일반행정과 교육행정의 관계설정에 따른 교육자치모형

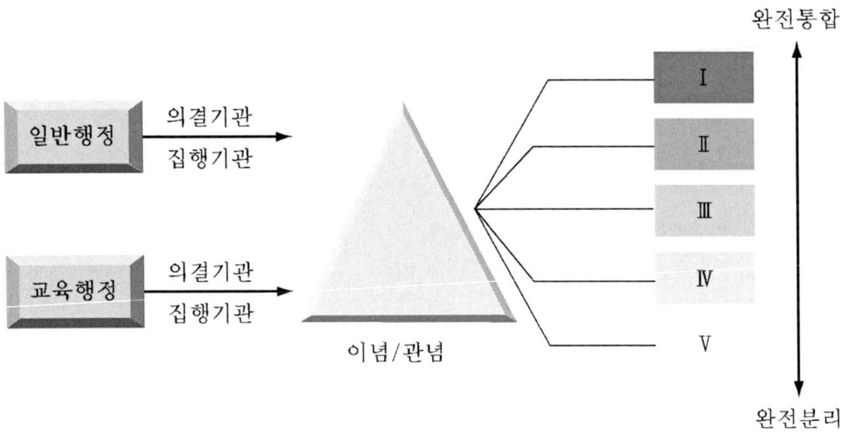

(1) Ⅰ 유형:

일반행정과 교육행정의 의결기관과 집행기관을 일반행정의 기관으로 통합하는 방식으로 완전통합형으로 명명할 수 있다. 이는 교육행정의 의결기관인 교육위원회는 폐지되고 교육에 관계된 의결권을 지방의회로 귀속시키고, 교육행정의 집행기관은 자치단체장 아래 교육부시장 내지 교육감을 두는 내용을 골자로 한다.

장점:

- 주민에 대한 대표성 증대
- 지방교육의 책임성 증대 (책임소재 명확) ; 책임행정구현
- 주민통제 용이
- 일반행정과 교육행정의 연계성이 높아 행정의 효율성 증대

단점:

- 교육이 정치가의 논리에 휘둘려 훼손될 우려가 있다.
- 의결기관과 집행기관과의 상호 견제와 균형이 약해 특정정당에 의한 일방적인 교육행정이 추진될 우려가 있다.
- 주민에 의해 선출된 의원이 교육행정을 맡게 되므로 교육행정의 전문성 훼손우려가 있다.
- 교육행정의 수장이 일반행정의 수장 아래 놓여 교육행정이 일반행정에 종속될

우려가 있다.

(2) II 유형:

일반행정과 교육행정의 집행기관은 분리시키되 의결기관은 일반행정의 의결기관인 지방의회에 단일화시키는 유형이다. 그런데 교육행정의 의결기관인 교육위원회를 합의제 집행기관으로 할 수 있다. 즉, 교육의결기관인 교육위원회가 집행기관이 되며 이 위원회의 장은 교육감이고 당연직 의장이 된다. 결국 교육집행기관과 의결기관을 통합하는 형태가 된다.

장점:

- 주민에 대한 대표성 확보
- 지방교육행정의 능률성 확보: 교육위원회를 합의제집행기관으로 할 경우 의결기관과 집행기관이 통합되게 되어 교육사무의 의결/집행기능의 능률성 기대
- 수요자(고객)중심의 교육행정 가능
- 일반행정과 교육행정의 연계성 제고

단점:

- 교육행정의 자주성, 전문성, 정치적 중립성 훼손
  · 교육이 정치가의 논리에 휘둘려 훼손될 우려가 있다.
  · 의결기관과 집행기관과의 상호 견제와 균형이 약해 특정정당에 의한 일방적인 교육행정이 추진될 우려가 있다.
  · 주민에 의해 선출된 의원이 교육행정을 맡게 되므로 교육행정의 전문성이 훼손될 우려가 있다.
- 자치단체장이 교육자치단체장과 분리됨을 전제로 하기 때문에 자치단체장이 교육사무에 대해 소홀해질 우려가 제기된다.

(3) III 유형 :

일반행정과 교육행정의 집행기관은 분리시키되 의결기관은 상호 연계할 수 있도록 하는 유형이다. 즉, 교육위원회를 지방의회의 분과위원회로 둘 수 있다.

장점:

- 일반행정과 교육행정의 연계성 제고
- 주민대표성 제고

단점:

- 지방교육의결기관이 지방의회의 예속화 초래 가능성
- 주민에 의해 선출된 의원이 교육행정을 맡게 되므로 교육행정의 전문성 훼손우려

(4) IV 유형 :

일반행정과 교육행정의 집행기관은 (완전) 분리시키되 의결기관은 분리하면서도 부분적 연계가 가능하도록 하는 유형이다. 즉, 교육위원회를 위임형 의결기관으로 둘 수 있다. 교육위원회는 지방의회가 위임하는 사항에 한하여 의결권을 행사하게 한다.

장점:

- 교육행정의 자주성(독립성) 확보하면서도 일반행정과의 부분적 연계를 도모하여 교육행정의 능률성을 도모할 수 있다.

단점:

- 지방교육의결기관이 지방의회의 예속화 초래 가능성(교육위원회는 교육·학예에 심의·의결기능을 행사하고 있으나 최종의결기관이 아니며, 핵심사무에 대하여 지방의회의 의결을 거치도록 되어 있어 이에 따른 행정력 낭비가 심할 뿐만 아니라 의사결정과정에서의 기관간의 갈등·대립으로 인한 업무 비효율 우려)

(5) V 유형 :

일반행정과 교육행정의 완전분리형으로 일반, 교육행정 각각 의결기관과 집행기관을 상호 독립적으로 두는 유형이다. 즉, 교육위원회를 독립형 의결기관으로 둘 수 있다. 교육사무를 독자적 기관에서 자주적으로 결정/집행하게 된다.

장점:

- 교육의 자주성(독립성), 전문성, 정치적 중립성 제고(교육의 전문성과 중립성을 높이고, 교육의 질적 향상을 도모할 수 있고, 특히 교육위원을 주민직선에 의하여 선출하는 경우 교육의 주민의사를 충분히 반영할 수 있다)

단점:

- 일반행정과 교육행정간의 분리에 따른 교육행정의 비능률성(교육행정이 일반행정에서 분리되어 있기 때문에 일반행정으로부터 교육에 대한 행·재정적 지원을 받지 못함)
- 행·재정상의 혼란과 낭비(교육조직을 별도로 운영함에 따라)
- 주민(수요자)중심교육의 상대적 약화

이상으로 볼 때 대체적으로 일반행정학자들은 일반행정과 교육행정을 통합하는 틀 속에서 I, II, III, IV 유형을 연구하면서 특히 II 유형에 관심을 두고, 교육행정학자들은 교육의 자주성, 전문성 확보를 강조하면서 V 유형을 선호하는 연구를 행해 왔다.[15]

◈ 표 8-5 ◈ 교육분권 적정성기준과 교육기관형태와의 관계

	유형 I	유형 II	유형 III	유형 IV	유형 V
중앙과 지방의 관계 : 국가와 지방자치단체간의 연계, 교육부와 지방교육청의 연계	1) 일반행정의 틀을 자치행정으로 할 경우 : 미흡 2) 일반행정의 틀을 관치행정으로 할 경우 : 양호	1) 미흡 2) 양호	1) 미흡 2) 양호	1) 미흡 2) 양호	교육부와 교육청과의 관계설정에 따라 차이가 있을 것임
지방교육자치에 대한 중앙정부(교육부)의 지도/감독과 기능배분	1) 미흡 2) 강력함	1) 미흡 2) 강력함	1) 미흡 2) 강력함	1) 미흡 2) 강력함	상동
교육자치기관의 구성형태	완전통합	부분통합(교육행정의결기관과 집행기관은 통합 : 합의제 집행기관)	부분통합(교육위원회를 지방의회의 분과위원회로 함)	부분연계(교육위원회의 위임형의결기관화)	완전분리
교육자치기관과의 관계 : 1) 교육위원회와 교육감의 관계, 2) 교육위원회와 지방의회와의 관계	1) 긴밀 2) 긴밀	1) 긴밀 2) 긴밀	1) 비교적 긴밀 2) 긴밀	1) 비교적 긴밀 2) 비교적 긴밀	1) 긴밀 2) 단절
지방교육자치에 대한 주민참여/통제	강함(양호)	비교적 양호	비교적 양호	비교적 양호	약함(불량)
단위학교 중심의 교육자치행정	불량	비교적 양호	비교적 양호	비교적 양호	매우양호
교사(교육전문가) 중심의 교육자치행정	불량	비교적 양호	비교적 양호	비교적 양호	매우양호

15) 교육행정학자들은 일반행정학자들이 제시하는 II, IV 유형은 정당배경을 가진 지방의회의원들이 교육·학예에 관여하게 되어 교육의 정치적 중립성을 보장받을 수 없게 하며, 교육자치가 지방자치에 흡수·통합되어 교육의 자주성과 전문성이 크게 훼손될 것을 우려하고 있다(김명한, 1996: 45-46). 교육의 자주성 확보를 지나치게 강조하다보니 교육행정이 교육을 잘 수행하기 위한 행정의 방향으로 기능발전하기 보다는 일반행정으로부터 완전 분리·독립을 지향하며 배타적·폐쇄적으로 이루어져 왔다고 인식하고 있다(김태완, 1991: 21).

제 4 절 교육분권(교육자치)의 적정성 논의

1. 교육분권의 적정성

교육분권의 적정성논의는 국가와 지방자치단체와의 관계(교육부와 지방교육청과의 관계), 지방교육기관구성형태을 어떻게 설정할 것인가에 대한 일반행정과 교육행정과의 관계정립, 지방교육청과 단위학교와의 관계, 주민과 단위학교와의 관계 속에서 학생, 학부모의 교육권 확보와 교사중심의 교육적 성과를 통해 파악할 수 있다(〈그림 8-8〉, 〈표 8-6〉 참조). 본 연구는 교육분권의 적정성 모델을 이론적 분석틀로 하여 우리나라의 교육분권(교육자치)의 적정성은 어떠한 방향에서 어떠한 내용으로 설정되어야 하는가를 일곱 가지 적정성판단기준에 따라 제시하고자 한다. 그러기 위해서 우선 이들 기준에 따라 우리나라 교육분권의 문제점도 아울러 검토하고자 한다.

◈ 표 8-6 ◈ 교육분권의 적정성 판단기준

적정성 판단기준	내 용
1) 중앙과 지방의 관계: 국가와 지방자치단체간의 연계, 교육부와 지방교육청의 연계	중앙정부, 지역교육청, 지역교육청간의 연계강화: 국가와 지방의 통합교육행정구축
2) 지방교육자치에 대한 중앙정부(교육부)의 지도/감독과 기능배분	강력한 중앙통제: 교육인적자원부장관의 교육감에의 취소/정지권(합목적성의 통제), 직무이행명령권, 대집행권
3) 교육자치기관의 구성형태	일반행정과의 분리/통합/연계모델
4) 교육자치기관과의 관계: 교육위원회와 교육감의 관계, 교육위원회와 지방의회와의 관계	교육감의 권한 강화: 교육감의 교육위원회나 지방의회의 의결사항에 대한 선결처분권, 제소에 대한 집행정지결정 교육위원회=지방의회의 前審기관
5) 지방교육자치에 대한 주민참여/통제	교육위원, 교육감 선출방식 (합리적인 선거제도 도입)
6) 단위학교 중심의 교육자치행정	교사, 학생, 학부모의 교육공동체
7) 교사(교육전문가) 중심의 교육자치행정	교사의 교육성과(자율성, 책임성)

(1) 중앙과 지방의 관계: 교육부와 지방교육청의 연계

교육행정은 일반지방자치단체와 별도의 독자적인 인사체제를 운영하고 있다(김태수, 2003: 150). 따라서 일반자치에 대한 교육자치의 종속현상에도 불구하고 연계성이 미비하다. 국가로부터의 지방교육청에의 권한이 이양되고 교육분권이 실현된다 하더라도 중앙과 지방이, 지방과 지방이 서로 격리된 채 교육행정을 추구해서는 아니된다. 지방교육의 자주성과 독립성만을 주장하여 국가와 다른 지방교육청과의 관계가 정립되어 있지 못하다. 따라서 중앙정부, 지역교육청, 지역교육청간의 연계성을 강화한 국가와 지방의 통합교육행정시스템을 구축할 필요성이 제기된다.

(2) 지방교육자치에 대한 중앙정부의 지도·감독 논의

지방교육자치에 관한 법률 제47조 제2항은 "교육인적자원부장관은 교육감의 명령 또는 처분이 법령에 위반되거나 현저히 부당하여 공익을 저해한다고 인정될 때에는 기간을 정하여 서면으로 시정을 명하고 그 기간 내에 이행하지 아니할 때에는 그 명령 또는 처분을 취소하거나 그 집행을 정지할 수 있다. 이 경우 교육·학예에 관한 자치사무에 대한 명령이나 처분에 있어서는 법령에 위반하는 것에 한한다"고 규정하고 있다. 즉, 교육·학예에 관한 자치사무에 대한 교육감의 명령·처분이 위법하다고 판단되거나, 위임사무에 관한 명령·처분이 위법 또는 부당하다고 인정될 때 교육인적자원부장관은 법원에 소송을 제기하지 않고 그 자의적 판단에 근거하여 취소·정지할 수 있도록 하고 있는 것이다.

지방자치단체 교육·학예사무에 관해 교육감의 명령·처분이 위법하다고 인정되더라도 교육인적자원부장관이 바로 취소·정지시킬 수 있다는 견해는 교육자치이념에 배치되는 강력한 통제사항이 된다. 왜냐하면 독립된 법원의 판결에 의한 합법적 통제가 아니라 개인의 자의적 판단으로 합목적적 통제가 되기 때문이다. 즉, 지방교육행정을 수행함에 있어 구체적 법률상 쟁송이 있는 경우에 (당사자로부터의 쟁송제기를 전제로 하여) 무엇이 적법이며, 무엇이 위법인가를 판단·선언함으로써 법질서의 유지를 목적으로 하는 작용은 사법부의 기능영역이지 교육인적자원부의 권한사항이 아니라는 뜻이다.

또한 "교육감은 교육·학예에 관한 자치사무에 대한 명령이나 처분의 취소 또는 그 집행의 정지에 대하여 이의가 있을 때에는 그 취소 또는 정지처분을 통보받은 날부터 15일 이내에 대법원에 제소할 수 있다"(제47조 제2항)고 하고 있다. 이 규정은 일반적인 법상식에 맞지 않는다고 본다. 왜냐하면 소송에서는 본래 위법임을 주장하는 측이 그 취소 정지를 구하는 소를 법원에 제기하는 것이 법상식인데 이와는 정반대로 위법하다고 판단하는 교육부는 교육감의 명령·처분을 자의적으로 취소·정지할 수 있도록 규정해놓고 교육감에게 억울하면 법원에 소를 제기하도록 하고 있기 때문이다.

이에 더하여 교육인적자원부장관은 교육감에게 직무이행명령권과 대집행권을 인정하고 있다(동법 제48조). 법원이 발해야 할 직무이행명령권을 어떻게 교육인적자원부장관이 행하고 있는지 알 수가 없다. 소송절차도 거치지 않고 교육인적자원부장관에게 직무이행명령권과 그 불이행시의 대집행권까지 부여하고 있는 것은 교육자치를 크게 말살하는 조치라고 볼 수밖에 없다.

(3) 교육자치기관구성형태: 일반행정과의 분리모형

우리나라는 교육·학예사무의 전문성과 독자성을 감안하여 지방자치단체의 일반기관으로서의 의결기관인 지방의회와 집행기관인 자치단체장과는 별도의 특별기관으로서 교육위원회와 교육감을 설치하고 있다(분리모형). 교육자치는 행정자치부와 관계되는 일반지방자치단체와는 별도로 교육인적자원부와 연결되어 독립적으로 운영되고 있다(진재구, 1999; 김태수, 2003: 149). 지방교육자치에 관한 법률은 특별시·광역시·도에 교육·학예에 관한 사무의 심의·의결기관으로 교육위원회(동법 제3조)와 그 집행기관으로서 교육감(동법 제20조)을 설치하도록 하고 있어 광역자치단체에 한하여 교육자치를 허용하고 있음을 알 수 있다.

요컨대 여기에서의 문제는 교육자치기관을 구성하는데 있어 일반행정과의 관계를 어떻게 할 것이냐가 대두된다. 즉, 일반행정과 분리된 상태에서 교육행정을 수행할 것인가, 아니면 일반행정과 연계하여 교육행정을 수행할 것이냐의 문제이다. 전자의 경우는 교육행정을 일반행정과 별도로 그들만의 의결기관과 집행기관을 두어 교육·학예업무를 관장하게 하겠다는 것이다. 즉, 시·도교육위원회를 시·도의회로부터 독립적으로 의결기관화 하고 교육감을 집행기관으로 존치시켜 교육에 관한 의결권을 지방의회에서 배제하는 형태를 생각할 수 있다. 후자의 경우는 교육행정을 일반행정과 통합 내지 연계하는 형태로 현재의 시·도교육위원회를 합의제 집행기관으로 하고 교육감을 교육위원회에 흡수·통합하여 시·도의회-교육위원회형으로 하는 방안이 있을 수 있겠다(정세욱, 1996; 윤정일, 1995). 지방교육의 조직을 일반행정조직과 별도로 하는 분리모델은 교육의 전문성과 중립성을 높이고, 교육의 질적 향상을 도모할 수 있고, 특히 교육위원을 주민직선에 의하여 선출하는 경우 교육의 주민의사를 충분히 반영할 수 있다는 장점을 갖게 된다. 그러나 교육조직을 별도로 운영함에 따라 행·재정상의 혼란과 낭비를 가져올 수 있다.[16] 여기서는 교육자치기구 구성에 따른 현행 분리모형을 채택하는데서 비롯되는 문제점을 제시하고자 한다.[17]

1) 교육행정기관의 자치

우리나라의 교육자치는 교육행정이 일반행정에서 분리하여야만 이루어질 수 있다는 시각에서 분리모델을 채택하고 있다. 그러나 이 모델은 지방자치의 틀 밖에서 교육자치를 생각하고 있다는 점에서 그 한계를 가진다. 즉, 교육행정기관이 일반행정으로부터의 독립성만을 강조해 현장 학교에서의 자율성 추구는 보장받지 못하고 있는 실정이다.[18] 또한 교육자치는 조직론적 시각에서 법인격을 부여받은 자치단체가 아니라 교육의 특수성을 감안하여 일반지방자치단체에 부속적으로 별도로 설치된 기관에 불과하다는 것이다(김태수, 2003: 149).

2) 일반행정으로부터의 분리

교육행정이 일반행정에서 분리되어 있기 때문에 일반행정으로부터 교육에 대한 행·재정적 지원을 받지 못하고 있다. 예를 들어 학교부지확보, 교육시설의 설치 및 관리 등에 있어 일반행정의 적극적 지원을 기대하기 어렵다는 것이다.

3) 의결권 이원화에 따른 비효율

지방교육사무에 대한 의결권의 이원화는 교육행정의 비효율을 낳고 있다. 교육위원회는 교육·학예에 심의·의결기능을 행사하고 있으나 최종의결기관이 아니며, 핵심사무에 대하여 지방의회의 의결을 거치도록 되어 있어 이에 따른 행정력 낭비가

16) 지방교육의 조직을 일반행정조직에 통합시켜 일반행정과 교육행정이 밀접한 연계를 가지는 통합모델은 영국에서 찾아볼 수 있다. 지방교육자치에 있어 지방의회가 중심이 되어 그 하나의 분과위원회인 교육위원회를 두어 교육사무를 관장하고 있다. 다만 교육위원회의 구성은 지방의원들만으로 하는 것이 아니라 그 위원 정수의 절반정도까지 지방의회가 선출하는 교육전문가들로써 구성함으로써 교육행정의 전문성을 보장하고 있는 것이다(최창호, 1995: 160).

17) 구지방교육자치에 관한 법률에 대한 비판이다. 이를 통해 일반행정으로부터 분리되고 있는 교육행정의 문제점을 보완하기 위해 새로운 지방교육자치에 관한 법률개정이 제기되었다.

18) 그러한 맥락에서 이승종 교수는 현행 지방교육자치제는 마치 일반행정과 교육행정간의 분리독립이 교육현장의 자율성을 보장하는 것처럼 호도하면서 실제로는 교육행정기관 내지는 교육자집단의 독자적 영역만을 강화하도록 운영되고 있다는 점에서 비판받아야 한다고 주장하고 있다(이승종, 1999: 9).

심할 뿐만 아니라 의사결정과정에서의 기관간의 갈등·대립으로 인한 업무 비효율도 심한 형편이다.

더 나아가 일반지방행정과 유사한 기능을 지방교육행정기관이 행하게 됨으로써 행·재정적 낭비를 초래하고 있다. 조직과 인력의 중복 보유뿐만 아니라 일반행정과의 협조가 필요한 관련 기능의 수행에 있어서도 기관의 분리·독립에 따라 상호 교류가 미흡하여 업무비효율을 초래하는 경우가 적지 않다.[19)]

4) 광역단위의 교육자치

현행 교육자치는 일반지방자치와는 달리 광역단위로 시행함으로써 교육활동에 대한 주민의 직접 또는 간접적인 참여와 통제를 곤란하게 할 뿐 아니라 교육현장(학교)에의 주민접근을 어렵게 한다. 또한 현행 광역 단위의 지방교육자치는 기초단위에서의 일반행정과 교육행정과의 연계를 차단하고 있다. 즉, 일반행정은 기초단위로 자치행정을 시행하고 있는데 교육행정은 광역단위로 교육자치를 시행함으로써 기초단위에서 일반행정과 협의를 위해서는 광역단위의 교육행정기관을 경유해야하는 행정낭비의 어려움이 발생한다.

(4) 지방교육자치기관간의 논의

여기서는 교육·학예 사무의 의결기관인 교육위원회와 집행기관인 교육감과의 관계와 일반행정과의 연계하에 교육위원회와 지방의회와의 관계에서 문제가 제기될 수 있는 규정을 살펴보기로 한다.

1) 교육위원회와 교육감

교육위원회는 교육감의 권한에 속하는 중요사항에 대하여 의결권을 가지며, 지방의회에 제출할 조례안을 의결함으로써 당해 자치단체의 교육·학예에 관한 의사를 결정하고 교육감의 권한행사를 견제하는 역할을 수행한다. 반면에 교육감은 교육위원회의 임시회 소집요구권, 교육위원회의 의안발의권 및 조례공포권을 가지는 외에, 교육위원회의 의결에 대한 재의요구권과 선결처분권을 가짐으로써 교육위원회의 기능수행에 관여하고 있다. 여기에서 문제될 수 있는 사안을 제기하면 다음과 같다(이상

---

19) 예를 들면 학생생활지도, 기능경기대회 참가, 청소년 직업교육, 공공도서관 운영, 청소년교육시설관리, 학교주변환경정화, 체육시설관리, 학교신설부지 선정 및 시설결정, 건축협의, 교육재정지원, 학자금지원 등의 업무는 어떠한 형태로든 일반행정과 관련성이 높은 업무이다(정세욱 외, 1991).

규: 38-40).

첫째, 교육감의 선결처분권문제이다. 지방교육자치에 관한 법률 제32조 제1항은 지방자치법 제100조 제1항의 예에 따라 교육위원회나 지방의회의 의결사항에 대한 교육감의 선결처분권을 인정하고 있다. 그러나 다음과 같은 법적 문제를 야기하고 있다. 즉, 교육감이 선결처분권을 행사할 수 있는 경우를 세 가지로 제시하고 있지만 그 적합성이 낮다는 것이다. 왜냐하면 "교육위원회나 지방의회가 성립되지 아니한 때"와 "소집할 시간적 여유가 없는 때"는 자치단체의 구역의 협소성에 비추어 그 합리성을 인정하기 어렵기 때문이고, "의결이 지체되어 의결되지 아니한 때"는 결국 교육위원회나 지방의회가 그러한 의결의 시급성이나 필요성을 인정하지 아니한다는 뜻도 되는 것인데 구태여 교육감의 의사를 우선시키는 모순을 면하기 어려운 조항이 되기 때문이다.

둘째, 제소에 대한 집행정지효력에 관한 문제이다. 교육감은 시·도의회나 교육위원회의 의결에 대한 재의요구권을 가지며(동법 제31조 제1항), 재의의 결과 재의결된 사항이 법령에 위반된다고 판단할 때에는 재의결된 날부터 20일 이내에 대법원에 제소할 수 있도록 하고 있는데(동법 제31조 제3항), 그 의결의 집행을 정지하게 하는 집행정지결정을 교육인적자원부장관과 교육감이 신청할 수 있게 하고 있다. 또한 교육감은 교육인적자원부장관으로부터 재의요구를 요청받은 경우 해당 교육위원회 혹은 지방의회에 재의를 요구해야 하며, 재의결된 사항이 법령에 위반된다고 판단됨에도 불구하고 당해 교육감이 소를 제기하지 않은 때는 교육인적자원부장관은 당해 교육감에게 제소를 지시하거나 직접 제소할 수 있게 하고 있다(동법 제31조 제1항, 제3항). 이는 자치단체의 의결기관의 의결사항을 지나치게 제한함으로써 지방자치의 취지에 반하는 규정이라 할 수 있다.

2) 교육위원회와 지방의회의 관계

지방교육자치에 관한 법률 제8조는 "시·도의회에 제출할 조례안, 예산안 및 결산, 특별부과금·사용료·수수료·분담금 및 가입금의 부과와 징수에 관한 사항이라고 하여, 교육위원회는 이 사항들에 관한 한 시·도의회의 前審기관으로서의 기능을 수행함에 그치고, 이에 관한 최종적 의결은 당해 시·도의회가 관장하는 것으로 하였다는데 그 문제가 있다.

왜냐하면 지방교육자치에 관한 법률이 자치단체의 교육·학예에 관한 사무는 일반행정과는 별도로 교육행정의 의결기관인 교육위원회와 집행기관인 교육감이라는 특별기관을 두어 그의 관할하에 한 것은 교육의 자주성과 전문성 및 정치적 중립성을 보장하기 위한 배려였기 때문이다. 그러한 배경에서 헌법이 보장하는 교육의 전문성을 확보하기 위하여 교육위원은 교육 또는 교육행정경력이 통산 10년 이상인 자이어야 하도록 하고(동법 제60조 제2항), 헌법이 보장하는 교육의 정치적 중립성의 확보를 위하여 교육위원은 후보자 등록일부터 과거 2년 동안 정당의 당원이어서는 아니 되도록 명시하고(동법 제60조 제1항), 나아가 교육의 자주성을 해치지 아니하도록 하기 위하여 사립학교 경영자 또는 사립학교를 설치·경영하는 법인의 임·직원은 교육위원이 될 수 없도록 하고 있는 것이다(동법 제5조 제1항 제3호). 그런데 교육의 자주성, 전문성, 정치적 중립성을 갖춘 교육위원회 의결을 정당원으로 구성되어 정치적 중립성을 보장받지 못하는 지방의회에 의해 최종의결을 하도록 한 것은 논리상 모순이 있다(이상규: 42).[20]

(5) 지방교육자치에 대한 주민 참여·통제 논의

교육자치제의 기본원리에 부응하기 위해서는 지방교육정책을 결정하고 집행하는 데 있어 학부모이면서 납세자인 지역주민들의 의사를 최대한 반영하는 데 있다. 그러기 위해서는 주민의 의사를 우월한 가치로 인정해야하는 합리적인 선거제도가 마련되어야 할 것이다. 그런데 지금과 같은 교육위원, 교육감 선출방식으로는 주민의 의사를 정확히 반영하기에는 일정한 한계가 있다. 왜냐하면 교육위원을 각급 학교의 학교운영위원들에 의한 간접선거방식을 채택하고 있기 때문이다. 즉, 학교운영과 교육문제에 대해 학부모와 교사대표, 지역대표들이 모여 교육현안을 토의하고 지역현실에 맞는 수요자 위주의 교육을 제안하기 위해 학교운영위가 결성되었다고 하지만 실제에 있어 이들은 학교장의 뜻에 따른 학부모, 교사, 지역대표로 전락될 수밖에 없는 환경에 놓여 있기 때문이다.

(6) 단위학교 중심의 교육자치

그동안 교육분권 논의는 교육부와 지방교육청간의 권한배분과 일반행정과 교육행

20) 구교육자치법의 문제점으로 최근의 개정법안은 교육위원회를 지방의회의 상임위원회로 하여 그 연계성을 강화하였다. 그러나 교육의 자주성, 전문성, 정치적 중립성을 소중히 하고 있는 교육위원회로서는 이를 보장받기가 어려울 것이라는 우려를 하고 있다.

정을 분리 또는 통합할 것인가에 대한 논의에 중점을 두어 이루어졌지 단위학교의 자율성 확대에까지 관심을 갖지 못하였다. 즉, 중앙정부와 지방교육청의 권한배분을 둘러싸고 교육부장관과 교육감의 권한관계에 치우쳐 단위학교 중심의 교육자치는 생각해 보지 못하였던 것이 사실이다. 교육자치는 '교육이 이루어지는 곳'의 교육현장의 자치인 까닭에 단위학교자치를 강화하는 측면에서 교육자치의 방향을 모색해야 하는 이유가 바로 여기에 있다. 교육자치는 일반자치와 구별되는 기능적 자치로 나타나기 때문에 일반자치에서 논의하는 주민자치대상으로서의 전체 주민들보다 교육과 특별히 밀접한 관계를 가지고 있는 교사, 학생, 학부모들이 단위학교 교육사안에 대한 결정을 행할 수 있다. 그런데 현행 교육법은 학교자치조직으로서 학생회와 학교운영위원회를 인정하고 있을 뿐 교사와 학부모를 대표할 자치조직이 활성화되어 있지 못하다. 예를 들면 학교운영위원회에 교사대표와 학부모대표가 참여하고 있지만 각 교육주체에 고유한 이해관계를 반영하는 자치조직이 결여되어 있어 단위학교에 관련한 제반 문제해결을 자치적으로 해결하는데 일정한 한계가 있다는 것이다(이기우, 1998: 173-174).

(7) 교사(교육전문가) 중심의 교육자치

그동안 교육분권에 대한 논의는 단위학교 중심의 교육자치의 논리배경에서와 마찬가지로 교육부와 교육청간의 권한배분과 지방교육행정기관의 기관구성형태 등에 대한 논의가 활발하였지만 교사의 교육활동을 최대로 지원해 주는 교사(교육전문가) 중심의 교육자치에는 소홀하였다. 교사들의 교육영역이 교육청이나 교장으로부터 부당한 간섭으로 훼손될 여지가 많다. 교육의 완성도는 교사의 자율권과 전문성이 보장되어 학생들을 신명나게 가르칠 수 있는 여건이 구비될 때 높아진다. 그러나 우리의 교육자치는 '수요자 중심의 교육' 논리에서 교사의 명예와 사기를 외면한 채 이루어져 왔다. 앞으로의 교육자치는 교사의 교육활동을 최대한 지원하는 교육전문가 중심의 교육행정체제로의 방향모색이 필요한 이유가 바로 여기에 있다.

2. 교육분권 적정성기준과 교육기관구성형태와의 관계

교육분권의 적정성기준과 교육기관구성형태와의 관계는 다음과 같이 설정해 볼 수 있다(〈표 8-7〉 참조).

◈ 표 8-7 ◈ 교육분권 적정성기준과 교육기관형태와의 관계

적정성기준/유형	유형 I	유형 II	유형 III	유형 IV	유형 V
중앙과 지방의 관계 : 국가와 지방자치단체간의 연계, 교육부와 지방교육청의 연계	1) 일반행정의 틀을 자치행정으로 할 경우: 미흡 2) 일반행정의 틀을 관치행정으로 할 경우: 양호	1) 미흡 2) 양호	1) 미흡 2) 양호	1) 미흡 2) 양호	교육부와 교육청과의 관계설정에 따라 차이가 있을 것임
지방교육자치에 대한 중앙정부(교육부)의 지도/감독과 기능배분	1) 미흡 2) 강력함	1) 미흡 2) 강력함	1) 미흡 2) 강력함	1) 미흡 2) 강력함	상동
교육자치기관의 구성형태	완전통합	부분통합(교육행정의결기관과 집행기관은 통합: 합의제집행기관)	부분통합(교육위원회를 지방의회의 분과위원회로 함)	부분연계(교육위원회의 위임형의결기관화)	완전분리
교육자치기관과의 관계 : 1) 교육위원회와 교육감의 관계, 2) 교육위원회와 지방의회와의 관계	1) 긴밀 2) 긴밀	1) 긴밀 2) 긴밀	1)비교적 긴밀 2)긴밀	1) 비교적 긴밀 2) 비교적 긴밀	1) 긴밀 2) 단절
지방교육자치에 대한 주민참여/통제	강함(양호)	비교적 양호	비교적 양호	비교적 양호	약함(불량)
단위학교 중심의 교육자치행정	불량	비교적 양호	비교적 양호	비교적 양호	매우양호
교사(교육전문가) 중심의 교육자치행정	불량	비교적 양호	비교적 양호	비교적 양호	매우양호

참고문헌

김동훈.(2002). 「지방의회론」, 서울: 박영사.
김병준.(1998). "자치교육제의 개선방안." 한국지방자치학회 연구보고서. 지방경찰제와 자치교육제의 개선방안.
김신복.(1991). "교육자치와 지방자치의 연계성-자치기구 구성상의 쟁점을 중심으로." 「행정논총」 29(2).
김웅기.(2001). 「미국의 지방자치」, 서울: 대영문화사.
김태완.(1997). "교육자치제도의 변천과정과 문제." 한국교육학회 「교육학연구」 제21권 제1호.
김태수.(2003). "일반자치와 교육자치와의 관계 및 그 정립방안의 검토." 「한국사회와 행정연구」 14(2).
노종희.(1992). 「교육행정학」, 서울: 문음사.
송기창.(2003). "교육행정과 지방행정의 연계 확대방안." 한국행정학회 2003년도 동계학술대회발표논문.
윤정일.(1998). "지방교육자치제, 改惡하지는 말자." 「한국교육학회 소식」 제34권 제2호.
이기우.(1998). "교육자치와 학교자치 및 지방교육행정제도." 「한국지방자치학회보」 10(3).
이상규.(1992). "법적측면에서 본 지방교육자치의 문제." 한국교원단체연합회 교육정책연구소.
이승종.(1999). "지방교육자치제의 발전방안." 「지방행정연구」, 한국지방행정연구원.
이일용.(1994). "교육자치제도의 개선논쟁점에 관한 연구." 「교육학연구」. 32(1).
정세욱.(1996). "지방자치의 일환으로서의 교육자치." 한국지방자치학회 주최 지방교육자치제도 개선방안에 관한 공청회 주제논문.
정세욱.(2005). 「지방자치학」, 서울: 법문사.
정윤길.(2000). "지방교육자치제의 쟁점과 개혁방향." 「亞·太공법연구」 제7집.
조성일/안세근.(1996). 「지방교육자치제도론」, 양서원.
진재구.(1999). "교육자치의 확립을 위한 지방교육행정조직 개편방안." 「지방행정연구」 13(1), 한국지방행정연구원.
채원호.(2000). "전환기 일본의 지방분권개혁: 1990년대 지방분권개혁을 중심으로." 「한국행정연구」 9(3).
최창호.(1997). 「지방자치학」, 서울: 삼영사.
최진혁.(1999). "지방의회의 비교연구: 한국과 프랑스 모델을 중심으로." 「한국지방자치학회보」 11(2).
______.(1999). "프랑스 지방행정의 역사적 헌정적 기원." 「한국사회와 행정연구」 10(1).
______.(2005). "우리나라 교육분권의 적정성 논의에 관한 연구." 「한국사회와 행정연구」 16(1).
______.(2002). "우리나라 지방분권의 발전적 고찰." 「사회과학연구」 제13권, 충남대학교사회과학연구소.
최진혁 외.(2006). "지방자치단체 기관구성형태의 다양화 방안." 정부혁신지방분권위원회.
한국행정학회.(1991). "지방자치와 교육자치의 연계강화방안."
한국교원단체총연합회.(2005). "한국교총의 지방교육자치제 개선방안."

지방자치법
지방교육자치에 관한 법률 전부개정법률안(2005)
헌법

日本都市センター.(2004).
外山公美.(1991). "シティ・マネージャー職概念の変遷過程." 「季刊行政管理研究」 54號.
Baguenard, Jacques.(1996). *La décentralisation*, Paris: PUF.
Conyers, Diana.(1984). "Decentralization and Development: A Review of Literature." *Public Administration and Development* 4(2).
de Laubadere, André.(1984). *Droit administratif*, Paris: LGDJ.
Rivero, Jean.(1990). *Droit administratif*, Paris: Dalloz.
Stevens, C.(1994). "The Politics of Decentralization." *Teaching Public Administration* 15(2).
Ter-Minassian, Teresa.(1997). "Decentralizing Government." *Finance & Development* 34(3).

찾아보기

저자들 약력(각 장 순서로 나열)

문병기

1. 최종 학력 : 미국 The Ohio State University 대학원(정책학 박사)
2. 현　　직 : 한국방송통신대학교 행정학과 부교수
3. 주요 경력 : (사) 한국지방자치학회 교재편찬위원장, 행정고시 및 입법고시 출제위원
4. 대표 저술 : 로컬 거버넌스(공저, 2003, 법문사)

오승은

1. 최종 학력 : 연세대학교 대학원(행정학 박사)
2. 현　　직 : 국립제주대학교 행정학과 조교수
3. 주요 경력 : 일본 와세다(早稻田)대 초빙학자, 서울대학교 한국행정연구소 선임연구원
4. 대표 저술 : 지방정부론(공저, 2001, 대영문화사)

정일섭

1. 최종 학력 : 인하대학교 대학원(행정학 박사)
2. 현　　직 : 인하대학교 행정학과 교수
3. 주요 경력 : 요꼬하마시립대학 객원교수, 행정자치부 지방행정혁신평가위원
4. 대표 저술 : 한국지방자치론(2007, 대영문화사)

송광태

1. 최종 학력 : 중앙대학교 대학원(행정학 박사)
2. 현　　직 : 국립 창원대학교 행정학과 교수
3. 주요 경력 : 대통령자문 정부혁신지방분권위원회 지방분권전문위원회 위원, 입법고시 출제위원
4. 대표 저술 : 지방의원 의정비의 결정요인에 관한 연구(2007, 한국지방자치학회보)

김영수

1. 최종 학력 : 중앙대학교 대학원(행정학 박사)
2. 현　　직 : 전 부경대학교 행정학과 교수
3. 주요 경력 : 부산광역시 장기발전계획수립위원, 미국 Syracuse University 초빙교수
4. 대표 저술 : 신행정학원론(공저, 2000, 도서출판 금정)

최근열

1. 최종 학력 : 영남대학교 대학원(행정학 박사)
2. 현　　직 : 경일대학교 행정학과 교수
3. 주요 경력 : (사) 대한지방자치학회 회장, (사) 한국정부학회 회장
4. 대표 저술 : 지방의회론(공저, 2000, 학현사)

이종원
1. 최종 학력 : 미국 Northwestern University 대학원(정치학 박사)
2. 현　　직 : 가톨릭대학교 정경학부 행정학전공 부교수
3. 주요 경력 : UC Berkeley 정부연구소 방문학자, 공공기관 경영평가 및 혁신평가위원
4. 대표 저술 : 한국 지방민주주의의 위기(공편, 2002, 나남출판)

최진혁
1. 최종 학력 : 프랑스 Université de Paris I(Panthéon-Sorbonne) 대학원(법학 박사)
2. 현　　직 : 충남대학교 자치행정학과 부교수
3. 주요 경력 : 대통령자문 정부혁신지방분권위원회 전문위원, (사) 한국공공행정학회 부회장
4. 대표 저술 : 자립적 지역발전모델(공저, 2005, 대영문화사)

지방의회의 이해

2008년 8월 20일 초판발행
2019년 6월 25일 중판발행

공저자 문병기 외 7인
발행인 안종만 · 안상준
발행처 (株) 博 英 社
서울특별시 종로구 새문안로3길 36, 1601
전화 02)733-6771 FAX 02)736-4818
등록 1959. 3. 11. 제300-1959-1호(倫)

www.pybook.co.kr e-mail: pys@pybook.co.kr

정 가 25,000원　　ISBN 978-89-7189-833-8